KB233619

분단의 내일 통일의 역사

분단의 내일 통일의 역사

도진순 지음

당대

분단의 내일 통일의 역사

ⓒ 도진순

지은이／도진순
펴낸이／김종삼
펴낸곳／도서출판 당대

제1판 제1쇄 인쇄／2001년 7월 10일
제1판 제1쇄 발행／2001년 7월 20일

등록／1995년 4월 21일(제10-1149호)
주소／서울시 마포구 연남동 509-2 3층 ⑨ 121-240
전화／323-1316 팩스／323-1317
전자주소／dangbi@chollian.net

ISBN 89-8163-069-0 04910

책을 펴내면서

현재 방문교수로 미국에 와 있는 처지임에도 한국에서 마무리하지 못한 일을 여기까지 끌고 온 아둔함을 먼저 자탄하지 않을 수 없다. 그간 '한국 내의 미국 문제'에 노심했던 필자로서는 이제 '미국 내의 한반도 문제'에 몰입할 예정이었다. 그럼에도 불구하고 지난 글들을 묶어내자는 출판사의 강권에 응하게 된 것은 지금이라도 어떤 매듭을 짓는 것이 다음 단계를 위해서도 필요하다는 아둔한 생각에서였다.

이 책은 분단과 통일 문제를 '남·북·미의 특이한 삼각관계'를 중심으로 논의를 전개하고 있다. 민족국가(National State) 일반의 외교관계와는 다른 특성, 즉 남북 두 국가이지만 하나의 민족국가로 관계하지 못하는 이 특이한 현상은 미국에서도 자주 접할 수 있다. 혹자는 국민국가를 넘어서 세계화를 강조하지만, 한반도 현대사에서 핵심 문제는 여전히 남북 두 국가와 하나의 민족국가 사이의 긴장과 갈등 관계이며, 이것은 또한 미국의 한반도정책과 긴밀하게 연결되어 있다. 현재 남·북·미 삼각관계는 예리한 갈등을 내포하면서 한바탕 진통을 겪고 있어 그 최종적인 귀결은 좀더 지켜봐야 할 것이다. 그러나 부시행정부가 들어서고 난 이후 남북관계가 급정거하게 된 것은 바로 이 책에서 논의하는 삼각관계의 한 반영이라고 볼 수 있다.

클린턴행정부 시절 국방부 국제담당 차관보를 역임한 카터(A. Carter)는 얼마 전 한 포럼에서 자신의 재임시절 근무시간의 반을 한반도에서 전쟁을 기안하는 데 사용하였고 그때의 기억은 "아직도 생생하다"고 말했다. 그는 부시행정부에서도 북미간의 전쟁계획 등을 통해서 그것을 생생하게 체험할 것이라면서, 한반도에서 전쟁이 일어나면 피바다가 될 것이며 남·북·미 어디에도 이익은 없다고 단정하였다.

그럼에도 불구하고 만리타국인 이곳에서 한반도의 대립과 전쟁이 줄곧 논의되고 있는 특이한 현상을 목도하면서, 반세기가 지난 아직까지 '한국전쟁'의 비극이 치유되지 못한 한반도에서 또 한 번의 전쟁은 역사의 종언이 될 것이라는 우려를 떨쳐버릴 수 없다.

한반도에서 전쟁을 방지하고 정상의 역사시대로 회귀하는 길은 누구나 언급하는 평화통일이다. 그러나 평화통일은 강조한다고 성취되는 것이 아니라, 분단을 지탱하는 구조물을 제거할 때 비로소 가능한 것이고, 이를 위해서는 어떤 입장이나 사상에 앞서 분단현실에 구속된 시야를 넘어서는 것이 우선 필요할 것이다. 즉 사상·이념·체제의 대립보다는 한반도 전체를 규정하는 객관적인 구조에 대한 넓은 시야의 확보, 향후 그 행로에 대한 예비적 성찰과 진지한 논의가 필요하다.

분단·통일의 문제는 현대사의 핵심 주제이지만, 심층에서는 우리 역사의 중요한 다른 문제들, 예컨대 사대·식민 등과 그 맥락이 연결되어 있다. 사대의 늪을 완전하게 극복하지 못한 채 식민의 비극을 맞이하였다면, 일본이 물러간 것을 보고 해방이라고 하다 미소의 분단을 맞이한 것은 차라리 희극에 가깝다. 이런 희비극적 반복은 한두 번에 그치는 것이 아니라 오늘도 끊임없이 반복되고 있다. 우리에게 역사가 각별한 경외의 대상이 되어야 하는 것은 그것을 통해 우리의 존재방식을 보다 넓은 안목에서 사려 깊게 조망할 수 있기 때문일 것이다.

이 책은 이러한 의도에서 구상·집필된 글들을 모아『분단의 내일, 통일의 역사』라 이름하였다. 굳이 제호에 의미를 부여하자면, 반세기 동안 지속되어 온 분단이 바야흐로 해체기에 접어들었으되 그것이 통일로 이어지는가 아닌가는 통일운동의 역사적 축적에 근거한다는 것을 강조한 것이다. 분단과 통일, 역사와 내일은 짝을 이루어야 역동적으로 파악할 수 있을 것이다.

사실 이 제목은 필자의 박사학위논문을 수정·보완하여 출간한『한국민족주의와 남북관계』(서울대출판부, 1997)의 결론 제목이다. 해방 직후 분단과 통일 문제를 다룬 그 책의 출간 이후 필자는 당면 문제에 집중하여 글을 써왔다. 분단 전후사에서 반세기를 뛰어넘어 당대의 문제로 옮겨온 것은 어떤 문제의식의 변화 때문이 아니라, 사실은 그 반대에 가깝다. 즉 분단과 통일 문제에서 분단 전후기가 원형기라면 오늘은 그 구조적 변동기로, 두 시기는 수미(首尾) 상응하는 관계에 있다. 때문에 분단 전후의 문제는 당시의 정치현실이라는 좁은 구도가 아니라 현재의 구조적 변화기와 결합해야, 또한 현재의 분단과 통일 문제는 그 원형기와 결합해야, 각각의 역사적 의미를 온전하게 독해할 수 있다고 믿고 있다. 이러한 점에서 필자는『분단의 내일, 통일의 역사』가『한국민족주의와 남북관계』의 속편이라 생각하고 싶다.

여기에 수록된 글들은 발표 당시의 원문을 가급적 그대로 수록하되 적지 않은 부분을 보완하였다. 기고 당시 형식적인 요구로 생략되었던 주석들을 다시 살렸고, 한두 군데는 최근 확인된 사실을 주석으로 추가하였다. 어떤 글은 두 논문을 통합한 것도 있고, 또 어떤 글은 내용 중복으로 한 절을 삭제하여 제목을 달리한 경우도 있다. 일부의 글은 학술대회 등에 발표한 것들이며, 또 『한국민족주의와 남북관계』에서 언급했던 주제를 다시 정리한 것도 있다. 이 정도로 묵은 글을 정비해서 책으로 엮는 것도 현재의 필자에게는 과중한 부담이었으니, 이 책의 출간은 미적거리는 필자를 채근한 박미옥 사장님을 비롯한 당대 식구들의 몫이다. 고지수가 교정에 수고하였다.

어찌 보면 북미관계가 급랭되고 남북관계마저 혼돈에 처한 지금은 이 책의 적절한 출간시기가 아닐 수 있다. 그러나 다른 한편으로 보면 여정의 중간에 다시 지도를 펴듯이, 이러한 정돈기야말로 분단과 통일 문제에 대해 더욱 진지하게 담론해야 할 시기가 아닌가 한다. 이 책이 그러한 계기에 약간이라도 동참하길 기대하며, 다양한 비판과 질정을 기다린다.

'한국전쟁'과 '남북공동선언'이 함께 있는 6월

밤낮이 다른 타국 벨몬트에서

도 진 순

서장: 금강단상, 하나(one)와 둘(two)

미국에서 다시 보는 금강산

하버드 대학에 와서 '미국과 베트남'이란 명강의를 듣고 있다. 미국 대외정책사 연구로 저명한 메이(E. May)와 남베트남 출신의 타이 (Hue-Tam Ho Tai)가 공동으로 하는 강의여서 여러 가지로 흥미가 있다. 더욱이 두 사람이 베트남을 보는 기본 관점은 재미있는 대조를 이룬다. 타이에 의하면 메이가 "남베트남과 북베트남은 지리적으로 역사적으로 많이 다르다며 두 개의 베트남을 주장"한 데 대해 자신은 "미국에서 하버드가 있는 매사추세츠와 부시 대통령의 고향인 텍사스는 많이 다르지만 한 나라이지 않은가" 반문하였다고 한다.

기실 미국처럼 국토의 일부가 다양하게 흩어져 있는 나라도 드물다. 알래스카는 아예 캐나다 건너에 있으며, 하와이·사이판·괌 등도 바다 건너 저 멀리 있다. 알래스카와 하와이는 그야말로 모든 것이 다르지만, 분명 한 나라이다. 미국인들이 다양성을 강조하는 것은 회자되지만, 그 못지않게 한 나라의 공통성을 강조한다는 사실을 우리는 종종 간과한다. 미국 초·중등학교의 교범 맨 앞에 있는 '국가에 대한 충성 서약'(Pledge of Allegiance)에는 "신의 보호하에 있는, 분리될 수 없는 하나의 나라"(one nation under God, indivisible, with liberty and justice for all)라고 못박고 있다. 사실 독립 이후 미국역사는 하나의 연방국가의 형성사라 해도 과언이 아니다.

그러나 미국인들은 외국에 대해서는 다양성을 넘어 이질성을 즐겨 이야기한다. 중국에 대해서도, 베트남에 대해서도, 한반도에 대해서도 그러하다. 미국에서 최근 티베트가 인기가 있는 것은 여러 가지 이유가 있겠지만, 그중 하나가 이질성의 중국을 강조하는 대외전략과 연결되어 있다. 해외생활의 경험이 많은 한 미국인은 부시행정부가 교토환경협약을 파기한 배경을 언급하면서 "실제 여러 나라가 국경을 맞대고 있는 유럽은 이웃나라들과 같이 사는 문제를 진지하게 고민하고, 아마 아시아대륙의 여러 나라도 대부분 그러할 것이지만, 미국은 북아메리카대륙에서 거의 혼자이기 때문에 자신에게만 충실하다"고 설명하였다. 실제 부시 대통령은 "미 국민에게 해가 되는 일은 하고 싶지 않다"면서 교토환경협약을 파기하였다. 이러한 신조는 거꾸로 다른 나라들에 대해, 특히 주권문제와 관련하여 이질성을 즐겨 언급하는 배경이 된다.

외국에 오면 모두 애국자가 된다고 했던가. 우리는 한국의 자연과 음식, 전통과 역사에 대해 즐겨 언급한다. 그중에 금강산 또한 빠질 수 없다. 사실 금강산은 그저 산이 아니라, 예부터 샤머니즘·도교·불교 등 한국적 정신의 귀의처였으며, 오늘날은 통일의 한 상징이 되고 있다. 그런데 "금강산이 좋다"고 하면, 한국을 조금 아는 미국인들이 "남에는 좋은 산이 없는가"라고 물을 때, 정말 어디서부터 설명해야 할지 막막해진다. 지난 달 한국전쟁 연구로 저명한 커밍스 교수가 하버드

대학에서 최근의 남북관계에 대해 발표를 했다. 그는 "북이 겉으로는 미군철수를 주장하지만 진심은 미군이 주둔하여 남에 흡수되는 것을 저지해 주길 원한다"면서, 한반도의 미래는 "남북 두 나라의 공존"이라고 강조했다.

"남에는 금강산만한 산이 없는가"라는 조금 아는 사람의 반문과, 전문가인 커밍스 교수의 "남북 두 나라의 공존"은 수준을 달리하는 것이지만, 그 기저에는 중요한 공통점이 있다. 그것은 남북을 두 나라로 본다는 것이다. 한반도가 하나인가 둘인가 하는 문제는 사실 한국 현대사의 근본 문제에 해당하는 핵심 쟁점이라 할 수 있다. 2000년 11월 12~15일 한신대학교와 늦봄문익환목사기념사업회 통일맞이가 공동개최한 '금강산포럼'에서도 기저의 핵심 쟁점은 그것이었다.

하나와 둘

금강산 통일포럼으로 가는 중간 휴게소에서 ㄱ교수와 처음으로 인사했다. 내가 대뜸 "아니, 국제관계학과에서 왜 북한을 연구합니까? 우리는 뭐 하라구" 농담조의 인사와 더불어 "남북은 민족 내부의 특수관계입니다"라고 덧붙였다. ㄱ교수는 "아닙니다. 남북관계는 국제관계로 보아야 합니다" 하고 응수했다. 사실 '남북기본합의서' 전문(前文)에는 남북이 "나라와 나라 사이의 관계가 아닌 통일을 지향하는 과정에서 잠정적으로 형성되는 특수 관계"라고 규정되어 있는 반면, '남북교류협력법'에는 '북한주민'을 "북한의 노선에 따라 활동하는 국외단체 구성원"으로 규정하고 있다. 그러니까 ㄱ교수와의 짧은 논쟁은 어쩌면 우리 사회 대북인식의 서로 다른 차원을 반영한 것인지도 모르겠다.

저녁의 선상 토론시간에서도 ㄱ교수는 낮의 농담 인사가 마음에 남았던지 다시 "금강산에 와보니 남북관계는 역시 국제관계"라고 주장하

였다. 그러나 금강산관광을 위해 배에 오르기 직전 내가 가장 먼저 느
낀 것은 이러한 민족 내부의 특수 관계였다. 금강산관광에 필수적인
'이름표 목걸이'를 받아 걸면서, 이것은 일반적인 국제관계의 여권·비
자와는 다른 민족 내부의 관계, 즉 하나의 한국(One Korea)을 위한 한
표징이라고 생각하였다. 돌이켜보면 지도급 인사들이 평양에 갔다 와
서 여권과 비자가 없는 것을 신기하게 언급한 적이 많은데, 어쩌면 이
것도 일반적인 국제관계로 남북관계를 보아온 일종의 국제병(?) 때문
이 아닐까?

　아무튼 이름표 목걸이가 하나의 한국의 한 징표임을 확인하는 순간,
지난 여름 일본에서 본 『아사히신문』(朝日新聞)의 기사가 생각났다.
권투소식이 1면에 실린 것이 이례적이어서 자세히 보니, 슈퍼플라이급
세계선수권대회 소식으로 홍창수라는 총련계 선수가 남측의 조인주에
게 승리하였다는 내용이었다. 문제는 누구의 승리가 아니라, 홍창수가
자신의 복싱팬츠에 'One Korea'라고 직접 수를 놓았으며, 게임이 끝난
후 "조선은 하나다"라고 절규하였다는 것이다. One Korea라면 누가
이기든 Korea의 승리가 되는 절묘한 수사이지만, 그가 One Korea를
절규하는 의미는 분명 수사적 표현 이상의 정치경제학을 함의하고 있
을 터이다.

　금강산에서 둘째날, 우리는 북측의 교예(巧藝)를 보았다. 도중에 아
무런 정치선전이나 구호도 없었지만, 어떤 절정의 순간 한반도기가 펴
지면서 "하나"라는 글씨가 선언처럼 펄럭였다. 짧은 순간이었지만, 그
것은 홍창수 못지않은, 분명 소리 없는 절규였다. 권투선수마저, 교예
단마저 'One Korea'와 '하나'를 절규하고 있다. 이것에는 무엇인가가
있다.

　남북관계를 국가와 국가의 관계로 보는 것(Two Korea)과 민족 내

부의 관계로 보는 것(One Korea)의 차이는, 본인들이 의식하든 못하든 금강산 통일포럼에서도 줄곧 핵심 문제였다. 그러나 그 차이를 명확하게 인식하지 못하거나 그 비중을 경시하는 경우가 많다. 혹자는 2000년 시드니올림픽에서 남북이 함께 한반도기를 들고 입장한 것도 '낮은 단계의 연방제'라 주장하는가 하면, 또 혹자는 '6·15남북공동선언'의 2조를 나름대로 해석해서 북측이 이미 국가연합을 받아들였다고 주장했다.

그러나 언제나 문제는 주관이 아니라 객관이다. '두 개의 한국'(Two Korea)의 국가연합과 '하나의 한국'(One Korea)의 남북연방은 사상·제도·이념의 차이를 받아들이는 중요한 공통성에도 불구하고, 날카로운 차이점 또한 지니고 있다. 국가연합이란 그야말로 남북 국가관계를 지향하는 것이며 통일보다는 교류와 평화를 강조한다. 현단계에서 이러한 관계를 정립하는 데 가장 중요한 징표가 되는 것은, 북미간의 대립을 축으로 하는 '정전협정'을 남북이 국가 대 국가의 새로운 평화조약(협정)으로 전환하는 것이다. 그렇게 되면 남측 주한미군에 대한 북측의 발언과 개입은 정전협정의 문제가 아니라 국제법적으로 불법행위가 된다.

반면 One Korea나 남북연방은 제도·사상·이념의 차이를 폭넓게 인정하지만, 국가주권의 차원에서 남과 북은 어디까지나 '하나'라는 것이다. 또한 이것은 동시에 남북이 아닌 외세는 타자라는 것을 의미하고 있다. 즉 남북이 '하나'라는 개념에서는 '하나가 아닌 주한미군'의 지위와 위상에서 어떠한 변동을 필연적으로 함의하고 있다. 이러한 One Korea를 표현하는 개념이 통일이며, 여기서 평화는 통일과 분리되지 않는다. 이럴 경우 평화문제에 대해 남북 사이의 공동선언이나 조치는 있을 수 있지만, 국가간의 조약이나 협정은 있을 수 없다.

2000년 6월 평양회담과 6·15남북공동선언 이후 주한미군 문제에 대한 언급 여부로 국내는 설왕설래한 적이 있다. 어떤 이들은 회담이 주한미군을 나가게 하는 계기가 된 것은 아닌가 우려하였고, 다른 이들은 회담에서 주한미군 문제를 적극 논의하지 않았고 김정일 위원장도 주한미군을 인정한 것 아닌가 해서 불만(?)인 경우도 있었다. 그러나 주한미군 문제는 하나(One)와 둘(Two)의 문제와 관련되는 근본적인 문제 중의 하나이기 때문에 직접적인 언급 여부에 지나치게 집착하지 않아도, 다른 문제들이 어떻게 돌아가느냐에 따라 그 문제의 위상에 충분히 접근할 수 있다.

여기서 대만과 오키나와를 비교하는 것은 문제를 파악하는 데 도움이 될 수 있다. 흔히 간과하고 있지만, 한반도의 분단 문제는 동서독 등 체제분단을 기본 성격으로 하는 단순 냉전적 분단보다는 미국의 동북아전략, 하나의 중국과 대만 문제, 미일동맹과 일본의 아시아정책 등 동아시아의 군사·정치적 지형과 훨씬 더 관계가 깊다.

미국과 중국의 수교과정은 수년(1971~79)에 걸쳐 진행되었는데, 그 핵심 쟁점은 두 가지였다. 하나는 '하나의 중국' 문제, 다른 말로 하면 대만의 국민국가적 지위 여부, 대만에서 미군의 철수 문제였다. 오랜 협상 끝에 1974년의 상하이공동성명에서 미국과 중국이 '하나의 중국'에 합의하고 난 뒤 또 다른 쟁점은 '평화'였다. 1979년 1월 1일 미중관계는 '하나의 중국'을 인정하는 것을 공동토대로 수교하였지만, 미국은 그것이 평화적인 것이어야 한다는 조건을 일방적으로 내걸고 있는 상태이다. 그래서 베이징이 하나의 중국(One China)과 통일을 우선시한다면, 타이베이는 평화를 우선시하며, 일부에서는 미중 수교의 공통토대를 넘어서 두 개의 중국(Two China)을 주장하기도 한다.

한편 북미간에는 1993년 뉴욕 북미공동성명서에서 이미 '평화통일'

을 지지하기로 합의한 바 있다. 그러니까 남·북·미 모두 한반도의 평화적인 통일을 지지한다는 것은 중국과 다른 점이다. 그러나 여전히 그 첫 출발점이 하나인가 둘인가의 문제에서는 미중관계와 유사한 쟁점구도를 지니고 있다. 남측이 베를린선언 등 독일을 선호하는 것도, 북측이 김정일 위원장의 베이징방문 등 중국에 우호적인 것도 따지고 보면 이러한 하나와 둘의 차이가 반영되어 있다.

1999년 11월 동아시아의 평화·인권을 위한 국제심포지엄에 참석차 오키나와에 가서 다양한 형태의 미군 반대운동을 보고 적지 않은 충격을 받은 적이 있다. 이것을 기행문으로 정리하여 대학원 수업시간에 소개하고, 한반도와 오키나와의 미군 중 어느 쪽이 먼저 구조조정될 것인가에 대해 토론한 적이 있다. 그때 대학원생들은 하나같이 '오키나와'라고 대답하였다. 확실히 오키나와와 남한을 단순비교하면 누구나 그렇게 볼 것이다.

그런데 오키나와에서 미군주둔을 반대하는 시민운동이 강한 것은 분명한 사실이지만, 시야를 일본 전체로 확대할 때 문제의 핵심은 도쿄이며, 이를 기반으로 한 미일동맹은 일본뿐만 아니라 아시아전략 전반에 이르는 핵심적 지주이다. 일본 전체에서 볼 때 오키나와는 그리 영향력이 크지 않을 뿐만 아니라, 도쿄에는 군사력 강화의 우경화 분위기가 완연하다. 물론 남측에서 주한미군에 대한 비판의식이 오키나와 수준에 미치지 못하는 것은 분명하지만, 남·북·미 삼각관계를 중심으로 한반도 전체로 시야를 넓히면 상황은 사뭇 달라진다. 북미간의 대립을 축으로 하는 정전협정 때문에도 평양은 미군에 관한 한 세계에서 가장 적대적이다. 오키나와야 그저 시민운동 수준이지만, 평양이 보유한 미사일무기 등은 미국에서도 뜨거운 논쟁 중의 하나이다. 따라서 하나의 일본(One Japan), 하나의 한국(One Korea)으로 시야를 넓히면 아무래도 오키나와보다는 한반도에서 불안한 정전체제의 조정과 군사지형의 변화가 우선일 것이다.

이렇게 보면 정작 문제가 되는 것은 6·15선언이 아니라 우리의 주체적인 담론이 너무 빈약하다는 사실이다. 미국의 민간연구자들이 주한미군의 지위와 역할의 조정 문제를 논의한 지는 꽤 오래 되었다. 미국의 한 인터넷 사이트(www.nautilus.org)를 들어가 보면, 남이 북보다 25~30배 경제적으로 잘살기 때문에 미군을 철수해야 한다는 사람, 그렇지만 남측의 경우 자주국방의 경험과 의지가 없기 때문에 철수해서는 안 된다는 주장, 바로 그렇기 때문에 미군을 철수하지 않고서는 남한의 자주성 강화와 정계의 뿌리깊은 비리를 막을 수 없다는 의견 등 다양한 담론이 진행되고 있다. 정책결정 또한 다양한 시각의 대북 전문가들의 의견을 두루 섭렵하고 있으며, 부시행정부 출범 이후에도 새로운 군사전략과 더불어 미군기지의 재정렬 문제가 활발하게 논의되고 있는 실정이다.

그러나 국내에서는 여전히 철수냐 아니냐의 단순 도식을 강요하는 분위기가 지배적이며, 가능한 미래에 대한 다양한 논의와 그것의 생산적 소통구조는 찾아보기 힘들다. 1949년 미군철수 이후 정치적 경색과 더불어 한국전쟁이 발발한 것이 자생적 사회시스템의 부족을 의미한다면, 한국전쟁중 전선이 지척인데도 여야가 한가롭게(?) 부산정치파동으로 옥신각신한 것은 미군에 대한 절대적 의존 때문이었다. 이러한 자생적 시스템의 부재와 미군에 대한 의존의식은 결국 주둔이냐 아니냐의 단순 도식을 의미하는 것이고, 이것만으로는 남·북·미 구조조정 시기에 당면하는 문제를 감당할 수 없을 것이다.

연관되는 문제들

하나(One)와 둘(Two)의 차이를 이렇게 정리하면, 그것이 고위층에 주로 관련되는 정치·군사적 문제인 것 같지만 사실은 이름표 목걸이, 홍창수의 절규, 교예단의 깃발에서 보듯 일상적인 문제, 또는 각계각층의 요구 및 그 실현방도와도 깊이 연결되어 있다.

예컨대 민주노동당의 통일정책을 보니 '1단계 국가연합'에서 시작하여 '4단계 사회주의'로 귀결된다. 그러나 내가 보기에는 이러한 1단계에서 저러한 4단계로의 결론은 도출될 수 없다. 현재 분단체제 아래 남측에서 민주노동당은 국회의석 하나 가지고 있지 못하며, 이러한 상황의 연장선상에서 민주노동당이 의미 있는 정치세력으로 성장한다는 것은 대단히 어려운 일이다. 그런데 이번 조선노동당 55돌기념행사에 참관하고 온 민주노동당 부대표의 글에 의하면, 평양에서 노동자의 정당 민주노동당은 비행기에서 내릴 때부터 모든 의전에서 1순위였다고 한다. 이것은 비록 상징적이긴 하지만 여러 가지 의미를 파악해 낼 수 있다. 즉 Two Korea의 분단적 질곡에서 매겨진 서열들은 한반도 전체의 시각에서는 변화하지 않을 수 없다. 작년 조선노동당 55돌행사의 초청은 남북 정당·사회단체 연석회의로 가는 일종의 신호로도 해석할 수 있는 바, Two Korea의 현실에 익숙한 각계각층에서 앞으로 One Korea로 확대된 공간에 대한 대비가 시급한 실정이다.

이처럼 한반도에서 하나(One)와 둘(Two)은 여러 가지 측면에서 중요한 차이가 있지만, 이를 분별하지 못하여 정세를 오판하는 경우가 적지 않다. 예컨대 지난 6월 평양회담을 앞두고 여러 사람들이 북측이 경제적으로 수세이기 때문에 통일문제를 적극적으로 제기하지 않을 것이라고 예측하였다. 또한 6공시절 안기부장을 지냈던 이는 연방제를 거론하는 북측의 전통(?)을 예측하여 모 월간지로부터 각광을 받았지만, 연방제를 수세에 처한 북측의 분단전략이라고 주장하였다. 심지어 평양회담에 직접 참여하고 돌아온 학자마저 연방제가 되면 북측이 흡수되기 때문에 이에 반대해야 한다는 논리를 폈다. 이러한 물구나무선 인식은 부분적으로는 북측의 현실에 대한 과소평가에서 비롯되지만, 근본적으로는 '하나'의 의미에 대한 착각에서 비롯되는 것이다.

금강산 선상토론 내내 진행된 민족주의에 대한 비판도 마찬가지이다. 일부에서는 민족주의를 일종의 '국가파시즘'처럼 비판하지만, 21세기 한반도에서 민족주의의 핵심 개념은 통일이며, 통일은 남북 두 국가주의와 날카롭게 대립한다. 따라서 적어도 한반도에서는 통일민족론이 분단 '국가주의'와 결합하는 것이 아니라, 이와 대립하고 나아가 이를 극복하는 길이 될 것이다. 그럼에도 불구하고 여전히 민족주의를 국가파시즘에 준거하여 비판하는 것은 어제의 것으로 오늘을 재단하거나, 서구 등 타자의 것으로 우리를 재단하는 일종의 오리엔탈리즘이다.

그간 북미간의 대립을 축으로 하는 지난 반세기 동안의 정전협정 구도 때문인지, 아니면 오랜 연방국가의 경험 때문인지 몰라도 하나(One)와 둘(Two)의 의미를 비교적 정확하게 분간해 내는 곳은 다름 아닌 미국이다. 최근 비밀해제된 미국측 자료들을 보면 1972년 당시 이후락 중앙정보부장이 김일성 주석을 만나고 왔을 때도, 미국측은 그가 One Korea의 연방제에 동의하였는지 면밀하게 추궁하였다. 그 연장선상에서 1972년 One Korea의 7·4공동성명서는 1년 뒤 Two Korea의 '6·23특별선언'으로 전환되었다. 남과 북이 같은 주권 단위 내에 연방으로 결합할 경우, 미국은 자신의 자리가 없어지는 것을 우려하고 있는 것이다.

1998년 「페리보고서」의 핵심은 '미군이 주둔하는 남측'과 '적대관계를 해소한 북'이란 Two Korea 정책을 전제로 하는 북미관계의 정상화이다. 다른 말로 하면 Two Korea만 용인되면 북미관계가 정상적인 평화관계로 돌입할 수 있다는 것이다. 커밍스 교수 등이 주장하듯 북이 자신의 생존만을 최대의 문제로 생각할 경우 「페리보고서」를 받아들이지 않을 이유가 없다. 그러나 북의 문제가 통일과 밀접히 연관되어 있다고 판단할 경우, 쟁점은 이제 하나와 둘의 문제로 옮겨가는 것이다. 즉 남·북·미 삼각관계에서 전쟁과 평화라는 존재 자체의 문제가 어느 정도 가닥이 잡히면, 다음 쟁점은 존재의 방식 즉 하나(One)와 둘(Two)의 문제로 옮겨가는 것이다. 여기가 「페리보고서」의 남은 쟁점이 있는 지점이며, 통일을 주제로 하는 남북회담이 열린 시점이다.

그런데 2000년 10월 12일 '북미공동성명' 이후 북미간의 관계정상화 문제가 본격적인 협상의 궤도에 진입하는 듯하자, 『뉴욕타임스』는 "한반도의 통일은 아시아의 분단?"(If korea Unite, Will Asia Divide)이란 이름의 칼럼을 실었다. 이에 의하면, 한반도가 통일되면 미군이 나가야 하며, 그러면 통일 한반도는 중국이 주도하는 대륙세력의 일부가 되고, 그것은 좁은 대한해협을 경계로 아시아를 대표하는 두 세력, 즉 중국세력과 일본세력으로 분단된다는 것이다. 요컨대 한반도의 통일은 더 큰 분단을 가져오기 때문에 위험하다는 것이다.

이러한 견해의 기저에는 한반도의 독자성을 전혀 인정하지 않는 오리엔탈리즘, 아니 식민사관을 방불케 하는 편견이 자리하고 있다. 즉 분단 한반도는 미국과 소련에 기울어져 있었고, 통일 한반도는 전통적인 사대로 복귀할 것이라는 이러한 주장에서 자주적 한반도는 아예 없다. 그러나 통일 한반도는 분명 분단 한반도보다 더 강할 것이며 자주적이며 중립적일 수 있다. 실질적으로 대륙세력과 해양세력 어느 한쪽에 편입되지 않은 것이 한반도에 다변적이며 더 많은 이익과 기회를 줄 수 있다.

그리고 동북아에서 자주적이며 강한 한반도는 평화의 파괴자가 아니라 평화의 초석이 되었다. 반대로 한반도가 해양과 대륙의 어느 일방 세력에 편입된 이후 동북아에서는 전쟁의 비극이 일어났다. 13세기 독자국가 고려가 몽고에 편입된 이후 대한해협에서는 일본과의 전쟁이 발생하였으며, 20세기 일본의 조선 강점 이후 동북아에서는 만주사변, 중일전쟁, 태평양전쟁으로 이어지는 '15년전쟁'이 일어났다.

현재 부시행정부의 등장 이후 미국은 대북정책을 전면 재검토하면서 우선 강경책을 선호하는 것으로 보인다. 그러나 1990년대 10년간의 경험이 말해 주듯, 한반도에서 전쟁은 석기시대로 회귀하는 역사의 종언을 의미하며, 따라서 평화와 화해의 길로 가지 않을 수 없을 것이다. 그럴 경우 핵심 쟁점으로 다시 하나(One)와 둘(Two)의 문제가 부상하게 될 것이다.

다시 삶의 지평으로

금강산에서 마지막 날(11. 14) 저녁 선상에서 남북문제를 다룬 영화 〈쉬리〉〈간첩 리철진〉〈공동경비구역 JSA〉를 감상하였다. 〈공동경비구역 JSA〉가 수작이라는 데 대체로 동의하였지만, 내가 보기에는 분단과 통일 문제에 관한 한 우리 의식수준을 대변하듯 영화계 또한 한계가 없지 않다고 생각된다.

이 영화들은 대체로 '있을 수 없는 일을 다루었다'는 공통점이 있다. 이것은 우연히 또는 영화이기 때문에 그렇게 된 것이 아니라, 남과 북의 대립 또는 화해를 그 접점에서만 다루려 하기 때문에 뿌리를 천착하여 대중의 보편적 생활현장으로 연결시키지 못하는 어떤 수준의 반영이다. 분단과 통일 문제가 우리의 민족사를 두루 제어하는 총론적인 것이라면, 남북이나 휴전선이 아니라도 다루어야 할 것은 너무나 많다.

아니 분단과 통일의 문제가 휴전선에서 멀어져 도시와 농촌의 일상으로 연결될 때 우리는 그 극복의 길을 비로소 생활력 있게 전망할 수 있을 것이다. 요컨대 분단·통일 문제가 대중적 삶의 전형성과 결합된 영화가 이제 필요할 것이다.

아니면 분단이 생성·유지되는 뿌리를 파고들어도 좋을 것이다. 해변에 나가보면 파도와 절벽은 밤낮으로 싸우고 있지만, 그것은 둘 사이의 문제가 아니라 만유인력의 소산이다. 그러하듯 휴전선 주위에서 남북은 대치하고 있지만, 분단이 생성·유지되는 보다 근원적 뿌리는 한반도의 민족문제이다. 또한 이것은 비록 형태를 달리하지만 오늘의 문제일 뿐만 아니라 어제의 사대·식민과 연결되어 있고, 우리만의 문제가 아니라 오키나와·베트남·대만·중국 등에서도 여전히 중요한 문제이다.

영화에서 다시 느낀 것이지만, 역시 문제는 여전히 삶이다. 물론 삶은 단지 현재를 의미하는 것은 아니다. 러시아의 국민시인 푸슈킨(A. Pushkin)은 "마음은 늘 미래에 사는 것"이라 노래했고, 쿠바의 혁명시인 마르티(J. Marti)는 "오늘의 꿈은 내일의 삶"이라고 했다. 과연 미래·꿈·희망이야말로 인간의 역사를 여타의 것과 구별지어 온 동력이리라.

북은 구호의 나라. 금강산 입구에는 "오늘을 위한 오늘이 아니라 내일을 위한 오늘에 살자"라는 구호가 우리를 매일 맞이하였다. 역사적 존재인 인간에게 오늘은 단지 '오늘의 오늘'이 아니라, '어제의 내일'이기도 하고, '내일의 어제'이기도 하다. 어떤 이들은 어제의 분단이 계속되리라고 관성의 오늘에 살기도 하고, 어떤 이들은 내일의 통일을 예비하는 오늘에 살기도 한다. 문익환 목사가 "이제 통일은 됐어!"라고 했던 것은 일종의 메시아적 어법이기도 하지만, 무엇보다 통일을 기정 사실화하는 삶, 미래를 당겨 사는 삶을 촉구한 것이리라.

늦가을, 금강산의 풍광은 아름다웠다. 금강산에는 신선이야기 등 신령스러운 전설이 여전히 많지만, 의외로 봉건적 억압 등을 피해 온 선량한 사람들의 애환과 해원의 전설 또한 많이 발굴되어 있다. 예나 지금이나 금강산에서 피할 수 없는 또 하나의 풍경은 바위에 새긴 문자들이다. 많은 옛 선비들은 금강산에 유람 와서 자신의 이름을 새긴 반면, 불교신자들은 미륵불(彌勒佛) 등 사상적 표징을 주로 새기고 자신의 이름은 시주명단에 올렸다. 이러한 맥락에서 보면 북측에서 새긴 주체사상의 족적이나 개념들은 이념의 차원을 넘어 어떤 종교적 차원처럼 보인다. 통일 이후 금강산에는 또 어떤 글자들이 새겨질까?

금강산에서 북측 여성관리원들을 만났다. 그간의 방북기가 북한의 접대원·관리원 여성들을 소개하면서 여성적 아름다움을 주로 언급했던 것이 한편으로는 친근감을 주는 데 공헌하였지만, 역시 남성주의의 편향이 강력하게 작용하지 않았나 하는 혐의를 떨칠 수 없었다. 그들은 20대의 앳된 모습으로 풍족한 차림은 아니었지만, 전문가들보다 통일에 대해 더 열성적으로 이야기했다. 남측 안내원은 미리 북측 관리원과 분단·통일 등 정치문제(?)를 논의하지 말라고 당부하였지만, 전공이 전공인지라 이곳 저곳에서 남북대화(?)가 연속되었다.

한반도에서 평화가 우선 중요하다는 남측의 주장에 그들은 진정한 평화는 통일이라 응수하였고, 통일은 "늦을수록 좋다"는 주장에는 "빠르면 빠를수록 좋다"고 반박하였다. 북이 이미 주한미군의 주둔을 양해하였다는 주장에 대해, 여전히 그것이 통일의 가장 중요한 걸림돌이라 응답하였다. 선문답처럼 산상의 짧은 논쟁이지만, 아마도 이것은 앞으로 통일논의에서 핵심적인 쟁점으로 부상될 것이다.

21세기 한반도는 과거 분단의 시간과 미래 통일의 시간이 착종하면서 구조조정기에 돌입할 것이다. 그런데 지난 6월의 평양회담이나 그 이후 김정일 위원장의 송이선물을 보고, 또는 현대 등 재벌의 북한진출을 보고, 통일은 대중의 문제가 아니라 고위층과 가진 자들의 문제라고 생각하기도 한다. 그러나 복잡다단한 한반도 분단 문제와 그 해결과정에서 위와 아래의 고정적 구분은 대단히 비변증법적인 것이다. 무릇 불도저가 길을 닦고 나서야 차가 다니고, 삽으로 도랑을 만들고 나서 물이 흐르듯, 이른바 '고위층'이 닦았다고 하더라도 '길은 여전히 만인의 것'이다. 금강산관광만 해도 그렇다. 포럼 뒷자리에서 "재벌 현대가 금강산까지 장악했다"고 주장하는 사람도 있었지만, 노래방 하나 분양할 수 없는 온천을 운영해서 무슨 큰 이윤을 남길 수 없다. 재벌 현대가 금강산관광을 운영하는 것은 분명하지만, 분단을 보고 통일을 느끼고 간 사람들은 다수의 대중들이다. 남북합작의 경제사업이 양측 모두에게 이익이 되어야 하는 것은 분명하지만, 내가 보기에는 그것이 자본주의적 이윤의 일방적 확대보다는 민족경제라는 개념이 더 어울릴 것 같다.

마찬가지로 2000년 평양회담이 남북 최고위층 간의 만남인 것은 분명하지만 그 결과물인 '6·15남북공동선언'은 남북 만인의 길이다. 앞으로 당국자회담과는 별개로 민간 차원의 정당·사회단체·개인의 교류와 협력이 점차 활성화될 것이다. 이러한 6·15남북공동선언의 활성화 단계를 경험하고 나면, 한반도는 평화통일을 위한 정치협상과 구조조정의 단계로 돌입하게 될 것이다. 생각이 이에 미치면 하나(One)와 둘(Two) 사이의 차이와 거리를 점검하면서 조정하는 일은 지금 시작해도 결코 빠른 것이 아닐 것이다.

1부
분단의 구조와 통일 지평선

분단에 대한 연역과 통일의 전제

1990년대 북한관 · 통일론의 허실과 남은 쟁점

2000년 6월 평양회담과 남북공동선언

분단에 대한 연역과 통일의 전제

1. 머리말

　1989년 소련과 동유럽권이 무너지고 난 이후 10년 동안 우리의 화두는 세계화였다 해도 과언이 아니다. 소련·동유럽의 붕괴로 자본주의의 승리를, 그리고 뒤이은 김일성 주석의 사망과 북한의 식량위기로 남한의 승리를 구가하면서, 우리는 '반세기의 전투'에서 돌아온 개선장군처럼 끝없는 자신감에 충만해 있었다. 그러나 우리에게 다가온 것은 G-8이나 선진자본주의가 아니었다.[1] 선진 금융자본과의 접촉에서 일어난 환란(換亂)과 경제위기였으며,[2] 믿었던 북한의 붕괴는 일어나지 않고 오히려 '인공위성사건'이 발생하였다.[3] 이리하여 탈냉전 이후 중요한 전환기인 10년은 우리에게 '잃어버린 시간'이 되었다.

　무엇이 우리에게 물구나무선 세계관을 지니게 하였는가. 여기에서 간과할 수 없는 문제는 다름아니라 '지성의 혼란'이다. 탈냉전 이후 민족문제를 유실하고 체제론에 매몰되어 음으로 양으로 주장된 북한홉

수통일론의 낙관,[4] 여전히 서구(미국)의 힘이 중추를 이루는데도 한국
적(동양적·아시아적)인 것의 승리를 구가하던 현실인식의 부재,[5] 탈
냉전 이후 분단문제를 민족 내부의 문제로 보는 편향(김동춘 1994; 정해
구 1998) 등이 바로 그것이다.

우리가 분단현실을 경유하여 세계와 만날 수밖에 없는 현실에 주목
한다면, 이러한 혼란의 근원은 대체로 분단현실에 대한 그릇된 인식에
서 비롯됨을 알 수 있다. 때문에 우리가 '발'딛고 있는 분단현실에 대한
인식을 수정하지 않은 한, '머리'에서의 지적 착오는 반복될 수밖에 없
다. 지금도 우리는 이러한 것을 경험하고 있다. IMF위기에 대한 예방
적 지성의 부재는 무분별한 사후처방의 지적 공황(panic) 상태를 보이
더니, 북한의 인공위성사건이나 북미간의 전쟁공방에 대해서는 다시
손을 놓고 있는 실정이다. 본론에서 언급하겠지만 IMF나 북한 인공위
성은 모두 한반도의 분단현실 또는 그 변동과 밀접한 관계가 있는 것
들이다.

민족분단을 전후해서부터 지금까지 분단(체제)에 대해서는 많은 논
의들이 있어왔지만, 역사가 대체로 그러하듯이 논의 역시 직선상의 발
전만 거듭한 것은 결코 아니다. 어떤 면에서 70년대 이후의 논의는 분
단문제의 대중적 확산에는 기여하였지만 본질과 핵심에서 더욱 멀어
진 측면도 적지 않다.[6] '의식의 존재구속성'이라는 맥락에서 보면 분단
(체제)에 관한 '담론'만큼 분단'현실'에 '구속'되는 것도 없을 것이다. 문
제의 심각성은 이 같은 구속성이 관변이론뿐 아니라 진보적 통일운동
의 담론 속에도 적지 않으며, 더욱이 끊임없이 재생산되고 있다는 데
있다.

2. 분단체제론

분단은 체제가 아니다

현재 '분단체제'라는 용어는 비교적 광범위하게, 그리고 서로 다른 내용으로 사용되고 있다.[7] 분단체제가 남북한이 서로 다른 체제 —— 예컨대 사회주의 대 자본주의 등 —— 로 대립하고 있다는 사실을 서술적으로 강조하는 것이라면, 바람직하지는 않지만 용인할 수 있을 것이다. 그러나 분단체제를 "남북한 수구세력의 적대적 공생관계 또는 상호의존"에 의해 "상당 수준의 자기재생산 능력을 갖추었기 때문에 함부로 무너지지도 않고 무너져도 곤란한 것", 요컨대 "한반도 내부에서 자체 생명력을 갖춘 일종의 체제"로 보는 것[8]은 전혀 사실과 맞지 않다.

물론 반세기 이상 분단이 유지되었기 때문에 그것을 '자생력이 있는 체제'로 보는 것이 어쩌면 당연할지 모른다. 그러나 분단에 관한 연유는 그리 간단한 문제가 아니다. 즉 휴전선을 두고 남북이 오랫동안 적대적으로 대치하고 있고 각각이 서로 다른 국가적 규모의 재생산구조를 갖추고 내화(內化)하고 있음은 분명한 사실이지만, 그것이 분단문제의 지배적 법칙인 것은 결코 아니다. 그 예로, 여기서는 일단 미소의 분할점령과 두 국가의 수립 등 분단의 발생과정은 생략하고 현재의 민족분단에 실질적 정초가 되는 정전협정 하나만 보기로 하겠다. 정전협정은 전체 5조 63항으로 되어 있으며 그 내용은 대략 다음 세 가지로 분류할 수 있다.[9]

첫째, 정전 당시 이미 수행된 구체적인 조치들로서 제2조 '정화(停火) 및 정전(停戰)의 구체적 조치' 중 12항과 14~17항, 제3조 '전쟁포로에 관한 조치' 51~59항 등 지금은 생명력이 없어진 것들이다.

둘째, 정전 이후의 평화유지를 위해 매우 중요한 방안들이지만 실질적으로 무력화되어 현재 전혀 작동하지 않는 조항이다. 제2조 중 외부로부터의 무기반입을 금지한 13항 ⓓ·ⓖ, 군사정전위원회에 관한 19～35항, 중립국감시위원회에 관한 36～50항, 평화체제 수립을 위한 정치협상에 관한 60항, 정전협정의 수정에 관한 부칙 61항 등이다. 다음은 그중 몇 가지이다.

> 13항 ⓓ 한국국경 외부로부터 작전비행기, 장갑차량, 무기 및 탄약의 반입을 정지한다.
>
> 60항 한반도문제의 평화적 해결을 보장하기 위하여, 쌍방 군사령관은 쌍방의 관계 각국 정부에 정전협정이 조인되고 효력을 발생한 후 3개월 이내에, 각기 대표를 파견하여 쌍방의 한 급 높은 정치회담을 소집하고, 한반도로부터 모든 외국군대의 철수 및 한반도문제의 평화해결 등의 문제를 협의할 것을 건의한다.
>
> 61항 본 정전협정에 대한 수정과 증보는 반드시 적대 쌍방 사령관들의 상호합의를 거쳐야 한다.

무기반입에 대한 금지(13항 ⓓ)는 정전 이후 곧바로 무력화되었으며,[10] 정치회담에 의한 정전협정의 평화협정으로의 대체(60항)는 1954년 제네바회담에서 무산되어 '3개월 이내'라는 시한이 '반세기' 동안 지연되고 있다. 또 정전협정이 무력화되는 과정은 쌍방의 합의(61항)라기보다 한쪽의 일방적 선택에 의한 것이었다.

셋째, 제1조 '군사분계선과 비무장지대'에 관한 조항이다. 익히 알다시피 군사분계선은 지켜지고 있지만 휴전선의 비무장지대는 '세계에서 가장 무장된 지역'으로 변질되었다.

요컨대 현 민족분단의 정초인 정전협정에서는 '군사분계선'만 지켜지고 있고 '비무장지대'는 변질되었으며, 그외 평화를 보장할 수 있는 중요한 부분들은 대부분 사문화·무력화되었다. 즉 한반도분단에 대한 '총체적인 관리체제나 제도'는 제대로 구비되지 못한 실정이다. 제도적 보장이 없는 불안정성, 이것이야말로 한반도 분단의 첫번째 기본 성격이다.

이러한 불안정성으로 말미암아 한반도의 정세는 돌연 전쟁의 위기로 치닫곤 하였다. 예를 들어 북한의 핵문제가 초미의 관심사로 부각되었던 1994년, 주한미군(USFK)에서 작성한 제2의 한국전쟁 시나리오(USFK-OpPlan 5027)가 워싱턴의 특별군사회의를 거쳐 클린턴 대통령에게 제출되었다. 이 USFK-OpPlan 5027은 수년간 검토되면서 내용이 약간씩 변경되어 90년대 초에는 '북한에 대한 방어전'에서 '선제공격'으로 바뀌었다. 특히 럭(G. Luck) 주한미군사령관이 작성한 1994년의 OpPlan 5027은 도상훈련이 아닌 실전용이었다. 당시 상황의 심각성은, 그해 6월 16일 레이니(J. Laney) 주한 미국대사와 럭 사령관이 미국인 소개(疏開)를 추진하기로 협의한 직후 레이니 대사가 한국에 와 있던 자기 딸과 손자·손녀에게 사흘 뒤인 "일요일까지 한국을 떠나라"고 지시한 데서도 짐작할 수 있다(Oberdorfer 1997, p. 326).

OpPlan 5027에 따르면, 54만 5천 명의 미군이 참전하여 3~4개월 정도의 강도 높은 전쟁을 수행하면 북한에 대해 궁극적으로 승리할 수 있다는 것이다. 그러나 미군 8~10만 명을 포함한 약 100만 명의 인명 손실, 한반도와 동일 위도 지역 일본 및 하와이에 방사능 유출 가능성,[11] 남한인구의 40%를 포함하는 서울과 부근 지역의 파멸, 남한 경제와 무역의 전면적인 붕괴, 1천억 달러 이상을 미국이 전담하고 우방국까지 포함하면 1조 달러에 이르는 막대한 전쟁비용(같은 책, pp. 311~16) 등 많은 문제점이 지적되었다. 요컨대 전쟁을 선택할 경우, 미 국

방력의 절반을 동원하고도 이런 엄청난 피해가 예상되었던 것이다.[12]

당시 집권 초기의 클린턴행정부는 북미간 전쟁을 선택할 경우 선거에서 공약한 수많은 국내외 과제들을 연기해야 했다. 또 북한 핵문제에 강경한 입장을 취하던 중앙정보국(CIA)과 국방정보국(DIA)도 피해상황에 대한 우려로 전쟁에 반대하였다(Sigal 1998, p. 155). 결국 클린턴 대통령은 제3차 북미고위급협상을 제안하는 등 전쟁 대신 외교적 해결로 급선회하기 시작했다. 이리하여 걸프전이 끝난 뒤 '다음 악당은 김일성'이라며 추진하였던 전쟁노선은 역설적이게도 OpPlan 5027을 분수령으로 해서 외교협상으로 전환하였다. 이후 카터의 방북 중재로 남북정상회담까지 약속되었던 것은 익히 아는 사실이다.

OpPlan 5027은 몇 가지 점에서 시사적이다. 먼저 한반도의 분단이 제도적·평화적 기제가 거의 구비되지 않은 불안정한 상황이라는 점, 그리고 한반도 분단은 남북한의 문제일 뿐 아니라 북미간의 문제라는 점을 다시 확인할 수 있다. 우리는 분단의 지각(地殼) 위에서 생활하는 데 익숙해 있지만, 우리도 모르는 사이에 전쟁 일보직전까지 가는 분단의 지판(地板)구조는 본질적으로 불안전한 것이다. 다만 그것은 위기의 순간에야 자신을 제대로 드러내기 때문에 흔히 간과하기 쉬울 따름이다. 요컨대 분단의 발생·유지에서 주요한 변수는 한반도 '내부의 자생력'이라기보다 '외부적인 저지력'이며 '제도적'이라기보다 힘에 의존하는 '탈제도적'이며, 때문에 '안정적'이라기보다 '불안정'하다. 남북 상호의 '분단 내재화 또는 체제화'는 이러한 범주 안에서 일어나는 일이다.

한반도의 분단이 구조적으로 불안정한 취약점에도 불구하고 반세기 이상 지속되어 온 힘은 무엇인가. 그것 역시 OpPlan 5027의 취소과정에서 볼 수 있듯이 어떤 체제(system)에 의한 것이 아니라 '힘의 대치'

때문이다.[13] 미국은 후세인 다음 악당으로 김일성을 지목하면서 선제
공격 시나리오를 작성하였고 북한도 걸프전을 예의 분석하면서 '선제
공격에 대한 선제공격'으로 이에 맞섰다.[14] 이러한 대치국면에서 전쟁
과 협상은 역설적으로 상호 의존적이며 이것은 현재도 계속되고 있다.

분단은 분단이 아니다

분단의 '현상'은 분단의 '본질'을 왜곡하는 묘한 함수관계에 있다. 남
북분단은 흔히 지역문제나 사회계층(세력)간의 대립 차원에서 운위되
곤 한다.[15] 예컨대 현재의 남북분단을 저 삼국시기 또는 신라와 발해
나아가 후삼국의 정립과 비유하는 것이 지역문제 차원이라면,[16] 1920
년대 이후 사회주의와 민족주의의 갈등에서 연원을 찾는 것은 좌우대
립론의 대표적인 예이다.[17] 물론 남북분단에도 한반도 북부와 남부의
지역적 차이, 사회주의와 자유주의의 갈등이 없을 수 없다. 그러나 결
론적으로 말하면 그러한 차이와 갈등은 부차적인 제2, 제3의 변수이며
분단의 본질은 '한반도와 강대국 또는 세계의 접촉'이라는 민족문제라
는 사실이다.

먼저 사상·이념의 차이를 분단의 원인으로 보는 입장의 일면성을
유사한 사례와 비교해 보자. 역사는 사상과 이념 때문에 한 나라가 사
회적으로 분열되는 경우를 수없이 보여주고 있다. 근대 러시아에서는
서구적 근대화 노선과 그리스정교의 러시아 민족주의가 대립하였고,
현재 터키에서도 서구화·현대화 노선과 이슬람 근본주의가 팽팽하게
맞서고 있으며, 멕시코에서는 세계화 노선과 사파티스타 노선이 분열
되어 있다.[18]

역사적으로 볼 때 좌우대립 또한 유럽, 러시아, 아시아, 라틴아메리
카는 물론 미국까지 휩쓴 적이 있다. '대립하지 않은 좌우'란 원론적으

로 말하면 형용모순이며 현실적으로는 오히려 예외적인 것이다. 역사는 끊임없이 중앙과 지역, 신·구세대, 사상·이념의 갈등과 대립을 통해 발전하였으며, 이것은 한국사는 물론 세계사에서도 두루 증명되고 있다. 그런데 왜 우리만 좌우대립이 '억압적 분단'의 이유가 되어야 하는가.

분단문제를 지역적 문제로 보는 경향도 결국은 이와 마찬가지이다. 흔히 남북분단과 삼국의 정립(鼎立)을 비교하지만, 양자간에는 역사적 시차 문제 이상의 본질적 차이가 있다.

<표> 삼국정립과 남북분단의 비교

		역사적 과정	변수
삼	정립	다수의 소국(小國)에서 지역적 삼국으로	자체변수가 기본 원인
국	통일	중화세계와 연계된 신라에 의해 통일	외세가 과정적으로 결합
남북분단		하나에서 두 개의 나라로	외세가 기본 원인

<표>에서 보듯이 삼국의 정립은 수많은 작은 나라들이 자체적 통합과정을 거쳐 삼국으로 일정 기간 정립한 것으로, 기본적으로 한반도 내부의 역사발전과정이며 외세문제는 부차적·과정적인 것이었다. 반면 해방 이후 분단은 하나의 나라가 외세에 의해 강압적으로 두 개로 분리된 것이다. 현상이 아닌 본질(변수)에 주목한다면, 남북분단을 초래한 변수는 삼국의 분립보다는 외세가 개입한 삼국의 통일과정과 가깝다고 할 수 있다.

일반적으로 왕조의 교체는 일정 기간 분단을 초래하기도 하였다. 중국에서는 청나라가 명나라를 북쪽에서부터 분단시키며 발생하였고, 후백제와 후고구려 역시 통일신라를 분단시키며 40년 정도 정립하였

다. 그러나 어느 누구도 이것을 분단 운운하며 문제삼지 않는 것은 그 것이 기본적으로 그 나라 내부의 신진대사, 즉 역사발전의 자체과정이 기 때문이다. 남북분단도 정녕 이러한 것, 즉 지역과 체제의 차이뿐이 라면 큰 문제가 되지 않을 것이다. 하지만 남북분단에서 문제는 '지역 적 분열'이 아니라 해방 이후 민족사의 정상적인 발전이 외부 열강에 의해 저지·왜곡되었다는 데 있다.

현상적으로는 분리·독립이나 통합·통일로 상반되지만 그 본질은 같은 차원인 역사적 사례는 적지 않다. 현재 우리는 남북의 '통일'이 시 대적 과제이지만, 1990년을 전후하여 구 소련에 소속되어 있던 여러 민족들은 '분리독립'이 시대적 과제였다. 우리 또한 식민지시대에는 일 본제국으로부터의 분리독립이 시대적 과제였다. 분리와 통일, 이것은 분명 상반되는 양상이지만, '민족적 자유·자결·자주'의 실현이라는 본질에서는 의연히 같은 것이다. 물론 구 소련의 소수민족과 우리 민 족의 현실간에는 적지 않은 차이가 있고 일제 식민지시기와 현재의 남 북분단에서 외세의 성격과 강도는 서로 다르다. 그러나 민족의 분리와 통합의 자유를 실현한다는 점에서는 동일선상에 있는 것이다.

민족분단이 기본적으로 외세에 의한 것이었다고 해서, 우리 역사에 서 지극히 우연적이며 특수한 문제라고 주장하려는 것은 결코 아니다. 오히려 그 반대, 우리 역사의 '항상적 화두'였던 외세와의 접촉 문제가 현대적으로 발현된 것이라 할 수 있다. 두루 지적하고 있듯이 한반도 는 세계 유수의 강대국에 둘러싸여 있어 선진문물의 수입 등에 적지 않은 이점도 있지만, 선진세계와의 접촉과정에서 잦은 외압과 원심력 에 시달려왔다. 따라서 한반도의 역사적 화두는 늘 '대외적 개방'과 '민 족적 주체'를 겸비하는 것이었다. 그러나 현실은 대개 어느 한쪽으로 편향되는 경향을 띠었고 그 극단에는 민족적 비극이 자리하고 있었다.

즉 개방과 선진만 좇아가면 사대·식민·분열의 굴레로, 선진세계를 무시하고 주체와 자주만 강조하면 후진과 망국의 역사로 이어졌다.[19]

한국 현대사에서 세계와의 접촉이라는 민족문제의 위상이 이처럼 중요하기 때문에, 지난 80년대에는 종속이론이 폭발적으로 도입되었다. 이로 인해 외세의존 또는 종속의 문제가 단연 부각했고 민족분단에 대해서도 이러한 분석이 적지 않았다. 그러나 대부분의 경우 남북분단과 외세의 관련에 대한 구체적 이해가 결여되어 있어서 아시아·아프리카의 제3세계 국가에 비견하는 '과도 일반화의 오류'를 범하였다.

역내(域內) 사회주의 또는 자본주의 강국이 없는 아프리카·라틴아메리카와 한반도는 '냉전의 지정학'에서 현격한 차이가 있고, 무엇보다 분석의 기본 단위인 국가(state)의 문제에서 중차대한 차이가 있다. 제3세계는 일반적으로 외세에 종속되어 있지만 기본적으로 하나의 국민국가(national state)이다. 그러나 우리는 유엔에 두 나라가 가입되어 있으며, 하나는 세계 최강국 미국과 휴전중이기 때문에 많은 부분이 준전시적인 농성(籠城)국가의 면모를 보이며 또 하나는 미국과 혈맹관계라는 특수한 유대관계에 있다. 그리고 이것은 서로를 규정 또는 역규정하고 있다. 비유하자면 워싱턴과 서울 없이 평양은 해독될 수 없으며, 다른 두 곳에 대한 이해가 없으면 서울 역시 그러하다. 이러한 연유로 한반도에는 두 개의 국가가 있음에도 불구하고—아니 국가가 두 개이므로—유엔에서 '국민정부'란 정상적 규정을 받지 못하는 실정이다.[20] 따라서 미국과 삼각관계에 있는 남북 어느 하나를 뚝 떼어 다른 여러 국민국가들과 곧잘 비교하는 일반적 방법론은 이미 오류를 예약하는 것이다.

이런 특성 때문에 우리에게 필요한 것은 '여기 지금(hic et nunc)의

구체성'에서 출발하여 보편성으로 나아가는 것이며, 보편성이란 이름
으로 프로크루스테스의 침대에 분단현실을 이리저리 맞추는 과정이
되어서는 안 된다. 열강과 외세 문제는 제3세계의 보편적 문제이고 한
국사에서도 역사적 화두이지만, 장소와 시기에 따라 그 성격이 다르다.
한반도의 분단을 제대로 규명하기 위해서는 민족문제의 일반적 원칙
과 더불어 아시아 · 아프리카 · 라틴아메리카 여러 나라들과는 다른
'여기'라는 공간적 현장성에 투철할 것과, 다른 한편으로 우리 역사에
서도 사대 · 식민과는 다른 '지금'이라는 현재적 구체성이 절실히 필요
하다. 보편성에의 연역과 역사적 유추는 이러한 구체성의 천착 위에서
만 가능할 것이다.

3. 남한, 북한, 미국의 비균형적 삼각관계

분단은 요컨대 현대 한반도와 세계의 관계 문제이며 구체적으로는
'남 · 북 · 미 삼각관계'를 핵심으로 하고 있으며, 현재 협정이나 제도가
아닌 힘(power)에 의해 유지되고 있다. 여기서는 분단의 기초인 남 ·
북 · 미 삼각관계를 짚어보고자 한다.

지금까지 분단에 대한 인식은 주로 남북관계를 중심으로 이루어져
왔고 정부의 공식입장도 대체로 이에 가깝다. 그런데 그간의 경험을
되짚어보면, 그 책임이 어디에 있든 남북관계는 연속적이라기보다 단
충적인 특성을 지니고 있음을 쉽게 확인할 수 있다. 남북관계가 자체
의 생명력이 미약하고 단절적인 양상을 보이는 것은, 그것이 또 다른
변수 즉 북미관계와 깊이 연계되어 있기 때문이다. 현 분단의 정초가
되는 정전회담이 이승만정권의 반대에도 불구하고 체결된 것부터 그
러하거니와, 역사적 성과로 평가되는 1991년 '남북기본합의서'와 '비핵

화공동선언'도 남북한 자체의 화해와 관계진전보다는 부시행정부의 동북아정책이 주요한 원인으로 작용하였으며[21] 1994년 남북정상회담 또한 주지하다시피 카터와 미국의 중재로 급부상한 것이었다. 그외 김영삼 대통령의 반대에도 불구하고 클린턴행정부가 북한에 620만 달러의 식량원조를 한 것, 1996년 잠수함사건을 논의하기 위해 판문점에서 북미간에 대령급회담을 가진 것 등 이러한 예는 적지 않다. 남북관계를 자기완결적인 것처럼 파악하는 오류의 기저에는 북미관계와의 연계성을 무시하는 경향이 있으며 이러한 편향은 지금도 여전히 계속되고 있다.

북미관계는 기본적으로 '휴전중인 적대상태'이며 그 양상은 '전쟁 직전의 대립'과 '관계정상화를 위한 협상', 두 측면으로 이루어져 있다. 그리고 앞서 살펴보았듯이 두 측면은 별개가 아니라 상호 의존적인 성격이 강하다. 한국전쟁 휴전 이후에도 북미관계는 1968년 1월의 푸에블로호 사건, 1969년 4월 15일의 EC121기 사건, 1976년 8월 18일의 미루나무 사건 등과 같이 적대관계가 기본이었다. 그러나 이러한 사건에 대한 미국의 태도는, 리비아·이라크 등의 경우와 달리 폭격 등 강경한 군사정책이 아닌 협상으로 귀결되었다.

이러한 전환의 경향은 공화당 부시행정부에서도, 민주당 클린턴행정부에서도 확인할 수 있다. 부시행정부는 걸프전 직후 '다음 악당은 김일성'이라고 지목하였지만 1991년 중반 한반도에서 핵무기 철수를 선택하였다. 그 결과 1991년 12월 남북기본합의서, 1992년 1월 비핵화선언 등이 성사되었고 북미관계의 접촉은 고위급 수준으로 높아져 김용순이 워싱턴을 방문하여 캔터(A. Kanter) 국무차관과 협의하였다. 클린턴행정부도 집권 초반에는 대북 적대정책을 추진하여 전쟁시나리오(OpPlan 5027)까지 마련하였지만, 협상의 길로 전환하여 1994년 10

월 21일 제네바에서 미국과 북한은 '기본합의서'에 서명하였다.

현재 북미관계는 여러 가지 요인으로 지연되고 있다. 북한은 '적대적 정전협정'을 '평화협정'으로 교체한다는 기본 틀에서 남북기본합의서 다음 순서는 북미간의 관계정상화라고 보고 있다. 반면 미국은 북한과의 관계개선을 지연하면서 남북기본합의서의 실천을 먼저 촉구하고 있다. 그러나 북미관계의 개선 없는 남북관계 개선은 부분적일 수밖에 없다.[22] 또한 정전협정의 사문화와 한반도 휴전에 대한 감시체제의 부재를 메우기 위해서도 북미관계는 어떤 형식으로든 진전될 여지가 크다.[23]

이미 1975년 11월 18일 유엔 30차총회에서 한반도에 관한 북측 결의안(3390B)과 남측 결의안(3390A)을 동시에 통과시켰는데, 북측 결의안은 한반도에서 평화를 정착하는 방안으로 유엔사령부의 해체를 주장하였고 남측 결의안에서도 "휴전협정을 대체시키는 협상에 나설 용의가 있으며 대안이 제시된다면 유엔사령부도 협상할 수 있다"고 밝히고 있다. 즉 휴전 감시체제의 부재에 대한 방안 협상의 경험은 어제오늘의 일이 아닌 것이다. 북한측에서 제시하는 핵심 주제는 미국의 경제제재 해제 및 양국의 관계정상화, 유엔사령부 해체와 주한미군의 철수 또는 성격전환 등이며, 미국이 제시하는 핵심 문제는 미사일·핵 등 북한의 군사노선에 대한 것이다.

북미관계는 북한의 실체를 제대로 파악하기 위해서도 필수적인 조건이다. 흔히 냉전체제의 연장선상에서 '사회주의 북한'으로 규정하지만 이것만으로는 도저히 실체를 파악할 수 없다. 어떤 의미에서 '소련 또는 중국 없는 북한'은 이해 가능하지만 '미국 없는 북한'은 도저히 이해될 수 없다. 요컨대 북한을 해독하기 위해서는 사회주의 일반성과 아울러 '대미 휴전관계'라는 특수성이 추가되지 않으면 안 된다. "군사비 삭감을 김일성에게 건의한 것을 가장 후회한다"(Kim 1998a)고 김정일이 밝힐 정도로 과도한 군사정책, 북한의 경제개방정책이 중국과 다른 것 등은 바로 휴전적 대미관계의 특성에서 비롯되는 것이다. 북미관계가 새로운 진전을 보이기 전까지는 아마 북한은 이러한 노선을 기본적으로 유지할 것이다.

북한에서 미국의 존재가 외재적 압력에 의한 적대적 규정성이라면, 남한에서 미국(미군)의 존재는 상당 부분 내재화되어 있다. 그간 미국의 영향력은 흔히 간과되거나 해방 직후의 시기로 국한되기도 하였지만, 한국전쟁 이후의 한미관계도 여전히 세계적으로 특수한 동맹관계에 있다. 남한의 정권교체, 경제개발, 대북 정책과 정보 등에서 미국의 영향력은 사실 외부적 변수 이상의 것이었다.

4. 분단의 내일은 통일?

현재 미국의 대북정책은 과도기 특유의 이중성을 보이고 있다. 냉전시기의 봉쇄 · 대결전략(containment-confrontation strategy)이 여전히 남아 있는가 하면 새로운 관여 · 확장전략(engagement-enlargement strategy)을 모색하고 있고, 북한의 급속한 붕괴나 무력저항에 대처하는 위기관리정책(crisis-managing policy)이 구사되는가 하면 북한을 연착륙시켜 개혁과 개방으로 유도한다는 변화관리정책(change-managing policy)이 추진되고 있다(한호석 1995). 이들은 서로 결합하기도 하지만 각각 시기를 달리하면서 국면을 주도하고 있다.

90년대 전반기에는 북한의 식량위기, 김일성 주석 사망 등과 결합하여 위기관리정책이 국면을 주도하였고 이에 따라 북한붕괴론과 흡수통일론이 풍미하였다. 당시 북한붕괴에 대해서는 시한이나 과정을 두고 6~7개월설, 2~3년설, 7단계 중 2~3단계 진행설 등, 어떻게 붕괴할 것인가를 놓고 자체 내파(implosion), 외부자극에 의한 폭발(explosion), 남한에 대한 자살공격 등 참으로 다양한 종말론과 점성술이 유포되었다(한호석 1996). 그러나 기근으로 망한 나라는 역사적으로 없으며 또한 북한에는 조직적인 반대 정치세력이 거의 전무한 실정이고, 오히려 전통적 유교문화와 사회주의가 결합하여 지도자와 백성은 '유사 부자관계'의 모습까지 보이고 있다. 이리하여 종말론과 점성술은 해리슨(S. S. Harrison)의 지적처럼 "북한붕괴를 기다리다 자신이 먼저 늙어가는" 지적 파산상태를 맞이하게 되었다(『월간 말』 1995년 11월호).

북한의 급작스런 붕괴 가능성에 대해서는 시간이 흐르면서 미국당국에서도 대체로 회의적이었으며 이런 연유로 1994, 95년부터 이른바 '북한연착륙론'이라는 변화관리정책이 국면을 주도하였다. 변화관리정책은 탈냉전 이후 미국외교의 주요 개념인 관여 · 확장전략[24]이 한반도에 적용된 것이라고 할 수 있다. 1998년 '인공위성사건'과 금창리문제로 다시 강경파의 발언권이 커지고 있지만, 아직까지 국면을 주도하는 것은 행정부 주도의 변화관리정책이다.

물론 변화관리정책의 최종 목표는 개혁 · 개방을 통한 북한의 변화, 나아가 현 북한체제의 소멸이다. 따라서 북한의 위기에 대한 지원은 나이(J. S. Nye)의 표현을 빌리면 '독이 든 사과'이다.[25] 나이는 이러한 개혁 · 개방론의 출발점으로 1991년 남북기본합의서의 실행을 촉구하고 있다. 김대중 대통령의 남북기본합의서에 대한 강조와 이른바 '햇볕론' 등장은 이러한 개혁 · 개방론과 기조를 같이한다. 이러한 대북 유연책과 더불어 소떼의 방북에 이은 금강산관광은, 북한붕괴를 기반으로 하는 것과는 또 다른 의미의 통일이 내일의 현실로 다가온 것이 아닌가 하는 기대를 가지게 한다. 그러나 상황은 그리 간단하지가 않다.

우선 전쟁시나리오 등의 강경한 위기관리정책에서도 남한의 일방적 북한지역 흡수는 간단한 문제가 아니다. 한국전쟁 당시 미군과 유엔군이 북한지역을 점령하였을 때 남한정부가 아닌 유엔군이 통치권을 행사하였다. 이것은 우연히 그렇게 된 것이 아니라, 나름의 구조를 지니고 있는 것이다. 즉 그것은 유엔의 「대한민국에 대한 승인문서」에서 "대한민국 정부의 통치권의 범위가 남한지역에 국한된다"는 것을 다시 확인시켜 주었으며 그후 유사한 경우에 또 하나의 선례가 될 수 있다. 그런데 1994년판 OpPlan 5027에서도 북한정권 붕괴시 유엔 산하의 한시적 군정을 실시하는 것으로 상정하였고 1997년 미 해군분석센터의 북한붕괴에 대한 시뮬레이션에서도 미국은 한반도의 통일보다는 북한의 민주화를, 남한 단독접수보다는 유엔을 통한 관리를 선호하는 것으로 밝힌 바 있다(도진순 1998).

앞서 언급한 개혁·개방유도론자인 나이도 한반도의 미래상으로 통일보다는 '분단의 평화적 관리'를 의미하는 국가연합(confederation)을 제시하였다(같은 글). 그외 미국인들이 흔히 언급하는, 한반도의 통일에는 "많은 시간과 준비가 필요하다"는 등의 조건 역시 '분단적 공존'의 필요성을 강조한 것이다. "한반도의 통일을 지지하지만 시간·준비·연방 등의 조건이 필요하다"는 논법은, 1943년 카이로회담에서 "일제로부터 한반도의 독립을 지지하지만 적절한 절차(in due course)가 필요하다"고 한 것과 매우 흡사하다. 아무튼 탈냉전 이후 미국의 대한정책은 남한 주도라 할지라도 강력하고 급속한 통일 한반도를 선호하지는 않는다.

미국뿐 아니라 일본, 중국 등 한반도 주변 열강은 한반도의 급속한 통일보다는 대체로 분단관리를 선호하는 것이 현실이다. 일본은 탈냉전 이후 외교의 기본 개념을 본토 위주의 '소일본주의'에서 적극적인 해외진출을 모색하는 '대일본주의'로 바꾸었다.[26] 이러한 입장에서 일본의 안보 기본 개념도 변화하였다. 1978년 미일안보협의위원회에서 "일본의 영토가 공격받을 경우에만 방어한다"고 규정한 전수(專守)방어 개념이, 1997년 미일방위협력지침(Guide Line)에서는 "주변 유사시에 개입하는 것"으로 확대되었다.[27] '주변 유사시'에서 가장 유력시되는 것은 한반도 전쟁이다.[28] 요컨대 일본의 대외정책은 미일동맹을 기초로 대일본주의를 추구하며 주변 아시아에 적극 진출하되 한반도에도 적극 개입하여 북한과의 전쟁에 대비하고, 다른 한편으로 북미수교를 통해 분단균형정책을 펴는 것으로 요약할 수 있다.

한편 중국은 1997년 9월 공산당 전당대회를 계기로 그간의 제3세계 노선에서 전환하여 탈냉전 중국외교의 기본 개념으로 '전(全)방위 외교'를 표방하였다. 현재 중국은 한편으로는 러시아와의 관계회복으로 미국의 패권을 견제하면서도, 다른 한편으로 장쩌민(江澤民) 주석과 클린턴 대통령의 상호방문에서 나타나듯 '미국과의 전략적 동반자관계'를 추진하고 있다. 1979년 미중공동성명과 1992년의 한중공동성명에서 확인할 수 있는 것처럼 중국은 대외관계 수립의 최고 원칙으로 '하나의 중국'을 내세우고 있으나 주변나라들의 통일에 대해서 그리 적극적이지 않다. 이는 중국의 대(對)베트남 정책에서 이미 확인된 바 있다. 1992년의 한중공동성명의 경우 평화를 기본 개념으로 하는 '두 개의 한반도'와 통일을 기본 개념으로 하는 '하나의 한반도'가 교묘하게 결합되어 있다.[29] 현재 중국의 대한정책은 여전히 3비(三非. 한반도의 비핵화, 남북의 비전쟁, 북한의 비붕괴) 정책을 기본으로 하고 있다.[30] 때문에 그것이 분단고착에 이용될지 아니면 평화통일에 기여할지는 아직 상당히 가변적이다.

따라서 현상태의 전환국면을 국제정세에만 맡겨둔다면 다음 단계의 최대치는 아마도 남북 국가연합류가 될 가능성이 크다. 그리고 그것은 정전협정처럼 또 다른 분단 반세기를 지배할 것이다. 물론 주체적 민족역량의 결집에 따라서 이러한 상황은 '평화통일의 길'로 급진전될 수 있다. 한반도 통일에서 국제정세의 변화보다 남북한 민족역량의 결집이 우선되는 것은 이러한 필요성 때문이다. 이를 위해서 남북은 양국론적 국가주의적 시각에서 벗어나 민족의 관점에서 적극적으로 평화통일의 길을 준비할 필요가 있다. 또한 주변 열강에도, 한반도 통일이 동북아에서 중국이나 일본의 상호쟁패를 견제하며 동북아와 세계의 평화와 번영에도 도움이 된다는 것을 강조할 필요가 있다.

이러한 한반도의 구조조정과정에서 우리는 분단양국론에서 벗어나야 하지만 정부의 역할은 여전히 중요하다. 한반도의 통일은 복잡한 국제정세가 종횡하고 있기 때문에 정부의 역할은 매우 중요한 위치에 있다. 또한 남·북·미의 삼각관계를 고려할 때, 한반도에서 민족역량의 결집은 어느 한 정부의 주도 또는 다른 한 정부의 배제로는 현실적으로 성사되기 어렵다. 따라서 보다 큰 시각에서 남북 정부를 모두 포괄하는 확대된 통일운동이 필요하며, 이것은 사회적 차원의 통일운동을 비약시키는 또 다른 계기가 될 것이다.

5. 2+4+6 그리고 전쟁과 평화

현재 정부의 한반도 안전보장정책은 국제공조를 통한 평화체제의 수립이라 요약할 수 있다. 즉 햇볕정책으로 남북관계에서 이니셔티브를 취하고 미국과 중국을 포함한 4자회담으로 한반도 평화체제를 구축하며, 다시 러시아와 일본을 포함한 6자회담으로 동북아지역의 평화를 도모한다는 것이다. 이른바 '2+4+6'의 이 구도는 남한·미국·일본을 한 축으로 하고 북한·중국·러시아를 또 한 축으로 하는 것으로서 균형감이 있어 보인다. 더욱이 냉전시기 한때 '북방 삼각관계' 대 '남방 삼각관계'라는 이름으로 이러한 대치적인 균형을 설명한 적도 있다.[31]

그러나 한 걸음만 들여놓고 보면, 이러한 형식적인 균형의 이면에서 매우 비균형적인 실체를 확인할 수 있다. 먼저 6자회담의 성원이 될 수 있는 러시아와 일본의 비중은 크게 다르다. 1997년 미일안보지침 개정 이후 일본은 한반도 유사시에 중요한 개입자가 되었고, 98년부터 일본군과 한국군은 통합훈련을 하며 또 주한미군과 주일미군은 통합작전을 하게 된다.[32] 뿐더러 오키나와는 한반도 유사시 가장 중요한 발진기지가 된다. 이에 비해 러시아는 1998년판 OpPlan 5027[33]에 따르면 "자신의 문제가 너무 많아 당분간 한반도 상황에는 거의 개입할 수 없는 실정"이다. 결국 일본은 비록 4자회담 당사자가 아니지만, 한반도의 안보에 실질적으로 많은 영향력을 지니고 있다. 일전에 중국의 장쩌민 주석이 일본에 가서 제국주의 시절의 과거사 문제를 소리 높여 지적한 것은, 일반적으로 알고 있는 것처럼 과거사 그 자체 때문이 아니다. 그 것은 북한을 빌미삼아 미국과 일본이 동맹하여 중국을 포위하고 있다는 우려, 그야말로 현실과 미래에 대한 위기의식 때문이었다.[34]

사정이 이러하기 때문에 4자회담에서 미국과 중국의 위치는 더욱 비균형적이다. 남한에는 미군 3만 7천여 명이 주둔하고 있고 북한과 미국은 정전협정상의 '휴전중인 적대국'이다. 즉 미국은 남북 양측에 막강한 영향력을 행사하고 있다. 반면 중국이 미래의 강대국이라는 것은 누구나 인정하지만, 현재 한반도에서의 영향력은 그렇게 크지 않다. 심지어 1998년판 OpPlan 5027에서는 "한반도의 전쟁이 단기간일 경우 중국은 묵과할 수밖에 없다"고 평가하고 있는 실정이다. 따라서 4 자회담의 구조를 단순히 '남한+미국' 대 '북한+중국'으로 보는 것은 대단히 피상적인 파악이다. 그리고 1999년 1월 제네바에서 '북미회담-4자회담-북미회담'의 순서로 회담이 진행된 것, 즉 북미회담이 4자회담 전후에서 중요한 기능을 하였던 것은 4자회담의 비균형성을 반증하는 또 하나의 징표이다.

4자회담의 앞길은 크게 두 가지로 예견할 수 있다. 하나는 남 · 북 · 미 삼각관계와 충돌하면서 아무런 의미 없이 지연되거나 소멸되는 길이며, 또 하나는 삼각관계를 수렴하는 방식으로 조정되는 것이다. 4자회담이 삼각관계를 포괄하는 방식 역시 다음 두 가지로 나뉘어 병렬적으로 진전될 가능성이 큰데, 북미간 협상으로 휴전상태를 종식하는 과정과 남북관계가 진전되어 정상회담 등으로 나아가는 과정이 그것이다. 그리고 나머지 한 나라인 중국은 이러한 상호관계를 촉진 내지 보장하는 성격이 될 가능성이 크다.

이상을 요약하면 2+4+6의 관계는 균형적이라기보다 실제로는 남한 · 미국 · 일본의 남방삼각이 압도하고 있으며 북방삼각은 아직까지는 작동 자체가 의문시되는 형국이다. 그렇다면 게임은 끝난 것인가. 문제는 여기서부터 발생한다. 전쟁시나리오(1994년판 OpPlan 5027)와 북한의 미사일 · 인공위성 사건에서 확인되었듯이, 이 전쟁은 남한에도 치명적인 위험을 안겨준다. 민족적 연대가 결여된 비균형적인 국제공조는 평화의 길이 아닌 대립의 길로 나아갈 수 있다.

바로 그 예가 1998년 말에 대두된 새로운 '한반도위기설'이다. 1998년 11월 17일 전쟁 시나리오(OpPlan 5027)가 언론에 공개되고 난 뒤 12월 초 북미관계는 첨예한 대립으로 치달았다. 12월 2일 북한의 중앙방송은 인민군 총참모부 대변인의 이름으로 미국의 대북전쟁계획을

맹비난하는 성명서를 하루 동안 10회나 방송하였으며, 다음날 북한의 인민무력성 정창렬 부상은 "만약 미제가 끝끝내 전쟁의 도화선에 불을 단다면 우리 인민군대는 미국본토를 통째로 날려보내겠다"고 발표하였다(『한겨레신문』 1998. 12. 4). 그 이튿날(12. 4) 『로동신문』은 '5027작전계획'을 선전포고라고 주장하면서 "전면전쟁에는 전면전쟁으로, 침략전쟁에는 해방전쟁으로 대답할 것"이라고 밝혔다(『중앙일보』 1998. 12. 5). 한편 12월 3일 김대중 대통령은 청와대에서 천용택 국방장관, 김진호 합참의장 및 중장급 이상 주요 군지휘관들과 오찬을 같이하면서 '대북 군사역량 강화'를 역설하였다. 또 미 국방부의 케네스 대변인은 "주한미군은 북한군의 동향을 감시중이며 언제라도 대응할 만반의 태세를 갖추고 있다"고 발표하였다(『경향신문』 1998. 12. 3, 12. 4; 『한겨레신문』 1998. 12. 4).

이러한 대립과정에서 북한의 인민무력성과 총참모부가 표명한 '미국본토 공격 주장'은 단순한 과장이 아니라 김정일 국방위원장이 주도하는 선군정치의 오랜 준비 결과이다(Kim 1997; 1998a; 1998b). 이것은 북한의 미사일 개발사로도 짐작할 수 있다. 1993년 5월 말 북한은 자체 기술로 개발한 '노동1호' 미사일을 발사하였다. 이와 관련해서는 북한이 공식적으로 정보를 공개하지 않아 아직까지 몇 가지 착오와 주장의 차이가 있지만, 미국측 정보를 보더라도 북한 미사일의 사정거리는 1993년 5월 이미 일본열도 전역을 넘어선 것이 분명하다(『조선일보』 1998. 10. 23).

또한 1998년 8월 인공위성사건이 일어날 즈음, 북한은 이미 미국본토 공격이 가능한 대륙간탄도미사일(ICBM)을 실전배치한 것으로 주장하는 경우가 있는데(『조선일보』 1998. 10. 23), 이 역시 단순한 허풍만은 아니다. 그해 7월 전 국방장관 럼스펠드(D. Rumsfeld)가 이끄는 민주·공화 양당위원회는 "북한이 곧 미국 자체에 위험이 될 수 있다"고 주장하였지만, CIA는 그것이 "십수년 후에나 가능한 것"으로 간단히 부인하였다. 그런데 한 달도 되지 않아 북한이 인공위성을 발사하자 CIA는 엉망이 되어버렸다.[35]

마침내 CIA도 북한 미사일에 대한 그간의 입장을 바꾸기 시작하여, 1998년 말 테닛(G. Tenet) CIA국장이 방한하였고 CIA 한국지부의 요원들을 대북관계 전문가로 대폭 경질·강화하였다(『중앙일보』1999. 2. 1). 1998년 10월 럼스펠드는 미국 상원외교위원회에서 "미 정보기관은 대포동1호 미사일의 사정거리를 4천~6천km로 추정하고 있고 그것은 대륙간탄도미사일에 맞먹는다"고 증언하였다. 4천km면 괌이, 6천km면 하와이와 알래스카가 사정거리에 포함된다. 또한 중동의 어느 국가가 구입하였을 경우, 유럽의 주요 도시가 거의 다 사정거리에 포함된다(小都元 1999).

CIA의 이러한 입장전환에 기초하여 클린턴행정부는 미 전역을 장거리탄도미사일 공격에서 방어할 수 있는 '국가미사일방어'(National Missile Defense, NMD) 체제를 구축하기 위해 국방예산으로 2005년까지 5년간 66억 달러나 책정하였다(『조선일보』1999. 1. 22). 이 예산을 심의하는 미 의회 상·하원 군사위원회의 청문회가 99년 2월 2~4일 개최되었는데 코언 국방장관, 셜턴 합참의장, 테닛 CIA국장과 휴즈 DIA(국방정보국)국장 등이 모두 미국의 최대 군사위협 중의 하나로 북한을 지목하였다. 특히 테닛 국장은, 북한은 러시아·중국에 이어 3대 미사일 수출국이며 "북한 미사일이 미국본토를 공격할 수 있다"는 것을 공식적으로 시인하였다. 또 휴즈 DIA국장은 "한반도에 전쟁이 발생한다면 믿기 어려울 만큼 폭력적이며 파괴적일 것"이라고 증언하였다(『조선일보』1999. 2. 4; Risen 1999; Ricks 1999).

사정이 이러하기 때문에 한반도에서 전쟁은 민족공멸의 길이 될 수 있다. 따라서 평화의 길로 가기 위해서 우리는 북방삼각 대 남방삼각의 대결이 아닌, 분단의 구조인 남한 · 북한 · 미국의 삼각관계를 조정하는 것이 필요하다. 즉 남북관계를 정상화하고 북미관계를 진전시키며 한미관계를 조정하는 것이다. 즉 남북관계의 진전을 위한 국가보안법 등 법률의 정비와 남한 · 북한 · 미국이 같이 참여하는 평화체제의 수립만이 한반도를 평화와 통일로 인도할 수 있다.

6. 맺음말

IMF환란 위기 이후, 이제 삼척동자도 IMF를 운위하고 뉴스는 어김없이 뉴욕 월스트리트의 동향을 전하고 있어 마치 우리는 세계화된 것처럼 보인다. 그러나 세계화의 와중에서 우리는 미국도 북한도, 그리하여 우리 자신마저 잘 모르게 되었다.

이제 잠시 눈을 돌려 1세기 전의 역사로 돌아가 보자. 당시 우리 사회의 화두는 '근대화'였으며 그 방편으로 제기된 것이 '개혁'이었다. 갑오농민군도 '폐정개혁안'을 제시하였고 개화파를 비롯한 근대화론자들도 개혁을 주장하였다. 근대화의 도정에서 이러한 개혁안들은 피상적으로 보면 비슷하지만, 그 밑바탕에는 민족자주와 민중생존을 둘러싼 날카로운 세계관의 대립이 있었다. 갑오정권의 수장인 김홍집이 광화문에서 민중의 돌에 맞아죽은 것은 이러한 대립이 빚어낸 비극이었다. 이후 근대화론자 중에서 민족자주와 민중생존을 방기한 자들은 식민주의자로 전락하였고, 그것을 수렴한 이들은 민족운동의 견인차가 되었다.

그로부터 100년 후 우리 사회의 화두는 '세계화'이고 그 방편으로 누구나 '개혁'을 주장하고 있다. 현재 문제의 본질은 개혁이냐 수구냐가 아니라 개혁의 방향을 둘러싼 대립이라 할 수 있으며, 그 축은 여전히 민족자주와 민중생존이다. IMF위기 이후 이 두 가지 문제는 생활현장에서 깊게 결합되고 있다. 즉 우리의 경제적 발전은 워싱턴합의(Washington Consensus, 이교관 1998, 38~41쪽)에 바탕하고 있으며, 의존적 개혁의 결과 정리해고 등으로 민중의 생존권이 위협받고 있다. 또한 현재는 한반도의 휴전상태가 화전양면의 대립을 통해 다시 조정되는 제도적 전환기이다. 바야흐로 우리는 민족자주와 민중생존 그리고 남북통일의 문제가 그 어느 시기보다 긴밀하게 연계된 역사적 시기에 살고 있는 것이다.

그럼에도 불구하고 우리는 세계화로 지칭되는 세기적 변화의 물결 속에서 외래의 원심력은 선진의 이름으로 정당화하고 민족적 정서와 구심을 후진이라 냉소하고 있다. 이러한 '극단의 시대'는 주로 일원주의적 세계관에서 비롯하며 분단 현대사는 이를 더욱 심화시켰다. 냉전적 분단이 시작되던 해방 직후, 우리에게 필요한 것은 '일본이 물러가면 만사가 잘될 것'이라는 두루뭉실한 유토피아의 꿈이 아니라 다가오는 새로운 세계질서와 민족의 진로에 대한 냉철한 이성이었다. 냉전적 분단의 개편기인 지금, 우리에게 필요한 것은 '소련이 붕괴하면 북한이 무너지고 그러면 통일될 것'이라는 아둔한 점성술이 아니라 탈냉전 이후 한반도의 국제적 가치 변동과 이에 대한 준비일 것이다.

콜럼버스는 자신의 동방항해에서 전혀 기대하지도 않았던 서방대륙 아메리카를 발견(?)하여 역사에 위대한 탐험가로 등록되었다. 이러한 사실을 표면적으로 해독하면 역사를 우연과 행운으로 포장하기 쉽지만 그 기저에는 '지구가 둥글다'는 콜럼버스의 지적 확신, 새로운 항법과 항로를 선택하는 노력과 용기 등이 자리하고 있었다. 지금, 어느 누구도 분단의 내일에 대해 확정된 일정표를 제시할 수 없을 것이다. 그러나 분단극복을 위한 전제조건들을 건너뛰어 통일이 '한밤중의 신랑'처럼 찾아올 수는 없는 것이다. 그 전제조건들 중에서 가장 중요한 것은 다름아니라 남·북·미의 비균형적 삼각관계를 조정하여 대립관계를 청산하고 평화통일의 제도적 기초를 마련하는 일이다. 한반도의 21세기는 바로 여기서 출발할 것이다.

〈『당대비평』, 1999년 봄호〉

주

1) 한국개발연구원(KDI) 차동세 원장은 1996년 5월 6일 김영삼 대통령에게 보고한 「21세기 한국경제의 비전과 발전전략」에서 "21세기에 한국은 선진 7개국 대열에 올라갈 수 있다"고 주장하였다(『한겨레신문』 1996. 5. 7).
2) '아시아의 경제적 발전' 또는 '아시아의 경제적 위기'가 전반적으로 미국의 동아시아 '초생달방어선' 지역과 중복된다는 사실은, 이것이 대체로 냉전적 질서 및 그 해체 과정과 밀접한 관계가 있는 것으로 생각된다(도진순 1998; Anderson 1998 참조).
3) 남한의 북한전문가 예측은 맞히는 것이 거의 없다. 이는 북한의 정보 비밀주의 때문이기도 하지만 남한 관계자들의 '부적절한 관점' 때문이기도 하다. 그런 점에서 국무부 동아태 차관보 로스(S. Roth)가 의회청문회에서 증언한 다음 구절은 명심할 만하다. "북한정세에 대해 어떠한 예언도 하지 않는 것이 현명하다. 얼마나 많은 예측들이 근거 없는 것으로 판명되었는가. 대북정책 수립은 우리가 알지 못한다는 것을 인정하는 일에서부터 시작되어야 한다."
4) 북한흡수통일론은 뒤에 살펴볼 미국의 강경 대북정책 및 전쟁불사론과 깊은 관련이 있다. 미국이 '북한연착륙론'으로 뛰어넘은 뒤에도 우리에게는 여전히 남아 있는 '한미간의 시차'는 있지만.
5) 동아시아 담론, 아시아적 가치 등에 대한 논의 가운데는 물론 주체인식에 공헌한 것도 없지 않다. 그러나 전반적으로는 냉철한 현실인식의 부재에서 오는 '지적 거품현상'이 있었다고 할 수 있다.
6) 우리가 쉽게 대중적으로 감지할 수 있는 것은 사실 70년대 '분단체제론' 이후의 것들이지만, 그 이전에도 분단과 통일에 대한 논의들은 적지 않게 있어왔고, 어떤 면에서 본질적인 논의는 70년대 이전에 형성되었다고 볼 수 있다.
7) 분단에 '체제'를 추가하는 것은 별다른 이유 없이 남북한의 체제 차이나 대립을 강

조하기 위해서, 남북분단에는 어떤 체계적 작동원리(system 또는 regime)가 있다
는 믿음에서 등 다양하다(백낙청 1994; 1998). 여기서는 체제 개념에 대한 논의 자
체에 치중할 생각은 없고 이것이 분단의 본질과 어떤 관계가 있는가 하는 점만 언
급하고자 한다.

8) 백낙청 1998. 1997년 말 대통령선거 당시 이른바 북풍사건을 전후하여 풍미한 '남
   북한의 적대적 공생론'도 이러한 범주에 포함시킬 수 있다.

9) '정전협정' 원문은 오소백 외(1965, 222~69쪽) 참조. 최근 미국에서는 한반도의 새
   로운 질서와 정전협정에 대한 논의가 활발하다(Norton 1997; Kim 1997; 1998a;
   Pak 1997 등 참조).

10) 한국전에 참전했던 렘니치(L. Lemnitzer) 장군은 미 하원예결위원회 청문회에서
    "우리는 13항 ⓓ를 무력화시키는 데 성공했다"고 증언한 바 있다.

11) 한국전쟁 당시와 달리 북한군의 작전범위가 미사일 등에 의해 한반도 이외로 확대
    될 것이다. 그럴 경우 모두 해안지역에 있는 핵발전소(남한 11개, 일본 53개), 핵무
    기를 탑재한 미 군함이 공격목표가 될 수 있다(Kim 1997).

12) 〔첨가〕 최근 터프 대학 포럼에서 A. 카터는 1994년 국방부에서 근무할 때 근무시간
    의 반을 한반도 전쟁준비에 쏟았다고 회고하면서, 전쟁의 결과는 피바다가 될 것이
    며 남·북·미 어느 누구도 얻는 것이 없다고 주장하였다. 주한 미대사를 역임한 S.
    W. 보즈워스도 같은 견해를 피력하였다(*Boston Globe* 2001. 3. 15).

13) 북한은 '세계자본주의 체제의 하위체제에 포섭'된 것이 아니라, 가장 예리하게 이에
    대치하고 있다. 또한 남북한과 세계의 접촉은 세계자본주의 체제라는 일반적 개념
    보다는 미국과의 양자관계 — 그것이 적대적이든 우호적이든 — 가 더 규정적이다.

14) 북한은 '사막의 폭풍작전'을 미국보다 더 많이 연구하여 후세인의 패인이 전쟁 이전
    미군의 증강을 방임한 데 있다고 판단하고, 동북아지역에서 미군의 증강 자체를 좌
    시하지 않을 것이라고 공언하였다(Oberdorfer 1997, p. 325).

15) 강만길(1978)로 대표되는 70년대 분단체제 인식은 분단체제를 시대적 과제로 부각
    하였지만, 분단을 좌우의 체제나 남북의 지역문제로 국한시켜 외세와의 관계를 과
    학적으로 정립하지 못한 한계가 있다.

16) 분단을 한반도 내부의 지역적 대립으로 보는 경향을 대표하는 책으로는 김용옥 엮
    음(1994)을 들 수 있지만, 이러한 경향은 잘못된 상식으로 광범위하게 퍼져 있다.

17) 분단 내인론(內因論)을 주장하는 논자들 대부분이 이러한 시각을 견지하고 있다.

18) 헌팅턴(1997, 183~206쪽)은 이러한 나라들을 '분열국'으로 규정하며 여러 가지 사
    례를 들고 있다.

19) 한국사에서 세계와의 접촉 문제의 역사적 과정을 소묘한 도진순(1999) 참조.

20) 미국 주도의 유엔에서 북한은 1991년까지 국가라는 합법적 지위를 인정받지 못하
    였기 때문에 언급할 필요도 없고, 남한 역시 국민정부로 등록되지 못하였다. 1948
    년 1월 마셜 미 국무장관은 남한에 '한정된 정부'(definite Government) 수립을 검

토하라고 하였고, 1948년 12월 유엔의 남한정부 승인문서에도 '국민정부'(National Government)라는 표현이 명기되지 못하였다. 이러한 제한성이 한국전쟁 시기 북한영토에 대한 통치권을 확보하지 못하는 하나의 근거가 되었다.

21) 최근 미 태평양사령부가 공개한 문서에 의하면 그러하다(『중앙일보』 1998. 6. 24).

22) 최근 홍순영 외무장관도 "적대적인 북미관계의 진전 없이 남북관계의 본질적인 개선은 불가능하다"고 밝힌 바 있다(『대한매일』 1999. 1. 14).

23) 지금은 휴전체제를 감시할 수 있는 중립국감독위원회가 붕괴하여 휴전선에서 북한군과 미군이 직접 대치하고 있으며, 따라서 어떠한 형식으로든 서로 상대하지 않을 수 없는 형편이다.

24) 이 전략은 백악관 안보담당보좌관 A. 레이크, 미 국방부의 전략수립가 J. S. 나이 등이 기초하였으며 냉전 이후 클린턴행정부 외교의 기본 전략으로 채택되었다(한호석 1996 참조).

25) 「미국의 한반도 전략은 통일」, 『시사저널』 1997. 10. 16.

26) 1992년 '유엔평화유지활동(PKO) 협력방안' 통과를 그 계기로 볼 수 있다.

27) 이에 대해 중국은 '중국위협론'이라고, 북한은 '자신을 겨냥한 도발적 시나리오'라고 비난하였다.

28) 「日米安保共同宣言に對して中國·韓國·北韓の對應」, 『朝日新聞』 1996. 4. 18; 「日米協力課題なふ 有事時對應のケース硏究」, 『讀賣新聞』 1996. 5. 26(이상은 「해외정보 12: 미일안보와 유사시 대응에 관한 양국의 공동연구」, www.nanet.go.kr/nal/3/3-1-8/japan12.html); 박종문, 「미일방위협력지침 개정의 의미」, 『한겨레신문』 1997. 9. 20.

29) 한중수교 공동성명은 오직 하나의 중국만 있고 대만은 중국의 일부로 인정하고 있지만(3조), 한반도에 대해서는 한편으로는 한반도 정세의 완화와 안정을 강조하고 (4조), 다른 한편으로 평화통일을 지지하는 것(5조)으로 되어 있다.

30) 〔첨가〕 최근 전 주한 미대사를 지냈던 보즈워스는 베이징의 이러한 three no's policy(no wars, no collapse of North Korea, no nuclear weapons)에 한반도 주변 강대국들이 대체로 동의하고 있다고 밝혔다(*Boston Globe* 2001. 3. 15, 1).

31) 냉전적 시각에서는 흔히 북방 삼각관계를 과대평가하지만(정진위 1985), 역사적으로 미일과 같은 중소의 협조와 동맹을 바탕으로 한 북방 삼각관계는 작동된 적이 없다.

32) 1998년 김대중 대통령의 방일 이후 한국군과 일본자위대가 한반도 재해를 상정한 공동훈련에 합의하였고(『朝日新聞』; 『日本經濟』 1998. 10. 11; 『조선일보』; 『중앙일보』 1998. 10. 12), 99년 7월 첫 합동훈련이 예정되어 있다(『한겨레신문』 1999. 2. 3).

33) Halloran(1998)이 언론에 보도한 이 전쟁시나리오가 1998년 말 '한반도위기설'의 주요한 근거가 되었다.

34) 중국은 최근 4자회담에서도 미국의 북한 금창리 사찰을 반대한 바 있다.

35) *Executive Summary of the Report of the Commision to Assess the Ballistic Missile Threat to the United States*(July 15, 1998), http://www.house.gov/hasc/testimony/105thcongress/BMThreat.htm; Risen 1999.

참고문헌

강만길 (1978), 『분단시대의 역사인식』, 창작과비평사.

김동춘 (1994), 「국제화와 한국의 민족주의」, 『역사비평』 27호, 가을호.

김용옥 엮음 (1994), 『삼국통일과 한국통일』, 통나무.

도진순 (1998), 「신자유주의 세계화와 동아시아 그리고 한반도」, 『당대비평』 봄호.

______ (1999), 「세계화시대 한국사와 분단현실에 대한 이해」, 안동대학교 국학부 편, 『국학의 세계화와 국제적 제휴』, 집문당.

백낙청 (1994), 『분단체제 변혁의 공부길』, 창작과비평사.

______ (1998), 『흔들리는 분단체제』, 창작과비평사.

小都元 (1999), 『大浦洞の威脅』, 新紀元社.

오소백 외 (1965), 『해방 20년: 자료편』, 세문사.

이교관 (1998), 「국제 금융자본의 '한국 죽이기' 전모: IMF · IBRD · 미국의 '워싱턴컨센서스' 독점 공개」, 『시사저널』 3. 19.

정진위 (1985), 『北方 三角關係: 北韓의 對中 · 對蘇 관계를 중심으로』, 법문사.

정해구 (1998), 「남북한 분단의 전개과정: 분단과 통일의 변증법」, 『분단국가 50년, 그 배반의 역사와 통일의 길』, 학술단체협의회.

한호석 (1995), 「관여 · 확장전략과 협상 · 공존전략의 대치, 그리고 한(조선)반도 통일 정세의 변동방향」, 『통일논의』 8호.

______ (1996), 「붕괴설 · 연착륙설의 논리구도 분석」, 『통일학연구』 15.

헌팅턴 (1997), 『문명충돌론』, 이희재 옮김, 김영사.

Anderson, B. (1998), "From Miracle to Crash," *London Review of Books* vol 20, no. 8.

Bosworth, S. W. (1998), "Transcript: 1/23 Remark by Amb. Bosworth on US-Korea Relations," http://www.nautilus.org/napsnet/specialreps.html.

Halloran, R. (1998), "Speak Softly, But Carry a Big Stick," *Far Eastern Economic Review* 12. 3.

Kim, Myong Chol (1997), "DPRK Perspective on a Post-Armistice Regional Order," http://www.nautilus.org/napsnet.

______ (1998a), "Kim Jong Il's Roadmap to Peace and Security Policy on the Korean Peninsula: Prospects of the 4-Party Peace Talks," http://www.nautilus.org /napsnet.

______ (1998b), "Korea Makes Public Threat to Blow up US Mainland," http://www. kimsoft.com.

Norton, P. M. (1997), "Ending the Korean Armistice Agreement: The Legal Issues," http://www.nautilus.org/napsnet.

Oberdorfer, D. (1997), *The Two Koreas: A Contemporary History*, Addison-Wesley. (뉴스위크 한국판 뉴스팀 옮김, 『두 개의 코리아』, 1998, 중앙일보사.)

Pak, Chol Gu (1997), "Replacement of the Korean Armistice Agreement: Prerequisite to a Lasting Peace in the Korean Peninsula," http://www.nautilus.org/napsnet.

Ricks, T. E. (1999), "Nightmare Prospect of Nuclear Rogue State Makes North Korea the Hot Spot that Worries U. S. Most," *The Wall Street Journal* 2. 3.

Risen, J. (1999) "CIA Sees a North Korea Missile Threat," *New York Times* 2. 3.

Sigal, L. V. (1998), *Disarming Stranger: Nuclear Diplomacy with North Korea*, Princeton, New Jersey: Princeton Univ. Press.

1990년대 북한관·통일론의 허실과 남은 쟁점

1. 잃어버린 시간을 찾아서

20세기 말 10년 동안의 세계사적 격변 속에서 한반도에도 많은 변화가 있었다. 흔히 변동기는 특유의 격동 속에 서로 다른 시간대——완강하지만 명멸해 가는 과거와 미약하지만 부상하는 미래——가 혼재되어 있다. 때문에 피상적으로 보면 변동기는 아노미적 혼란기에 지나지 않지만, 그 기저에서는 기존 인식의 한계와 편향을 드러내며 한 단계 높은 진전을 예약하곤 한다. 이처럼 과거와 미래가 혼재된 변동기는 매력적인 분석대상이며 또한 교훈적이다. 지난 10년 분단과 통일에 대한 우리의 논란도 그러하였다.

1989년부터 진행된 소련 및 동유럽의 해체는 역설적으로 냉전체제에 익숙해 있던 이들의 세계관에 심각한 충격을 주었다. 시인 박노해가 "사회주의 체제는 무너졌고 나도 무너졌다"[1]라고 간단히 고백한 바 있듯이, 사회주의적 진보를 갈망하던 이들의 희망은 이렇게 무너졌다.

그러나 무너진 것은 좌파만이 아니었다. 90년대 들어와 본격적으로 추진된 세계화정책은 한편으로 한국사회의 봉건적 낙후성과 근대적 경직성을 걷어내는 데 일정한 역할을 하였지만, 다른 한편으로는 세계화에 대한 환상과 일방적 미국화를 추종하는 혼란을 초래하였다. 1996년 경제전문기관에서 몇 년 내 G-7이나 G-8 진입을 예견하였고[2] 이듬해 대통령선거전에서 후보들도 비슷한 비전을 제시하였다. 그러나 그로부터 얼마 되지 않아 IMF위기가 찾아왔고 이들의 장밋빛 전망과 비전은 무너졌다.

이처럼 탈냉전 이후 중요한 전환기인 지난 10년 동안 우리의 대외인식은 좌우를 불문하고 심각한 오류를 겪었다. 이것은 그저 변동기의 우연적 현상이 아니라 좌우의 그 어떤 공통적인 결함이 발현된 것이라 할 수 있는바, 미국과 소련이라는 차이는 있지만 아무튼 강대국이 주도하는 세계를 추종한다는 것 ─ 사대적 인식 ─ 을 공통점으로 지적할 수 있다. 우리가 분단현실을 경유하여 세계와 만날 수밖에 없는 현실에 주목한다면, 이러한 사대적 대외인식은 다름 아닌 종속적 분단현실에 구속된 것이다.

종속적 분단의 존재구속성이 대표적으로 발현되는 곳은 바로 북한·통일 문제이다. 90년대 북한은 그들이 "고난의 행군" "5년간의 전쟁"이라 표현할 정도로 한국전쟁 이후 그 못지않은 최대의 위기였다. 1993년 북미간의 핵과 전쟁 위기, 1994년 김일성 주석의 급서와 대홍수, 그후 계속된 자연재해와 식량부족, 기아와 난민 등. 이른바 전문가들은 '북한붕괴론'을 공언하거나 '흡수통일론'을 확신하였다. 그러나 기다리던 북한의 붕괴는 일어나지 않았다. 오히려 1998년 인공위성사건이 일어났으며, 그로 인해 북미간의 관계정상화가 추진되었다.

지난 10년 동안의 북한·통일 문제에 대한 인식 흐름과 문제점을 지적하기 위해서는 먼저 「페리보고서」의 핵심을 파악하는 것이 필요하다. 「페리보고서」는 아직 그 전모가 공개되지 않았지만, 1999년 10월 미의회에 보고된 것만으로도 중요한 함의들을 포착할 수 있다.[3] 보고서에서 특히 흥미로운 부분은 "검토하였지만 폐기할 수밖에 없는 방안들"이다. 즉 보고서는 북한에 대한 그간의 정책을 고수하면서 한정된 관계만 맺는 보수적인 '현상유지론', 북한을 압박하여 김정일정권의 종말을 촉진하는 '북한약화론'은 물론, 북한을 민주주의와 시장개혁으로 유도한다는 '북한개혁론'도 검토하였지만 결국 "폐기할 수밖에 없다"고 고백하였다. 그런데 이 몇 가지 폐기물들이야말로 지난 10년간 우리에게 너무나 익숙한 것들이다. 어찌하여 지난 10년은 대북 및 통일 인식에서 폐기물에 집착한 '잃어버린 시간'이 되었는가? 아니, 현재 우리는 과연 그러한 오류로부터 벗어났는가?

2. 대북정책과 몇 가지 개념

지난 10년 동안 미국과 남한에서는 북한과 통일에 대한 논의가 다양하고 복잡하게 이루어졌다. 먼저 북한에 대한 정책·전략의 측면을 보면 냉전적 봉쇄·대결전략(containment-confrontation strategy)과 관여·확장전략(engagement-enlargement strategy)으로 나눌 수 있다. 전자가 미국의 전통적인 대북정책이라면, 클린턴행정부 이후 부상한 것이 관여전략이다.[4] 봉쇄, 대결, 관여, 확장 등은 미국의 전략을 수사학적으로 포장한 것이기 때문에 이것만으로는 그 본질을 가늠하기 힘들다. 따라서 이런 전략의 기초가 되는 정세인식, 전략의 최종목표 등을 배합해서 분석할 필요가 있다.

90년대 대북 정세인식의 본질을 알기 위해서는 시간과의 함수관계를 먼저 점검하는 것이 필요하다. 이럴 경우 정세인식을 크게 조기에 붕괴할 것인가, 당분간 현상유지를 할 것인가, 시간이 감에 따라 오히려 강해지거나 위험해질 것인가 세 가지로 나눌 수 있다. 그리고 대북정책의 최종목표는 궁극적으로 한반도 통일에 대한 입장으로 귀결된다. 북한을 흡수하는 통일을 적극 추진하는가, 아니면 기본적으로 두 개의 한반도 정책을 고수할 것인가 등으로 나눌 수 있다.

이상의 논의를 기초로 대북정책의 갈래와 개념을 정리하면 다음과 같다(〈표〉 참조).

우선 〈표〉를 보면 크게 봉쇄 · 대결전략과 관여 · 확장전략으로 나뉘

〈표〉 대북정책의 갈래와 개념

	정세인식	정책과 전략(수사적 명칭)	목표(평화 · 통일)
봉쇄 대결 전략	조기붕괴론	붕괴이익(collapse benefits) 우선, 제한접촉, 붕괴촉진, 봉쇄 · 대결전략(**붕괴론**)	단기적 흡수통일론
	상당 기간 유지	현상고수를 기조로 하는 봉쇄 또는 제한접촉, 봉쇄 · 대결전략 (**현상고수론**)	두 개의 한반도 정책
	갈수록 북한 강군화, 문제악화	위기심화, 봉쇄 이상의 공격 (**전쟁론**)	전쟁통일론
관여 확장 전략	조기붕괴론	붕괴위험(collapse dangers) 우선. 붕괴지연을 위한 개입과 관여(**북한연착륙론**)	*북한연착륙→두 개의 한반도 정책→통일(* 는 무게중심)
	상당 기간 유지	개혁 · 개방을 위한 개입과 관여 (**개혁 · 개방 유도론**)	북한연착륙→*두 개의 한반도 정책→통일
	갈수록 북한 강군화, 문제악화	미사일 · 핵 등의 위기 저지, 평화정착을 위한 관여와 협상 (**페리보고서**)	두 개의 한반도. 통일에 대해서는 구체적 언급 없음

어 있으나 서로 얽혀 있는 경우도 적지 않다. 즉 서로 다른 정책·전략이지만 같은 정세인식, 예컨대 조기붕괴론에 입각한 경우도 있고, 같은 관여·확장전략이지만 서로 다른 정세인식에 입각한 경우도 있다.

다음으로 '북한조기붕괴론'이니 '북한연착륙론'이니 하는 개념에 대해 약간의 정리가 필요하다. 원론적으로 말하면 북한조기붕괴론은 단지 정세에 관한 것이고, 그것이 이익(collapse benefits)이 되는가 위험(collapse dangers)이 되는가는 상반되게 평가할 수 있다. 그러나 대체로 조기붕괴만 주장하는 사람들은 북의 붕괴가 이익이 된다는 입장이기 때문에 일반적으로 북한붕괴론은 봉쇄·대결전략의 조기붕괴론자들을 통칭한다.

반면 북한조기붕괴론이지만 관여·확장론자는 붕괴의 위험성을 강조하면서 그 속도와 충격을 조절하고자 하는 사람들이다. 이러한 입장을 흔히 북한연착륙(soft-landing)이라 한다. 이들은 붕괴위험으로 여러 가지를 거론하지만 대표적인 것이 남침위협이다. 1996년 3월 19일 국방부 동아시아담당 부차관보 로스(S. Roth)가 미 하원청문회에서 "북한이 동독처럼 평화적으로 무너지리라는 보장도 없을 뿐 아니라 광범위한 기근 등으로 경제적으로 절망적인 상황이 됐을 때 남한에 자살공격을 감행할 위험성도 있으며, 붕괴에 따른 경제적 충격이 엄청나기 때문에 연착륙으로 유도해야 한다"고 주장한 발언을 대표적인 예로 들 수 있다(『한겨레신문』 1996. 3. 21).

그런데 '붕괴이익' 대 '붕괴위험'이라는 도식은 어디까지나 북한의 조기붕괴를 전제로 한 것이다. 이것이 난망할 때 등장하는 좀더 장기적인 대안이 이른바 '개혁·개방유도론'이다. 닉시가 "미 행정부와 국무부의 관리들은 붕괴이익 대 붕괴위험이라는 두 관점 사이의 논리적 공백을 메우기 위해 개혁·개방 유도책을 활용해 왔다"(Niksch 1996, p. 2.

한호석 1995에서 재인용)고 한 것은 바로 이 같은 맥락에서 독해할 수 있다. 이처럼 같은 관여전략이지만 연착륙론은 조기붕괴에 입각한 위기관리의 측면에 주목한다면, 개혁·개방유도론은 중장기 북한의 존속론을 전제로 변화관리정책이라고 할 수 있다.[5] 따라서 연착륙론이 당면한 단기 정세에 비중을 두고 있다면, 개혁·개방유도론은 두 개의 한반도 정책에 입각한 보다 장기적인 전략이다(도진순 1998; 1999).

물론 연착륙론과 개혁·개방유도론은 단기 정세인식에서는 차이가 나지만 장기 전략에서는 비슷한 점도 있다. 적지 않은 경우가 연착륙론을 개혁·개방유도론의 1단계로 자리매김하는 것도 그러한 유사성의 징표이다. 그리고 또 하나 숨겨진 공통성은 요컨대 '시간은 우리편'이라는 것이다. 결국 북한은 비정상적인 체제이며 곧 붕괴하거나(북한연착륙론), 그것이 아니라도 개혁·개방으로 나아가는 것이 불가피하다는 것이다(개혁·개방유도론). 따라서 이것은 "시간은 우리편이 아니고 갈수록 북한이 강해지거나 최소한 더 위험해진다"는 입장과는 중요한 차이가 있다. 「페리보고서」를 제대로 이해하기 위해서는 이 점이 전제되어야 한다.

3. 북한붕괴론과 남북의 단절

1993년 2월 25일, 김영삼 대통령은 취임사에서 "어느 동맹국도 민족보다 나을 수는 없다"며 대북 정상회담을 제의하였다. 기묘하게도 같은 날, 국제원자력기구(IAEA)는 "1개월 안에 특별사찰을 받아들일 것을 촉구"하는 대북 결의안을 채택하였다. 같은 날의 두 사건은 대북정책의 강·온 양 측면을 극적으로 보여주는 것이라 할 수 있다.

미 국무부 동아태 부차관보 카트먼(C. Kartman)이 "한국정부의 요

구에 의해 1988년 올림픽 직전 대북 온건책(modest initiative)이란 것
을 만들었다"(『조선일보』 1996. 6. 21)고 밝혔듯이, 올림픽을 전후하여 미
국과의 긴밀한 조율 아래 대북 온건정책이 진행되었다. 그 연장선상에
서 노태우정권의 최대 성과로 평가되는 1991년 '남북기본합의서'와 '남
북비핵화공동선언'이 탄생하였다. 김영삼 대통령의 취임사는 이러한
대북 온건정책의 연장선상에 있었으며 이후 한완상 통일원 부총리 취
임, 이인모 송환 등은 이러한 맥락을 이은 것이라 할 수 있다.

그러나 소련·동유럽권의 붕괴 직후부터 미국의 관심은 소수의 '악
당국가' 처리에 집중되었다. 걸프전이 끝난 뒤 미 군부측은 "다음 악당
은 김일성"이라며 대북 강경책을 준비하였고 주한미군의 작전계획도
기존의 방어전과는 다른 선제공격으로 전환하기 시작하였다. 이러한
상황에서 북한의 핵위기가 발생하였다. 1993년 3월 12일 북한은 전격
적으로 NPT 탈퇴를 선언하였다. 남측에서는 팀스피리트 훈련이 재개
되었으며, 이에 상응하여 북한은 준전시상태에 돌입하였다. 이른바 북
미간의 '5년간(1993~98)의 전쟁위기'가 시작되었다.

미국이 주도하는 세계여론은 북한의 NPT 탈퇴로 대표되는 강경책
을 무모하다고 비판하였지만, 결국 북미간에 최초로 고위급회담이 개
최되었고 또 그 결과 6월 11일 뉴욕에서 발표된 '북미공동성명서'는
"자주권 존중과 내정 불간섭" 등 놀랍게도 북측의 주장을 대폭 수용하
였다.[6] 이러한 반전의 배경으로 한편으로는 미국의 시간벌기 작전이
거론되기도 하지만, 1993년 5월 말의 북한 미사일 발사도 강력한 촉진
제가 된 것은 사실이다.

당시 북한이 발사한 노동1호 미사일의 전모는 아직까지 정확하게
공표된 바 없으며 여전히 몇 가지 주장과 혼선이 있다. 예컨대 노동미
사일을 '勞動'으로 해석하여 'Labour'로 표기하기도 하지만 노동(蘆洞)

은 함경북도 화대군의 무수단 미사일기지가 있는 동네이름일 따름이다. 그외에도 쟁점으로는 첫째 미사일 발사일이 5월 29일 하루인가 29~30일 이틀간인가, 둘째 발사된 미사일이 3기인가 4~5기인가, 셋째 사정거리와 착탄지점이 동해상 일본 노도(能登)반도 앞 350km 지점(또는 500km 지점)인 노동미사일 한 종류였는가 아니면 이와 별도로 하와이와 괌 앞바다에 착탄한 3천 km의 장거리 미사일도 발사하였는가, 그리고 북한이 미사일 발사를 사전에 미국에 통고하였는가 아닌가 등이 있다(小都元 1999; キム·ミョンチョル 1998; Kim 1998).

그렇다면 당시 미국은 북의 미사일을 어떻게 평가하고 있었는가.

발사 당시 노동1호의 사정거리는 500km로 알려졌지만, 미 정보당국이 정밀분석한 결과 그해 10월 북한 미사일이 일본열도를 넘어 발사지점에서 1,300km 거리의 태평양에 떨어진 것으로 확인하였다. 그러나 미국은 1997년 말에야 그 정보를 한국에 전달하였다. (『조선일보』 1998. 10. 23)

묵은 정보를 전하는 이 짧은 기사에서 우리는 미국의 입장 몇 가지를 엿볼 수 있다. 먼저 미국이 처음에는 북한 미사일의 사정거리를 500km로 알았지만 정밀분석 결과 일본열도를 넘어간 것으로 수정하였다는 사실이다. 다음, 미국이 북한 미사일의 실상을 그대로 통고·공표하지 않았다는 점이다. 1998년 인공위성사건으로 일본열도 전체가 경악한 것만 봐도 미국이 북한 미사일 정보를 독점하려는 이유는 충분히 짐작할 수 있다. 1993년 6월 초에 일본방위청은 일본이 북한 미사일에 대한 대처능력을 가지고 있지 않다고 분석한 바 있다(小都元 1999). 그러나 미국의 분석에 의하면 실제 상황은 더 심각하여 당시 북한 미사일은 이미 일본 전역을 사정권 안에 두고 있었다. 이에 대한 일본의 대응으로 독자적인 무장화를 본격화하면, 미국은 아시아정책의 핵심인 미일동맹의 기조를 바꾸어야 한다. 아무튼 미국은 1993년 북한미사일 정보를 매우 비밀스럽게 다루었으며, 남한에도 4년이 지난 뒤에야 통고하였다.

1993년 5월 말 북의 미사일 발사는 미국을 협상테이블로 불러들여 뉴욕 '북미공동성명'을 끌어내는 데 중요한 역할을 하였다. 그러나 이후 5년 동안 북미관계는 대결과 협상이 거듭되었다. 1993년의 협상과 평화는 오래가지 못하고 이듬해 다시 북한 핵문제로 전쟁이 더욱 본격적으로 검토되기 시작하였다(도진순 1999). 그러나 1994년 6월 카터가 북한을 방문하여 김일성과 회담함으로써 북미간의 전쟁위기는 타개의 길을 찾았고 나아가 남북정상회담도 추진되었다(Oberdorfer 1997, p. 326). 이리하여 김영삼정권 초기의 혼란한 대북 강·온책은 마침내 정상회담의 온건책으로 귀착되는 듯하였다. 그러나 7월 8일 김일성 주석의 급서로 남북정상회담은 무산되고 '조문발언파동'과 박홍 전 서강대 총장의 '주체사상파' 지목으로 남한에는 한때 매카시즘이 풍미하였다. 남북관계는 이처럼 급작스럽게 경색되었지만 북미간 협상은 계속되어 그해 10월 제네바에서 '기본합의서'에 서명하였다.

역설적이게도 1994년 북미간에 기본합의서가 채택되고 난 이후 남북관계는 더욱 악화되었다. 그 대표적 징표가 '북한붕괴론'이다. 북한붕괴론의 직접적인 계기는 김일성 주석의 급작스런 사망과 대체 지도력에 대한 회의, 북한의 대홍수와 기근 그리고 이로 인한 난민에 대한 과도한 평가, 미국의 대북 온건책에 대한 반발 등이 결합되어 나타난 것이라 할 수 있다.

이 시기 북한붕괴론의 궤적을 추적해 보면, 이를 선도한 것은 미국의 강경파 이론가들이다. 1994년 가을 매닝과 스턴은 북한의 경로를 "스스로 내파(implosion), 루마니아 식의 붕괴로 인한 폭발(explosion), 제2의 한국전쟁" 등 세 가지로 설정하고 어느 것이든 "급진적인 흡수통일"이 될 것이라 예상하면서, 심지어 북한이 점진적인 연착륙의 경로를 따르더라고 "90년대 안에 한국의 통일이 이루어지게 될지 모른다"고 붕괴 불가피설을 주장하였다(Manning and Stern 1994, p. 89). 그리고 이러한 북한붕괴론은 한국의 보수언론을 통해 대대적으로 소개되었다. 미 하원 아시아·태평양 외교소위원회 위원장을 지냈던 솔라즈(S. J. Solaz)는 국내 일간지에 기고한 「평양정권의 미래」(The Future of Pyongyang Regime)에서, 사회주의 국가의 붕괴경로를 소련형·동독형·루마니아형·폴란드형 등으로 분류하고 북한은 소련형 붕괴경로를 따를 것이라 주장하였다(『경향신문』 1995. 7. 20).

그리고 1996년 미국에서는 '권위 있는 실세'들의 의회증언으로 북한붕괴론은 정점에 달하였다. 2월 미 상원정보위원회 청문회에서 중앙정보국(CIA) 국장 도이치(J. Deutch)와 국방정보국(DIA) 국장 휴즈(P. M. Hughes)가 북한붕괴론을 주장하였다. 또 CIA 동아시아정보 담당관 출신인 하버드대학의 보겔(E. Vogel)은 북한이 2~3년 안에 무너질 것이라고 '예언'하였다(*Los Angeles Times* 1996. 2. 12; *Wash-ington Post* 1996. 4. 6). 같은 시기 주한미군은 보고서 「북한 하부구조의 붕괴유형」을 작성하여 백악관과 국방부의 고위관계자들에게 '보고'하고 남한의 국방장관, 합참의장 등 군 수뇌부에게 '통보'한 것으로 알려졌다. 이 보고서는 ① 식량난 등 자원고갈단계 ② 대상을 선별해 자원을 공급하는 차별화단계 ③ 생존위협에 따라 각 지역별로 자구책을 마련하는 지역독립단계 ④ 중앙정부의 억압단계 ⑤ 내부저항단계 ⑥ 폭력을 수반한 균열단계 ⑦ 권력재편단계 등 7단계로 나누고 당시 북한은 제2단계에서 제3단계로 넘어가는 과정에 있다고 주장하였다(*Washington Times* 1996. 3. 16; 『조선일보』 1996. 3. 26). 당시 미 국방장관이던 페리(W. Perry)도 "북한은 펑 터져버리느냐(bang) 아니면 훌쩍훌쩍 우느냐 (whimper) 하는 선택만 남아 있다"며 북한붕괴설을 지지하였다(*Wall Street Journal* 1996. 6. 3).

그러나 1996년 후반기로 접어들면서 북한붕괴론은 약간의 혼란기를 거쳐 개종자들이 늘어나는 등 퇴조의 조짐을 보이기 시작한다. 8월 DIA는 "북(조선)의 경제난이 더욱 심각해지고 중대한 위기가 임박하기는 했으나 즉각 현체제의 붕괴로 이어질 징조는 보이지는 않는다. 그러나 15년 뒤에도 현 체제대로 존속할 가능성은 희박하다"는 다소 혼란한 보고서를 미의회에 제출한다(『한국일보』 1996. 8. 3). 그리고 9월 12일 미 상원외교위원회 아·태소위원회 청문회에서 미 국방부는 붕괴론을 견지하였지만 전 주한 미대사 릴리는 "북한은 강한 사회이고 김정일은 리더십을 발휘하는 위치에 있다"고 증언한다. 10월에는 그전까지 붕괴설을 주장해 오던 매닝도 "북한의 붕괴가 가까워졌다고 생각하는 모든 사람들은 이제 다시 생각해 봐야 한다"고 입장을 전환한다 (『중앙일보』 1996. 10. 16).

이와 같이 미국에서는 북한붕괴론이 서서히 퇴조하는 반면 남한에서는 군부는 물론, 정부와 국회, 보수적 언론을 비롯하여 사회 전반이 북한붕괴설에 일방적으로 기울어졌다.[7] 1996년 6월 11일 미국평화연구소(United States Institute of Peace), 아시아 소사이어티(Asia Society), 재미 한국경제연구소(Korea Economy Institute)가 공동 주최한 워싱턴의 '북한문제 세미나'에서 남한과 미국의 입장차이가 확연하게 드러났다. 미국측 참석자들은 북한이 정치·경제적으로 나름대로 체제를 유지하고 있으며 조금씩 긍정적인 변화를 보이고 있다고 평가했으나 남한측 참석자들은 여전히 북한을 곧 무너질 수도 있는 '위험한 집단'으로 취급하였던 것이다(『한국일보』 1996. 6. 13).

게다가 1996년 9월 동해안의 잠수함사건 이후 김영삼 대통령이 '대북정책 전면 재검토' 의사를 밝히면서 대북인식은 더욱 경색되었다. 워싱턴의 고위관리들의 판단에 따르면, 북한의 붕괴를 바라지 않는다는 통일원 대변인의 발언은 수사에 지나지 않고 김영삼 대통령과 군부 및 정보기관의 강경파들은 북한에 대한 식량지원을 봉쇄함으로써 북한의 목을 조르고자 하였다. 요컨대 남한은 북한의 붕괴를 촉구하고 있었다(*Wall Street Journal* 1996. 10. 31). 결국 김영삼 대통령은 남북대화 중지와 대북정책의 전면 재고를 발표하였고 11월에는 이에 대응하여 북한이 판문점 북쪽 연락사무소를 폐쇄하였다. 그리고 1997년 2월 황장엽 망명사건이 발생하면서 남북한의 관계는 더욱더 경색되었다.

4. 관여 · 확장전략과 햇볕정책

90년대 중반 미국에서 대북 강경책의 북한붕괴론이 풍미한 것은 사실이지만, 실질적으로 미 행정부의 정책을 주도한 것은 연착륙론이나 개혁 · 개방유도론을 주장하는 온건파들이었다. 주한 미대사 레이니(J. T. Laney)도 주한미군의 이른바 '7단계 붕괴설'과 관련하여 "군부는 … 원래 상정 가능한 모든 위기상황을 염두에 둔 시나리오", 즉 '하나의 가설'이라고 해명하였다(『조선일보』 1996. 5. 11). 레이니는 실제로 1994년에 북미간의 전쟁을 반대하면서 "제2의 한국전쟁이라는 최악의 시나리오를 모면할 수 있는 길은 관여"라고 주장했다(*New York Times* 1996. 7. 6).

이처럼 국무부와 주한 미대사관, 일부 언론기관 및 정책연구기관의 온건파들은 대북 온건정책을 주도하였으며, 그 결과가 1993년의 뉴욕 '북미공동성명서', 1994년 제네바 '북미기본합의서'이다. 앞서 언급했듯이 이는 미사일 발사 등 북한의 강경책에 양보한 것이지만, 한편으로 관여전략의 기조와 연결되어 있었다. 여기서 중요한 점은 시간과의 함수관계이다. 호글랜드와 닉시는 제네바합의 이후 미 행정부의 관리들은 비록 공개적으로는 발언하지 않았지만 북한이 경수로건설이 끝나기 전에 붕괴할 것으로 가정하고 있었다고 주장한 바 있다(Hoagland 1995; Niksch 1996, p. 2. 한호석 1995에서 재인용). 미국은 뉴욕 성명서와 제네바 합의서 등 문서상으로 북한의 요구를 들어주면서 시간을 벌고자 하였던 것이다.[8] 다시 말해 이것은 북한의 조기붕괴론에 입각한 '북한연착륙론'이며, 앞에서 언급한 로스가 1996년 3월 19일 미 하원청문회에서 발언한 연착륙론과 기조를 같이하는 것이다. 또한 이것은 클린턴행정부가 북한과의 합의사항을 왜 그렇게 더디게 실천하였는가도 해명해 준다.

연착륙론과 아울러 또 하나 간과하지 말아야 할 점은 그것이 '전쟁위기론'과도 병행되었다는 사실이다. 이를 모든 전략은 강·온 양면을 지닌다고 단순히 이해할 수도 있지만, 문제는 그 이상이다. 결론부터 말하면 전쟁론은 조기붕괴론에 입각한 북한연착륙론의 일정한 좌절을 표현하는 것이다. 곧 붕괴될 것 같으면 당연히 전쟁도 필요 없다. 다시 말해 전쟁위기론은 그 자체로는 위험한 것이지만, 그 이면에는 시간이 우리편이라는 전제에서 진행된 북한연착륙론의 한계가 드러나 있는 것이다.

1996년 후반기 이후 미국 조야에서 북한붕괴론이 퇴조하면서, 북한연착륙론도 개혁·개방유도론으로 변화하기 시작하였다. 그것을 대변하는 것이 1997년 나이의 3단계 개혁·개방유도론이다. 실제 1997년 후반부터 북미·남북 관계 변화의 기틀이 마련되고 있었다. 10월 북한의 김정일 국방위원장이 조선노동당 총비서로 추대되었고, 12월에는 북한이 북미간의 준고위급 접촉채널의 개설과 더불어 1년 반 이상의 긴 탐색 끝에 '4자회담' 개최에 동의하였다. 또 남한에서는 12월 새정치국민회의의 김대중후보가 대통령에 당선되어 '남북기본합의서'의 실천을 강조하는 등, 북한에 대한 이른바 '햇볕정책'을 표방하였다.

햇볕정책은 김대중정부의 대북정책을 표징하는 것이 되었지만, 사실은 클린턴행정부의 대북 온건책인 관여전략, 그중에서도 개혁·개방유도론과 밀접하게 관련되어 있었다. 햇볕정책이란 명칭 자체가 단적으로 북한을 개혁·개방으로 유도다는 것을 의미한다. 또한 김대중 대통령의 통일이론인 '공화국연합' 통일론은 나이의 3단계론과 흡사하다. 대통령이 된 이후에도 그는 기회 있을 때마다 "급속한 통일은 바람직하지도 가능하지도 않다"고 말하면서, 냉전적 대립의 청산과 평화체제의 정착을 강조하였다. 즉 그것은 통일보다는 분단의 평화적 관리에 철학적 토대를 두고 있다.

김대중정부 초기의 남북·북미 관계는 김영삼정권의 초기처럼 강·온이 병행하였다. 1998년 6월 정주영 현대그룹 명예회장이 방북하여 남북관계의 돌파구를 열고자 하였으나, 북미간에는 금창리 사찰문제로 긴장이 고조되었다. 그해 8월 말 북한은 돌연 인공위성을 발사하여 단기적으로는 북미간에 긴장이 극도로 고조되었다(도진순 1999). 개혁·개방유도론이나 그와 긴밀한 햇볕정책만으로는 북측과 협상이 되지 않았던 것이다. 그 이상의 한 단계 진전이 필요하였다.

5.「페리보고서」와 남은 문제들

1998년 8월 북한의 인공위성 발사는 일본은 물론, 미국 조야에 커다란 충격을 주었다. 클린턴 대통령은 북미간에 전쟁위기가 고조되던 1998년 11월 대북정책을 광범위하게 재검토하는 조정관으로 페리를 임명하였고, 페리는 약 8개월간의 검토과정을 거쳐 1999년 10월 12일 의회에서 대북정책의 마스트 플랜을 발표하였다(Perry 1999; Perry Testimony on North Korea 1999). 1993년 노동미사일 발사가 미국을 협상테이블로 불러들여 뉴욕 북미공동성명서를 끌어내었다면, 1998년 대포동 인공위성 발사는 한 단계 진전된「페리보고서」를 낳았다고 할 수 있다.

'노동'의 의미가 미국과의 만남과 합의에 있다면, 대포동의 의미는 북한에 대한 '시간'의 개념을 바꾸었다는 점이다. 앞에서 살펴보았듯이 「페리보고서」에는 기존의 대북 봉쇄 · 대결전략은 물론 북한연착륙론이나 개혁 · 개방유도론마저 폐기할 것을 권고하고 있다. 즉 시간이 감에 따라 북한이 붕괴되거나(조기붕괴론) 변화가 불가피한 것(개혁 · 개방유도론)이 아니라, 오히려 더 위험해지거나 다루기 어려워진다고 보는 것이다. 이런 기조에서 페리는 자신이 보고서를 작성한 1999년을 대북정책에서 '역사적인 해'로 명명하고 있다. 시간이 미국 편이 아니라는 것을 확인하였기 때문에 뉴욕의 북미성명서나 제네바의 북미합의서 경우와는 달리「페리보고서」는 실천적이지 않을 수 없다.[9]

남한의 햇볕정책과 미국의「페리보고서」는 대북 온건책이라는 기조는 같지만 그 수준에는 미묘한 차이가 있다. 햇볕정책은 대포동사건 이전의 정책적 기조인 개혁 · 개방 유도론에 입각해 있다면,「페리보고서」는 대포동사건 이후 확인된 북한의 현실[10]에 입각하여 평화 · 공존을 화두로 하고 있다. 즉 페리는 북한과의 '제2의 한국전쟁'은 걸프전 등과 차원을 달리하는 "미국이 직면할 최대의 전쟁"으로 인식하는 데서 출발하여, 그간의 대북정책을 "근본적으로 재검토"하고 한반도에서 화해와 평화가 "불가피하다"고 단언한다.

따라서 「페리보고서」는 북한 김정일정권의 실체를 인정하고 이와 협상하여 정상적 외교관계(normal diplomatic relations)를 수립해야 한다고 권유하고 있다. 물론 미국은 1993년 뉴욕 북미공동성명서에서 북한의 "자주권 존중과 내정 불간섭"을 표명한 바 있고 1994년 제네바 기본합의서에서 북미간의 "정상적 외교관계 수립"을 언급하였다. 그러나 미래의 정상적인 외교관계가 언급되었지만 현재의 북한정권은 붕괴나 개혁의 대상이었고, 현재의 북한정권에 대한 자주권은 존중하지만 이들과의 정상적 외교관계 수립을 명시하지는 않았다. 이와 달리 「페리보고서」는 현재의 김정일정권을 인정하고 이와 정상적 외교관계를 수립한다는 것을 동시에 표명하고 있다.

그렇다면 이제 우리는 「페리보고서」를 따라가면 문제가 해결되는 것인가. 사실 한미간의 입장조율은 그리 어려운 일이 아닐 것이며, 북한도 「페리보고서」의 기조에 대해서는 일정한 반응을 보일 것으로 보인다. 그러나 문제는 그 다음부터이다. 「페리보고서」는 북미관계의 출발선은 제시하고 있지만 그 귀결점은 아니다. 왜냐하면 여기에도 여전히 북한과의 근본적인 철학 차이가 엄존하기 때문이다. 그것은 다름아니라 통일문제이다.

「페리보고서」에는 북한과의 평화적 관계 수립에 대해서는 자세하게 언급하지만, 통일(reunification)에 대해서는 경시하거나 비켜가고 있다.[11] 즉 여전히 두 개의 한반도 정책을 기본 철학으로 하고 있는 것이다. 그리고 이 점은 「페리보고서」가 주한미군의 계속 주둔을 강력하게 권고한 것과 직결된다. 결국 「페리보고서」의 전략적 목표는 '미군이 주둔하는 남한'과 '적대관계를 청산한 북한', 즉 두 개의 한국(Two Korea)이다.

항간의 주장대로 북한이 자체 생존만을 최고시할 경우 정상적 외교관계 수립을 강조하는 「페리보고서」를 적극 받아들이지 않을 이유가 없다. 그러나 이 문제를 통일과 직결해서 취급할 때 북한은 「페리보고서」에서 협상을 시작할 수 있지만 그대로 받아들이지는 않을 것이다. 왜냐하면 통일문제에 대한 북한의 입장은 미국과 정반대, 즉 '하나의 한반도'이며 이것은 근본적으로 미군의 철수를 의미하기 때문이다.

이러한 근본 문제에 대한 입장차이는 근원적인 것이기 때문에 쉽게 조정되기 어려울 것이다. 그러나 이것이 문제의 핵심인 것은 분명하다. 상대에 대한 존재 부인을 의미하는 전쟁의 문제가 어느 정도 가닥이 잡히고, 쟁점이 존재방식의 문제로 넘어갈수록 이 문제는 더욱 부각될 것이다. 예를 들어 1971년에 키신저가 베이징을 방문하고 난 이후 미국과 중국은 화해의 길로 접어들었지만 정식수교는 1979년 덩샤오핑의 워싱턴 방문과 더불어 이루어졌다. 7~8년이라는 긴 기간 동안 쟁점은 역시 '하나의 중국' 인정 문제였고, 이는 '대만의 지위 문제' '대만에서의 미군철수 문제'와 직결되어 있었다. 결국 미국과 중국은 '하나의 중국'을 공식적으로 인정하되, 대만에 대한 무력행사는 반대한다는 미국 일방의 성명서를 발표하는 것으로 귀결되었다.

물론 중국과 우리는 커다란 차이가 있지만, 역시 가장 근본적인 쟁점은 하나의 한반도와 주한미군이 되리라는 것은 의심의 여지가 없다. 쌍방이 절충할 수 있는 중간항들은 어디인가. 성격과 지위 변화를 통한 미군의 계속 주둔과 하나의 한반도가 조합되는 것, 또는 미군철수와 두 개의 남·북한이 조합되는 것 등이 거론될 수 있으며, 이것만으로도 막대한 변화가 초래될 수 있다. 한반도에서 냉전체제의 해체와 평화정착도 이 문제와 분리되어 해결될 방안은 없다. 요컨대 「페리보고서」로 한반도에서 전쟁과 평화의 문제는 가닥을 잡기 시작하였지만, 분단과 통일의 문제는 바야흐로 본격화의 단계에 돌입할 것이다.

〈『통일시론』 2000년 4월호〉

주

1) 「박노해의 희망 찾기 14: 흑과 백 사이」, 『중앙일보』 1999. 8. 2.
2) 한국개발연구원(KDI) 차동세 원장은 1996년 5월 6일 김영삼 대통령에게 보고한 「21세기 한국경제의 비전과 발전전략」에서 "21세기에 한국은 선진 7개국 대열에 올라갈 수 있다"고 주장하였다(『한겨레신문』 1996. 5. 7).
3) 「페리보고서」는 다음 사이트에서 볼 수 있다(http://www.state.gov/www/regions /eap/).
4) 이른바 대북 유화정책은 레이건행정부(1988년경)부터 모색되기 시작하여, 클린턴 행정부에서는 일반적으로 '관여정책'이란 이름으로 불리었다. 1994년 백악관 안보 담당 보좌관 레이크(A. Lake) 등이 클린턴행정부의 관여정책을 기초하였으며, 1995년 7월 28일 크리스토퍼 국무장관은 21세기 아시아·태평양지역에 대한 미국의 중요한 전략의 하나로 공표하였다.
5) 한호석(1995)은 필요한 시기에 북한 붕괴론과 연착륙론을 본격적으로 다룬 중요한 글을 발표하였다. 이 글 역시 그의 글에서 많은 도움을 받았다. 그러나 필자는 한호석의 개념규정과는 약간 생각을 달리한다. 그는 북한연착륙론을 붕괴예방 연착륙설과 개혁·개방유도 연착륙설로 나누고 더욱이 연착륙의 본류를 개혁·개방유도 연착륙설로 보고 있다. 우선 이것은 앞서 인용한 로스, 닉시의 언급과 어긋난다. 다음, 연착륙이든 경착륙이든 착륙은 일반적으로 이제 곧 결론이 난다는 단기적 정세에 대한 대처를 의미한다. 물론 연착륙론과 개혁·개방유도론은 상호 공통성과 침투성이 있다. 그러나 그것은 같은 연착륙론으로서의 공통성이라기보다 관여·확장전략의 공통성이라고 보는 것이 타당할 것이다. 단기 정세에 대한 대처방안인 북한 연착륙론이 보다 장기적인 개혁·개방유도론의 1단계로 포함될 수는 있다. 그러나 연착륙론을 개혁·개방유도론의 본류로 보는 것은 문제가 있으며, 그럴 경우 연착 륙론에서 개혁·개방유도론으로 이어지는 클린턴행정부의 대북정책의 변화를 예

민하게 포착할 수 없다. 착륙이 논의되는 것은 당면한 문제가 있을 때 제기되는 것이므로, 국가 전반의 문제가 아니라도 특정 부분에 국한해서 사용할 수 있다. 예컨대 '미국경제의 연착륙' 운운 등이 그 예이다.

6) 1993년 6월 11일 뉴욕에서 발표된 '북미공동성명서'는 핵무기 불사용, 자주권 존중과 내정 불간섭, 평화통일 지지 등 3개항에 합의하였다. 이렇게 평화국면으로 전환되고 난 이후 김영삼 대통령은 '3단계통일방안'을 발표하였고 김대중은 "북한 핵문제의 일괄타결"을 강조하였으며 문익환을 비롯한 재야인사들은 '남북기본합의서'의 즉각이행과 국회동의를 촉구하였다.

7) 1995년 6월의 남한선적 씨 아펙스 호의 북한으로의 출항과 '인공기 게양사건', 8월의 남한 쌀수송선 삼선비너스 호 선원의 청진항 사진촬영과 억류사건 등으로 인한 남북관계의 경색, 해를 이은 북한의 수해는 북한붕괴론을 더욱 부추겼다.

8) 반세기 전의 '정전협정'에 대한 미국의 입장도 비슷한 구도를 지니고 있다. 정전협정에도 문서상으로는 북측의 요구가 적지 않게 반영되어 있다.

9) 국내에는 「페리보고서」의 전략적 기조를 개혁·개방유도론으로 보거나 미국의 신자유주의적 통합전략이라고 보는 시각이 있는데 이는 전혀 사실과 맞지 않다. 이것들은 페리가 "폐기할 수밖에 없다"고 주장한 방안들이다.

10) 「페리보고서」에 가장 많이 나오는 단어 중 하나가 reality이다.

11) 공표된 「페리보고서」 요약문(Report on North Korea)에서는 통일(unification, reunification)이란 단어가 세 번 나온다. 하나는 이산가족의 만남을 말하는 것으로 나라의 통일에 직결되는 것은 아니다. 또 하나는 "한국전쟁을 끝내는 것이 미국의 최종목표인 평화통일로 인도할 것"이라는 대목인데, 여기서 통일은 상투적인 것이고 기본 개념은 어디까지나 평화이다. 결국 페리는 "통일은 한국인들이 결정할 문제로 본 보고서에서 본격적으로 다루지 않는다"고 마무리한다. 그의 의회증언(Perry Testimony on North Korea)에서는 통일이라는 단어 자체를 찾아볼 수 없다.

참고문헌

도진순 (1998), 「신자유주의 세계화와 동아시아 그리고 한반도」, 『당대비평』 봄호.
______ (1999), 「분단에 대한 연역과 통일의 전제」, 『당대비평』 봄호.
한호석 (1995), 「관여·확장전략과 협상·공존전략의 대치, 그리고 한(조선)반도 통일정세의 변동방향」, http://www.onekorea.org.
小都元 (1999), 『大浦洞の威脅』, 新紀元社.

キム・ミョンチョル (1998),『金正日, 朝鮮統一の日: 北朝鮮, 戰爭と平和のシナリオ』, 東京: 光人社

Hoagland, J. (1995), "The Trojan Horse at North Korea's Gate," *Washington Post* 8. 2.

Kim, Myong Chol (1998), "Kim Jong Il's Roadmap to Peace and Security Policy on the Korean Peninsula," http://www.nautilus.org/napsnet.

Manning, R. A. and P. Stern (1994), "The Myth of the Pacific Community," *Foreign Affairs* Nov./Dec.

Niksch, L. A. (1996), "U. S. Policy toward North Korea: The Collapse Theory and Its Influence," Prepared for the Annual International Symposium of Korea National Defense University on 'Interrelation among South Korea, North Korea and the United States beyond the 1994 Geneva Nuclear Agreement.'

Oberdorfer, D. (1997), *The Two Koreas: A Contemporary History*, Addison-Wesley. (뉴스위크 한국판 뉴스팀 옮김,『두개의 코리아』, 1998, 중앙일보사.)

Perry Testimony on North Korea (1999), http://www.state.gov/www/policy_remarks/1999/.

Perry, W. (1999), "Report on North Korea," http://www.state.gov/www/regions/eap/.

2000년 6월 평양회담과*남북공동선언

1. 머리말

2000년 6월 평양 남북정상〔최고위급〕회담은 나라 안팎을 불문하고 거대한 충격이었다. 역사적인 대사건 대부분이 그러하듯, 그 전모는 긴 시기에 걸쳐 드러나며 당시에는 논란이 분분하게 마련이다.

평양회담과 관련해서도 우리 사회의 이념적 층위를 대변하듯 '북한의 전술에 말려들었다'는 냉전적 평가에서부터 '햇볕정책의 승리'라는 해석에 이르기까지 다양한 입장이 개진되고 있다. 통일·민주운동진영 내에서도 '신자유주의의 전한반도 석권' '남북 지배계급의 연합'이라는 극단적인 비판이 있는가 하면 남측 '국가연합론의 승리'로 보는 일면적인 옹호도 있다(고동우 2000). 이러한 실정에서는 특정 부분을 강조

---

* 남측은 '정상회담', 북측은 '최고위급회담'으로 다르게 표현하기 때문에 여기서는 일단 '평양회담'이라 명명하였다. 남북의 표현차이가 지니는 의미는 뒤에서 다시 검토할 것이다.

하는 정권·정파 시각에서 벗어나 남과 북을 통괄하는 민족과 통일의 관점에서 회담 전반을 정리하는 것이 필요하다고 본다.

그간 남북의 사전 비밀접촉에 대한 흥미진진한 추적이라든가 평양에서의 다양한 체험담, 뒷이야기 등은 이미 언론매체를 통해 많이 소개되었지만, 이 가운데는 서로 충돌하는 내용도 적지 않다. 이 같은 혼선은 많은 사건과 이야기들을 관통하는 중심 개념이 결여된 데서 비롯되었다고 볼 수 있다. 또 하나 지적할 것은 평양회담이 충격적인 사건이어서 그런지 대개 그것의 역사적 맥락을 망각한다는 점이다. 평양회담은 며칠간의 전격적인 사건이었지만, 길게는 정전협정 등 한국 현대사의 구조와 긴밀하게 연관되어 있으며 짧게는 1990년대 역사의 한 귀결이다. 따라서 이 글에서는 1990년대 한반도에서 진행된 '저변의 역사'에 주목하면서 평양회담 전반을 '개념적으로 정리'하고자 한다.

화해와 통일의 남북관계는 이제 겨우 걸음마 단계에 들어갔다고 할 수 있다. 따라서 앞으로 가변성이 많다는 점에서 신중한 접근이 요구되지만, 다른 한편으로 가능성이 열려 있다는 점에도 특별히 유의해야 할 것이다. 즉 단순한 정물적인 묘사가 아니라 발전적인 방향에서 추동하는 것이 필요할 것이다.

2. 회담으로의 길

1999년의 의미

2000년 4월 10일 오전 10시에 남북에서 남북정상[최고위급]회담이 발표되리라고 예상한 사람은 아무도 없었다. 김대중 대통령은 1998년 2월 25일 취임사에서부터 '남북정상회담'을 제의하였고 무바라크 이집트 대통령 등 여러 경로를 통해 이를 모색하였지만, 1999년 말까지 햇

별정책에 대한 북측의 평가는 매우 비판적이었다(조국평화통일위원회 서기국 1999).

그러나 세심한 분석가들은 총선 이후 남북정상[최고위급]회담의 가능성을 배제하지 않았다. 그 이유는 먼저 1999년 이후 북한의 '변화'였다. 다시 말해 한반도에서 1999년은 반세기 전 한국전쟁에 버금가는 5년간(1993~98)의 전쟁 위기에서 벗어나 북미관계가 화해국면으로 접어드는 시기였다. 이른바 탈냉전 이후 90년대 한반도 정세에서 '남북기본합의서'로 대표되는 초반의 화해분위기는 단지 막간극에 지나지 않았고 그후 줄곧 전쟁위기의 긴장상태가 계속되었다. 이처럼 세계사의 동서냉전이 해소되었음에도 불구하고 진행된 한반도의 전쟁위기는, 한반도 분단에는 단지 냉전체제적 대립을 뛰어넘는 그 무엇이 있음을 웅변하는 것이었으며, 그것은 다름아니라 북한과 미국의 대립을 축으로 하는 민족문제이다.

한편 대립의 마지막 국면인 98년 북한의 광명성사건은 현상적으로 볼 때 전쟁위기를 다시 고조시키는 것 같았지만 결국에는 북한과 미국이 적극적으로 관계정상화를 모색하는 계기가 되었다(도진순 1999a). 그 구체적인 증거가 8개월이란 오랜 검토 끝에 발표된 「페리보고서」이다. 「페리보고서」는 북한과 제2의 한국전쟁이 일어나면 한반도는 물론 일본과 아시아·태평양지역까지 위험하다는 현실을 직시하면서, 그간의 대북정책을 근본적으로 재검토하고 한반도에서 평화가 불가피하다고 평가하였다(도진순 2000).

북미간의 전쟁과 평화의 문제가 점차 관계정상화의 궤도로 진입하기 시작하자, 북한은 강성대국론의 다음 단계인 경제적 발전과 대외관계 확장에 돌입하였다. 미 중앙정보국(CIA) 테닛이 언급했듯이 북한은 1999년을 '대전환의 해'로 선언하였다.[1] 미 국무부 동아태 담당 차관보 로스(S. Roth)도 북한의 1999년에 대해 이렇게 말한다.

> 북한문제를 다루면서 일해 온 지난 20년 동안을 통틀어 지금이 가장 흥미로운 시기이다. 개략적으로 말해 지난해(1999년—인용자) 우리는 북한의 실질적인 태도변화를 목격했다. 이른바 '은둔국'은 더 이상 은둔국이 되지 않기로 분명히 결정했다.[2]

실제 1999년 북한은 기존의 북미협상 이외에도 일본과의 관계정상화를 재개하였고 이탈리아, 브루나이와 외교관계를 수립하였으며 오스트레일리아, 필리핀과 수교를 타진하였다. 이러한 전방위 외교로 북한은 점차 세계정치계의 화두로 부상하기 시작하였다.

북한은 전방위 외교와 아울러 남북·통일 문제에도 적극적인 자세를 취하였다. 김일성 주석의 '조국통일 유훈'을 강조하면서 조국통일 3대헌장탑 착공식을 거행하고 3대헌장에 대한 국제적 지지서명을 받는 활동을 전개하였다.[3] 또 김대중정부의 햇볕정책에 대해 비판하면서도 백남순 외상은 "남측이 하기에 따라" 고위급회담도 가능하다고 시사하였다(『한겨레신문』 1999. 9. 29).

4·8남북합의서

2000년 북한의 신년 "공동사설"에는 대남관계의 진전에 대해 특별한 언급이 없었으나, 1월 20일 김대중 대통령은 새천년민주당 창당대회에서 "총선에서 안정 의석을 얻으면 남북정상회담을 열어 민족화해 등의 문제를 논의할 것"이라고 밝혀 정권의 후기 구상에서 남북문제가 중요한 화두가 될 것임을 암시하였다. 또 2월 3일 북한은 국가보안법 철폐 등을 조건으로 제시하였지만 '하반기 고위급회담'을 제의하였다.

2월 초 김대중 대통령은 일본 도쿄방송과의 회견에서 김정일 국방 위원장이 "지도자로서 판단과 식견을 갖추었다"고 평가하였으며, 2월 28일에 이르면 "남북정상회담은 단언할 수 없다"면서도 북한 철도의 복선화 등 사회간접자본과 경제협력에 대해서는 모종의 확신을 가진 듯 낙관적으로 발언하기도 했다(『조선일보』 2000. 2. 28). 이에 그 다음날 북한은 평양방송을 통해 "우리는 남조선의 집권 상층, 여당과 야당 인사들, 대자본가와 군장성들이 민족공동의 리익을 귀중히 여기고 나라의 통일을 바란다면 그들과도 민족대단결의 기치 밑에 단합할 것"이라고 화답했다.[4]

이러한 일련의 과정으로 보아 2월중에 남북 모두 수준 높은 회담을 준비·교신하고 있었다고 할 수 있다. 다만 남측은 남북의 화해와 경제교류를, 북측은 통일문제를 우선시하는 미묘하지만 중요한 차이가 잠재해 있었다.

3월 9일 김대중 대통령은 '베를린선언'을 통해서 북한의 사회간접자본 건설에 참여하기 위한 남북당국자회담을 개최하자고 제의하였고, 이미 그 직전 베이징에서는 남북간에 비밀접촉이 시작되었다.[5] 3월에 들어와 베이징·싱가포르·상하이 등지에서 남측 국가정보원과 북측 조선아시아태평양평화위원회 사이에 정상〔최고위급〕회담을 위한 비밀접촉이 본격적으로 진행되었던 것이다(임을출 2000; 이교관 2000a; 김당 2000a; 최원규 2000).

이처럼 2000년 남북한 사이에는 상당히 심도 있는 접촉이 시도되고 있었지만, 4월 8일의 회담 합의는 김대중 대통령도 놀랄 정도로 전격적인 것이었다(『연합뉴스』 2000. 4. 10). 이것은 북측의 적극적인 태도로 성사되었다고 할 수 있는데, 그 연유로 비료지원 등 경제문제도 거론되고 있으나 박지원 전 문광부장관이 밝힌 바와 같이 총선도 관계가 있다.[6] 사실 4·13총선에서 민주당이 다수 의석을 확보하지 못하면 대북 협상력이 약화되고 국가보안법의 처리나 경제 교류와 합작을 추진하는 데 여러 가지 난관이 발생할 수 있었다.[7] 4·13총선과 남북관계의 진전은 2000년 말 미국 대통령선거에서도 하나의 변수로 거론될 만큼 중대사안이다.[8] 따라서 북한도 이왕 회담을 할 것이면 총선 이전에 합의·발표하는 것이 이후 남북관계의 진전을 위해서 좋다고 판단하였을 것이다.[9]

남북[북남] 합의서

남과 북[북과 남]은 ① <u>역[력]사적인 7·4남북[북남]공동성명에서 천명된 조국통일 3대원칙을 재확인하면서</u> ② <u>민족의 화해와 단합, 교류와 협력, 평화와 통일을 앞당기기 위하여</u> 다음과 같이 합의하였다.

김정일 국방위원장의 초청에[김대중 대통령의 요청에] 따라 김대중 대통령이 금년 6월 12부터 14일까지 평양을 방문한다.

평양 방문에서는 ③ <u>김대중 대통령과 김정일 국방위원장[조선로동당 총비서이신 김정일 국방위원장과 김대중 대통령]</u> 사이에 <u>역[력]사적인 상봉이 있게 되며 남북정상회담[북남최고위급회담]이 개최된다.</u>

쌍방은 ④ <u>가까운 4월중에 절차문제 협의를 위한 준비접촉을 갖기로</u> 하였다.

상부의 뜻을 받들어   상부의 뜻을 받들어
⑤ <u>남측 문화관광부장관</u>   <u>북측 조선아시아태평양평화 위원회 부위원장</u>

박지원   송호경

2000년 4월 8일

앞의 것은 4월 10일 오전 10시 남과 북에서 전격 발표된 '남북합의서' 전문이다.[10]

남북합의서에서 쟁점이 된 것은 우선 "7·4남북공동성명에서 천명된 조국통일 3대 원칙을 재확인"(①)한다는 회담의 강령적 전제이다. 일부에서는 이러한 표현이 우리측 입장이 반영된 "국가 대 국가로 합의한 남북기본합의서로부터 어떻게든 도망가고 싶어하는 북한의 전술에 말려든 것"이라 비판하였다. 또 어떤 전문가는 역사적 상봉과 남북정상〔최고위급〕회담의 구분이 애매하다는 점(③)과 서명에서 국호가 없다는 점(⑤)을 근거로 이러한 비판에 가세하였다(이교관 2000b; 2000c).

서명문제나 회담의 명칭과 관련해서는 뒤에서 다시 살펴보기로 하고, 여기서는 1991년 '남북기본합의서'의 근본 성격에 관해 간략하게 짚고 넘어갈 필요가 있다. 기본합의서의 전문에는 "남과 북은 분단된 조국의 평화적 통일을 염원하는 온 겨레의 뜻을 따라 7·4공동성명서에 천명된 조국통일 3대원칙을 재확인"한다는 구절이 명기되어 있으며, 나아가 "남북 쌍방 사이의 관계가 나라와 나라 사이의 관계가 아닌 통일을 지향하는 과정에서 잠정적으로 형성되는 특수관계"로 분명하게 규정하고 있다. 즉 7·4남북공동성명서가 남북이 최초로 통일 3대 원칙에 합의한 강령 차원의 문건이라면, 남북기본합의서는 그러한 강령에 구속되는 것으로서 남북 양 정부 차원에서 주도적으로 실천할 수 있는 사항을 구체적으로 규정한 문건이다.[11] 따라서 7·4남북공동성명서는 북측의 일국론, 남북기본합의서는 남측의 양국론 식으로 나누는 것은 그야말로 자의적인 구분이다.

다음 위 합의서에는 준비접촉을 "절차문제 협의를 위한" 것으로 규정하여(④) 의제조정 건을 포함하고 있지 않다는 사실이다. 준비접촉

과정에서 남측은 이산가족 상봉, 남북경협의 본격화 등 구체적 의제 (specific agenda)를 주장하였고, 북측은 양측 지도자에게 맡기는 열린 의제(open agenda)를 선호하였다.[12] 회담에서 의제선정은 성패를 결정할 정도로 중요한 문제이다. 그런데 이번 회담의 경우 구체적 의제를 상정할 경우 남북은 물론, 한미간에도 적지 않은 차이가 있어[13] 회담성사 자체가 난관에 봉착할 수 있었다. 반면 열린 의제는 회담의 극적 효과를 높일 수 있고, 더욱이 회담현장의 당사자가 아닌 외국이 자신의 입장을 관철하는 데는 결정적으로 애로가 따른다. 결국 의제는 합의문의 규정대로 "민족의 화해와 단합, 교류와 협력, 평화와 통일"(②)이라는 포괄적인 열린 의제로 귀결되었다.

3. 회담의 형식과 기본 개념

두 가지 개념: 평화와 통일

6월 평양회담에 임하는 남측의 기본 개념은 무엇이었는가. 이 점은 무엇보다 김대중 대통령의 발언을 추적해 보면 정리할 수 있다. 6월 13일 김대통령은 서울을 출발하기 직전 '대국민 인사'에서 "전국민과 세계가 평화협력의 성과를 기대하고 있다" "남북정상회담은 만난다는 그 자체가 의의이다" "서로 의견이 일치한 것부터 합의해 나가겠다" "이번 평양길이 평화와 화해의 길이 되기를 진심으로 기대한다"고 밝혔다. 여기서 알 수 있듯이 회담에 임하는 김대통령의 기본 개념은 '평화'이다. 좀더 정확하게 표현한다면 "남북 양국론에서 출발하여 점진주의(실사구시)로 접근하여 평화를 정착시킨다는 것"이다.[14]

이러한 입장은 평화와 통일을 시기적으로 분리한다는 것을 의미한다. 1999년 김대통령은 일본 사민당 당수와의 회견에서도 "통일을 서

두르는 것은 북한에도, 한국에도 좋은 일이 아니다"고 말하였다(『조선일보』1999. 12. 31). 통일보다 평화적 분단관리를 선호하는 정책은 1973년에 그 바로 전해의 7·4공동성명서를 부인하며 나온 6·23특별선언이 효시라고 할 수 있으며, 그후 박정희정권에서 선건설·후통일론, 노태우·김영삼 정권에서 국가연합론 등으로 이어져 왔다. 또한 「페리보고서」의 기본 개념도 분단의 평화적 관리이다.

반면 정상[최고위급]회담에 임하는 북측의 기본 개념은 '통일'이다. 북측의 언론과 방송 매체는 평양회담을 앞두고 조국통일 3대헌장과 자주·평화통일·민족대단결 등 조국통일원칙들을 집중 보도하였다.[15] 6월 13일 김대통령이 내린 평양 순안공항에는 '조국통일' 구호가 메아리쳤고 시내 연도에는 "조선은 하나다"라는 플래카드가 걸려 있었다. "조선은 하나다"는 김일성 주석이 직접 만든 통일구호이며[16] 김정일 위원장도 "7천만에게 통일을 안겨주지 못하면 김정일이 아닙니다"고 밝힌 바 있듯이,[17] 북측의 중심 개념은 통일이다. 여기서 평화는 독자적인 과정으로 존재하지 않고 통일과 연관된 하나의 과정(평화통일)이 되어 양자 사이에 "어떠한 과도기도 있을 수 없다"(김일성 1991, 126쪽).

이러한 개념의 차이는 평양회담 두번째 날(6. 14) 오전 김대중 대통령과 김영남 최고인민회의 상임위원장의 회담에서도 계속되었다. 김영남 상임위원장은 한미일 3국의 대북정책 공조와 자주 문제의 연관, 국가보안법과 교류협력 문제 등 통일을 기본 개념으로 문제제기한 데 반해, 김대중 대통령은 "남북이 힘을 합쳐 세계화시대 무한경쟁에 대처해 나가자"며 평화협력을 중심 내용으로 언급하였다.

김대중-김영남회담에서 또 하나의 문제는 회담 상대들이다. 남측에서는 주로 청와대 참모진과 행정부의 장관들이, 북측에서는 최고인민회의와 대남부서 인사들이 참여하였다. 즉 북의 의회측 인사와 남의 행정부측 인사가 대면한 모양이 되었지만, 북의 최고인민회의측이 회담의 상대로 나왔다는 것은 적지 않은 시사점을 준다. 한편으로는 이번 회담에서 국회기반이 취약한 김대중행정부와의 회담을 보완하기 위해 국회·정당측의 자리를 마련한 것으로 볼 수 있으며, 다른 한편으로는 앞으로 국회·정당 차원에서도 남북관계의 활성화를 모색하겠다는 의사표시이기도 하다.[18]

평양회담의 최고봉은 두말할 것도 없이 6월 15일 김대중 대통령과 김정일 위원장의 4시간 15분에 걸친 회담이다. 단일회담으로는 상당히 긴 시간이지만, 그 결과인 6·15선언의 성과를 보면 CNN이 "역사상 유례 없이 빠른 합의"라고 평가한 것도 과장은 아니라고 할 수 있다. 평양회담에서 남북대표들간의 분위기는 줄곧 매우 우호적이었지만 김대중-김정일회담 이전까지만 해도 평화와 통일, 두 기본 개념의 간격은 좁혀지지 않았다. 양자회담에서도 서로 다른 기본 입장이 심각하게 충돌했으나,[19] 결국 민족적 차원에서 화학적으로 결합하기 시작하였다.

그것이 '남북공동선언'의 5개항 합의이며 하나의 개념으로 정리하면 '자주적 평화통일'이라 할 수 있다. 6월 15일 저녁 만찬에서 김대중 대통령은 평화와 공존공영을 강조하면서도 "드디어 통일에의 희망이 떠오르기 시작했다"고 말하였다. 반면 김영남 상임위원장은 답사에서 미래형이 아닌 '현재형 통일'을 강조하였다(『동아일보』; 『한겨레신문』 2000. 6. 15). 즉 서로의 차이는 남아 있었지만, 통일에서 접합점을 발견할 수 있었다.

회담명칭과 서명 그리고 근본 성격

남북공동선언의 5개항을 살펴보기에 앞서 남북관계에서 특수하고
도 중요한 문제인 회담의 명칭과 서명형식을 간단히 검토하고자 한다.
4·8합의문에서 논란이 되었던 '최고위급회담'의 북측상대 문제가 6월
15일 김대중-김영남회담으로 다시 제기되었다. 남측은 처음에는 김정
일 위원장도 참여하는 것으로 예상하고 '확대정상회담'으로 명명하였
다가, 그가 불참하자 '정상'을 생략하고 '확대회담'으로 수정하였고, 그
후 다시 '공식면담'으로 발표하였다(『중앙일보』 2000. 6. 14; 통일부정보분
석국 2000g, 25쪽). 그러나 『로동신문』 등 북측의 언론은 이 회담을 '최고
위급회담', 김대중-김정일회동은 상봉 또는 단독회담이라고 명명하였
다. 김영남 위원장도 6월 15일 만찬 답사에서 "김대중 대통령께서는
평양을 방문하여 우리 인민의 령도자이신 김정일 장군님과 '력사적인
상봉'을 하시고 '우리와 최고위급회담'을 진행하였습니다"라고 말하였
다(『조선일보』 2000. 6. 15).

회담의 명칭에 대한 남북의 차이를 비교하면 〈표 1〉과 같다.

남측의 북한전문가들은 북측이 김대중-김영남회담을 최고위급회담
으로 명명하자 이것을 "남측대표단의 애를 태움으로써 협상력을 높이
려는 북한 특유의 애태우기 전술"로 분석하였다.[20] 그러나 이러한 분석
은 대단히 자의적인 것이다.

먼저 북한이 정상회담이라는 명칭을 피하는 이유는 회담의 기본 개
념인 통일의 관점에서 남북의 관계를 국가와 국가의 관계로 보지 않기
때문이다.[21] 두 국가 사이의 정상회담이라면 사전에 공식적인 절차가
확정되고 의제와 내용도 어느 정도 가닥을 잡고 난 뒤, 공식적으로 정
상들이 만나 최종적으로 서명하는 것이 일반적인 관례이다. 북측이 평
양회담의 준비 및 진행 과정에서 이러한 관례를 철저하게 무시한 것은

〈표 1〉 남북의 회담명칭 차이

	남측	북측
김대중-김정일회담	정상회담	력사적 상봉 또는 단독회담
김대중-김영남회담	확대정상회담→확대회담→확대면담→공식면담	최고위급회담

회담의 근본 성격을 국가간 정상회담이 아니라 민족 내부의 만남으로 보기 때문이었다. 이러한 맥락에서 4·8남북합의문에는 김대중 대통령과 김정일 위원장의 만남이 애매하게 표현되어 있으며 실제 평양회담도 공식적인 국가간 정상회담과는 거리가 있었다. 그리고 김영남 위원장과의 만남을 '최고위급회담'이라 명명한 것은 최고인민회의 상임위원장이 법적으로 북한을 대표하기 때문이다.[22]

물론 회담의 형식과 명칭은 중요하지만 이 때문에 심각한 문제가 발생한 것은 아니었다. 회담의 명칭에 관계없이 김대중-김정일회담이 평양회담의 핵심이었고 정상회담이란 용어를 사용하는 남측에 대해 북측도 특별히 이의를 제기하지 않았다. 이 점에서 남북 공통으로 회담의 명칭을 '고위급회담'으로 합의한 남북기본합의서보다[23] 서로의 독자성을 폭넓게 인정해 주고 있다고 평가할 수 있다. 그렇다고 해서 '국가와 국가의 관계'라는 것을 인정한 부분은 평양회담 전과정 어디에도 없다.

둘째로, 남북한의 문서서명 방식이다(〈표 2〉). 여기서도 가장 중요한 것은 국호문제의 처리이다.

〈표 2〉에서 보듯이 남북기본합의서와 비교하여 4·8남북합의서의 경우 국호가 명기되어 있지 않다고 비판하는 경우가 있다. 하지만 결론부터 말하면 그와 전혀 반대이다. 4·8합의서(3-1)는 직명이 기록되

어 1990년의 남북고위급회담에 관한 합의서(2-1)보다 독자성을 하나 더 인정한 서명형태라고 할 수 있다. 그리고 6·15남북공동선언의 경우도 서명주체를 두고 갈등이 있었지만,[24] 김대중 대통령과 김정일 국방위원장이 서명하는 것으로 귀결되었다. 결국 선언의 서명은 국호·직명이 병기되고[25] 국호를 대신하던 남·북측이라는 것은 생략되어 상

<표 2> 남북 성명 · 합의서 · 선언의 서명방식과 특징

구분	서명		특징
1. 남북공동성명(1972. 7. 4)	서로 상부의 뜻을 받들어 이후락　　김영주		1. 국호, 직명 모두 없음 2. 남북의 구별도 없음
2-1. 남북고위급회담 개회에 관한 합의서 (1990. 7. 26)	남북고위급회담 예비회담 남측대표단 수석대표 송한호	북남고위급회담 예비회담 북측대표단 단장 백남준	국호, 직명 모두 없음
2-2. 남북기본합의서(1991. 12. 13)	남북고위급회담 남측대표단 수석대표 대한민국 국무총리 정원식	북남고위급회담 북측대표단 단장 조선민주주의인민공화국 정무원 총리 연형묵	1. 국호, 직명 모두 있음 2. 남측/북측과 국호 병기
3-1. 남북합의서(2000. 4. 8)	상부의 뜻을 받들어 남측 문화관광부 장관 박지원	상부의 뜻을 받들어 북측 조선아시아태평양평화위원회 부위원장 송호경	1. 직명 기록 2. 국호 없이 남측/북측 표기
3-2. 남북공동선언(2000. 6. 15)	대한민국 대통령 김대중	조선민주주의인민공화국 국방위원장 김정일	1. 국명과 직명 병기 2. 남측/북측 없이 국호 병기

당한 독자성을 인정한 것이라 볼 수 있다.

그러나 국호의 병기가 두 개의 한국(Two Korea)에 대한 인정이라는 해석(이동복 2000)은 피상적인 판단이다. 그 대표적인 예가 남북기본합의서이다. 여기서도 국호를 병기하고 있지만 그 전문에서는 "남북 쌍방 사이의 관계가 나라와 나라 사이의 관계가 아닌 통일을 지향하는 과정에서 잠정적으로 형성되는 특수관계"라고 분명하게 규정하고 있다.[26] 이처럼 국호가 병기된 서명을 근거로 해서 양국론으로 확대해석하는 것은 오류이지만, 그 현실적 의미를 무시하는 것 역시 타당하지 않다.

통일문제는 대외적 자주권 문제와 남북한의 문제를 포괄하며 남북문제는 국가(정부) 차원과 여타 민간운동 차원을 포괄하고 있다. 여기서 국가(정부) 차원의 교류·합작은 현실적으로 대단히 중요한 의의를 지닌다.[27] 결론적으로 말해 이번 평양회담에서는 통일과 평화가 결합한 합의 수준이 높은 만큼, 쌍방의 상대적 독자성에 대한 이해의 폭도 넓었다고 정리할 수 있다.

4. 남북공동선언

6월 15일 남북공동선언의 5개항 합의는 남북 어느 한쪽의 이해득실이라기보다 크게 보아 모두 민족의 화해와 통일을 위한 것이라 할 수 있다. 그러나 남북이 서로 우선시하는 주제들의 차이는 물론 있었다. 이산가족과 비전향장기수 등의 인도적 문제해결(3조), 경제협력을 통한 민족경제의 균형적 발전과 제반 분야 협력·교류의 활성화(4조), 김정일 국방위원장의 답방 약속(5조) 등은 남측의 입장이 많이 반영된 부분으로서 비교적 단기간에 가시적인 성과를 예약할 수 있는 것들이다.

반면 1, 2조는 한반도의 평화·통일과 관련되는 구조적인 문제이기 때문에 약간의 검토가 필요하다.

1조: 자주와 주한미군

한반도의 구조변동 관점에서 볼 때 역시 가장 중요한 것은 평화통일과 관련되는 1조, 2조이다. 합의서의 선두조항인 1조는 '자주통일'로 요약할 수 있다.

남과 북[북과 남]은 나라의 통일문제를 그 주인인 우리 민족끼리 서로 힘을 합쳐 자주적으로 해결해 나가기로 하였다.

1조의 자주통일은 어떤 형식으로든 주한미군 문제와 관련될 수밖에 없다. 남북회담에서 이 문제가 과연 어떻게 거론되었는가? 6월 16일 황원탁 안보수석이 뉴욕에서 클린턴 미국대통령에게 평양회담을 설명하는 자리에 배석하였던 미 행정부의 고위관리는 평양회담에서 김대통령이 주한미군의 안정화 역할(stabilizing role)을 강조했다고 답변하였다.[28] 즉 단순한 대북 억지력(deterrence) 차원이 아니라 균형자(balancer) 역할을 강조하였다는 것이다.

미국에게 주한미군의 의미가 각별한 것은 그것이 단지 한반도문제가 아니라 거대한 이해관계로 부상하는 동북아·아시아·태평양 방어선과 관련되기 때문이다. 90년대 들어와 세계 중력이 점차 아시아로 옮겨가고, 미국의 국익과 미군의 비중도 이를 따라가고 있다. 지난 8년 동안 펜타곤의 전쟁연습(war game) 중 2/3가 아시아를 대상으로 하였다는 것은 미국의 아시아에 대한 적극적인 개입전략을 단적으로 보여준다. 이런 아시아에서 한반도의 평화통일은 미국의 패권과 미군의 존재에 위협이 될 수도 있다.[29] 1997년 코언이 국방장관으로 취임하면서 국방부관리들에게 던진 화두가 "한반도에 평화가 정착되면 미군이 철수할 것이라는 가정을 어떻게 하면 바꿀 수 있을 것인가?"[30]였다는 것은 이런 맥락에서 볼 때 의미심장한 것이다. 또한 1999년 「페리보고서」에서 대북관계의 정상화와 아울러 주한미군의 주둔을 강력하게 권유한 것(도진순 2000)도 같은 맥락이라 할 수 있다.

요컨대 클린턴행정부 한반도정책의 기본 입장은 평화이며, 다른 말로 하면 남북 양국론에 의한 분단의 평화적 관리이다. 즉 북과의 관계 정상화 대신 남측에서 미군의 철수 불가론이라는 것이다. 때문에 워싱턴은 평양회담 직전 웬디 셔먼과 찰스 카트먼을 서울에 파견하여 김대중 대통령에게 제네바합의 원칙의 견지와 한·미·일 3각협조체제 유지 등 미국의 입장을 전달하였고 주한미군 문제는 평양회담에서 거론될 성질이 아니라는 입장을 밝혔다.[31]

평양남북회담 이후에도 미 국방부의 공식입장은 여전히 "좋은 소식이지만 근본적으로 바뀐 것은 아무것도 없다"는 입장이다. 그러나 국방부 주변의 전문가들은 남북회담의 여파로 거대한 변화가 무르익어가고 있다는 해석이 주류이다. 펜타곤의 군사전문가들은 이미 전략문서 「조인트 비전 2000」(Joint Vision 2000)을 작성하는 과정에서 주한미군의 지위에 대한 재협상을 비롯하여 명실상부한 한국군과 미군의 연합운영(joint operation)체제로의 전환 가능성, 당사국에 더 많은 사법권을 행사하는 방향으로 '주둔군지위협정'의 조정, 미군기지를 유연화하는 '방책 없는 기지'(base without fences) 프로그램 등을 검토·언급한 바 있다.[32]

평양회담을 전후하여 국방부 밖에서의 논의는 더욱 활발하다. 주한미군의 성격과 지위 변경론, 아시아에서 미군 재정렬론, 주한미군의 단계적 또는 전면적 철수 불가피론 등 다양한 논이 제시되고 있다. 정보분석기관 스트랫포나 1994년에 북미간의 핵협상을 주도한 갈루치 등은, 한반도에서 평화와 통일이 주한미군의 존재 가능성을 부인하지만 중국에 대한 우려 때문에 아시아지역에서 미군은 여전히 유지되어야 한다는 모순을 해결하기 위해 '미군 재배치론(재정렬론)'을 주장하였다(Stratfor 2000; Gallucci 2000). 미군철수를 예측·주장하는 논의도 있는데, 제시 헬름스(Helms) 미 상원외교위원장은 "주한미군 철수를 검토할 때가 되었다"는 입장을 표명하였는가 하면, 보수적인 헤리티지 재단의 워츨(L. M. Wortzel)은 "주한미군과 주일미군은 향후 10년간은 더 주둔할 수 있을 것 같으나 주둔군의 형태와 배치는 크게 달라질 것"이라고 예측하였다. 의회조사연구소의 골디치(R. Goldich)는 "한반도에 진정한 평화가 올 경우, 그것이 당장 통일로 이어지든 이어지지 않든 한국에서는 주한미군을 철수시키라는 엄청난 압력이 될 것"이라 예측하였다.[33]

북한은 주한미군 문제를 정전협정의 연장선상에서 북미간의 적대적 문제로 보며, 남측은 한미방위조약에 의한 한미간의 문제로 보고 있다. 이처럼 주한미군은 남북 양측과 상반된 관계를 동전의 양면처럼 지니고 있기 때문에 이 문제의 조정 없이 남북이 진정한 평화와 통일로 나아가기는 어렵다. 그간 북한은 주한미군 철수를 한반도 통일의 핵심 전제조건으로 규정하고 주한미군의 철수를 주장하였다. 이 주장은 아직도 계속되고 있지만, 1980년대 후반 미군의 '단계적 철수'와 잠정주둔을 인정하는 발언이 나오면서 미묘한 변화를 보이기 시작하였다. 90년대에 들어와서 김용순 아태위원장을 비롯한 북한의 유력한 지도자들은 북미간의 과도적인 '잠정협정' 체결, 미군의 지위와 성격 변화를 통한 평화유지군으로서 잠정주둔을 언급하였다.[34] 1997년 4자회담에서도 북한이 주장한 의제는 주한미군 ‘철수’가 아니라 주한미군 ‘문제’였다. 이러한 변화에 대해서 첫째 사실상 미군주둔을 희망하는 것, 둘째 근본 입장은 변화하지 않았으나 잠정적으로 미군주둔을 인정하는 것, 셋째 미군철수를 위한 고도의 심리전 등 다양한 해석이 있지만(武貞秀士 1998, 159쪽) 주목할 만한 변화인 것은 분명하다.

이번 평양회담에서 ‘주한미군을 평화유지군으로 중립화’하는 방안이 논의되었다는 보도들은 시사하는 바가 크다(김당 2000b; 이창곤 외 2000; 월간조선취재반 2000). 그러나 일정한 수준의 합의가 있었는지, 의견을 경청하는 정도였는지는 아직 확실하지 않다. 한반도 전문가인 퀴노네스(K. Quinones)나 해리슨(S. S. Harrison) 등은 이미 주한미군 등 군사문제에 대한 북한의 변화를 적극적으로 활용할 것을 주장한 바 있다. 퀴노네스는 “솔직히 말해 이제 유엔사령부와 정전위원회로서는 더 이상 얻을 것이 없다”고 논평하고, 대안으로 남북기본합의서의 재확인과 남북공동군사위원회에서 출발하여 평화협정과 미군 전투부대의 철수로 이어지는 일련의 프로그램을 제시하였다. 또 그는 “서울에서는 전반적으로 그러한 입장에 대해 비판적이지만 김대중 대통령의 발언을 자세히 검토하면 이러한 방식의 이니셔티브를 지지할 용의가 있다”고 지적하기도 했다.[35] 그의 지적대로 김대중 대통령이 미군의 구조조정에 동의하고 있는지는 확인할 수 없지만, 이번 6·25전쟁 50주년 기념사에서 ‘남북군사공동위원회’를 제안하였다(『동아일보』 2000. 6. 26; 김당 2000b). 그러나 군사문제는 정전협정의 평화협정으로의 전환을 포함하여 북미간의 핵심 문제이기 때문에 북한이 김대통령의 제의에 곧바로 반응을 보이기는 어려울 것으로 보인다.

2조: 연방제와 연합제

이번 합의서에서 흥미롭고도 논란이 되는 것은 2조이다. 회담 당시
에도 두 사람이 많은 시간을 할애한 조항이며, 의견이 엇갈려 회담이
네댓 차례 거의 무산될 뻔했던 논쟁적인 주제이다.

남과 북[북과 남]은 나라의 통일을 위한 북측의 낮은 단계의 연[련]
방제안(a loose form of federation)과 남측의 연[련]합제안(a confed-
eration)이 서로 공통성이 있다고 인정하고 앞으로 이 방향에서 통일을
지향시켜 나가기로 하였다.

최근 김대중 대통령은 2조의 합의과정에 대해 특별하게 언급한 적
이 있다. "북측은 연방제를 선호한 반면 남한은 국가연합을 제시했다.
열띤 논쟁 후 북측은 '이것으로 회담이 끝났다. 더 이상 회담하지 않겠
다'고 말했다. 그러나 북측은 다시 돌아와 '낮은 단계의 연방제'를 제시
했다."(『중앙일보』 2000. 7. 18)

그러면 연방제에서 북측이 양보한 내용이란 무엇인가. 북한의 연방
제는 60년대 과도적 단계를 지나 1980년 '고려민주연방제'로 정리되었
다. 1989년 방북한 문익환 목사의 제의로 보다 '느슨한 연방제'를 검토
하였고(『한겨레신문』 2000. 6. 16), 이런 맥락에서 김일성 주석은 1991년
신년사에서 "고려민주연방제가 공명정대한 민족통일방안이지만 민족
적 합의를 보다 쉽게 이루기 위하여 잠정적으로 지역자치정부에 더 많
은 권한을 부여하며 점차 중앙정부의 기능을 높여나가는 방안도 협의
할 용의가 있다"고 밝혔다(김일성 1991, 172쪽). 이른바 '낮은 단계의 연
방제'는 바로 이 91년 신년사에서 언급된 것의 연장선상에 있다.

그렇다면 남측에서 조정한 것은 무엇인가. 남측의 통일방안에서 흔

히 1단계로 거론되어 온 국가연합단계는 현재의 남북한을 상호 인정한다는 양국론에서 출발한다. 이것은 현실론이라는 강점도 있지만 끊임없이 두 개의 한국론이라는 비판을 받아왔다. 먼저 2조의 합의문을 유심히 보면 연합제 앞에 '국가'라는 단어가 배제되었으며 연방제와 연합제의 공통성은 "나라의 통일을 위한"이라는 전제조건과 "통일을 지향"한다는 목표점 사이에 존재한다. 즉 두 개의 한국으로 나아갈 위험성을 앞뒤로 차단하고 있는 것이다. 따라서 이를 국가연합으로 주장하는 것은 일방적이다.

사실 체제를 달리하는 사실상의 두 국가가 하나의 민족국가로 통일된다는 것은 쉬운 일이 아니다. 우리의 입장에서 보면 사상과 이념이 거의 같은 미국의 경우도, 건국 전후부터 남북전쟁까지 주정부를 기본으로 하는 국가연합(confederation) 이념과 하나의 연방국가(federation) 사이에서 끊임없는 갈등이 있었다. 예멘의 경우 남북 국가연합은 결국 전쟁으로 귀결되었다. 더욱이 한반도의 경우 국가연합에서 연방국가로의 전환은 이들의 경우와 본질적으로 다른 어려움이 있다. 남과 북이라는 지역의 차이 이외에 자본주의와 사회주의라는 제도의 차이가 있으며, 더 중요하게는 한쪽에 외국군(미군)이 주둔하는 특수성이 있다. 뿐만 아니라 현재 미군은 북한과 정전중의 적대적 관계에 있는데, 이러한 상태에서 국가연합이 되면 북한이 주한미군에 대해 언급하는 것은 국제법적으로 내정간섭이 된다. 따라서 한반도에서 연방과 연합의 본질적 차이는 지역이나 제도·사상·이념의 '차이 정도'가 아니라 하나의 나라인가 아닌가에 해당하며, 그 핵심은 외세(외국군)의 존재 여부와 직결된다. 여기서 연방과 연합의 문제는 다시 선두 조항인 1조의 민족자주와 직결되는 것이다. 연방제를 북한판 분단고착용이라는 파악이나 심지어 실질적으로는 남한의 흡수통일론이 된다는

오해는 이러한 맥락에 유의하지 않는 데서 비롯되었다고 볼 수 있다.[36]

앞으로 연방인가 연합인가를 확인하는 방법은 두 가지가 있을 수 있다. 그 하나는 상징적 수준이라도, 예컨대 공동의 국호·국가·국기를 가지는 상설적인 연방기구가 탄생하는가 아닌가에 달려 있다. 또 하나는 직접적인 연방기구가 아니라 그것의 기초를 봄으로써 확인할 수 있다. 그 기초가 되는 것은 역시 정전협정의 처리에 있다. 즉 '정전협정'을 대체하는 새로운 '평화협정'이 남과 북 사이에 국가 대 국가로 체결되면 국가연합의 기초가 될 것이며, 남북이 공동으로 평화를 선언·보장하는 형식이면 연방제의 기초가 될 것이다.

2조에서 확인된 바와 같이 연합과 연방은 소중한 공통점도 가지고 있다. 그것은 바로 민족 내부의 사상·제도·이념의 차이점을 서로 인정한다는 것이다. 사실 사상·제도·이념의 차이가 늘 주요한 적대적 모순이 되는 것은 결코 아니다. 그것보다 더 중요한 모순이나 과제가 있을 경우, 그것의 차이는 더 큰 과제의 공통성에 종속되기 때문이다. 이러한 선례는 역사적으로 대단히 많으며, 대표적으로는 일제시기와 해방 직후의 좌우합작에서 확인할 수 있다. 2조에서는 바로 사상·제도·이념의 차이를 극복할 더 큰 과제로 통일을 내세우고 있다.

5조: 남북회담의 연속

2000년 6월 평양남북회담에는 수행자들의 분과별 일정과 회담이 있었지만, 역시 중심이 되는 것은 김대중 대통령과 김정일 국방위원장을 축으로 하는 상봉과 회담이었다. 이는 두 사람이 만난 시간이 여타의 일정을 압도한 데서도 확인할 수 있다. 6월 14일 오후 회담시간만 4시간 15분에 이르며 같이 보낸 시간은 대략 12시간 반 정도였다. 또한 만찬이나 오찬에서도 끊임없이 대화하였다(우종창 2000).

평양회담의 또 다른 성과는 회동과 회담을 통해 남북 최고지도자들이 상호신뢰를 쌓고 남북 당국자간에 계속 대화를 하기로 하고 나아가 김정일 국방위원장의 답방을 성사시킨 것이다.[37] 주한 미대사 보즈워스는 회담 직전에 회담의 성공 여부를 판단하는 '가장 좋은 척도'로 '추가회담'을 들었는데(『대한매일』 2000. 6. 14), 남북의 두 지도자는 이 점과 관련하여 일반적인 예상 이상의 합의(5조)를 끌어내었다.[38]

남과 북[북과 남]은 이상과 같은 합의사항을 조속히 실천에 옮기기 위하여 빠른 시일 안에 당국 사이의 대화를 개최하기로 하였다. 김대중 대통령은 김정일 국방위원장이 서울을 방문하시도록 정중히 초청하였으며 김정일 국방위원장은 앞으로 적절한 시기에 서울을 방문하기로 하였다.

평양회담 기간 동안 김정일 위원장이 김대중 대통령과 남측일행을 극진히 대우했다는 것은 이미 널리 알려진 사실이다. 김대중 대통령도 6월 15일 만찬사에서 김정일 위원장의 효성 그리고 정치적 안정 및 대외관계와 경제발전을 위한 노력에 경의를 표하기도 했다. 물론 이것은 평양에서의 덕담이나 의례적인 인사로 판단할 수도 있다.

평양회담 이후 『파이낸셜 타임스』(*Financial Times*)와의 회견에서 김대중 대통령은 다시 김정일 위원장에 대한 자신의 견해를 비교적 솔직하고 자세하게 표현하였다.

방북 전 몇 주 동안 김위원장에 대한 정보를 읽으며 보냈으나 나의 예상은 완전히 빗나갔다. 그는 냉정한 이론가로는 보이지 않았지만 예리한 성격의 감수성이 매우 강한 인물이라는 인상을 받았다. 흥분을 잘하는 사람같이 보일 때도 있었다. 그의 행동은 대단히 유교적이어서 매우 예의바르고 나를 연장자로 배려해 줬다. 시간이 지나면서 그는 대화가 가능한 상대라는 것을 알 수 있었다. 그의 말 상당 부분은 일리가 있었다. 그는 남의 말을 듣고 이해하고 수용하려 했다. 그러자면 대단한 용기와 지혜가 필요하다. 대화상대로서 그에게 큰 신뢰감이 생겼다. 북한 정권에 대한 서방측 비판이 확실하다고 알았으나 김위원장에 대한 평가는 크게 왜곡됐다. (『동아일보』;『중앙일보』;『한겨레신문』 2000. 7. 18)

이러한 신뢰를 바탕으로 이제 남북당국간의 대화와 회담은 여러 가지 형식으로 지속·확대될 것이다. 또한 그것은 장기적인 관점에서 보면 민간통일운동의 활성화에도 적극적인 계기가 될 것이다.

5. 국제정치지형의 변화

2000년 6월 평양남북회담의 큰 성과 가운데 하나는 주변 4강의 대한반도 정책에 큰 변화의 계기를 마련하였다는 점이다. 남북한의 전격적인 합의는 한반도 주변 4강의 역학관계에도 적지 않은 변화를 가져올 것이며, 특히 압도적인 영향력을 행사하던 미국 일방의 대외관계는 점차 균형적 다변화를 지향하게 될 것이다. 이러한 단서는 이번 오키나와 G-8회의에서 '한반도성명'을 채택한 데서도 드러난다(『동아일보』;『한겨레신문』 2000. 7. 24). 소련해체 이후 한반도에 대한 영향력이 가장 뒤떨어졌던 러시아는 북러회담의 성과를 무기로, 또 갑자기 대북관계 경주에서 뒤처지게 된 일본은 관계 가속화를 위하여 '한반도특별성명' 채택에 적극적인 역할을 하였다. 그러나 주변 열강 중에서 부상하는 것은 오키나와에 모습을 드러내지 못한 중국이었다.

중국의 이니셔티브

1994년 미국은 카터를 통해서 남북회담을 중재하였지만 결국 성사를 시키지 못했다. 이번에는 남북이 자주적으로 회담을 모색하였으나 중국의 지원도 적지 않은 역할을 하였다. 이는 김정일 위원장의 중국대사관 방문과 중국본토 방문으로 상징된다.

2000년 3월 5일 김정일 위원장이 중국대사관을 방문한 이유는 잘 알려져 있지 않다. 하지만 여기서 무엇보다도 주목할 점은 시기문제이다. 김위원장이 중국대사관을 방문한 날, 중국 중앙군사위원회 부의장은 타이완 선거에 앞서 "타이완의 독립은 전쟁을 의미한다"는 성명을 발표하였다.[39] 중국이 두 개의 중국(Two China)을 용인하지 않겠다는 날, 하나의 한국(One Korea)을 주장하는 김정일 위원장이 중국대사관을 방문하였다.

또 북측은 김위원장의 중국대사관 방문을 전후하여 '서해 해상분계선' 문제를 다시 거론하기 시작하였다.[40] 통일부와 국방부는 북미협상을 앞둔 선전용이거나 4월총선을 앞두고 사회적 혼란을 야기할 목적이라고 분석하였지만, 조중관계도 하나의 변수가 될 수 있다.[41] 예컨대 3월 23일 북한인민군 해군사령부는 '서해 5개섬 통항질서'를 선포하며 3월 30일 조국평화통일위원회의 동 조치가 "서해 해상에서의 무력충돌 위험을 미리 막고 조선반도와 아시아의 평화와 안전을 보장하기 위한 정당한 것"이라고 주장한다.[42] 여기서 주목할 것은 '아시아의 평화와 안전'을 언급하였다는 점이다. 즉 타이완 총선을 전후해서 중국에서 양안문제가 부상되는 것과 아울러 서해분쟁을 제기함으로써 미국의 동북아정책을 공동으로 대처하고자 한 측면을 읽을 수 있다.

이러한 측면은 김정일 위원장의 중국대사관 방문을 수행한 사람들의 면모와도 일치한다. 조명록(차수/군 총정치국장), 김영춘(차수/군 총참모장), 김일철(차수/인민무력상), 김국태(당비서/간부), 김용순(당비서/대남), 현철해(대장/총정치국 조직부국장), 박재경(대장/총정치국 선전부국장), 이명수(상장/총참모부 작전국장), 장성택(당 조직지도부 제1부부장), 최춘황(당 중앙위 제1부부장), 지재룡(당 국제부 부부장) 등은 주로 군·통일 관련 인사들이다(통일부정보분석국 2000b). 아무튼 김위원장의 대사관 방문 4일 후 남북한 대표들은 싱가포르에서 남북정상〔최고위급〕회담을 위한 비밀회동을 가졌고 일주일 후에는 남북 특사들의 상하이 비밀협상으로 이어졌다.

그리고 6월 평양회담을 며칠 앞둔 5월 29~31일, 김정일 위원장은 중국을 비공식 방문하였다. 그는 중관촌 전자단지 내 '연상그룹' 컴퓨터생산공장을 참관하고 중국의 개방정책을 높이 평가하였다. 이를 근거로 일반적인 분석들은 김위원장이 중국의 뜻에 따라 개방의지를 과시한 것으로 해석하였다. 하지만 평양회담 이후 북한이 "개혁·개방은 망국의 길"이라는 김위원장의 언급을 다시 보도한 것(통일부정보분석국 2000h;『조선일보』2000. 6. 21)으로 볼 때도 그러한 해석은 무리이다. 당시 중국언론은 김정일 위원장이 "조선은 조선식 사회주의, 중국은 중국 특유의 사회주의를 하면 된다"고 발언한 것으로 보도하고 있다(박승준 2000).

그렇다면 김정일 위원장의 중국방문에서 핵심은 무엇인가. 우리는 김정일-장쩌민회담에 대한 일본과 홍콩의 언론보도에서 중요한 단서를 포착할 수 있다. 일본의 NHK방송은 김정일 위원장이 대만문제를 포함해서 중국의 '일국양제'(一國兩制)에 깊은 관심을 표명하면서 장쩌민(江澤民) 주석에게 대만에 대한 미국의 영향력을 배제할 수 있는지 질문하여, 한반도에 대한 미국의 영향력 약화를 중시하고 있다고 보도하였다(『연합통신』2000. 6. 11;『동아일보』2000. 6. 12). 또 홍콩『태양보』는 중국소식통을 인용하여 김정일 위원장이 장쩌민 주석에게 한반도 통일을 다섯 단계로 나누어 10~15년 안에 실현하겠다고 밝혔다고 보도했다(『한겨레신문』 2000. 6. 14). 양쪽의 보도에 약간 차이는 있으나, 김위원장의 중국본토 방문에서 핵심 의제는 역시 한반도 통일문제와 이를 위한 국제관계의 조정이었다고 보는 것이 타당할 것이다. 수행원 또한 대사관 방문과 마찬가지로 군·대남·외교 관계 인사들이었다 (통일부정보분석국 2000f). 실제 회담 직후 장쩌민 중국주석은 "남북의 자주와 평화통일을 지지한다"고 밝혔으며 북한도 "사회주의 건설과 나라의 통일을 위한 두 당, 두 나라 인민들의 투쟁에 대한 지지와 연대성을 표시했다"고 방송하였다(강진욱 2000; 박승준 2000).

평양회담에 대한 중국의 영향력을 압도적이라고 규정하는 것은[43] 음모론에 가까운 지나친 과장이지만, 회담 직전 중국과 북한 사이에 한반도와 동북아의 정치·군사 지형에 대해 일정한 교감이 있었던 것은 분명하다. 중국은 현재 남북한과 수교하고 있어 두 개의 한국 정책에 기울어져 있는 듯하지만, 한반도와 동북아에서 미국의 패권과 이를 기반으로 한 대만의 독립 고조에는 대단히 비판적이다. 평양남북회담으로 한편으로는 한반도문제의 당사자원칙이라는 남한측의 인심을 얻고, 다른 한편 미국의 패권을 견제할 수 있다는 점에서 중국은 적극 지원하였다.

6월 13일 주방자오(朱邦造) 중국 외무부대변인은 '남북수뇌회담'을 환영하면서 "외국군대가 한반도에 주둔하는 것은 바람직하지 않다"고 덧붙였다. 그리고 6월 15일 장쩌민 주석은 어느 정상들보다 먼저 "진심으로 기쁘다. 남북의 자주평화통일을 적극 지지한다"는 축하서한을 남북의 지도자들에게 보냈다.[44] 여기서 주목할 만한 것은 장쩌민이 한반도의 자주적 평화통일을 지지함으로써 한반도의 현상유지가 아닌 통일외교에서 새로운 이니셔티브를 겨냥하고 있다는 사실이다.

미국의 딜레마

반면 평양회담에 대한 미국의 태도는 적지 않게 착잡하다. 회담 전 한미 양국 정부관계자들이 남북회담에 대해 사전에 협의하였지만 예상대로 진행된 것은 아니었다.[45] 물론 미국과 남한은 '양국론에 토대를 둔 평화정착'이라는 회담의 기본 개념을 같이하기 때문에, 클린턴은 평양남북회담 개최를 "김대중 대통령의 포용정책의 지혜와 장기적 전망을 입증한 것"이라고 평가하였고[46] 페리는 회담의 목표로 "한반도의 화해, 즉 두 나라의 평화"를 지적하였다(Shin 2000; 한호석 2000).

그러나 상황이 전개되면서 미국은 주도권이 중국과 북한으로 넘어가는 것은 아닌지, 남북의 움직임이 '너무 빠르다'며 불안해하고 있다. 때문에 김대중 대통령은 평양에서 서울로 돌아오자마자 클린턴 대통령에게 30분간 회담에 관해 이야기하고 황원탁 외교안보수석을 미국에 파견하여 회담을 설명하였다. 뉴욕에서 황수석은 김정일 위원장이 "매우 영리하고 매력적인 사람"(a very smart and a very engaging person)이라고 표현하면서 회담을 적극적으로 계속 추진하겠다고 밝혔다. 이에 대해 클린턴은 "흥미롭다"(fascinating)고 짧게 응대하고는 "한미 양국이 다른 우방국과 더불어 다음 단계들을 위해 긴밀히 상의하는 것이 중요하다"고 지적하였다. 이 자리에 배석했던 고위관리는 더 솔직한 표현으로 "얻을 수 있는 이익이 뭐가 있는지 생각해 보기도 전에 어떻게 대응할지 결정하려는 것은 때 이른 것"이라며 유보적인 태도를 분명히 하였다.[47] 올브라이트 국무장관도 "모든 것이 하룻밤 사이에 변할 수는 없지 않겠는가?" 반문하였다.[48]

이러한 분위기는 보즈워스 주한 미국대사의 최근 발언에서도 잘 나타난다. 주재국의 정치에 대해 공개적인 발언을 삼가는 일반적 관례를 무시하고, 그는 최근 중요한 공개석상에서 잇따라 의미 있는 발언을 하였다. 6월 28일 보즈워스 대사는 한국언론재단초청으로 프레스센터에서 "남북정상회담 이후 미국의 대한정책"에 관해 강연하는 자리에서 한국의 경제상태와 대북지원을 연계하여 비판했다. 그는 "남북의 경제협력은 안보환경의 개선 없이 유지될 수 없다"며 경제와 안보를 연결시키면서 "한국이 외부에서 자본을 끌어들여 북을 지원하는 자본의 국제적인 주차장이 되기 위해서는 한국경제가 국제적 수준의 투명성을 유지해야 한다"고 지적하였다(『대한매일』; 『조선일보』; 『한겨레신문』 2000. 6. 29). 이것은 개방과 투명성을 촉구하면서 북한으로 들어가는 자금을 미국이 점검하겠다는 의미이다. 또 그후 국회의원 연구모임인 '안보·통일포럼' 초청강연에서도 보즈워스는 비슷한 논지의 발언을 계속하였는데 "남북정상회담의 바람직한 결과에도 불구하고 북한의 위협은 그대로 존재한다"고 강조하였다. 김정일 위원장에 대해서는 "믿되 검증하라"(Trust but verify)는 레이건의 냉전적 경구로 충고하기도 했다(『조선일보』 2000. 7. 12). 그리고 7월 7일에는 이회창 총재와 부부동반 만찬석상에서 남북관계를 주제로 환담하였다.[49]

한반도의 정세변화와 남북회담의 성과를 진척시키는 데 미국의 이러한 우려는 대단히 중요한 문제이다. 이 문제의 중요성을 보기 위해 7·4남북공동성명 직후의 남북미 삼각관계를 참고할 필요가 있다. 당시 하비브 주한 미대사는 이후락과 김일성의 대화초록을 검토하고, 특히 김일성과 이후락의 45분에 걸친 개별면담에서 무슨 일이 있었는지 상세하게 물었다. 당시 이후락은 연방제에 대해 매우 비판적이었지만, 자신의 정치적 입지를 위해서 남북관계 개선에 적극적이었다. 반면 그의 경쟁자인 김종필은 이를 강하게 비판하였고, 중간에 있던 박정희도 점차 김종필의 입장을 지지하였다. 미국은 이러한 전과정을 정확하게 점검하고 있었다.[50] 결국 권력 내부의 이러한 은밀한 과정을 거쳐 조국 통일 3대원칙을 밝힌 남북 최초의 통일성명은 겨우 1년 남짓 존속하고 두 개의 한국 정책인 '6·23특별선언'으로 선회하였다.

요컨대 북미관계는 남북관계의 진전에 커다란 영향을 미친다(도진순 2000). 그렇다면 이번에도 김대중정권의 경쟁자를 통해 미국은 새로운 질서로 전환시킬 수 있을 것인가. 클린턴행정부가 평양회담의 결과와 속도에 우려하는 것은 분명하지만, 그렇다고 30년 전처럼 전혀 다른 방향으로 전환시키기는 어려울 것이다. 때문에 아마 미국은 한편으로 남북관계의 속도를 제어하면서 다른 한편으로 북미관계를 진전시킬 것이다. 평양남북회담 직후 미 국무부는 북한을 지칭하는 '부랑국' (rogue state)이라는 용어를 '우려대상국'(state of concern)으로 바꾸었다. 미 국무부 대변인은 용어의 전환이 정책의 전환은 아니라고 표명하였지만, 전문가들은 정책 유연화의 구체적 신호로 평가하고 있다.[51]

앞으로 한미관계도 구조조정기에 들어갈 것이다. 사실 김대중정권의 한미관계는 역사상 어느 정권보다 좋은 최고의 관계였지만 이 같은 상태가 오래 지속될 수 없다(Brown 2000). 남한에서는 노근리 등의 한국전쟁 시기 양민학살 문제, 휴전선 일대의 고엽제 살포와 한강 독극물 방류에 대한 비판, 푸에르토리코의 비에케스와 아울러 세계적인 문제로 부각되고 있는 매향리 사건, 불평등한 소파(SOFA)의 개정 등이 연속적으로 제기되고 있다. 이러한 비판적 분위기 때문에 평양회담 직후인 6월 26일 주한미군은 전장병들에게 "혼자 외출하지 말라(Buddy System)는 지침"을 내려보낼 정도였다(『조선일보』 2000. 7. 8).

또한 북미관계, 한미관계 어느 하나의 변화는 다른 하나의 변화를 동반할 수밖에 없다. 요컨대 미국이 기존의 현상유지 정책에 집착하게 되면 앞으로 한반도에서 심각한 갈등을 겪을 것이다. 반면 새로운 통일외교에 동참하는 경우 한반도에 대한 영향력은 여전히 다른 나라를 압도할 수 있을 것이다.

6. 맺음말

이제 한반도에서는 남북의 교류와 합작이 진전될 것이며, 올해 8·15를 전후해 이산가족의 상호방문과 비전향장기수의 송환 등이 진행될 것이다. 그러나 이것은 단지 시작에 불과하다. 다소의 속도조절과 곡절이 있을 수 있겠지만 바야흐로 한반도는 장기적인 구조조정기에 들어갈 것이다.

그 근거는 여러 가지가 있으나 가장 중요한 것은 이번 평양 남북정상(최고위급)회담의 추동력이 한반도 내부에서 비롯되었다는 점이다. 그간 남북관계의 진전은 주로 외부적 조건에서 촉발된 소극적인 것이었다. 예컨대 1972년 7·4남북공동성명은 미중관계의 개선에 많은 영향을 받았으며, 1991년 남북기본합의서도 소련·동유럽의 붕괴와 동북아에서 미국의 핵무기 철수에 따라 진전된 것이었다(도진순 1999a). 이처럼 미국-중국-소련이라는 열강의 변화에 부수적으로 진전되어 온 그간의 남북관계는 일시적이고 단층적인 것이었다.

그러나 이번의 경우는 한반도의 근본 구조 그 자체, 남·북·미 삼각관계 자체가 변수이기 때문에 한반도는 적극적·구조적 변화의 물결을 타지 않을 수 없다. 어떤 이들은 앞으로 미국과 중국의 신냉전이 개시되면 한반도의 통일에 불리한 상황이 도래할 것이라고 예측하기도 한다. 그러나 한반도의 분단은 미소 또는 미중의 균형적인 대립에서 비롯·유지되는 것이 아니라, 미국의 압도적인 규정력 아래 놓여 있었다.[52] 따라서 동북아에서 강대국간의 세력균형은 한반도 통일의 제약요인이라기보다 오히려 촉진요인이 될 수 있다. 요컨대 다소의 굴곡과 진퇴는 있지만, 이제 한반도는 평화와 통일로 가는 구조조정기에 돌입할 것이다.

물론 현실적으로 중요한 변수들은 여전히 남아 있다. 남북관계는 미국의 대통령선거와 대북정책, 남한의 정치상황과 다음 정권의 향방에 상당히 영향을 받을 수밖에 없다. 미국에서 정권이 교체될 경우에도 북한에 대한 '태도'가 강경해질 수 있다. 그러나 10년간 전쟁위기를 오가며 정착되어 가는 대북'정책'의 기조를 완전히 바꾸기는 어려울 것이라는 것이 지배적인 분석이다. 이후 남한의 정치상황도 중요한 변수이지만, 국가보안법 등 새로운 남북관계에 따른 법제적 정비[53]와 아울러 민간을 포함한 대북관계는 점차 활성화될 것이다.

그렇다면 이제 통일은 오는 것인가. 앞으로 북한·통일 문제가 우리 사회에서 급부상하리라는 것은 의심의 여지가 없다. 그러나 한반도의 통일은 단순히 남북의 지역문제나 자본주의-사회주의 체제문제에 그치는 것이 아니라, 세계적 강국들과의 민족문제가 높은 차원에서 복잡하게 얽혀 있다. 이는 체제문제가 중심인 동서독과는 너무나 다르며, 민족문제가 게재되어 있는 아시아형 분단, 즉 베트남·중국의 경우와도 구체적으로는 다른 측면이 적지 않다. 더욱이 남의 평화와 북의 통일은 이번 평양회담으로 결합되기 시작하였지만, 무게중심까지 완전히 일치하는 수준은 아니다.

따라서 한반도에서 자주적 평화통일의 길은 결코 간단하지 않으며 새로운 역사를 창조하는 복잡한 과정이 될 것이다. 이러한 과정을 보는 시각의 한 반영으로 통일의 시기 문제가 있다. 김대중 대통령은 자

신의 '3단계통일론'에서 1단계인 국가연합단계에만 '10년쯤' 걸린다고
예견한 바 있듯이,[54] 통일을 평화 다음 단계에 오는 장기적인 과정으로
보고 있다.[55] 반면 북한은 한반도에서 통일과 평화는 분리할 수 없는
것으로 보면서 연방제 통일로 나아가는 데 15년 정도 걸린다고 예상하
고 있다. 물론 통일에 대한 열망과 요구의 정도에 따라 기간에는 가감
이 있을 터이지만, 지역·체제·민족 문제가 얽혀 있는 분단에서 통일
로 나아가는 길은 복잡한 과정임에 틀림없다. 그러나 이러한 과정을
거쳐야만 우리는 분단을 당연시하는 그간의 전도된 현실에서 벗어나
오랜 기간 단일국가를 영위하였던 정상의 역사로 회귀할 수 있을 것이
다. 현재 우리는 바로 그 과정에 들어가고 있는 것이다.

〈『역사비평』, 2000년 가을호〉

주

1) 2000년 3월 21일 G. J. 테닛 CIA국장의 미 상원외교관계위원회 증언 "The World-
wide Threat in 2000: Global Realities of Our National Security"(KISON032700–
48).
2) 2000년 3월 24일 S. Roth의 방콕 기자회견(KISON032800–49).
3) 조국통일 3대헌장은 7·4남북공동성명, 고려민주연방공화국 창립방안, 민족대단결
10대강령을 의미한다. 북측은 조국통일 3대헌장 국제 지지서명에 지금까지 4500만
명이 참여했다고 주장하고 있다.
4) 『연합뉴스』 2000. 4. 17. 평양방송은 3월 1일과 4월 17일에도 이것을 재방송하였다.
5) 베를린과 베이징은 하나의 의미 있는 상징이 될 수 있다. 즉 김대중 대통령은 교류
를 우선하는 독일식 통일에 매력을 느끼고 있었다면, 북이 선호하는 베이징은 일국
양제(一國兩制)라는 중국식 통일의 상징이다. 이는 비슷해 보이면서도 서로 다른
것이다.
6) 박지원 전 문광부장관은 "사실 북측이 총선과 관련해 시기를 물어왔다"고 밝힌 바
있다(『동아일보』 2000. 4. 12).

7) 미국의 한 언론도 김대중정권이 4 · 13총선에서 다수 의석을 확보하지 못하면 대북 협상력이 약해지고 남한의 경제개혁을 위한 추진력도 떨어질 것이라고 분석하였다 (Reitman 2000; 한호석 2000).

8) S. Snyder, "Summit in Pyongyang: Breakthrough or Breakdown?," CSIS(국제전략연구소) Pacific Forum 발표문(KISON042600-57).

9) 이와 유사한 경험으로는 1994년 북미간에 긴장이 고조되었을 때, 북한은 미 의회의 원선거 하루 전날 밤 핵동결 합의안에 서명함으로써 북한과의 협상을 선호하는 민주당측을 지원한 바 있다(2000년 3월 16일 미 하원국제관계위원회에서 D. Paal의 증언. KISON032000-45).

10) 〔 〕는 북측의 표현임. 합의서 전문은 남측의 통일부정보분석국(2000d, 6쪽); 북측의 『조선중앙통신』 보도(2000. 4. 10) 참조.

11) 따라서 7 · 4남북공동성명에는 자주, 평화통일, 민족대단결이 균형 있게 제시되어 있는 데 비해, 남북기본합의서는 두 정부가 주도할 수 있는 평화나 민족대단결을 중심으로 실천조항을 언급하고 있다(도진순 1999b). 예컨대 현대가 북한에서 사업을 할 경우에도 "조국의 평화적 통일을 염원하는 온 겨레의 뜻을 따라 7 · 4공동성명서에 천명된 조국통일 3대원칙을 재확인"한다는 것을 전문으로 천명하고 북측의 아태위원회와 실무적인 계약을 하는 식이다.

12) 준비회담의 의제에 관한 논의는 이교관(2000c) 참조.

13) 미국은 북한의 핵과 미사일 문제를 의제에 포함시킬 것을 강조하여, 경제교류와 이산가족 문제를 중시하는 김대중정부가 곤란한 입장에 처하였다("Seoul Faces Dilemma on Missile Issue in North-South Talks," *International Herald Tribune* 2000. 5. 15. KISON051700-67).

14) 통일부에서 마련한 「대북정책의 추진 배경 및 의의」에도 대북전략의 기본 개념을 평화로 설정하고, 억제를 통해 '평화를 지키는 전략'과 포용을 통해 '평화를 만들어 나가는 전략'을 병행할 것으로 밝히고 있다(통일부정보분석국 2000g).

15) 남북정상〔최고위급〕회담을 앞둔 5월 말~ 6월 초 북한의 언론과 방송은 「3대헌장은 조국통일의 위대한 기치」(『로동신문』 2000. 5. 30), 「전민족대단결 10대강령은 민족단합의 대헌장」(『로동신문』 2000. 6. 5), 「자주성은 나라의 생명」(『로동신문』 2000. 6. 8), 「외세의존은 예속과 망국의 길」(『로동신문』 2000. 6. 10), 「통일을 이룩할 수 있는 유일한 출로는 민족자주」(『조선중앙통신』 2000. 6. 11), 「조선인민의 통일의지」(『로동신문』 2000. 6. 12) 등을 연속 보도하였다.

16) 김정일도 "'조선은 하나다!' 이것이 나의 확고한 의지입니다"라고 밝힌 바 있다(김정일 1996).

17) 1995년 7월 북한을 방문한 고 문익환 목사의 부인 박용길 여사에게 한 말이다(『로동신문』 1999. 10. 30).

18) 최근 민주노동당은 남북정당대표회담을, 이만섭 국회의장은 국회회담을 제기한 바

있다(『동아일보』;『한겨레신문』2000. 7. 4; 7. 18).

19) 김대통령은 "몇 번에 걸쳐 회담이 결렬될 위기가 있었다"고 밝혔다(『동아일보』;『한
   겨레신문』2000. 6. 17).

20) 「남북정상회담 명칭 혼선」,『중앙일보』2000. 6. 15.

21) 원래 정상회담(summit talks)이란 두 개 이상의 주권국가를 대표하는 국가원수들
   간의 회담을 의미한다. 이번 6월 평양회담에 대해서 외신들은 주로 'summit talks'
   라는 표현을 사용하였다. 이것은 외국에서 볼 때 남과 북은 각각 유엔에 가입된 국
   가이기 때문이다. CNN 또는 일부의 외국인들은 'Inter-Korean Summit'라는 특수한
   용어를 사용하였다. 중국의 경우 언론들은 나라간의 회담을 뜻하는 高峰會談이라
   는 명칭을 사용하였지만 장쩌민을 비롯한 당국자는 首腦會談이란 명칭을 사용하였
   다.

22) 김정일 위원장이 북한의 실질적이고도 강력한 지도자라는 것은 의심의 여지가 없
   다. 그럼에도 불구하고 국가의 공식적인 수반을 맡지 않은 이유 역시 통일과 깊은
   관련이 있는 것으로 보인다. 즉 두 개의 한국(Two Korea) 중 어느 한쪽의 국가수
   반일 경우 양국론적인 틀에 공식적으로 구속될 수 있기 때문이다. 약간 다른 맥락
   이긴 하지만 이것을 통일되지 못한 지방정권의 법적인 수반이 되지 않겠다고 하는
   김정일의 의지표현으로 해석하는 경우도 있다(김명철 2000, 200쪽).

23) 남북고위급회담 개최에 관한 합의서(1990. 7. 26) 1항에는 "회담명칭은 '남북고위
   급회담'이라고 한다"고 규정하고 있다.

24) 북측은 처음에는 법적으로 국가원수인 김영남 상임위원장이 서명하는 방안을 제시
   하였다(『동아일보』;『한겨레신문』;『중앙일보』2000. 6. 16).

25) 김대중 대통령도 "처음엔 남한에 정통성을 부여할까 봐 북측은 공동선언문에 양국
   정상의 공식직함 사용을 거부했다"고 밝힌 바 있다(『중앙일보』2000. 7. 18).

26) 당시 북측은 "국호를 사용한 것은 달리 호칭할 방법이 없어서 그렇게 표현한 것"이
   라며 "남과 북이라는 것이 지역개념에 불과하다"고 주장한 반면, 남측대표(이동복)
   는 이를 궤변이라고 비판하였다(남북회담사무국 1994, 229쪽).

27) 평양회담 이후 김정일 위원장을 만난 문명자는 그가 "김대중 대통령" "한국" "한국
   국민"이란 용어를 일관되게 쓰는 것이 인상적이었다고 한다(「김정일 국방위원장
   인터뷰: 식량 보내준 한국사람 인도주의에 감사한다」,『월간 말』2000년 8월호).

28) 미 행정부의 고위 관계자는 이름과 소속을 밝히지 않는 조건으로 클린턴 대통령과
   황원탁 보좌관의 회동 및 남북정상회담에 대해 언급하였다(「남북정상회담과 미국:
   미 고위관리 "미사일 방어망에 대한 얘기는 없었다"」, KISON061900-86, 2000. 6.
   19).

29) 현재 국방부에서 마련중인 전략문서 "Joint Vision 2000"은 이러한 입장을 취하고
   있다("For Pentagon, Asia Moving to Forefront" *Washington Post* 2000. 5. 26.
   KISON052600-75).

30) 같은 글.

31) 「서울, 남북대화에서 미사일 딜레마에 직면」(Seoul Faces Dilemma on Missile Issue in North-South Talks), KISON051700, 2000. 5. 15.

32) "For Pentagon, Asia Moving to Forefront," *Washington Post* 2000. 5. 26.

33) "Korea Summit May Portend Changes for U. S. Military," *Washing Post* 2000. 6. 21(KISON062200-88).

34) 1992년 김용순 아태위원장이 아놀드 캔터 미 국무차관을 만난 자리에서 주한미군의 지위 및 성격 변화를 통해 평화유지군으로 잠정주둔하는 것을 인정한다는 취지의 발언을 하였고, 1994년 제네바 북미협상에서 강석주 부부장, 1995년 이찬복 중장, 1996년 이종혁 아태부위원장 등이 비슷한 언급을 하였다(Kim 1998; Park, Chol Gu, "Replacement of the Korean Armistice Agree: Prerequisite to a Lasting Peace in the Korean Peninsula," www.nautilus.org; 武貞秀士 1998, 156~59쪽; 이창곤 외 2000).

35) Quinones 1998. S. 해리슨도 평양회담 직전에 비슷한 방식을 제안하였다(『한겨레신문』 2000. 6. 12).

36) 노태우정권에서 안기부장으로 평양에 가서 김일성 주석까지 만나고 온 서동권은 김정일 위원장의 연방제는 분단고착용이라고 주장한다(이동복 2000). 한편 이번 회담을 수행한 이종석은 북한은 연방제를 원하지 않는다면서 연방제는 남한의 흡수통일로 귀결될 것이라고 주장한다(「흡수통일 원하면 연방제 고집하라」, 『월간 말』 2000년 8월호).

37) 임동원 전 국정원장도 평양회담의 최대 성과로 "두 정상간의 신뢰감"을 내세웠다(김당 2000b).

38) 김대통령은 "김위원장의 답방 문제와 통일방안을 놓고 의견이 엇갈려 회담이 4~5차례 거의 무산될 뻔했다"고 회고했다(『동아일보』;『중앙일보』 2000. 7. 18).

39) Stratfor, "북한 통항로 선포 뒤에 중국 있다(North Korea Pushes the Envelope)," KISON033100-51, 2000. 3. 31.

40) 1999년 9월 2일 북측 총참모부가 특별보도로 새로운 '서해 해상분계선'을 선포한 이후 별다른 문제제기를 하지 않았던 서해문제를 북측은 2000년 2월 28일, 3월 23일, 3월 30일, 4월 4~7일 등 연속적으로 다시 제기하였다(통일부정보분석국 2000a; 2000c).

41) Stratfor, 앞의 글.

42) 통일부정보분석국 2000e, 26쪽. 4월 7일, 5월 3일 평양방송에서도 같은 내용을 보도하였다.

43) 김대중 대통령 → 덩샤오핑(鄧小平) 장남 덩푸팡(鄧樸方) → 중국 상하이시 당서기 황쥐 → 주북한 중국대사관 → 김정일 위원장으로 이어지는 비밀라인에 의해서 평양남북회담이 성사되었다는 주장이 있다(이교관 2000d).

44) 장쩌민이 김정일 위원장과 김대중 대통령에게 보낸 서한의 내용은 서로 좀 다르지
만 모두 '자주평화통일'을 언급하고 있다(『문화일보』 2000. 6. 17; 박승준 2000, 83
~86쪽).

45) 3월 9일 베를린선언 이후 보즈워스는 박재규 통일부장관 세 차례, 이정빈 외교부장
관 네 차례, 황원탁 외교안보수석을 두 차례 만났으며, 남북정상〔최고위급〕회담이
발표되기 직전 4월 8일 워싱턴으로 날아갔다(정장렬 2000). 그러나 평양남북회담
개최에 "백악관 국가안보회의-중앙정보국-국가정보원으로 이어지는 공작선이 가
동했다"는 추정이나(한호석 2000), 남북정상회담이 미국에 의한 '트로이의 목마'라
고 파악하는 것(김민웅 2000)은 과도한 주장이다. 북측의 카드를 알 수 없는 상황
에서 회담 전체를 일사분란하게 협조한다는 것은 불가능한 일이다.

46) 미 국무부 대변인 J. P. Rubin도 같은 견해를 내놓았으며(한호석 2000), 주한 미대
사관도 같은 입장이었다(『연합뉴스』 2000. 4. 17).

47) 「남북정상회담과 미국: 미 고위관리 "미사일 방어망에 대한 얘기는 없었다"」,
KISON061900-86, 2000. 6. 19.

48) "A 'Rogue' Is a 'Rogue' Is a 'State of Concern'," KISON062000-87, 2000. 6. 20; 김
당, 2000b.

49) 『동아일보』 2000. 7. 10. 북한은 바로 다음날(7월 11일) 『조선중앙통신』을 통해 이
회창 총재를 '반통일분자'라고 격렬하게 비난하였다(『동아일보』; 『조선일보』 2000.
7. 12).

50) 「주한 미대사 하비브가 국무장관에게 보낸 전문〔Secret, NODIS(No Distribution)〕:
11월 2~4일 평양의 남북조절위원회 회동」, KISON020800-30, 1972. 7. 9; 「주한 미
대사 하비브가 국무부에 보낸 전문: Discussion with ROK CIA Director Lee Hu-
Rak on South/North Developments(Secret, NODIS)」, KISON021000-31, 1972.
11. 22.

51) "A 'Rogue' Is a 'Rogue' Is a 'State of Concern'," *Washington Post* 2000. 6.
20(KISON062000-87).

52) 한반도의 분단문제는 냉전적 체제대립의 전형인 동서독보다는 동북아지역 미국의
패권전략의 문제가 더 중요하다. 즉 대만문제를 포함한 '하나의 중국' 문제를 중심
으로 하는 미중관계, 오키나와 미군기지를 포함하는 미일동맹문제, 괌 등을 중심으
로 하는 미군기지 문제 등이 한반도의 분단 및 통일 문제와 밀접한 관련을 지니고
있다. 그리고 현재의 분단에 대한 외국의 규정력은 물론 미국이 압도적이다.

53) 이장희(2000)는 법제적 측면의 과제로 '남북합의서'의 국회비준, 헌법상의 영토조
항문제, 국가보안법 처리, 남북교류협력에 관한 법률 개정, 북한을 적대시하는 법령
용어 정비 등을 제시한다. 한편 평양회담 당시 국가보안법에 대한 한 일간지의 여
론조사는 전면 폐지가 18.5%, 부분 개정이 66.6%로 나왔다(『중앙일보』 2000. 6.
16).

54) 「김대중대통령의 연합제 통일방안 설명」, 『월간 조선』 2000년 7월호. 이것은 1993
   년 10월 『월간조선』과의 인터뷰를 다시 수록한 것이다.
55) 김대중 대통령은 영국의 *Financial Times*와의 회견에서 통일이 "20~30년 걸릴 수
   도 있다"고 말하였다(『중앙일보』 2000. 7. 18).

참고문헌

강진욱 (2000), 「김정일 방중은 준비된 묘수」, 『한겨레 21』 6. 15.

고동우 (2000), 「좌파의 시각과 논쟁」, 『월간 말』 8월호.

김당 (2000a), 「정상회담은 싱가포르에서 시작되었다」, 『주간동아』 6. 29.

_____ (2000b), 「DJ-김정일 9시간 단독회담 내용은?」, 『주간동아』 7. 6.

김명철 (2000), 『김정일의 통일전략』, 윤영무 옮김, 살림터.

김민웅 (2000), 「미국의 패권전략 직시하라」, 『한겨레 21』 6. 22.

김일성 (1991), 「신년사」, 『조국통일을 위하여』, 조선로동당출판사.

김정일 (1996), 「조선로동당 중앙위원회 책임일꾼들과 한 담화: 위대한 수령님을 높이
      모시고 사회주의 건설을 다그치며 조국통일을 앞당기자」, 조선로동당출판사.

남북회담사무국 (1994), 『북한의 평화협정 제의 관련 자료집』, 통일원.

도진순 (1999a), 「분단에 대한 연역과 통일의 전제」, 『당대비평』 봄호.

_____ (1999b), 「분단 전후 임시정부계열 민족주의자의 통일운동」, 한국근현대사학회
      편, 『대한민국임시정부 수립 80주년 기념논문집』 하, 국가보훈처.

_____ (2000), 「1990년대 북한관·통일론의 허실과 남은 쟁점」, 『통일시론』 6호, 청명
      문화재단.

박승준 (2000), 「한반도에 중국의 그림자가 크게 드리워지고 있다」, 『월간조선』 8월호.

우종창 (2000), 「남북정상회담 배석자 황원탁 외교안보수석의 공개 토로: 김대중-김정
      일의 생생한 대화 중계」, 『월간조선』 8월호.

월간조선취재반 (2000), 「김정일이 먼저 김대중 대통령에게 '통일 후에도 주한미군 주
      둔 필요'라고 말하다」, 『월간조선』 8월호.

이교관 (2000a), 「임동원·김보현팀, 2월부터 '극비 대북접촉'」, 『주간조선』 4. 20.

_____ (2000b), 「남북정상회담 합의문에 함정 있다」, 『주간조선』 4. 27.

_____ (2000c), 「김대중-김정일정상회담' 아직도 미정」, 『주간조선』 6. 1.

_____ (2000d), 「김대중-김정일선언' 뒤에 중 장쩌민 있다」, 『주간조선』 6. 29.

이동복 (2000), 「김정일 제작·감독·주연의 평양회담, 얻은 것과 잃은 것」, 『월간조선』
      7월호.

이장희 (2000), 「남북 모두 '냉전법령' 정비부터」, 『주간동아』 7. 6.

이창곤 · 임을출 · 김성걸 · 한겨레편집국 (2000), 「한반도의 딜레마, 주한미군」, 『한겨레 21』 7. 13.

임을출 (2000), 「드디어 만난다」, 『한겨레 21』 4. 20.

정장렬 (2000), 「'다국간 펀드'로 북한 지원한다」, 『주간조선』 4. 20.

조국평화통일위원회 서기국 (1999), 「누가 벗어야 하는가: "햇볕정책"을 다시 한 번 론함」, 『로동신문』 11. 6.

최원규 (2000), 「남북접촉 막전막후 500일」, 『월간중앙』 5월호.

통일부정보분석국 (2000a), 『북한동향』 제476호, 2. 26~3. 3.

______ (2000b), 『북한동향』 제477호, 3. 4~3. 10.

______ (2000c), 『북한동향』 제481호 4. 1~4. 7.

______ (2000d), 『북한동향』 제482호, 4. 8~4. 14.

______ (2000e), 『북한동향』 제485호 4. 29~5. 5.

______ (2000f), 『북한동향』 제489호, 5. 27~6. 2.

______ (2000g), 『북한동향』 제490호, 6. 3~6. 9.

______ (2000h), 『북한동향』 제492호, 6. 17~6. 23.

한호석 (2000), 「남북정상회담 개최 합의를 어떻게 볼 것인가」, 통일학연구소(www.onekorea.org).

武貞秀士 (1998), 『防衛廳敎官の北朝鮮深層分析』, 東京: KKベストセラーズ.

Brown, D. G. (2000), "Never Better! …But Can It Last?," 1. 28, www.CSIS.org.

Gallucci, R. L. (2000), "The Simmit as A Step to Re-Unification: Some Reactions," 5. 22.

Kim, Myong Chol (1998), "Kim Jong-il's Roadmap to Peace and Security Policy on the Korean Peninsula: Prospects of the 4-Party Peace Talks," www.nautilus.org.

Quinones, K. (1998), "The Korean Peninsula Preserve the Past or Move toward Reconciliation, Council on Foreign Relations," www.cfr.org.

Reitman, V. (2000), "For S. Korea's President, It's Sharky at the Top," *Los Angeles Times* 4. 11.

Shin, P. (2000), "South Korean Cautious on Summit," Associated Press, 4. 11.

Stratfor (2000), "Inter-Korean Summit Draws Concern," KISON051100-65, 5. 9.

2부
분단·통일과 시공간적 지형의 확대

세계사와 한국사: 주체와 선진의 변증

세계사에서 한반도의 분단과 통일

신자유주의 세계화와 동아시아 그리고 한반도

세계화와 한국사: 주체와 선진의 변증

1. 머리말

필자는 한반도의 분단문제가 좌우의 체제차이나 남북의 지역대립이 아니라 민족문제의 하나로 '우리와 세계의 관계 맺음의 현대적 형태'라고 지적한 바 있다(도진순 1999). 분단문제를 세계와의 접촉 문제라고 규정한다고 해서, 그것이 단지 외래적이거나 우연적 변수라는 것은 결코 아니다. 한반도는 동북아의 회전축에 자리하고 있어 자주 외압과 원심력에 시달렸으며 사대·식민·분열의 역사가 증명하듯 민족문제는 항상 '역사적 화두'였다.

한국과 외세의 결합 문제는 편의상 다음 네 단계로 나누어질 수 있다. ①단군 이래 삼국까지 비교적 수평적이며 다원적인 동북아세계에서 발전하였고 ②삼국통일기를 전후하여 조공(朝貢)과 책봉(冊封)을 근간으로 하는 중화문명권에 편입되었으나 적절히 주체성을 견지하였고 ③조선 후기와 개항기의 격동을 거치면서 일본 중심의 근대세계에

식민지로 편입되었으며 ④ 해방 이후는 미국 주도의 억압적 냉전체제
에 민족분단의 형태로 편입되었다.[1]

이 책의 다른 글에서 현대의 분단문제는 별도로 다루고 있으므로,
여기서는 우리 역사의 시원기에서부터 분단 이전 시기까지 한국사와
세계의 접촉 문제를 주로 다루고자 한다. 이 글에서는 세계와의 접촉
과정에서 우리가 자신을 역사적으로 어떻게 인식하였는가 하는 자아
(自我)인식과, 접촉의 대상인 타자(他者)를 어떻게 인식하였는지에 대
한 세계인식의 역동적 결합과정에 주목하고자 한다. 이러한 문제는 기
실 사상사·지성사·정신사의 문제일 뿐 아니라, 국가와 민족 나아가
보편적인 세계와 문명에 대한 인식과 두루 연관되는 복잡하고 난해한
문제이다. 한국현대사가 전공인 필자가 이러한 문제를 통사적인 범위
에서 두루 언급한다는 것은 분명 외람된 것이지만, 현대의 분단·통일
문제가 지니는 역사적 위상을 짚어보고자 하는 취지에서 비롯된 것이
라고 양해를 구하고 싶다.

2. 단군과 고조선에 대한 인식

전통시대의 단군

단군과 고조선의 문제는 '역사적 사실'(fact)로서의 위상과 특정한
역사의식을 표상하는 '역사상'(歷史像)으로서의 지위를 함께 가지고
있다. 여기서 살펴보고자 하는 것은 주로 '역사상'에 관한 것이다. 그것
은 이를 통해서 해당 시기 집단적 자기인식의 흐름을 비롯하여 현재의
재생 문제까지 검토할 수 있기 때문이다.

고조선은 기원전 108년 당시 세계 최대의 제국인 한(漢)나라에 의해
멸망하였고, 그후 거의 1세기가 지나서 한반도에는 고구려, 백제, 신라

등 삼국이 흥기하였다. 여기서 우선 검토할 문제는 고구려 등이 흥기할 때의 건국 슬로건 내지 이데올로기와 단군의 관련 여부이다. 즉 당시 한나라를 물리치고 새 나라를 건국해야 하는 논리의 핵심은 무엇이었으며, 그것이 한나라 이전의 단군 · 단군조선 · 단군신화와 연결되었는가 하는 점이다.

이 문제는 대단히 중요한 의미가 있다. 한나라에 대한 비판이, 다른 말로 새로운 나라 건국의 필요성이 한나라 이전의 '단군시기는 이렇지 않았다'는 등의 비판의식과 연결되어 있다면, 한반도에서는 강력한 한제국의 침략과 지배에도 불구하고 역사기억은 본질적으로 계승되는 구조를 지닌다. 그렇지 않다면, 혈연적으로는 이어졌지만 역사기억은 삼국시기부터 새로이 출발하는 것이 된다. 즉 혈연 이상의 역사적 계승의식은 없다.

다른 한편으로 이것은 13세기 몽고 침략과정에서 단군이 부상하는 것과도 연결되어 있다. 즉 기원 전후 한나라 지배에 대한 항쟁의 과정에서 단군에 대한 기억을 확인할 수 있다면, 13세기 원 침략 전후 단군이 다시 부상하는 것은 외세와의 접촉과정에서 단군 기억이 재생되는 어떠한 법칙성을 짐작케 해준다. 즉 대제국의 침입이나 지배로 인한 한반도에서의 역사단절의 위기와 단군으로 비롯되는 자기인식의 강화과정은 깊은 함수관계가 있게 되는 것이다. 반면 기원 전후 단군에 대한 전승을 확인할 수 없다면, 단군기원 이후 수천 년이 지난 몽고침입기에 단군이 부상할 수 있었던 근거나 궤적은 무엇이었는지 별도로 밝혀낼 필요가 있다.

아무튼 삼국 출범기 단군 · 단군신화에 대한 인식은 민족사의 연결과정에서 중차대한 의의를 지니지만 현재로서는 그 명확한 근거가 희박하여 여러 가지 논란이 있다. 단군신화를 기록한 것으로 알려지고 있는 고기(古記)류는 멸실되어 확인할 수 없고, 현재 유추할 수 있는 것은 고구려 벽화와 신화이다. 벽화로는 국내성 지역 장천 1호분 북벽 수렵도에 신단수로 보이는 나무 아래 굴속에 곰이 있고 호랑이는 사냥의 대상이 되어 화살에 맞은 그림이 있으며, 각저총(씨름무덤) 널방의 동벽 벽화에 신단수 아래 곰과 호랑이가 등을 돌리고 있는 그림이 있다(김용만 1998, 58~59쪽). 또한 고구려의 건국신화인 주몽신화는 백제의 온조신화와 더불어 단군신화와 유사한 패턴을 이어받고 있다.

이 형은 개국(開國)의 시조왕이 다른 곳에서 이주해 와서 나라를 세우고 왕위에 오르는 것으로, 개척국가·정복국가의 의미가 반영되어 있다. 천제(天帝) 환인(桓因)의 아들이 강림하여 개국한 신시계(神市系)의 환웅(桓雄)-단군(檀君)설화, 부여계(夫餘系)의 해모수(解慕漱)-주몽(朱蒙)설화, 백제계(百濟系)의 동명(東明)-온조(溫祚) 설화가 이 유형 안에 든다. 단군신화와 주몽신화는 동계(同系)요, 온조신화도 온조가 주몽의 서자이므로 계보적으로 부여계에 속한다. 그러므로 이 이주개국형(移住開國型)은 북방 부여계 개국설화의 전형이라 할 수 있다. 따라서 부여계의 개국신화가 개척국가 정복국가적 성격을 띠는 것은 수렵유목민족으로서의 부여계의 강한(強悍)한 성격을 잘 나타내었다고 보겠다. (조지훈 1989d, 60~61쪽)

그러나 현존하는 문자기록에만 의하면 삼국의 역사인식은 대체로 삼한(三韓)인식에 국한되어 있어 삼한 이전의 자기역사에 대한 기록은 찾아보기 힘들다. 그런데 '삼한'(三韓)이라는 명칭 자체가 '삼'은 다자(多者)와 한(韓)이라는 공통성이 결합된 것이다. 즉 공통성을 강조할 때 삼한일통의식(三韓一統意識)으로 하나가 되며, 분열할 때는 다시 세 가지가 된다. 삼국이 서로 치열하게 쟁패하는 것은 한편으로는 셋이라는 대립의 표현이지만, 그 동력은 역설적으로 어떤 하나의 동질성—중국과는 물론, 북방민족이나 왜(倭)와도 구별되는 공통성—이 자리하고 있었다고 볼 수 있다.『구당서』(舊唐書) 신라조(新羅條)에서 "풍속과 형벌, 의복이 고려 및 백제와 대개 같다"라 표현한 것은 삼국이 지닌 공통성의 한 단면을 보여주는 것이다(노태돈 1998, 80쪽).

그렇다면 이러한 공통성의 시원이 무엇인가? 그것은 단군·단군조선·단군신화와 또 어떤 관계가 있는가? 이러한 것은 한반도에서 역사기억의 계보를 정리하는 데 중요한 문제이지만 현재로서 더 이상 언급하기 힘들다.

당나라의 개입에 의한 신라의 '통일' 이후, 단군이나 삼한 이전의 시원적 동일성에 대한 인식은 더 이상 찾아볼 수 없고 삼한이 하나로 통합되었다는 '삼한일통의식'이 역사의식의 주류를 이루었다. 이러한 '불완전한 하나'는 9세기 후삼국시대의 개막으로 결국 다시 세 국가로 분립하지만, 이 분립은 삼국의 정립에 비견될 만큼 강한 것은 아니었다. 또한 고려에 의해 후삼국이 신속하게 통합된 이후에는 신라의 통일 이후와 같이 망국의 유민(遺民)들이 부흥운동을 전개하는 등의 분리운동은 없었다(같은 글, 96쪽).

고려는 신라계 귀족과 고구려계 귀족의 연합정권의 면모가 있듯이, 삼한일통에서 신라와 고구려 어느 쪽에 정통을 둘 것인가 하는 문제로 분립과 갈등이 있었으며, 일부에서는 고구려적 역사인식을 흡수하여 고조선과 단군으로 인식이 확대되기도 하였다. 삼한일통론과 병렬되던 단군·고조선 인식은 무신집권 초에 일어난 일련의 내부 격동과, 특히 몽고의 침입에 따른 장기간의 항전 속에서 공동의식은 크게 확대되었다.

세계 최강의 몽고군과의 30여 년에 걸친 전쟁은 고조선 말기~삼국 초기의 대(對)한나라 투쟁, 7세기 대당전쟁 이후 가장 오랜 기간 동안 이민족과의 전쟁이었다. 이 전쟁에서 고구려인·신라인·백제인, 즉 삼한인들은 구별 없이 수많은 피해를 입었으며 이에 대한 항쟁을 위해서도 삼한의 구분을 넘어서 하나로 통일하지 않으면 안 되었다. 대몽항쟁의 과정에서 고려인들은 현실에서 동일 역사체로서의 자의식이 강렬해졌으며 그것이 삼한이라는 분립적 계승의식을 넘어서 하나의 연원, 즉 고조선과 단군에서 기원하는 역사의식을 보다 체계적으로 정리하였다(같은 글, 113쪽).

이러한 몽고간섭 초기의 시대적 열망을 반영하는 역사책으로 일연의 『삼국유사』, 이승휴의 『제왕운기』 등이 있다. 이 책들의 특징은 역사적 단일체의 시원으로서 단군을 재발견하였다는 것이다. 『삼국유사』에서는 전승되던 단군신화가 불교적 윤색을 통해서 문자로 재생되었으며, 『제왕운기』에는 유교적 윤색과 더불어 "삼한 70국이 모두 단군의 후예"라며 역사계승의식을 더욱 체계적으로 강조하였다.

> 수시(隨時)로 합산(合散)하고 부침(浮沈)할 제
> 자연히 경계를 나뉘어 삼한이 이뤄졌다.
> 삼한에는 여러 주현(州縣)이 있었으나
> 치치(蚩蚩)하게 산곡(山谷)간에 산재하였다.
> 각자가 나라를 칭하고 서로 침략하니
> 70여 개 그 이름 어찌 다 밝혀지랴
> 그중에도 대국은 어느 것인고
> 첫째로 부여와 비류국이 떨치었고
> 다음은 신라와 고구려며

남북의 옥저와 예맥이 따르더라.

이들 임금님의 조상을 묻지 마라

모두모두 다 단군의 한 핏줄기. (이규보·이승휴 1974, 167~69쪽)

결국 단군은 고조선의 시조로서 역사적 실체이지만, 한사군시대의 잠복기를 지나 고구려시대 벽화 등으로 재현되었다. 다시 당나라가 개입한 신라통일기를 지나 고려 몽고침략기에 문자로 재현되었다. 마치 격세유전을 방불케 하는 이러한 단군·단군신화의 재생과 잠복 과정은 조선시기에 들어와서도 유사하게 진행되었다.

여말선초에는 원(元)·명(明)이란 외세와 갈등하면서 새 정권 조선의 정통성을 확보해 가는 과정에서 단군이 다시 부상하였다. 예컨대 세종조에 이르러 단군사당 숭령전(崇寧殿)이 세워짐으로써 단군은 국가적 치제(致祭)의 대상이 된다(김태영 1973, 126~34쪽). 그러나 16세기 이후 성리학의 보편적 선진성을 받아들이는 것이 시대적 과제가 되면서 단군에 대한 인식은 점차 쇠퇴하고 그 대신 선진문명의 전파자로서 기자숭배가 정신계를 지배하였다. 율곡이 『기자실기』(箕子實記)에서 "단군이 처음 나왔다고 하나 문헌으로 고증할 수 없다. 삼가 생각건대 기자께서 조선을 길러 돌보시고 그 백성을 비후한 오랑캐로 여기지 않았다"고 언급한 것이 대표적인 예이다.[2] 그러다가 다시 중국으로부터의 독자성이 모색되던 조선 후기에 이르면 허목(許穆)의 『동사』(東事), 홍만종의 『동국역대강목』, 이종휘의 『동사』(東史), 한치윤의 『해동역사』(海東歷史) 등은 기자 중심에서 벗어나 단군조선의 역사를 부각시키게 된다. 이처럼 조선시대에는 중화주의적 문명의 보편성이 강조될 때는 대체로 기자가 부각되었고, 민족적 위기의식이 높아지거나 주체성이 강조될 때는 단군이 부각되었다(한영우 1982; 1989; 정영훈 1995).

근대 이후의 단군

전통시대의 단군 또는 단군인식은 중화문명의 세계에서 우리 민족의 정체성을 회복하는 중요한 표징으로 자리하고 있었다. 그러나 단군과 근대의 결합은 좀더 복잡한 양상을 보여주고 있다. 근대는 전지구적 규모의 서구문명화 과정이기 때문에 동방민족의 시원설화가 이와 결합한다는 것이 결코 쉬운 일이 아니었다.

중원의 유교문명을 세계 보편의 선진문화라고 생각하는 위정척사파들은 청나라가 아닌 근대 서구문명을 만나면서도 소중화적 주체의식의 연장선상에서 대응하였다. 유인석이 갑오개혁으로 "우리나라는 예의 당당한 소중화(小中華)에서 하루아침에 소일본(小日本)으로 바뀌었다"고 분노한 것이나(이정규 1971, 16쪽), 1895년 장담(長潭)에서 소중화의 예의(禮儀)를 고수하기 위해 향음례(鄕飮禮)를 실시한 것(『昭義新編』 卷1, 「從義錄」, 10쪽; 김상기 1989) 등은 그러한 의식의 소산이었다. 즉 위정척사의 관념적 출발점은 (소)중화적 보편문명의 고수였다.

그러나 중세적 유제가 퇴조하고 민족적 위기가 깊어가면서, 위정척사파 소중화의식의 중세적 보편성은 점차 퇴조하고 단군의 자손이라는 민족적 독자성이 부상한다. 1901년 유인석은 단군을 "만세에 소중화의 기틀을 세운 성인"으로 제사지내는 과도기적인 모습을 보이지만(유인석 1981; 정영훈 1995, 30쪽), 1910년 블라디보스토크에서 망국의 소식을 접하고 난 뒤 이상설 등과 함께 발표한 성명회(聲明會) 취지문에서는 단군을 소중화에서 분리하여 강조하였다.

오호 해외 재류의 동포여, 한번 머리를 들어 조국의 한반도를 쳐다보라. 저 아름다운 삼천리 강산은 우리〔吾人〕의 시조 단군이 전하는 바이요, 신성한 우리 삼천만 동포는 단군의 자손이 아니냐. 우리가 존중하고 경애하는 바는 바로 이 반도이다. 잊으려 하여도 잊을 수 없고, 버리려 하여도 버릴 수 없는 바다. (윤병석 1998, 134쪽에서 재인용)

위정척사파와 정치적인 노선을 전혀 달리하는 개화파도 문명의 보편적 선진성에서 출발하기는 마찬가지였다. 개화파 또한 초기에는 전통이나 주체보다 근대문명의 선진성과 보편성을 강조하였던 것이다. 때문에 초기 개화파들이 단군에 대해서 언급한 것은 거의 없고, 굳이 추적하자면 보편문명을 중시하는 입장에서 기자를 존중한 듯하다.[3]

그러나 민족적 위기가 깊어지면서 개화파의 계열을 잇는 계몽운동은 국민국가 단위의 민족문제에 주목하면서 '애국'운동을 선양하고 나아가 단군을 강조하였다. 개화기 역사서가 대체로 시조 단군에서 출발하고 『황성신문』『대한매일신보』 등이 단기(檀紀)를 병용하였다.[4] 이러한 분위기는 단재 신채호가 "오호라 아(我) 동국(東國)을 개창하신 시조가 단군이 아닌가"라는 구절로 대표된다(신채호 1977a). 또 이러한 인식의 연장선상에서 「무오독립선언서」(戊午獨立宣言書)는 "이천만 형제자매여, 단군대황조(檀君大皇祖)께서는 상제(上帝)의 좌우에 명을 내리셔 오등(吾等)에게 기운을 주시었다"고 선언하면서 민족적 궐기를 촉구한다. 요컨대 단군은 부르주아 계몽운동과 결합되면서 근대민족운동의 핵심적 요소로 자리잡게 된다.

1920년대 이후 사회주의 도입 초기, 사회주의자들은 부르주아 민족운동의 이러한 단군인식을 계급의식을 마비시키는 관념론, 보편성에서 고립된 특수성론으로 강하게 비판하였다. 예컨대 백남운은 1933년의 『조선사회경제사』 서문에서 신채호·최남선류의 단군인식을 '관념적 민족특수성론'으로 신랄하게 비판하였다. 당시 백남운은 일본 좌익사학계의 영향 아래 마르크스주의의 세계성에 매료되어 있었다. 마르크스주의의 입문자였던 백남운은 이른바 부르주아라는 계급적 공통성에 압도되어 현실적으로 적대관계에 있는 민족주의자와 제국주의자의 차이를 망각했던 것이다. 하지만 30년대 후반 이후 중국·만주 등지에서 일어난 마르크스주의의 동양적 토착화 과정을 경험하고 난 뒤, 백남운의 역사인식은 이와 다른 모습을 보인다. 해방 직후 「조선민족의 진로」에서 그는 우리 민족을 "문화적 전통과 언어와 역사적 혈연과 정치적 공동운명 등등의 역사적 조건으로 보아서 세계사상 희귀한 단일민족"으로 규정하였다(『서울신문』 1946. 4. 1). 바야흐로 그는 마르크스주의적 변증법을 견지하면서도 이제 자본주의 일반과는 다른 식민지의 구체성을 해독할 수 있고, 이러한 현실인식의 진전으로 계급론 일반에서 민족문제의 구체적인 특성을 분리해 낼 수 있게 되었다(도진순 1995).

민족문제에 대한 백남운의 이러한 경험은, 좌익과 북한의 단군문제에서 대한 태도에서도 흡사하게 반복되었다. 해방 직후 좌익 사학자들은 대부분 단군을 '위작된 신화'라 하여 국사교육에서 제외할 것을 주장하였고(조지훈 1989a, 242쪽), 북한도 건국 직후부터 70년대 초까지 단군(신화)을 "지배계급이 조작해 낸 비과학적 환상" "계급의식을 마비시키기 위한 반동적 교설"로 강하게 비판하였다(『조선역사』 상권, 1972, 27쪽; 김정숙 1994 참조). 그러나 북한에서 민족문제가 강조되는 일련의 과정을 거친 이후 이러한 입장은 수정되었다. 특히 80년대 이후 북한은 단군릉을 건립하는 등 단군을 적극적으로 부상시키며 현재는 남북 통일의 논리로까지 격상시키고 있다(최몽룡 1994; 이형구 엮음 1995 참조).

북한에서 단군에 대한 인식이 부정에서 긍정으로 나아갔다면, 민족분단을 반영하듯 남한에서는 그 반대에 가깝다. 이승만정권은 단군을 부각하여 단기(檀紀)를 채용하고 홍익인간(弘益人間)을 교육이념으로 채택하였다(정영훈 1995, 57~61쪽). 그러나 이것은 단군을 부정하는 좌익·북한에 맞선다는 냉전적 반공이데올로기 측면과, 친일파 온존 등 식민주의를 은폐하기 위한 민족의식의 허위적 강조, "핏줄도 하나요 운명도 하나요 주의도 하나"라는 국가파시즘과 결합되었다. 따라서 이승만정권기의 단군 강조는 역설적으로 남한 지성들에게 단군에 대한 혐오와 비판을 낳는 배경이 되었다. 나아가 60년대 박정희 군사정권이 서구적 근대화 노선으로 매진하면서 단기는 서기로 바뀌고 단군은 반근대적인 낙후성을 상징하는 것으로 퇴락하였다.

단군전승의 구조

현세적 인간의 사고는 일반적으로 직전의 관습에 주로 구속되는 습성이 있다. 이승만정권기에 단군인식은 반공·독재 등과 결합된 적이 있고 그러한 부정적 유산은 아직도 남아 있다. 그렇다고 해서 이에 구속되어 단군인식이 지녔던 주체적 의미를 총체적으로 외면하는 것은 올바른 역사적 사고가 아닐 것이다. 우리는 단군인식의 전승구조를 역사적으로 종합하면서 오늘날에 합당한 선진적 재생에 주목해야 할 것이다.

마치 격세유전을 방불케 하는 단군의 재생과정과 관련하여 몇 가지 중요한 점을 지적할 수 있다. 먼저, 단군전승의 구조는 해당 시기의 '선진과 주체의 변증법적 관계'를 반영하고 있다. 즉 외세의 압박에 대한 민족적 주체가 필요한 시기에는 단군이 부상하지만, 그것이 새로운 보편문명의 선진성을 소화하는 수준이 되지 못할 때는 생명력을 상실하였다. 역으로 새로운 선진 보편문명을 소화하는 초기의 과정에서는 대체로 단군은 후진성을 대표하는 것으로 무시되지만, 일정 수준에 이르고 나면 다시 주체성의 문제와 결합하여 단군은 또 다른 수준으로 재생하였다.

그렇다면 현재는 어떠한가. 현재 한국에서 단군은 아무래도 일본에서 천황보다 멀리 존재한다. 즉 단군은 신화 속에, 천황은 현실 속에 존재한다. 일본에서 천황제가 근대 이후에도 거부감 없이 자리잡게 된 데는, 천황제가 지니는 본래의 특징보다는 메이지(明治) 천황으로 대표되는 근대 일본과의 성공적 결합이 주된 원인이라 할 수 있다. 현대 문명에서 단군이 민족적 정체의식의 중요한 축으로 가까이 다가오기 위해서는 그것이 근대 이후 획득된 문명의 보편적 수준과 성공적으로 결합할 때 가능할 것이다.

열강에 둘러싸여 있는 한반도의 지정학적 위치와 강대국의 원심력에 의한 사대·식민·분단의 역사가 증거하듯, 한반도에서 민족적 구심력은 대단히 중요한 역사적 의미를 지니고 있다. 이런 관점에서 현 단계 단군문제에서 나타나는 분단적 한계, 즉 단군이 좌익이나 우익, 남한이나 북한 어느 한쪽의 합리화를 위해 활용된 측면은 극복되어야 한다. 오히려 좌우·남북의 대립이라는 분단의 한계를 넘어서는 가치와 결합할 때, 단군은 수많은 해외동포까지 묶어주는 민족적 구심으로 생명력을 가지고 재생될 수 있을 것이다. 예상컨대 21세기 세계화시기에도 단군은 여전히, 아니 오히려 중요한 문제로 부상할 것이다.

3. 삼국정립과 신라통일

고조선 전후 수평적 동북아질서는 삼국을 전후로 서서히 중국 중심의 중화적 세계가 태동하고 있었다. 삼국시대 초기 국가발전 순위를 거칠게 언급하면 고구려, 백제, 신라라 할 수 있다. 그런데 7세기 중화 세계와의 결합과정에서 고구려는 수·당과의 70년에 걸친 대전쟁을 겪고 패배하였으며, 그 결과 신라가 불완전하지만 다른 두 나라를 통합하는 대사회변동이 일어난다. 여기서는 삼국정립과 신라에 의한 통합을 세계와의 접촉 문제를 중심으로 접근해 보고자 한다.

고구려문화의 독자성

고대에는 여러 가지 문명과 루트(root)로 민족의 이동이 빈번하였지만 기본적으로 다수의 지역세계, 독립된 지역문화권이 있었다(大薗友和 1993, 14쪽). 동북아에서도 중화문화권 이외에 고구려를 중심으로 하는 독자 문명권이 있었다. 중화문명이 농경을 중심으로 하는 산업체계, 율령체제를 중심으로 하는 정치체제, 실크로드(Silk Road)를 통한 불교문화의 수용 등을 특성으로 하고 있었다면, 고구려는 스텝로드(Steppe Road)를 통해 유입된 북방 유목민의 문화와 농경문명을 결합시킨 대표적인 나라이다.[5]

중화문명과 기반을 달리하는 문명권을 가진 고구려는 당연히 자기중심의 독자적인 세계관·천하관(天下觀)을 가지고 있었다. 수많은 고분벽화와 문헌에서 확인되듯, 고구려인들은 자신들을 하늘의 후손('天帝之子' '皇天之子' '日月之子')이라 믿었다. 이러한 독자적인 천하관을 기반으로 고구려는 700년 이상 동북아지역에서 거대한 제국을 형성하면서 백제·신라 등 주변국에 대해 때로는 독자적인 화이(華夷)관계를 표방하였다.[6]

그러나 7세기 고구려는 한나라 이후 극심한 혼란을 거쳐 수·당으로 통일된 한족(漢族)과 70년에 걸친 대전쟁에 돌입하는데,[7] 이 전쟁은 단순히 두 나라간의 전쟁이라기보다 두 문명간의 쟁패라 할 수 있다. 이 전쟁에서 고구려는 멸망하고 신라에 의해 통일된 한반도는 이후 중화문명체계에 편입되었다.

고구려는 강력한 군사력을 배경으로 한 웅혼한 문화와 광대한 영토로 중화세계에 맞섰기 때문에, 우리에게 광활한 영토의식과 수평적 동북아세계에 대한 희원을 제공해 왔다. 또한 실제로 중화세계에 대한 독자성을 강조하는 사람들은 흔히 고구려를 주목했다. 그 대표적인 사건이 고려 중기 묘청일파와 김부식일파의 대립이지만, 이후로도 고구려와 북방에 대한 향수는 면면히 이어졌다. 예컨대 조선 중기의 시인 백호 임제(林悌)는 임종에 이르러 슬퍼하는 가족들에게, "사이팔만(四夷八蠻) 모두 중국의 천자가 되었으되 오직 조선만은 하지 못했으니, 이러한 나라에서 태어나서 죽는데 무엇이 그다지도 슬프냐"라고 한탄한 것으로 유명하고,[8] 망국을 전후한 근대시기에는 허다한 민족주의자들이 '북방민족주의'라 명명할 정도로 고구려, 만주 등의 고토 회복에 대한 절절한 심정을 토로하였다. 그리고 이러한 사관의 잔영은 지금도 곳곳에 남아 있다. 일종의 '민족적 확대에 대한 향수'라 할 수 있는 이러한 정서는 백제문화에도 투영되어 비류백제, 22담로 등과 결합하여 광대한 해상왕조로 언급되고 있다.

삼국과 불교

여기서 우리가 고려해야 할 것은 다시 선진과 주체의 문제이다. 고구려문화가 중화문명에 비해 강한 주체성을 지닌 것은 분명한 사실이지만, 다른 한편으로 보편적 기준에 의한 선진성을 살펴보아야 할 것이다. 예컨대 고구려벽화의 경우, 중화문명과는 다른 도교적·동이적 세계관을 보여주고 찬연한 색상과 유려한 선이 엮어내는 기술은 가히 세계적 수준이라 할 수 있다. 그러나 사상사적 기제에서 보면, 고구려벽화는 당시 선진불교의 세계관을 충분히 소화해 내지 못하는 고구려 사회의 한 단면을 반영하고 있다.

불교의 보편성이 지역적·사회적 이질성을 극복하는 데 막대한 공헌을 하였고 삼국통일의 한 원동력으로 논의되는 만큼,[9] 이 문제는 좀더 검토해 볼 필요가 있다. 고구려에서 불교는 한때 왕실의 장려정책에 힘입어 삼론종(三論宗)이 발달하였으나 그것이 학문적 경향으로 기울고 끝내 민중 속에는 뿌리내리지 못하였다. 그리하여 왕조 말에 이르면 불교적 토대가 급속히 약화되어, 마침내 오두미교(五斗米敎)의 도교에 지배적 지위를 내주게 된다. 즉 고구려에서는 전통적인 민간사상과 수입된 불교사상이 융합되지 못하고 이원적인 대립관계에 머물러 있었다.[10]

백제의 경우 동진(東晉)에서 불교를 도입하였고 별 갈등 없이 공인되었다. 그런데 백제에서는 현세구복적인 불교사상이 전통의 모든 사상을 대체하는 방식으로 전개된다. 그리하여 백제불교와 그 문화는 중국의 문물을 받아들여 세련되고 짜임새가 있지만 현실에서의 강력한 생명력은 약했다고 할 수 있다. 백제문화는 전반적으로 해양문화 특유의 조숙함과 개방성이 있지만, 주체와 결합하지 못한 선진성의 짧은 생명력을 보여주고 있다.

반면 신라의 불교 도입과 수용에서는 주체와 선진의 전투적 결합과 전사회적 확대과정을 볼 수 있다. 이차돈의 순교(한국역사연구회 고대사분과 1994, 223~28쪽)가 전투성의 표현이라면 남산 곳곳의 불교유적이나, 설화와 불교가 혼효된 향가의 무불(巫佛) 융합적인 세계는 선진과 주체의 사회적 결합 모습을 보인다(박노준 1991; 조동일 1994; 임형택·고미숙 1997; 장진호 1998 참조).

따라서 우리는 고구려벽화에서 중화문명과 다른 동이문명 또는 도교적 내용의 독자성을 높이 평가하는 반면(정재서 1996 참조) 그 이면이 주는 교훈, 즉 선진성이 떨어지면 곧 위기에 처한다는 사실도 명심해

야 한다. 이것은 한때 중국의 천자가 되었던 사이팔만(四夷八蠻)이 중
화문명 속에서 소멸되는 과정에서도 확인할 수 있다. 이런 맥락에서
보면 고구려벽화를 잘 계승한 것은 음악가 윤이상인지도 모른다. 그의
출세작「일곱 악기를 위한 음악」「콜로이드 소노레」(Colloides
Sonorer)「교향악적 정경」등은 고구려벽화 복사본에서 영감을 얻은
작품이며, 실제 그는 1963년 고구려벽화를 보려고 북에 들어가기도 하
였다. 유럽의 평론가들은 그의 음악을 '묵화적(墨畵的) 수법에 의한 선
(線)의 음악'이라 평가하는데, 그의 미묘한 선율은 엉키며 풀어지고 그
러면서도 흐르는, 사신도(四神圖) 등 고구려벽화의 선에서 나온 것이
라 할 수 있다.[11] 윤이상은 고구려벽화의 도교적·동이적 세계관와 유
려한 색상과 선의 아름다움을 서구음악의 선진적 작곡기법으로 재생
하였고 이것이 나아가 고구려·한국의 세계화, 동양과 서양의 건설적
만남이 되었다.

린저 비평가들은 모두 동양 음의 이미지와 서양의 작곡기법과의 훌
륭한 융합을 상찬했지요.

윤이상 나는 내 음악에서 정신적으로는 우리 동아시아의 원천에 서
서, 한국 음의 이미지를 서양 현대의 작곡기법의 도움을 빌려 음악화하
고 있는 것입니다. (루이제 린저 1988, 82쪽)

삼국통일기의 문화를 문명사적 수준에서 비교해 보자는 본래의 취
지가, 역사에 대한 결과론적 해석으로 신라통일을 옹호하는 혐의로 오
해될 수도 있다. 물론 그러한 것은 결코 아니며, 두루 지적하다시피 신
라통일은 많은 문제점을 지니고 있다. 통일전쟁에서 당나라 군대를 끌
어들였으며 통일 이후 신라의 사회통합력 역시 불완전했다. 그 결과

장기간에 걸쳐 고구려 · 백제의 부흥운동이 일어났으며 많은 유이민들이 해외로 분산되었고 북방지역에서 발해가 건국되었다. 후삼국의 재현 또한 신라 통합운동의 이러한 한계성을 보여준다.

아마도 삼국통일기를 전후하여 개방과 주체에 대한 가장 적실한 일례로 원효에 주목하는 것은 적지 않게 타당할 것이다. 그는 선진적 불교와 건강한 결합을 통해 주체적 문화의 수준을 높였으며 화쟁(和諍)을 통한 다양성의 대통합〔一心〕을 달성하고자 노력하였다.[12] 이러한 가치 때문에 지금도 원효에 주목하는 사람들이 적지 않다. 다자(多者)를 포용하는 원효의 세계관은 현재 남북의 적대적 대립, 동서의 지역감정, 사회 내의 계층갈등을 통합하는 데 어느 정도 원용될 수 있을 것이다. 또한 원효의 원융회통(圓融會通)을 당면한 세계화에서 하나의 표준으로 선전하기도 한다.[13]

그러나 현재 한반도에는 다양성의 융합이나 일방적 세계화 이전에 편중된 외세에 대한 주체성의 확보가 필요하다는 점을 상기한다면, 원효의 원융무애에만 주목하는 것은 일면성에 빠질 위험이 있다. 식민지하에서 근대 선진문물에 대한 열린 시각과 더불어 제국주의에 대한 배제가 필요하였듯이, 분단 한국사에도 다양성의 소화와 더불어 외세의 패권에 대한 조정이 필요하기 때문이다. 우리에게는 원효 이상의 또 다른 문제의식과 철학이 요구된다고 하겠다.

4. 중화세계에서 문명과 야만

삼국통일 이후부터 조선 중기까지는 대체로 동일한 국제질서 속에 있었다고 할 수 있다. 그것은 중국을 중심으로 조공과 책봉에 의해 서계적(序階的)으로 연계된 중화세계[14]였으며, 사대와 주체의 적절한 균형을 국가정책으로 채택하여 장기적으로 안정된 시기였다. 그러나 중화세계와의 관계라는 틀 내에서도 통일신라·고려·조선 등 시기별 차이가 있으며, 또한 중원의 패권 족이 한족인가 아닌가에 따라 적지 않은 파동과 변동이 있었다. 특히 이른바 사이팔만(四夷八蠻)이 중화를 점거하거나 한반도 침략으로 이어졌을 경우 한국지성의 대외인식 수준에 대해서는 여러모로 면밀한 분석이 필요하다. 여기서는 대표적으로 고려 후기 몽고의 침략과 원(元)제국 그리고 조선 중기 명·청 교체시의 대외인식을 살펴보기로 하겠다.

오랑캐 달단과 제국 원

12세기 고려가 격심한 내부변동의 시기였다면, 13세기 고려는 대외 침략과 이에 대한 항쟁이 끊임없이 전개된 시기였다. 12세기 고려는 이자겸의 난, 묘청의 난, 정중부의 무신난, 농민·천민의 난 등 많은 사회변동을 경험하면서 최씨정권의 성립으로 귀결되었다. 반면 13세기 고려는 두 번에 걸친 거란의 침략에 이어서 무려 여섯 차례나 몽고의 침략을 받았다. 이리하여 결국 최씨정권은 무너지고 고려는 세계 최대의 제국인 몽고제국의 부마국(駙馬國)이란 특수한 위치가 된다.

전대미문의 몽고침략에 대해 고려의 군(軍)·민(民) 들은 끊임없이 항쟁하였고 당대의 지성들은 번민하지 않을 수 없었다. 이러한 위기에서 삼국 유민의식(遺民意識)과 같은 분립적 계승의식을 극복하고 단군·고조선에 연원하는 더 넓은 민족적 자의식으로 성장하였음은 이미 언급하였다. 여기서는 타자, 즉 몽고[元]를 통한 자기인식을 살펴보고자 한다.

1231년 살리타이(撒禮塔)를 원수로 하는 몽고군이 제1차 침입을 하였을 때, 고려왕조는 그해 12월 이규보가 지은 「군신맹고문」(君臣盟告

文)을 상재하였다.

> 저 달단(韃靼)의 무리들이 이유 없이 국경을 침범하여, 우리 변경을
> 쑥밭으로 만들고 우리 백성을 살육하였습니다. … 달단은 일찍이 우리
> 에게 은혜를 받은지라, 불만을 품을 자들이 아닌데, 하루아침에 이처럼
> 잔인하고 포악한 일을 하니, 이것이 어찌 우연한 일이겠습니까. (민족문
> 화추진회 편 1997, 250~51쪽)

이 맹고문(盟告文)은 물론 전시(戰時)의 작품이라는 강한 이데올로
기성을 띠고 있지만 그 근저에서는 분명 몽고를 달단 오랑캐로 여기는
유교문명적 자부심이 엿보인다.

이듬해(1232) 몽고가 다시 침입하여 부인사에 소장되어 있던 초조
(初雕)대장경이 소실되자 고려는 강화로 천도하고 대장경 재조(再雕)
작업에 착수하였다. 이때 이규보가 쓴 「대장경을 새기면서 임금과 신
하들이 올리는 기고문」(大藏刻板君臣祈告文)에서는 또 다른 문명적
우월의식, 즉 불교문명적 우월의식을 느낄 수 있다.

> 심하도다, 달단(韃靼)이 환란을 일으킴이여. 그 잔인하고 흉포한 성품
> 은 이루 말로 다 할 수 없고, 무지몽매함은 짐승보다도 심하옵니다. 그
> 러니 어찌 온 세계가 부처님의 가르침을 받들고 있는 줄을 알겠습니까.
> 그들이 지나가는 곳마다 불상과 불경을 닥치는 대로 태워 없애니, 남는
> 것이라고는 없습니다. 부인사(符仁寺)에 모셔놓았던 대장경 판본도 남
> 김없이 불타 버렸습니다. 아! 여러 해 동안 쌓아온 공이 하루아침에 재
> 가 되어, 나라의 큰 보물을 잃었습니다. 제불다천(諸佛多天)의 큰 자비
> 심에 대해서도 이런 짓을 하는데, 이들이 무슨 짓을 못하겠습니까. 생각

건대 저희들의 지혜가 어둡고 생각이 짧아, 일찍이 오랑캐를 막을 계책을 내지 못하고 부처님의 가르침을 보호하지 못함으로써, 이 큰 보물을 잃는 재난을 당한 것입니다. … 원하옵건대 제불성현 삼십삼천(三十三千)은 저 억세고 모진 오랑캐들을 멀리 쫓아내, 다시는 우리 국토를 밟는 일이 없게 하여주시옵소서. (같은 책, 250~53쪽)

물론 대장경 조판에는 정권, 불교계, 백성들을 통합하려는 최씨정권의 정치적 의도도 있었고, 초조대장경을 새기고 난 뒤 거란군이 물러간 경험이 있기 때문에, 대장경 조판에는 "어찌 그때의 거란군대만 물러가고 오늘의 몽고군대는 물러가지 않겠습니까"라는 희원도 작용하였다. 아무튼 이 기고문은 불법(佛法)세계에 무지몽매하고 대장경을 불태운 몽고를 야만 오랑캐로 규탄하고 이들과의 전쟁을 '문명과 야만'의 전쟁으로 규정하려는 세계관을 잘 보여주고 있다. 이러한 자부심은 문명사적으로 언급하면, 스텝로드의 유목문화에 대한 실크로드·중국을 통한 정착형 유교·불교 문화의 우위성에 기반하고 있었다.

주지하다시피 세계 여러 나라들이 몽고의 침략을 받았는데, 그중에서 베트남은 우리와 비교해 볼 만하다. 몽고는 고려정벌을 마무리할 즈음 세 차례(1257, 1284~85, 1287~88)에 걸쳐 베트남을 침략하였으며, 이에 대한 베트남의 대응은 우리와 유사하였다. 1272년 제1차 몽고침입 이후, 고조되는 위기 속에서 여문체(黎文体)는 『대월사기』(大越史記)를 저술하여 베트남이 중국과 같이 '황제의 나라'라는 자부심을 강조하였다. 또한 베트남병사들은 몽고에 대한 문명적 자부심으로 '오랑캐 몽고를 물리치자'는 의미로 '살달'(殺韃)이라는 글자를 팔에 새겨 몽고에 대응하였다. 베트남과 고려는 중국과 인접한 나라로서, 중국에 대해서는 왕이라 하지만 스스로는 황제를 칭하는 이른바 외왕내제(外

王內帝)의 자부심을 지니고 있다는 점에서는 매우 비슷하다(민두기 1981; 유인선 1988; 이익주 1996; 김기덕 1997).

그러나 몽고와 접촉의 결과는 서로 달랐다. 베트남은 몽고의 침략을 육지에서 격퇴한 거의 유일한 나라가 되었고, 고려는 몽고제국에 편입되어 특수한 위상의 부마국(駙馬國)'이 되었다.[15] 이후에도 베트남은 중국과 전쟁·지배·격퇴·독립의 과정을 반복하였고,[16] 고려는 "토착풍습을 고치지 않는다"(不改土風)는 세조구제(世祖舊制)를 근거로 상당히 독자성을 유지하였지만 중요한 문제에서는 끊임없이 원의 간섭에 시달렸다. 베트남은 중화세계와 오랜 갈등관계로 어려움을 겪었고, 중화세계에 편입된 고려인들은 원나라의 수도에도 대거 진출하는 등 대외활동이 활발하였다.

몽고(원)제국은 그냥 오랑캐가 아니었다. 단순히 금(金)과 남송(南宋)을 물리치고 중원을 지배한 세력이 아니라, 유교·불교·이슬람 문명권은 물론 고대 로마제국의 영화를 이어받은 기독교의 유럽까지 석권하는 역사상 세계 최대의 제국이었다.[17] 또한 몽고제국의 수립자 칭기즈칸은 단순한 약탈자가 아니라 『워싱턴포스트』에서 '1000년의 인물'(millennium-man)로 선정할 만큼 획기적인 변혁의 기수였다. 즉 그로 대표되는 몽고제국의 승리는 수직적 관료사회로 정체되어 있던 농경문화를 유목문화의 새로운 개방성·실용성·신속성으로 개변하는 일종의 문명사적 사건이었다.[18] 이리하여 원제국의 수도는, 마르코폴로의 『동방견문록』이 묘사하고 있듯이 각종 문명이 집산하는 세계최대의 국제도시가 되었다.

고려 후기 원과의 관계가 사대와 독립유지라는 이중적 면모로 본격화되면서 한편으로는 민족적 자의식을 계승하고, 다른 한편으로는 원제국에 대하여 '인종적 경멸'이 아닌 '문명적 긍정'에 이르게 된다. 우리

는 그 대표적인 흔적을 원나라 수도를 두 번이나 왕복한 이승휴의『제
왕운기』에서 확인할 수 있다. 그는 원제국을 "해와 달같이 성한 나라"
이며 "개벽 이후 이런 나라 처음"이라 칭송하였다(이규보·이승휴 1974,
148쪽). 이처럼 고려 후기가 되면 기존의 중화문명적 선입관에서 벗어
나 대통일제국인 원의 실체를 받아들인다.

　이런 한편 이승휴는 원제국의 문명적 실체를 받아들이면서도 고려
를 그것과 뚜렷하게 구별되는 역사적 실체로 자부하게 되며, 그리고
이것은 단군과 결합된다.

　　요동(遼東)에 한 건곤(乾坤)이 따로 있으니,
　　뚜렷하게 중국과 갈라지고 구분된다.
　　큰 파도 넘실넘실 삼면을 둘러싸고
　　북쪽에는 육지가 실같이 이어져 있다.
　　그 사이 천리땅, 여기가 조선이니,
　　강산 좋은 형세, 그 이름 천하에 퍼졌다.
　　밭 갈고 우물 파는 예의의 나라,
　　중국인[華人]이 이름하여 소중화(小中華)라 일렀도다.
　　처음에 누가 개국해서 풍운을 열었던고,
　　석제(釋帝)의 손자, 그 이름이 단군(檀君)이라. (같은 책, 148쪽; 조동
　　일 1983, 100쪽)

　고려는 대몽항쟁의 과정에서 단군과 고조선에 대한 (재)인식을 통
하여 분립적인 삼한(삼국)의식을 극복하고 동일 역사체로서 민족적
자의식을 고양시켰다. 몽고의 침략 전후 기존의 중화세계에 젖어 있던
고려의 지성들은 새로운 몽고문명에 대해 심각한 인식의 혼란을 겪지

142

만 몽고의 부마국이 된 이후 점차 원제국의 문명적 실체를 수긍하게 된다. 그러나 다른 한편으로 단군의 자손이라는 혈연적 독자성, 소중화라는 문명적 자부를 통해서 제국에 함몰되지 않고 고려가 독자적인 역사체임을 인식하기도 한다.

명·청 교체기의 소중화

조선 중기 왜란(倭亂)과 호란(胡亂)은 두루 지적하다시피 문명사적으로 조선 중기의 역사에서 매우 중요한 의미를 지닌다. 일본의 도전은 단순히 도요토미 히데요시(豊臣秀吉)의 정복욕이나 정치적 탈출구로만 치부할 수 없는 중요성을 가지는바, 동북아질서에서 중화세계의 세기적 퇴조와 분리의 조짐을 보여주는 하나의 서곡이라 할 수 있다.

왜란 당시 조선은 명목상으로 항복한 것은 아니었지만, 정치·경제·사회·문화 등 사회 전반에 매우 큰 피해와 타격을 입었기 때문에 일본에 대한 적대감은 당연히 컸다. 특히 대중들의 피해가 막심하여 임진왜란에 대한 민중들의 설화가 유독 많이 남아 있다(임철호 1989). 이러한 구전설화를 통한 대중 집단의식은 장기간 지속되는 속성을 지니는바, 개항기에 이르러 반일의식으로 표상되었다.[19] 반면 나라를 구해 주었다는 생각에서 명나라는 기존의 군신지의(君臣之義)에 부자지은(父子之恩)을 더한, 특별한 숭앙의 대상이 되었다(유봉학 1992, 119쪽). 이 점은 이후 당대 지성들이 구 질서(명)에 더욱 집착하는 매우 중요한 근거가 되었다.[20]

한편 호란은 사회적인 피해는 왜란보다 적었지만 왕이 치욕적으로 항복하여 군신관계를 맺는 등, 국가의 대의명분에 관한 한 왜란 이상의 타격을 주었다. 호란과 명·청 교체는 실로 커다란 대외적 변화였다. 1627년 정묘호란(丁卯胡亂) 이후 조선은 후금과 형제의 관계를 맺게 되며, 1636년 후금은 국호를 청(淸)으로 바꾸고 조선을 다시 침략하여 이른바 정축화약(丁丑和約)으로 군신책봉관계를 맺었다.

당시 조선에서는 주자학의 명분론적 성격이 강화되면서 송시열은 "청은 군부(君父)의 원수일 뿐 아니라 문화적으로도 아주 열등한 야만족"이라 규정하였다. 이러한 규정의 연장선상에서 1644년 명의 수도 북경이 함락되자 명에 대한 의리론과 청에 대한 복수심은 북벌론(北伐論)으로 구체화되기도 하고, 한편으로 "한 가닥 화맥(華脈)은 조선으로 이어진다"는 소중화의식이 풍미하였다.

그런데 소중화의식은 우리만의 고유한 것이 아니라 중화문명권의 주변국가인 베트남, 일본 등지에서도 일반적으로 나타났다(Min 1997, pp. 26~32). 전국시대를 평정한 도쿠가와 이에야스(德川家康)의 일본은 토지생산성을 높이고 상업이 부흥하는 등 사회관계가 경제 중심으로 전환되면서 아울러 중국의 화이관을 모방하여 일본 중심의 소중화질서를 표방하였다. 그런데 일본형 소중화세계관은 중세적인 것이라는 면에서는 근대문화와 충돌하지만, 중화세계에서의 이탈이라는 면에서는 탈아론(脫亞論) 등의 근대화론과 연결될 수 있는 측면이 있다(川勝平太 1994, 15~16, 33~34쪽). 즉 일본형 소중화는 일본 내부가 정치 중심에서 경제 중심으로 바뀌는 에도(江戶)시기의 배경과 결합하여, 중국에서 벗어난다는 측면이 강조될 경우 근대적인 요소와 결합할 수 있는 면을 지니고 있었다.

우리의 경우도 소중화의식이 주체의식으로 성장·전환하여 영·정조시기에 높은 수준의 진경시대를 열었다는 것은 근래의 연구로 더욱 명확해지고 있지만(정옥자 1998; 최완수 외 1997), 그러나 이러한 주체인식이 근대와의 만남으로 이어지지는 못하였다. 이 문제는 세계관을 집약적으로 반영하는 연호(年號)에서 대표적으로 확인할 수 있다. 정축

화약으로 조선은 1637년 1월부터 청나라 연호인 숭덕(崇德)을 사용해야 했으나 공식적으로도 그렇지 않은 경우가 많았다.[21]

명나라 연호를 선호하던 세계관은 18세기까지 이어져, 청나라로부터 문물을 배우자는 연암 박지원에게도 의연히 남아 있었다. 청년시절 북벌론에 젖어 있던 연암은 홍대용 등 연행(燕行)의 경험이 있는 인사들과 어울리면서 다년간의 사상적 모색 끝에 북학론(北學論)으로 바뀌었다. 북학론이 전제하고 있는 새로운 화이관은 "청은 인종적으로 비록 이(夷)지만, 그 문물은 화(華)"로 요약할 수 있고 이것은 "조선은 비록 이(夷)이지만 그 문물은 화(華)"라는 북벌론자들의 주장을 뒤집은 것이라 할 수 있다. 그리하여 연암은『열하일기』곳곳에서 청의 선진문물과 조선의 낙후한 문물을 대비하면서 중화문명을 계승하는 청이 화(華)요, 화로 자부하는 조선이 이(夷)에 불과함을 폭로하였다.

연암의 북학론은 북벌론에서 분명 진전된 것이지만 화이론 그 자체를 극복한 것은 아니었다. 이러한 의식의 한계는 그의 「도강록」(渡江錄) 서문에 길게 언급된 연호문제에서 단적으로 확인할 수 있다.

무엇 때문에 '후삼경자'(後三庚子)라는 말을 이 글 첫머리에 썼을까. 후는 숭정 기원 이후를 말함이니, 후삼경자란 숭정 기원후 세 돌을 맞이한 경자년(庚子年)을 말함이다. 왜 명 연호인 숭정을 바로 쓰지 않았는가. 강을 건너야 하기 때문에 이를 피한 것이다. 무엇 때문에 피하였는가? 강을 건너면 청인(淸人)들이 살고 있기 때문이며, 현재 천하가 모두 청의 연호를 쓰고 있으니, 감히 숭정을 쓰지 못해서이다.

그렇다면 우리는 어째서 그대로 '숭정'을 쓰고 있을까. 명나라는 중화인데, 우리나라가 애초에 승인받은 상국(上國)이기 때문이다. 숭정 17년에 의종열황제(毅宗烈皇帝)[22]가 나라를 위해서 죽고 명나라가 망한

지도 벌써 130여 년이 경과하였는데, 어째서 지금까지 숭정이란 연호를 쓰고 있을까. 청이 들어와 중국을 차지한 뒤에 선왕의 제도가 변하여 오랑캐가 되었으되, 우리 동녘 수천 리는 강을 경계로 나라를 이룩하여 홀로 선왕의 제도를 지켰으니, 이는 명나라의 황실이 아직도 압록강 동쪽에 존재함을 말하는 것이다. 우리의 힘이 비록 저 오랑캐를 몰아내고 중원을 숙청하여 선왕의 옛것을 광복시키지는 못할지라도, 사람마다 모두 숭정 연호라도 높여 중국을 보존하였던 것이다.

숭정 156년 계묘(1783 — 인용자)에 열상외사(洌上外史, 연암 박지원의 별호 — 인용자)는 쓰다.

후삼경자(後三庚子)는 곧 우리 성상 4년이다. (박지원 1997, 7~8쪽)

박지원이 강을 넘어 연행길에 오른 1780년은 청의 최전성기인 건륭(乾隆) 45년이며 명나라 숭정황제가 죽은 지 136년이나 지난 뒤였다. 그럼에도 그는 건륭 45년을 굳이 피하고 숭정 153년이라고 쓰고 싶었으나, 청나라에서는 이를 사용할 수 없으므로 궁여지책으로 '숭정 기원'을 생략한 채 '후삼경자(後三庚子)'라는 간지를 사용하였던 것이다. 이렇듯 청으로부터 북학을 주장하는 연암의 의식 속에는 명에 대한 사대가 진하게 남아 있었다.

결국 연암의 청나라에 대한 독해는 "진실로 오랑캐를 물리치려면 중국의 문명을 많이 보장(保藏)하고 있는 오랑캐에게 배울 것은 배워 개혁해야 한다"는 것으로 요약될 수 있다.

성인이 『춘추』를 지을 때 물론 중화를 높이고 오랑캐를 물리쳤으나, 그렇다고 오랑캐가 중화를 더럽힌 것을 분하게 여겨 본받을 만한 오랑캐의 좋은 점마저 물리친다는 말은 듣지 못하였다. 그러므로 지금 사람들이 진실로 오랑캐를 물리치려면 중화에 끼친 법을 모두 배워서 먼저 우리나라의 유치한 풍속부터 개혁시켜야 한다. (같은 책, 224~25쪽)

이처럼 박지원의 『열하일기』는 지구가 둥글며 자전하고 있다는 새로운 우주관까지 받아들이고 있지만, 그의 사회정치적 문명관은 아직 화이론의 수준에서 완전히 벗어나지 못하였다(김명호 1996; 신용하 1997 참조).

그로부터 1세기가 지난 19세기 후반, 위정척사계 의병의 연호에서도 우리는 여전히 '숭정'(崇禎) '영력'(永曆) 등 명나라의 연호를 발견할 수 있다. 일부 의병들은 청나라와의 연대를 위해 '광서'(光緒)를 사용하기도 했으나, 대부분의 경우 명나라 마지막 황제인 의종(毅宗)의 연호 숭정(1628~44)이나 마지막 왕 영명(永明)의 연호 영력(1647~62)을 사용하였다. 유인석의 제천 의병도, 김창수(金昌洙, 백범의 청년시절 이름)의 청계동 스승 고능선(高能善)도 "영력 이백 몇 년"이란 명나라 마지막 연호를 즐겨 사용하였다(이상찬 1996, 25~26쪽; 김구 1997, 115쪽).

이러한 화이론적 중화질서에 구속되어 있는 한, 19세기 중반 이후 동북아지역에 엄습한 근대세계를 올바르게 파악할 수는 없었다. 1842년 1차 아편전쟁으로 중국은 영국과 남경조약을 체결하고, 1860년 제2차 아편전쟁에서는 영국과 프랑스 군대가 수도 북경을 함락함으로써 북경조약을 체결하였다. 이것은 중원의 황도(皇都)에서 천주교가 공인되는 세기적 대변동이었다.

당시 일본은 이러한 위기에 대처하여 근대로의 움직임이 싹트기 시작하였으나, 우리의 대외인식은 '봉건국가는 외교권이 없다'(人臣無外交)고 하면서 중화질서 속으로 도피하였다. 1845년 영국선박 네 척이 남부지역을 측량하고 20여 일간 머물다 돌아가자, 조정은 독자적인 대처보다는 청의 예부(禮部)에 "조선이 금단의 땅임을 알려달라"고 요청하였다(민두기 1986, 272쪽). 1846년 프랑스인 세실(Cécille)이 군함을 이끌고 프랑스 신부 3명이 죽은 이유를 묻는 국서를 전달하자, 이듬해 조정은 역시 '인신무외교'를 거론하며 청의 예부에 "서양인이 다시 오지 않게 해달라"고 요청하였다(같은 글, 273~74쪽).

이렇듯 근대 해양문화와의 접전에서 중세 중화문명의 패배 징후는 확연해졌으며, 실제 19세기 후반에 이르면 중화문명권은 하나씩 분리되어 근대 해양문명권으로 넘어갔다. 1884년 청불전쟁(淸佛戰爭) 이후 베트남이 프랑스의 보호국이 된 것은 같은 위기가 우리에게 임박했음을 보여주는 분명한 징표였다. 그러나 화이론적인 세계관에 구속되어 있는 한, 1894년 한반도의 정세를 판가름하는 청일전쟁이 일어났을 때 "해뜨는 나라 일본은 이제 영원히 암흑의 나라로 변할 것"이라고(매킨지 1974, 62쪽) 믿는 것은 당연하였다.

5. 근대세계의 표면과 이면

흔히 근대 자본주의 세계(체제)는 민족국가의 수립, 자본주의의 지구적 규모로의 확대와 세계체제, 제국주의와 식민지 등 여러 가지로 전근대시기와 변별된다. 18세기 이후 지구의 중심은 점차 중국에서 유럽으로 넘어가고 있었고,[23] 19세기 이후 아시아도 대륙 중심의 중화적 세계에서 해양 일본 주도의 근대세계로 편입되는 지각 대변동이 일어났다. 이러한 대격변은 급기야 일본의 한반도 식민지화와 중국침략으로 이어졌다.

한국, 청국, 일본 등 동북아 3국이 근대라는 이질적 문명을 만나면서 모두 전통적인 주체와 결합시키는 방식을 천명하였다. 따라서 한국의 동도서기(東道西器), 일본의 화혼양재(華魂洋才), 중국의 중체서용(中體西用) 등은 근대문명의 접합과정에서 일어난 동양적 절충론으로 당시 하나의 보편적 접근방식임을 보여주고 있다. 그러나 그 결과는 성공과 실패, 지배와 피지배, 침략과 피침략 등 너무나 상반된다.

같은 차원의 처방이었지만 서로 다른 결과를 초래한 원인에 대해서는 여러 가지 진단이 있을 수 있다. 이 방대하고 중요한 문제를 여기서 본격적으로 다룰 수는 없고, 한반도에서 선진적 서구와 주체적 조선이 변증법적으로 결합한 의미 있는 동도서기파가 필요한 시기에 정치적 주류로 존재할 수 없었던 사실에 주목하고자 한다. 다시 말해 한반도에서는 반침략 주체적이지만 중세적 세계관이 강하게 남아 있는 의병과, 반봉건 근대적이지만 주체와 굳게 결합하지 못한 개화파가 대단히 중요한 시기에 오랫동안 병렬하였다. 이러한 특징은 어디에서 비롯되었으며 무엇을 말하는가.

유길준과 신채호

19세기 중반 이후 근대화의 흐름을 받아들이는 데 선도적인 역할을 한 것이 개화파이고, 그 대표적인 이론가 중 한 사람으로 유길준이 있다(도진순 1991, 205~206쪽). 유길준은 『서유견문』에서 당시의 근대적 국제관계를 "대국(大國)도 일국(一國)이요 소국(小國)도 일국(一國)이라 국상(國上)에 국(國)이 갱무(更無)하고 국하(國下)에 국(國)이 역무(亦無)하는" 평등한 것으로 찬미하였다. 그는 당시의 국제사회를 개화의 정도에 따라 미(未)개화, 반(半)개화, 개화 세 등급으로 나누고 이를 동북아에 적용하여 청을 '미개화한 나라', 일본을 '개화 문명국'으로 파악하였다(유길준, 『西遊見聞』, 376쪽).

자연법적 평등관에 입각한 유길준의 국제인식과 문명관에서는 근대

자본주의 국제관계가 지니는 약육강식의 냉혹한 질서나 선진국의 식민에 대한 비판과 우려는 찾아볼 수 없다. 유길준이 당시 영국의 이집트 식민지화에 대해서도 "미개한 국가에 상로(商路)를 확대하는 것"으로 간단히 파악한 것(같은 책, 228쪽)도 그의 낙관적 세계관, 만국공법(萬國公法)에 대한 신뢰와 표리일체를 이룬다.

더욱이 1890년대는 일본이 제국주의로 전환하는 시기이다. 이러한 정세를 고려할 때 유길준이 만국공법을 액면 그대로 받아들이고 일본에 대해 낙관한 것은 지극히 위험한 것이었다. 막상 일본의 개화지도자들은 그렇게 순진하게 생각하지 않았다. 일본 개화파의 사부라 할 수 있는 후쿠자와 유키치(福澤諭吉)는 일찍이 근대 국제질서의 패권주의적 면모를 꿰뚫고 있었다.

> 화친조약(和親條約), 만국공법(萬國公法)이라고 말하여 매우 아름다운 것 같지만 그것은 명목적인 것이고 국가간 교류의 실체는 권위를 다투고 이익을 탐하는 것에 지나지 않는 것이다. … 백 권의 만국공법은 몇 문의 대포보다 못하며, 몇 권의 화친조약도 탄환 한 상자보다 못하다. …각국의 교제에는 두 가지 길이 있는데, 그것은 멸망하는가 멸망시키는가이다. (福澤諭吉 1981)

우리나라에서는 만국공법이 지닌 이면의 침략성에 대한 전면적인 비판은 역시 한말 신채호에 와서야 제기된다. 신채호는 진화론적 우승열패에 기초하면서도 "잠시 퇴보하면 호랑이에게 물리고 조금 미약해지면 매의 발톱에 차이는" 당시의 냉엄한 국제현실에 주목하였다(신채호 1977a, 472쪽; 1977b, 90쪽). 이러한 인식을 기조로 해서 그는 당시 일본이 주창한 동양평화주의를 침략주의라고 비판하였다.

이 세계는 약육강식하는 권권리(拳權利)의 세계라. 입으로는 인의를 말하며 손으로 총검을 빼드는 고로 만국평화회의 내면에 전란의 고통을 잠복하였으며, 동양평화 창도자의 배후에 살인의 이기(利器)를 가졌나니, 하물며 우리의 자유도 보존치 못한 놈으로 박애를 말하며 세계를 돌아봄이 어찌 치인(痴人) 치상(痴想)이 아닌가. (신채호 1977b, 141쪽)

이처럼 신채호는 이토 히로부미(伊藤博文)가 제창한 만국평화회의와 동양평화의 이면에 살인의 무기 총검이 숨겨져 있음을 비판하였다. 이는 제국주의에 대한 낙관적 인식에서 나온 세계주의나, 같은 동양 또는 유교문화권이라는 낙관으로 일본과의 동맹을 주장한 동양주의의 위험성을 날카롭게 지적한 것이다.

물론 신채호의 국제인식에는 진화론적 인식에 기반하고 있는 한계가 있다. 그러나 이 점은 당시 모두에게 공통된 역사적 한계이다. 오히려 신채호는 당시 조선의 구체적 현실을 매개로 해서 진화론적 국제인식의 허점을 보완하고 이를 통해 위기에 처한 민족주의에 새로운 활로를 열었다고 할 수 있다(도진순 1991 참조).

화이론적 세계관과 근대적 만국공법

19세기 동아시아에는 두 개의 세계관, 즉 중국으로 대표되는 중세적인 화이론 국제질서와 서양에 의한 근대적인 만국공법의 질서가 착종·충돌하고 있었다(川勝平太 1994, 34~35쪽). 화이론적 세계관이 문명과 야만의 구분에 의한 권위 중심의 국제적 덕치주의(德治主義)의 표현이라면[24] 근대적 세계질서는 겉으로는 만국공법을 표방하였지만 내용에서는 제국의 패권주의를 강하게 지닌 '먹고 먹히는 관계'라 할 수 있다.

중화적 세계관과 근대적 세계관에 대한 입장은 어느 하나를 지지하는 것, 두 가지를 결합시키는 것, 두 가지를 모두 비판하는 것 등으로 나눌 수 있다. 먼저 신채호의 경우를 보면 그는 중화주의의 패권과 제국주의의 패권을 함께 인식하고 있었다.

지금 세계는 제국주의의 세계라. 강이 약한 것을 먹고, 큰 것이 작은 것을 병합함은 원시시대에 이미 있었던 바라. 그러나 근세 이래로 일층 격렬하여 필경 제국주의의 진동이 우주를 동하니. (신채호 1977c, 212~13쪽)

즉 그는 "강이 약한 것을 먹고, 큰 것이 작은 것을 병합함은 원시시대에 이미 있었던 바"라며 그 긴 연원을 지적하면서, 아울러 근대 이후로 더 한층 격렬해진 제국주의의 준동을 비판하였다. 즉 근대의 제국주의는 물론, 화이론적 세계관 등 그 이전 패권과 지배에 대해서도 비판했던 것이다. 그가 중화, 중국 대신 지나(支那)라는 표현을 즐겨 쓴 것은 이러한 인식의 결과였다. 요컨대 그는 현실의 제국주의를 비판함으로써 강국의 지배를 역사적으로 관찰할 수 있었고, 전통질서의 지배관계를 직시함으로써 만국공법 이면의 '일층 격렬한 제국주의'를 바로 볼 수 있었다.

반면 의병은 화이론적 중세질서를, 개화파는 근대의 만국공법을 신봉한다는 점에서 서로 다르다. 이 점에만 주목하면 그것의 차이는 중세와 근대의 획기적인 것이다. 그러나 보다 기저의 심층구조, 즉 자신이 선호하는 세계를 모순 없는 지선지고(至善至高)의 것으로 착각한다는 점에서는 완전 동일하다. 유길준의 미개화·반개화·개화라는 근대적 문명세계의 구분이, 의병의 중화·소중화·야만이라는 화이론의 세계관을 방불케 하는 것은 바로 이러한 근본적 구조의 동일성을 대변하는 것이다. 의병과 개화 간의 이러한 논의구도로는 중세와 근대, 일본과 중국은 병렬할 뿐 주체적인 취사선택으로 합일되기 어렵다. 따라서 중요한 역사적 시기에 의병과 개화파가 병렬한 것은 단지 다르기 때문이 아니라, 같은 차원에서 평면적으로 대립했기 때문이라는 점이 지적되어야 할 것이다.

이와 달리 일본의 경우 화혼(華魂)과 양재(洋才)가 결합하는 양상을 보이는데, 그 역시 근대 이전의 전통과 무관하지 않다. 도쿠가와 막부 시대의 지배층은 중국이나 한국과 달리 유교적 관리가 아니라 무사층이었다. 이들 중 소수만 유교서적을 읽었고 일본에서 유자(儒者)는 대부분 승려·의사·낭인 출신으로 외교문서 등의 실무를 담당하거나 학문적 소양으로 문필활동을 하는 정도였다. 일본에서 17세기까지 유교는 성행하지 않았을 뿐더러 18세기 이후의 유교보급도 사회 지도이념이라기보다는 학문과 지식의 영역에 가까웠다. 지식으로서 유교를 받아들였지만 과거제도는 없었고, 병농공상(兵農工商)의 체제에서 억말억상(抑末抑商) 또한 없었다.[25]

최근 일본 등 동아시아의 경제발전을 유교자본주의론으로 설명하는 경우가 적지 않은데, 이러한 주장의 대전제는 근대화에 성공한 일본이 대표적인 유교국가라는 것이다. 그러나 이것은 역사적 사실과 거리가 멀며, 서양과 다르기 때문에 일방적으로 규정된 오리엔탈리즘(orientalism)에 가깝다. 아무튼 일본은 유교문화권의 핵심인 중국대륙과는 바다를 사이에 두고 있었고 그 거리만큼이나 유교나 화이론적 세계는 비정통적인 것이었다. 때문에 일본의 무사들은 만국공법의 무력적 이면에 예민하였으며 주자학자들의 화이관도 서양의 근대문물과 쉽게 결합되었다. 이러한 토대 위에서 후쿠자와는 만국공법에 대한 비판이

가능했을 것이다.

　물론 근대 일본과 중세 중국은 서로 달랐다. 먼저 중세 화이론적 국제질서에서 패권은 근대 제국주의만큼 철저하지 않았다. 또한 중국은 다민족제국이라는 누천년의 전통이 대변하듯 주변의 다양한 문화를 폭넓게 수용하면서 패권을 행사하였다. 반면 일본은 정치·경제·군사·과학·기술 등에서 근대의 보편적 선진문물을 받아들이면서도 사상·문화적 측면에서는 천황제와 신교(神敎)로 대변되듯 여전히 매우 독특한 '1국문명'을 형성하고 있었다(헌팅턴 1997, 225~32쪽 참조). 따라서 아시아에서 근대 일본의 패권은 근대적 제국주의가 지니는 일반적 수탈성과 더불어 천황제 세계관 등 일본 특유의 것이 결합된 것이었으며, 그 결과 더욱 철저하고 폭력적이었다.

　근대세계와의 접촉과정에서 일원주의적 세계관으로 주체성의 중심을 잡지 못한 것은 식민지하 민족운동, 예컨대 반일운동의 선봉에 섰던 초기 사회주의자들의 경우도 예외가 아니었다.[26] 사회주의자들이 민족과 국가의 단위를 무시하는 세계주의적 속성을 지니는 것은 한편으로는 마르크스주의 특유의 보편적 교리 때문이기도 하지만, 다른 한편으로는 당시 사회주의자들이 역시 소련에 대한 사대의존적 대외관에서 벗어나지 못하였기 때문이라고 할 수 있다.

　러시아평원이 러시아인의 수중에 들어간 것은, 몽고의 킵차크한국(汗國) 지배 아래서 모스크바공국(公國)이 주변을 통치하고 1462년 이반 3세가 차르라는 명칭을 얻어 대공국이 되면서부터이다. 또한 러시아가 열강의 대열에 합류한 것은 17세기 로마노프왕조가 탄생하면서이므로 그 역사가 일천하다. 다른 말로 하면 근대 러시아제국은 급속하게 영토확장을 거듭하였지만 내부적으로는 몽고지배체제의 중세적 유산이 강하게 온존하고 있었다(大薗友和 1993, 222~25쪽).

1917년 볼셰비키혁명은 제국시대 침략했던 지역의 대부분을 계승하여 유럽·아시아 소비에트공화국을 건설하였다. 소비에트러시아는 다민족형제국가를 표방하면서 민족공화국, 자치공화국, 자치주 등을 두는 연방제를 채택하였지만, 권력은 러시아인 나아가 소수의 공산관료에 독점되어 있었다. 따라서 소비에트연방공화국은 사회주의라는 당대 최고의 선진이념으로 무장된 진보성과 아울러, 타타르(Tartar)의 유산에 얽매여 있는 내부현실의 낙후성이 함께 자리하고 있었다. 또한 내부 소수민족의 평등을 주장하고 대외 식민지민족을 원조하였지만, 내면에는 러시아인 우월주의와 대국적 패권주의가 강하게 남아 있었다. 그리고 우리의 초기 사회주의자들은 소련의 사회주의적 이념과 표면에는 익숙하였지만, 그 이면의 대국 패권주의에는 둔감하였다.

6. 맺음말

역사적으로 한반도에는 다양한 문화와 문명이 지나갔고 그것이 켜켜이 쌓여가면서 우리 문화가 발전하였다. 전통문화에도 샤머니즘이나 북방 유목문화의 세계가 있는가 하면 남방 해양문화의 흔적이 있고, 불교의 실크로드 세계가 있는가 하면 중화의 유교세계가 있다. 남부 신라의 금동왕관에서 북방 스키타이 황금문화를, 고인돌에서 남방 해양문화의 흔적을, 불상의 미소에서 인도 간다라(Gandhara)의 요소를, 그리고 생활문화 곳곳에서 유교질서를 발견할 수 있다.[27]

우리는 이러한 외래문화의 도입을 무조건 반대할 수도, 또한 억지로 막을 수도 없다. 기실 오늘날 '한국적이란 것'으로 등록된 것도 그 연원을 따지면 적지 않은 수가 '외부와의 접촉의 산물'이다. 장자상속의 가부장적 문화 등 부정적인 것이든, 소주·김치 등 한국을 대표하는 음식문화이든 외부와 접촉의 산물은 적지 않다. 안동소주는 원나라가 일본정벌을 위한 병참기지를 안동에 만들면서 생긴 것이고(홍영의 1997, 157쪽), 김치의 고춧가루는 멕시코-포르투갈-일본을 통해 16세기 말 한반도에 들어왔다(Em 1998, 66쪽). 이러한 것이 우리의 전통으로 등록된 것은 기원 자체가 한반도에서 비롯된 것이 아니라 그것을 소화해 내는 주체적이며 창조적인 역사과정 때문이었다.

물론 동북아의 회전축인 한반도에서 무분별한 외래문화의 도입은 자칫하면 사대·식민으로 귀결될 수 있는 역사적 경험을 지니고 있다. 그럼에도 불구하고 한반도는 유구한 독립된 역사를 영위하였으며 이것은 세계사적으로도 경이로운 일에 속한다. 이처럼 외래문화를 주체적으로 소화해 내는 힘은 어디에서 비롯되는 것인가. 이것은 중요하고도 방대한 문제이지만 그 하나의 단서는 역시 대중적 토대와 결합 여부에 있다. 반대로 중화가 사대로, 개화가 식민으로 기울진 것은 대체로 민족의 실체인 대중에 뿌리내리지 못한 허약성과 연결되어 있다.

역사를 보면 대체로 지식인들이 선진문화의 도입에 커다란 역할을 하였다면, 민중은 그 삶의 토대에서 주체적으로 이를 소화해 나갔다. 우리는 그 적당한 예를 이규보의 『동명왕편』 서문에서 찾아볼 수 있다. 『동명왕편』에 의하면 당시 고려에서는 "배운 것이 없는 비천한 남녀들까지도 고구려의 동명설화를 즐겨 이야기한다"고 소개하고 있다. 하지만 '문자의 세계'에 살고 있는 이규보는 동명설화를 처음 듣고 "공자님은 괴력난신(怪力亂神)을 말씀하시지 않는데 참으로 황당무계하다"고 무시하였다. 당시 그는 꿈에 규성(奎星)이란 별의 신이 나타나 '과거에 장원할 것'라고 예언해 주었다고 해서, 자신의 이름 인저(仁氐)를 '별로부터 보고받은 사람' 규보(奎報)로 바꾼 야심만만한 젊은이였다. 이런 이규보가 과거공부를 하면서 접한 것은 『사기』『한서』『후한서』등 주로 중국사서였으며, 여기에 중화세계는 있지만 고려의 현실은 없었다. 이규보가 대중의 역사, 동명의 설화를 무시한 것은 어쩌면 당연하다 할 수 있다.

하지만 무신정권기의 불우한 시절을 만나, 이규보는 과거급제 이후에도 근 10년 실업자생활을 하였다. 이때 그는 규보라는 당당한 이름 대신 백운거사(白雲居士)라 자처하며 방랑과 방황을 하면서 대중적 세계와 접하게 된다. 당시 지식인들은 문자의 역사로 중국을 배우고 있었지만 대중들은 구전의 역사로 한반도의 역사를 전승하고 있었다.[28] 비록 중국의 문자 사서보다 세련되지 못한 신화·설화였지만 그 속에는 자신의 나라와 민중의 역사가 숨쉬고 있었다. 그리하여 마침내 이규보는 "이는 황당한 것[幻]이 아니요 성스러운 것[聖]"이라며, 설화를 문자의 세계로 끌어올리는 데 시가 적격이라 하여 『동명왕편』을 지었다.

요즈음 누구나 세계화를 이야기한다. 그런데 과거의 개화파들은 지나간 중화주의 세계의 폐단을 즐겨 지적하면서도, 다가오는 근대 제국주의 세계의 폐단에 대해서는 알지 못하였다. 현재의 세계화주의자들은 근대 제국주의의 세계의 억압성을 지적하면서도 현재의 세계화는 이와 다르다고 주장한다. 세계화의 표면적 확대양상만 보고 그 이면의 모순관계와 패권을 가려내지 못한다면 우리는 사대·식민의 뒤를 잇게 될 것이다. 일찍이 당나라에 유학하여 최선진의 세계화를 경험하였던 최치원은 한편으로 "도는 사람을 멀리하지 않으며 사람은 나라에 따라 다름이 없다"(道不遠人 人無異國)라며 선진문명의 보편적 측면을 적극 인정하였다. 그러한 그가 바로 설 수 있었던 것은 다른 한편으로 "나라에 현묘한 도가 있었으니"(國有玄妙之道) 운운하면서 한반도의 토착적 주체성에도 더욱 주목하였기 때문이다(최치원 1995).

    따라서 논의의 핵심은 다양한 문화를 받아들이는가 아닌가가 아니라, 어떠한 주체적인 틀로 받아들여 소화해 내는가에 있다. 현재 우리는 세계화의 길목에 들어와 있다지만 민족은 여전히 분단되어 있으며 세계화에 대한 입장도 남북이 현격하게 달리하고 있다. 때문에 우리에게 필요한 것은 민족적 결집과 분단극복으로 나아가는 세계화, 대중적 현실과 결합된 세계화이다. 이에 주목하지 않으면 세계화는 남북을 더욱 분리시키는 원심력으로, 대중들에 대한 또 하나의 장벽으로 작동할 것이다. 적어도 외부세계에 대한 개방을 뛰어넘는 수준의 민족 내 대화합의 토대 위에서 우리는 주변 아시아지역과의 유대를 강화할 수 있고, 나아가 세계와의 다원적인 접촉을 주제적으로 소화해 낼 수 있다.

「세계화시대, 한국사와 분단현실에 대한 이해」
(『국학의 세계화와 국제적 제휴』, 집문당, 1999) 수정〉

주

1) 이것은 가설적이고 거친 구분이지만, 많은 문제의식이 논의될 수 있는 방대한 주제라고 생각한다. 물론 한반도의 역사는 한반도와 세계의 접촉이라는 것으로만 규정될 수 없고 내부의 계층·계급 문제도 중요하다. 이 글에서 세계와의 접촉을 주로 다룬다고 해서 후자의 의의를 부인하는 것은 결코 아니다.

2) 조선시기 단군에 관해서는 한영우(1976); 박광용(1980, 294쪽) 참조.

3) 김옥균의 저작으로 전해지는 『기화근사』(箕和近事)는 기자의 나라 조선〔箕〕과 일본〔和〕의 최근세사를 다룬 것으로 짐작된다(이광린 1981, 187~90쪽).

4) 1895년 학부 편집국에 의해 『조선역사』가 간행된 이래, 개화기의 국사교과서는 대부분 단군으로부터 시작하였다(정영훈 1995, 18쪽). 개화기·구한말 국사교과서에 나타나는 근대성과 민족성에 관해서는 조동걸(1998) 참조.

5) 몽골·말갈·여진·흉노·유연 등도 중국 한(漢)민족과 다른 아시아 북방민족에 의해 주도된 것이다. 지금은 이들이 소수민족화되어 있지만, 과거에는 몽고·원(元)제국·서하(西夏)·금(金)·청(淸) 등 대제국을 형성하기도 하였다. 우리 역사

에서 발해도 이러한 문화유형에 속한다고 할 수 있으며, 일본에서 황금문화라 불리는 동북의 후지와라(藤原)문화도 북방 유목문화의 영향을 많이 받았다(大薗友和 1993, 210~13쪽).

6) 고구려 중원비에는 신라를 동이(東夷)라고 표현하고 있다(노태돈 1988, 75~77쪽).

7) 수 · 당의 침입명분은 고구려가 조공질서를 어겼다는 것이었으나, 실질적인 이유는 수 · 당의 황제가 허약한 정통성을 보강하고 관심을 외부로 돌리려는 내부 정치적인 동기가 강하였다고 한다(Min 1997, p. 33).

8) 문일평은 "임백호의 개탄은 그럴듯하다"고 동의하였고(「林白湖와 臨終言」, 『鎖夏漫錄』), 홍명희는 이러한 문일평을 기리어 "호암의 본면목이 죽은 문자 속에 남아 있지 않으면 평일 사랑하던 압록강물에 잠겨 있거나"라며 곡하였다(「哭湖岩」, 『조선일보』 1939. 4. 8). 여기서 '압록강물'은 바로 압록강 이북의 북방정서에 대한 상징적인 표현이다.

9) 철학계에서는 불교가 삼국통일에 공헌하였다는 것을 부인하는 경우도 적지 않지만, 역사학계에서는 대승불교의 도입이 삼국통일의 중요한 원동력이었음을 인정하고 있다. 당대의 신라인들이 이차돈의 순교로 "국풍민안 가통삼한"(國豊民安 可通三韓)하였다고 칭송한 것으로 보아, 불교가 통일의 중요한 동력이었던 것 같다(노태돈 1998, 89~90쪽). 삼국통일과 불교의 관계에 관해서는 이효걸(1998); 김영하(1998, 154~57쪽) 참조.

10) 이하 삼국의 불교에 관해서는 정의행(1991); 조동일(1994); 홍기삼(1997); 이효걸(1998) 참조.

11) 루이제 린저 1988, 82~87쪽. 그외 윤이상에 관해서는 최성만 · 홍은미 편역(1991); 김용환(1997); 이수자(1998) 참조.

12) 원효에 관해서는 김영태(1981); 이기영(1994); 황영선(1996); 남동신(1995); 김종의(1998) 참조.

13) 이어령, 「폐쇄의 울타리를 허물고 세계를 향해 문을 열자」, 『중앙일보』, 1998. 8. 20. 이어령은 한백연구재단 주최의 국제학술심포지엄 "아시아적 가치는 존재하는가?"에서도 원효의 원융회통을 이러한 맥락에서 강조하였다(『중앙일보』 1998. 9. 7).

14) 민두기는 중화세계의 조공 · 책봉 관계는 획일적이지 않고 그 속에 한국 · 베트남 · 일본 등이 주도하는 다원적 소중심, 즉 소중화질서를 포함하는 것이라고 지적한다(Min 1997, pp. 26~32). 이외에도 조공체제에 관해서는 川勝平太(1994, 36쪽) 참조.

15) 몽고제국의 다양한 구성과 부마국(駙馬國)이라는 특수한 지위에 대해서는 좀더 연구가 요구된다.

16) 베트남은 15세기 명, 18세기 청의 침략과 지배를 받았지만 이를 물리치고 정치적 독립을 유지함으로써 동남아 소중화체제의 핵심으로 자부하였다(민두기 1981; 유인선 1988).

17) 영토 측면을 보면, 알렉산더 대왕이 차지한 면적이 348만km², 나폴레옹 1세가 차지
한 면적이 15만km²라면 칭기즈칸이 차지한 면적은 총 777만km²에 이른다고 한다
(김종래 1998, 25~26쪽).

18) 농경문화의 정착사회는 관료제가 발달하고 기득권과 권위 중심의 수직적 마인드가
중시되며, 유목문화의 이동사회는 정보·군사제를 비롯한 실무와 수평적 마인드가
발달하였다고 비교하는 경우도 있다(같은 책, 21, 32, 155, 241, 317~18쪽).

19) 개항기 다른 나라에 비해 유독 일본에 대한 혐오가 강했던 것은 중화문명권에서 우
리가 앞섰다는 자부심 때문이기도 하지만, 민중설화로 각인된 반일 집단의식의 역
사적 발로로 볼 수도 있다.

20) 그후 전개된 정파적 대립(당쟁) 또한 국가의 안전이 명나라에 의해서 보장된다는
그릇된 믿음에 기초하고 있는지도 모른다. 그러나 당시 민중들의 경우, 명나라 장군
이여송과 중국에 대해 비판적 시각을 보여주고 있어 주목된다(같은 책, 79~113,
307~308쪽 참조).

21) 그해 이조(吏曹)에서는 청나라의 숭덕을 받아들였으나 호조에서는 정축(丁丑)이란
간지를 사용하고 예조나 외방(外方)에서는 여전히 명나라의 숭정(崇禎)을 사용하
는 등 통일성이 없었다. 그후 공식적으로는 청의 숭덕으로 점차 통일되었지만 민간
에서는 여전히 명의 연호 숭정을 사용하였다(손승철 1997 참조).

22) 명나라 마지막 황제. 1635년 이자성(李自成)의 반란으로 자금성이 함락되자 성 뒤
의 향산(香山)에서 자살하였다.

23) 유럽사가들도 유럽이 기술적 측면에서 중국을 넘어선 것은 18세기 이후라고 한다
(프리데리크 들루슈 편 1995, 329쪽).

24) 전통시대에 대외관계를 예부에서 담당하였던 것도 이와 관련이 있다.

25) 일본의 유교와 근대화과정에 대해서는 渡辺浩(1985); 박영재·박충석·김용덕
(1996) 참조.

26) 의병과 개화파 그리고 사회주의자 들에게 일원적 세계관이 공통적으로 남아 있는
것은 그들의 선두그룹이 중화주의의 일원적 대외관에 익숙하다는 공통성과 관련이
있을 것으로 보인다.

27) 조지훈(1989b, 33쪽)은 한국문화의 시기별 발전을, "시베리아문화권(샤머니즘)에
서 요람기를 보내고 중국문화권(유교)에서 배우고 인도문화권(불교)에서 다시 성
숙하였다"고 요약하였다. 또한 다양한 문화의 배합구조를 "생활문화로서 북방문화,
지성문화로서 중국문화, 종교문화로서 인도문화가 혼융된 것"이라고 지적한 바 있
다(조지훈 1989c, 44쪽).

28) 한반도에서 문자(한문)는 중국이나 일본과 달리, 자신이 사용하는 말과는 완전히
다른 것, 다시 말해 실생활과 현격히 괴리된 것이었다. 때문에 전통시기 한반도에서
문자기록은 자연히 자신의 문자를 가진 나라보다 한계가 더 많을 수밖에 없으며,
그만큼 전설·설화 등 구전의 역사는 소중하다.

참고문헌

김구 (1997),『백범일지』, 도진순 주해, 돌베개.
김기덕 (1997),「황제국 체제를 지향한 고려국가」,『고려시대 사람들은 어떻게 살았을
　　　　까』2, 청년사.
김명호 (1996),『열하일기 연구』, 창작과비평사.
김상기 (1989),「조선말 갑오의병전쟁의 전개와 성격」,『한국민족운동사연구』3, 지식
　　　　산업사.
김영태 (1981),「설화를 통해 본 신라의상」,『불교학보』18, 동국대불교문화연구소.
김영하 (1998),「토론 1」,『민족통일을 앞당기는 국학』, 집문당.
김용만 (1998),『고구려의 발견』, 바다출판사.
김용환 (1997),『윤이상 연구』, 한국예술종합학교 한국예술연구소.
김정숙 (1994),「북한에서의 단군연구」,『단군: 그 이해와 자료』, 서울대출판부.
김종래 (1998),『밀레니엄 맨: 미래를 꿈꾸는 또 다른 징기스칸을 위하여』, 해냄.
김종의 (1998),「원효와 금강삼매경론」,『한국지성과의 만남』, 부산대출판부.
김태영 (1973),「조선초기 제전의 성립에 대하여」,『역사학보』58.
남동신 (1995),「원효의 대중교화와 사상체계」, 서울대국사학과 박사학위논문.
노태돈 (1988),「5세기 고구려인의 천하관」,『한국사시민강좌』3, 일조각.
＿＿＿ (1998),「삼한에 대한 인식의 변천: 한국사에서 우리 의식의 형성과 전개」,『한
　　　　국사를 통해 본 우리와 세계에 대한 인식』, 풀빛.
도진순 (1991),「근대 민족주의의 형성과 분화」, 한국고대사연구소 편,『한국고대사논
　　　　총』1.
＿＿＿ (1995),「백남운의 지적 성숙과정과 연합성 민주주의」,『한국사시민강좌』17,
　　　　일조각.
＿＿＿ (1999),「분단에 대한 연역과 통일의 전제」,『당대비평』봄호.
루이제 린저 (1988),『윤이상과 루이제 린저의 대담: 상처받은 용』, 홍종도 옮김, 한울.
매킨지 (1974)『대한제국의 비극』, 신복룡 옮김, 탐구당. (F. A. Mckenzie, *The Tragedy
　　　　of Korea*, 1908, New York: E. P. Dutton & Co.)
민두기 (1981),「월남인과 중국인: 상극과 의존의 역사」,『현대 중국과 중국 근대사』, 지
　　　　식산업사.
＿＿＿ (1986),「19세기 후반 朝鮮王朝의 對外危機意識: 제1차, 제2차 中英戰爭과 異
　　　　樣船 출몰에의 대응」,『동방학지』52호.

민족문화추진회 편 (1997),『이규보문선』, 솔.

박광용 (1980),「기자조선에 대한 인식의 변천」,『한국사론』6.

박노준 (1991),『향가』, 열화당.

박영재 · 박충석 · 김용덕 (1996),『19세기 일본의 근대화』, 서울대출판부.

박지원 (1997),『열하일기』, 민족문화추진회 편, 솔.

손승철 (1997),「명청교체기의 연호 문제와 탈중화의 교린체제」,『동아시아 속의 한일
　　　관계』, 부산대학교 한국민족문화연구소.

신용하 (1997),『조선 후기 실학파의 사회사상 연구』, 지식산업사.

신채호 (1977a),「讀史新論」(1908), 단재 신채호선생기념사업회 편,『단재 신채호전집』
　　　상권.

＿＿＿ (1977b),「동양주의에 대한 비평」, 단재 신채호선생기념사업회 편,『단재 신채
　　　호전집』하권.

＿＿＿ (1977c),「20세기의 신국민」, 단재 신채호선생기념사업회 편,『단재신채호전집』
　　　별권.

유길준 (1995),『서유견문』, 한양출판.

유봉학 (1992),「18~19세기 연암일파의 북학사상 연구」, 서울대국사학과 박사학위논
　　　문.

유인석 (1981),「告檀君文」(1901),『昭義新編』, 중앙출판사.

유인선 (1988),「중원관계와 조공제도」,『중국의 천하사상』, 민음사.

윤병석 (1998),『李相卨傳: 海牙特使 李相卨의 獨立運動』(증보판), 일조각.

이광린 (1981),「김옥균의 저작물」,『개화당 연구』, 일조각.

이규보 · 이승휴 (1974),『동명왕편 · 제왕운기』, 박두포 옮김, 을유문화사.

이기영 (1994),『원효사상연구』, 한국불교연구원.

이상찬 (1996),「1896년 의병운동의 정치적 성격」, 서울대국사학과 박사학위논문.

이수자 (1998),『내 남편 윤이상』상 · 하, 창작과비평사.

이익주 (1996),「고려 · 원 관계의 구조와 고려 후기 정치체제」, 서울대국사학과 박사학
　　　위논문.

이정규 (1971),「종의록」, 독립운동사편찬위원회 편,『독립운동사자료집』1, 교육도서
　　　출판사.

이형구 엮음 (1995),『단군과 단군조선』, 살림터.

이효걸 (1998),「역사 속의 민족통일과 그 사상적 기반」,『민족통일을 앞당기는 국학』,
　　　집문당.

임철호 (1989),『설화와 민중의 역사의식: 임진왜란 설화를 중심으로』, 집문당.

임형택 (1998),「한국문화에 대한 역사적 인식논리」,『창작과 비평』101, 가을호.

임형택 · 고미숙 (1997),『한국고전시가전』, 창작과비평사.

장진호 (1998),『신라향가의 연구』, 형설출판사.

정영훈 (1995), 「단군과 근대민족운동」, 『한국의 정치와 경제』 8, 정신문화연구원.

정옥자 (1998), 『조선후기 조선중화사상 연구』, 일지사.

정의행 (1991), 『한국불교통사』, 한마당.

정재서 (1996), 「고구려 고분벽화의 신화·도교적 제재에 관한 새로운 인식」, 『동양적
    인 것의 슬픔』, 살림.

조동걸 (1998), 「근대사학의 대두와 초기의 역사학」, 『현대 한국사학사』, 나남.

조동일 (1983), 『한국문학통사』 2, 지식산업사.

______ (1994), 『한국문학통사』 1(3판), 지식산업사.

조지훈 (1989a), 「민족신화의 문제: 단군신화의 學的 意義와 이념적 처리에 대하여」
    (1964), 『한국문화사서설』, 탐구당.

______ (1989b), 「한국문화의 위치: 한국문화의 계통과 세계문화에 있어서의 위치」
    (1964), 『한국문화사서설』.

______ (1989c), 「한국문화의 전개: 한국문화 생성의 이동선과 문화권」(1964), 『한국문
    화사서론』.

______ (1989d), 「한국신화의 유형: 건국신화의 비교연구, 그 계통 및 해석」(1964), 『한
    국문화사서설』.

최몽룡 (1994), 「북한의 단군릉 발굴과 그 문제점」, 『단군: 그 이해와 자료』, 서울대출판
    부.

최성만·홍은미 편역 (1991), 『윤이상의 음악세계』, 한길사.

최완수 외 (1997), 『진경시대』 1·2, 돌베개.

최치원 (1995), 『신라사산비명』, 이우성 옮김, 아세아문화사.

프리데리크 들루슈 편 (1995), 『새 유럽의 역사』, 까치.

한국역사연구회 고대사분과 (1994), 「이차돈은 순교자인가」, 『한국고대사산책』, 역사비
    평사.

한영우 (1976), 「조선전기 성리학파의 사회경제사상」, 『한국사상대계』 2, 성균관대학교
    대동문화연구소.

______ (1982), 『조선전기사학사 연구』, 서울대출판부.

______ (1989), 『조선후기사학사 연구』, 일지사.

헌팅턴 (1997), 『문명충돌론』, 이희재 옮김, 김영사.

홍기삼 (1997), 『불교문학연구』, 집문당.

홍영의 (1997), 「술에 울고 웃던 고려인의 그림자」, 『고려시대 사람들은 어떻게 살았을
    까』, 청년사.

황영선 (1996), 『원효의 생애와 사상』, 국학자료원.

大薗友和 (1993), 『アジアを讀む地図』, 東京: 講談社.

渡辺浩 (1985), 『近世日本社會と宋學』, 東京: 東京大出版部.

福澤諭吉 (1981), 「通俗國權論」, 『福澤諭吉選集』 8, 東京: 岩波書店.

川勝平太 (1994),「東亞細亞經濟圈の成立と展開: 亞細亞間競爭の500年」,『長期社會變動』, 東京: 東京大出版部.

Em, H. H. (1998),「탈민족주의 역사학과 국학의 세계화」,『국학의 세계화 방향과 세계적 제휴』, 안동대학국학부.

Min, Tu-ki (1997), "The Identity and Prospects of East Asia: A Historical Approach," Seoul National University ed., *East Asia and the University in Twenty-first Century*, Seoul National University Press.

세계사에서 한반도의 분단과 통일

1. 머리말

해방 50주년을 맞이하는 1995년, 한국사학도의 심정은 마치 '거꾸로 흐르는 역사의 간교'를 보는 듯 다소 혼동스럽고 착잡하다. 해방 50주년을 맞이하여 유력 일간지들은 대대적으로 '이승만 바로 알기'를 진행하고 있다. 이러한 작업은 분명 편파적이고 표피적인 것이며, 마땅한 비판과 반론을 필요로 한다. 그러나 해방 반세기를 맞이하여 우리가 진정으로 당면하는 문제는 이런 유와는 차원이 다른, 더 근원적이며 심각한 것이라 할 수 있다.

소련과 동유럽의 붕괴와 동서 냉전체제의 해체에 따라 세계는 새로운 질서로 개편중에 있으며 그 와중에서 일견 '모순되는 현상'들이 적지 않다. 예컨대 기술 · 정보의 혁명적 발전을 기초로 국민국가의 규모를 넘는 '권역블록화'(EU, NAFTA, APEC) 또는 '세계화'(globalization, 예컨대 WTO)의 경향이 완연해지는 한편으로 민족적 분리 · 독립과 평

등의 문제, 즉 민족문제가 전쟁의 형태로까지 제기되고 있는 것 또한
엄연한 현실이다.

세계적 차원에서 냉전체제가 해소되면서 우리도 북의 붕괴와 남의
흡수통일을 쉽게 예언하기도 한다. 기실 '이승만 바로 알기' 등의 근저
에는 이러한 남측 주도의 통일낙관론이 자리하고 있다. 그러나 우리가
주목해야 될 것은 한반도는 여전히 분단되어 있다는 엄연한 현실이며,
그것이 우연이 아니라면 어떠한 구조의 반영인가 천착할 일이다. 따라
서 쉽게 흡수통일을 논의하기 이전에, 세계사의 민족적 분리와 통일의
여러 경험들을 참고하면서 우리의 분단과 통일 문제를 다시 검토할 필
요가 있다. 이러한 문제가 한반도의 분단과 통일 문제에 직접적인 연
관은 없다 할지라도 어떤 시사점은 줄 수 있을 것이다.

이제 우리는 해방 후 50년, 특히 최근 10년 동안의 변화를 목도하면
서 남북의 분단과 통일에 대한 새로운 사색과 담론이 필요하다. 아울
러 세계화를 운위하면서 그간 축적된 이론과 지성을 모두 낡은 것이라
고 선언하는 청산주의도 극복되어야 한다. 이러한 취지에서 이 글에서
는 한반도의 분단과 통일 문제를 베트남, 독일, 예멘, 중국 4개국의 경
험과 관련하여 비교하면서 그 속에서 시사점을 찾아보고자 한다.

2. 분단체제의 성격

분단 이후 반세기 동안 통일운동가와 사회과학자, 역사학자 들의 고
뇌에서 확인할 수 있듯이 분단체제가 지니는 특성이야말로 한국현대사
의 핵심적 내용이라 할 수 있다. 이러한 토대에서 1980년대에 이르면
한국현대사를 외세 · 독재 · 분단의 질곡에 대한 자주 · 민주 · 통일의
총체적 과정으로 정리하게 된다. 우리는 이러한 한국현대사의 구조와

166

역동을 간단히, 그리고 서술적으로 '분단과 통일의 역사'로 표현한다.

하지만 한국현대사를 분단과 통일의 역사로 파악하더라도 인식 면에서는 여러 가지 편차가 있었다(도진순 1990; 1991). 여기서는 먼저 한

<표 1> 분단 5개국의 체제 비교

	베트남	독 일	예 멘	중 국	한 국
분단 이전의 상황	• 1858~1941년 프랑스의 식민통치, 호치민 중심으로 민족해방운동 • 1941년 일본점령, 친일 괴뢰정권 세움. 호치민 등의 항일투쟁	• 1871년 비스마르크에 의한 통일 • 2차대전 시기 나치독일의 패권 추구	• 3천여 년의 오랜 역사, 낮은 수준의 발전단계(이만 Imman, 군주, 술탄의 할거) • 16세기 이래 오스만터키의 세력범위	• 오랜 역사 • 일본의 부분 점령과 반식민지 • 국민당과 공산당의 내전 또는 합작	• 오랜 통일의 역사, 민족적 단일성 유지 • 일본 식민지 • 항일운동
점령과 분단 과정	• 1945년 8월 일본항복, 일본항복시 해방군으로 중국과 영국 개입 • 1954년 제네바협정에 의해 북위 17도선을 경계로 베트남민주공화국과 프랑스 분할 • 1954~75년 프랑스와 미국이 번갈아 베트남 개입	• 1945년 6월 독일항복 • 1946년 6월 미·영·프·소 4개국 분할점령 • 1949년 9~10월 미·영·프 3개국 점령지역에 서독, 소련 점령지역에 동독 수립	• 1914년 영국과 오스만터키 간의 남북 경계선 획정 • 1918년 북예멘 독립, 1962년 군사쿠데타로 예멘아랍공화국 수립 • 1966년 남부예멘 독립, 예멘인민민주주의공화국 수립	• 1949년 중국공산당 군대가 대륙 석권, 중화인민공화국 수립 • 장개석 국민당정부 대만으로 퇴각	• 38선으로 미소 분할점령

분단의 체제	북: 베트남민주공화국 남: 바오다이 왕정, 베트남공화국	서독: 자본주의 체제 동독: 사회주의 체제	북예멘: 후진적·종속적 자본주의 남예멘: 후진적·종족적 사회주의	중국: 중국식 사회주의 체제, 개방적 사회주의 체제 대만: 권위주의적 자본주의·민주화 경향	북: 북한식 사회주의, 개방 모색 남: 권위주의적 자본주의
외세 규정력	남베트남의 실질적 권한은 프랑스, 미국	• 미국 또는 나토, 소련 또는 바르샤바조약기구 • 서독정권에 대한 미국의 영향력보다 동독정권에 대한 소련의 영향력 우세	• 북: 영국 등 유럽 • 남: 소련 • 공동: 아랍권	• 주요 변수는 미국(장개석 정부 지원) • 1972년 미·중접근 이후 미국은 대만에 대한 접근 회피 • 1978년 미·중 국교수교 이후 대만과 단교. 비정치적 관계 유지	• 미: 3년간 식민체제식의 군정, 북미회담 • 소(러): 해방 직후 북한정권 지원, 남북한과 수교 • 중: 한국전 참전, 휴전협정의 한 당사자, 남북한과 수교 • 일: 영향력 확대
종합적 성격	체제대립의 양상을 띠고 있었지만 민족문제(베트남 대 프랑스·미국)가 압도적 규정력	전형적인 체제대립의 모습. 소련·동유럽 붕괴의 직접적 영향력	체제문제 이면에는 부족적 전통의 민족문제 내재	체제문제의 대등한 대립보다는 민족문제(민족운동, 대만독립 등)	• 체제대립과 아울러 외세의 영향력이라는 민족문제가 중요

자료: 전득주(1989); 구종서(1994); 김용욱(1995); 아태평화재단(1995) 참조.

반도 분단체제의 특성을 다른 분단국가의 사례와 비교하면서 살펴보고자 한다.

앞의 〈표 1〉을 가지고 다음과 같이 특성을 정리해 볼 수 있다(전득주 1989; 구종서 1994; 김용욱 1995; 아태평화재단 1995 참조).

첫째, 분단 이전의 민족 내적 통합력은 우리나라가 가장 높다고 할 수 있다. 중국의 경우도 우리와 같이 오랜 역사를 지니고 있으나, 본토와 대만의 관계는 다소 특수한 것으로 한반도 남북의 통합성에 미치지 못할 것이다.

둘째, 점령 및 분단 과정에 개입된 외세를 보면 한반도의 경우 '가장 이질적인 적대진영'에 의해 '팽팽한 대립의 구도'로 점령되었다. 베트남은 일방체제의 양국 점령(중국, 영국)에서 일국(프랑스→미국)의 분할점령으로 변하였으며, 예멘의 경우도 일방체제의 양국 점령이 결과적으로 상이한 체제 탄생의 배경이 되는 정도였다. 더욱이 중국의 경우에는 외세에 의한 원조는 있었지만 본격적인 점령은 없었다.

셋째, 전국적으로 양대 진영이 분할점령한 곳은 독일과 한국이었다. 그러나 독일과 한반도는 몇 가지 점에서 차이가 있다. 우선 독일은 3대 1의 비균형적 점령으로 서구진영의 우세가 압도적이었다면, 한반도의 경우 거의 균형적 대립이라고 할 수 있을 만큼 팽팽하게 대치했다. 즉 어느 한쪽의 압도적 우세를 보장하기 힘들었다. 그리고 더 결정적인 차이는 미국의 점령방식 문제이다. 연합국의 독일점령이 블러드 레이셔널(Blood Rationale)의 적용이라면, 한반도의 경우 연합국의 본격적이고 직접적인 군사작전은 없었다.[1] 마지막으로, 서독지역의 경우 미국의 점령방식은 민주점령 방식이었다. 즉 미국의 파시스트 청산은 독일역사의 자기발전 방향과 대체로 일치하는 것이었다. 그러나 한국의 경우는 민족적 요구를 제압하는 '억압식 점령'이었다.[2]

넷째, 베트남의 분단은 민족해방운동의 자기연속성이 강대국에 의해 저지·분할된 결과로서 그 본질은 베트남의 남북문제가 아니라 베트남과 강대국의 민족문제이다. 그리고 적대적인 쌍방에 의해 비균형적으로 분할된 독일의 분단체제는 '자본주의와 사회주의의 체제대립적 분단'이 규정적인 성격이라 할 수 있다. 이에 비해 예멘의 경우 분단체제는 체제대립의 외형을 띠고 있지만 그 규정적인 변수는 낙후된 정치현실로 해서 국민국가의 대립이라기보다 주도적인 정치세력간의 대립이라 할 수 있다. 중국본토와 대만도 체제대립적 외형을 띠고 있지만, 규정적 변수는 중앙정권과 지방정권의 규제 및 독립의 정도와 관련되어 있다고 볼 수 있다.

한반도의 분단체제가 지니는 특징을 이들 4개국과 비교해서 요약해 보면 다음과 같다.

남북의 세력관계가 비교적 균형적인데 이 점은 어느 한편의 흡수통일이 어려운 측면으로서, 다른 한편으로 평화통일의 주요한 원인이 되고 있다. 또 한반도는 체제문제와 민족문제가 복합적으로 결합되어 있다. 베트남통일 이후 한반도가 통일되지는 않았듯이, 동독의 붕괴로 북한의 붕괴를 장담할 수 없다. 오히려 동서냉전의 해체 이후 한반도의 분단·통일에서 민족문제는 더욱더 규정적 변수로 강화되었다. 그리고 한반도 분단의 생성·유지와 관련해서 민족문제의 핵심은 미국과의 관계이다. 따라서 앞으로 미국과의 관계설정이 한반도 민족정세의 관건이 될 것이다. 하지만 남북간의 팽팽한 대립에도 불구하고 한반도는 그 어떤 나라보다 공통적인 역사와 문화를 지니고 있으며, 이 점은 분단체제 극복의 중요한 자산이 될 수 있다.

3. 통일의 경험과 모색

우리 현대사에서 통일운동은 매우 중요한 의의를 지니고 있으며 통일의 원칙으로는 자주, 평화, 민족대단결 세 가지가 이미 제시되고 있다. 이 원칙들은 물론 현대사의 역사적 축적을 바탕으로 한 강령적 차원의 것이라 할 수 있다. 그러나 이러한 3대원칙의 구체적 내용은 변화하는 현실에 대응하여 더 풍부하게 채워질 필요가 있다. 그러면 다시 분단 5개국의 상호교류와 무력대결의 경험, 통일방안과 결과 등을 비교해 보기로 하겠다.

〈표 2〉는 다음 몇 가지 사항으로 정리해 볼 수 있다.

첫째, 평화교류이다. 냉전적 대립구조에서는 상호 불인정(서독의 할슈타인 원칙, 대만의 3불정책)으로 교류가 거의 단절되었다. 그러나 이 기조는 대체로 70년대 데탕트 이후 수정되기 시작하여 80년대 후반부터는 자본주의권의 이니셔티브 아래 상호교류가 급속하게 확대되는 경향을 보인다. 이는 80년대 이후 자본주의권의 경제적 우세를 일정하게 반영하는 것이다.[3]

여기서 주목할 것은 자본주의권이 교류에 더 적극적인 것은 일반적인 경향이지만, 이러한 교류의 적극성이 통일의 적극성으로 직결되는 것은 아니라는 점이다. 물론 서독의 경우 적극적인 교류를 바탕으로 통일 역시 주도하였다. 그러나 대만은 교류에는 적극적이지만, 그것은 자신의 독자성을 유지하는 '일국양정부론'(一國兩政府論) 또는 '양국론'(兩國論)의 강화로 연결되고 있다. 교류는 통일이 아니라 반대의 길, 상호인정을 통한 분리의 기초가 되고 있는 것이다. 남북의 교류도 이점과 관련하여 생각해 볼 필요가 있다.

둘째로, 전쟁의 경험이다. 전쟁경험에서는 베트남과 예멘이 좋은 비

<표 2> 분단 5개국의 상호관계와 통일문제(95년 현재)

	베트남	독일	예멘	중국	한국
상호 교류 경험 및 환경	거의 없음	• 1955년 할슈타인(Hallstein) 원칙 공표(동독 불승인) • 1972년 동서독기본조약 • 80년대 이후, 정부 수준의 경제교류 합작투자	• 거의 없음 • 1988년 6월 이후 국경개방	• 대만: 3불정책(불접촉, 불담판, 불타협)에서 3화정책(평화공존, 평화경쟁, 평화통일)으로 전환 • 중국: 무력해방에서 3통정책(三通政策)으로	• 분단 이후 교류금지 • 1989. 1 이후 수백 명 정도 교류 • 현재 다양한 교류 모색
무력 대결 경험	• 1946~54년 제1차 베트남전쟁 • 1962~75년 제2차 베트남전쟁	• 나토와 바르샤바: 지역적 규모의 체제적 대립	• 2차(1972, 1979)에 걸친 무력대결 • 반대체제 지도자에 대한 암살 빈번	• 1920년대 후반~49년까지 20여 년의 내전 • 1958년 금문도, 마조도 위기	• 1950~53년 한국전쟁 • 전쟁 전후 게릴라전
통일 방안 및 원칙	민족해방전쟁의 연속적 과정으로서 베트남전쟁	• 서독: 1민족 2국가론 • 동독: 2민족 2국가론	남북 예멘의 체제공존(연방 또는 복합국가 방식)	• 중국: 일국양제(一國兩制, 대만을 미수복지구의 하나로 취급) • 대만: 국민당은 일국양정부, 민진당은 양국론에 입각한 대만독립	• 흡수통일론(자본주의 또는 사회주의) • 연방제 또는 복합국가론
결과	1975. 4. 베트남전쟁에 의한 무력 흡수통일	1990. 10. 유럽에서 동서냉전체제의 붕괴와 평화적 흡수통일	• 1990. 5. 각각 독자의 군대 유지한 채 권력엘리트간의 통일합의 • 1994. 4. 내전	아직 통일 성취하지 못함	아직 통일 성취하지 못함

자료: 전득주(1989); 구종서(1994); 김용욱(1995); 아태평화재단(1995) 참조.

172

교가 된다. 베트남의 경우 장기간의 전쟁을 겪었지만 전쟁으로 인한 민족적 이질감은 오히려 덜한 편이다. 이는 전쟁의 성격이 민족해방전 혹은 그와 결합된 것이었던 데서 연유한다. 그러나 예멘은 평화통일에도 불구하고 무력대결을 재현하였다. 예멘의 무력충돌은 국민국가 혹은 대중적 규모의 체제차이의 소산이라기보다 민주적 대중토대가 약한 권력엘리트의 대립의 결과로 해석할 수 있다. 따라서 통일이 새로운 국민적 통합 및 민주적 발전과 결합되지 못한 한계, 다시 말해 기존의 국가권력을 그대로 인정하는 국가연합의 한계를 보여준다고 할 수있다.

셋째, 분단체제의 견고성과 통합 가능성이다. 분단체제의 견고성이라는 것도 본래의 특성이라기보다 외부에 의해 규정된 경우가 많다. 독일은 자본주의 민족과 사회주의 민족 등 민족의 분리를 주장하는 이른바 '2민족국가론'까지 주장하였다. 하지만 독일의 통일은 이러한 심각한 체제차이도 냉전의 해소와 함께 급속하게 붕괴하여 민족의 동일성 앞에 무력하다는 것을 보여주었다. 독일은 동서간의 무력충돌의 경험은 없었지만, 통일국가의 경험은 19세기 후반 비스마르크에 의한 통일 이후 불과 70여 년이었다. 그럼에도 불구하고 소련과 동유럽의 몰락으로 체제대립의 한 버팀목이 사라지자 신속한 민족통합을 이룩하였다.

마지막으로, 통일방안과 체제이다. 베트남과 독일을 제외하고는 통일체제로서 대체로 '일원적 국가체제'(unitary State)가 아니라 체제의 차이를 인정하는 연방 또는 복합국가를 모색하고 있다. 예멘의 경우 체제연합 및 독자군대 유지, 중국의 경우 일국양제론와 대만의 일국양 정부론, 한국의 경우 체제연합 또는 다양한 연방제가 바로 그것이다. 그런데 여기서 문제는 체제의 차이를 인정하는 정도이다. 예멘의 경우

남예멘의 사회주의는 포기하고 남예멘 집권당의 기득권과 군대는 유지하는 고육지책이라 할 수 있다. 또 중국의 일국양제(一國兩制)는 '특별행정구'로서 대만의 자치권을 허용하는 방안이며,[4] 대만의 일국양정부제는 1국가 2정부의 국가연합식 잠정적 통일방안이라 할 수 있다.[5]

한반도 역시 이와 유사한 문제에 당면해 있는데, 이는 연방제(Federation)와 국가연합(Confederation)의 문제로 제기되기도 한다. 연방제는 중앙정부나 지방정부 중 어느 한쪽의 존재가 다른 한쪽에 의해 결정되는 것이 아니고 다같이 헌법에 의해 그 존재가 결정되는 체제인 반면, 국가연합은 구성원 정부들이 중앙정부의 존재 여부를 결정하는 체제이다(Burnham 1986, p. 61). 역사적으로 볼 때 영연방 같은 특수한 경우를 제외하고 국가연합은 일반적으로 연방제로 나아간다고 하지만,[6] 때로는 반대의 경로를 걷기도 한다. 대표적인 것이 소비에트 연방이 독립국가연합으로 분리된 경우이다. 한반도에서 국가연합의 궁극적인 지향이 통일 연방으로 가는 과도기가 될지, 남북의 분리를 촉진할지는 주목할 필요가 있다. 이와 관련하여 더욱 흥미로운 점은 흔히 경제력과 체제에 문제가 많다고 지적되는 북한이 연방제를,[7] 경제력이 앞서는 남한이 오히려 국가연합의 방식을 우선시하고 있는 것이다.[8] 남한의 이러한 경향이 부작용을 방지하고 점진주의적으로 추진하는 기능주의적 접근방식 때문인지, 아니면 보다 근본적으로 남한체제의 어떤 정치경제적·자주국방적 토대의 취약성에서 비롯한 것인지 그 연원을 규명할 필요가 있다.

한반도에서도 국가연합을 단지 연방제로 나아가기 위한 과도적 존재로 보는 기능주의적 접근이 가능한 것인가. 한반도의 분단이 단순히 남북간의 체제차이의 문제라면 점진적 통일방식이 효율적이며 가능하다. 그러나 미군이 주둔하는 남과 미국과 적대적인 북이라는 상반된 조건의 조정없이 그러한 국가연합이 과연 하나의 통일 연방으로 나아 갈 수 있는가 하는 것은 별도의 검토를 요한다. 미국의 역사가 영국으로부터 분리독립이라는 민족적 공통성 아래서 국가연합이 연방제로 나아갔다는 것은 시사적이다.

4. 맺음말

익히 알고 있듯이 한반도는 미국, 일본, 러시아, 중국 등 세계 1~4위 국가들에 포위되어 있다. 이러한 지정학적 · 지경학적 위치로 해서 한반도는 거대한 '역사의 원심력'에 항상 노출되어 있으며, 때문에 항상 외세의 지배와 사대 · 식민 역사의 위협을 받아왔다. 이러한 역사적 사실은 수 · 당과의 전쟁, 거란 · 몽고와의 전쟁, 임진왜란 등 전통시기의 역사에서도 확인되지만, 특히 민족이 사분오열된 한말, 일제의 식민지, 해방 후 남북분단으로 점철된 근현대사의 경우 너무나 명백한 흔적을 남기고 있다.

현재 한반도 주변의 동북아와 아태지역은 약동하는 발전으로 세계적 중심으로 부상하는 한편으로 미소의 팽팽한 냉전적 대립의 구도가 무너지면서 새로운 지각변동과 세력개편을 두고 외세는 종횡하고 있다. 미국은 일원적 패권을 도모하고 일본은 새로운 영향력 강화에 힘을 기울이는가 하면 중국은 새로운 아시아를 구상하고 있으며 러시아는 영향력을 유지하기 위해 애쓰고 있다.

모든 사물에 두 측면이 있듯이, 외세가 종횡하는 한반도의 지정학적 · 지경학적 위치가 바로 우리의 역사를 결정하는 것은 아니다. 드센 외세의 각축장인 동북아에서 우리 민족은 이미 여진족 · 거란족 · 만주족과 달리, 외세에 편입되지 않고 주체적으로 유구한 독립국가와 민족의 독자성을 유지·발전시켜 온 역사적 경험이 있다. 동북아의 세력개편기인 지금도 우리가 민족적 주체로 원심력을 확고하게 모을 수 있다면, 한반도는 선진국가의 과학기술과 주변국의 방대한 자원과 시장을 활용할 수 있을 것이다. 물론 이는 우리가 분단을 극복하고 남북의 화해로 민족적 구심이 확고해질 때 용이하다. 이러한 맥락에서 세계화시대 우리의 통일은 더욱 절박한 과제로 다가오는 것이다. '통일 없이 세계화 없다'는 지적은 참으로 적절한 것이다.

〈『역사와 현실』 16, 1995〉

주

1) 한반도 북부지방에서 소련의 군사작전은 만주전선에 대한 부수적인 것이라 할 수 있다.

2) 식민주의적 또는 억압식 점령방식이 미국의 대외정책에서 예외적인 것은 아니다. 1898년 미국-스페인전쟁 이후 미국은 스페인지배 아래 있던 카리브해의 쿠바, 푸에르토리코, 태평양의 필리핀, 괌 등을 획득하였다. 그후 미국은 반(反)스페인 해방운동세력을 오히려 억압하고 이 나라들을 병합하거나 식민지·보호국으로 만들었다. 이 과정에서 해당국은 자기발전 방향과는 역코스를 감내해야 했다. 예컨대 푸에르토리코의 경우 스페인으로부터 광범위한 자치권까지 획득하였지만 미국점령 후 그것을 부인당했다. 필리핀에서도 미군은 민족해방군의 게릴라부대를 탄압하였다. 미국은 2차대전 후에도 오키나와, 미크로네시아 등 군사적 필요성이 앞서는 지역을 점령하는데, 이때 미국의 주된 목적은 '적극적 개혁'보다는 '군사기지화'였다. 미국의 남한점령은 군사기지적 점령과 개혁적 점령이 혼재되어 있다는 점에 주목할 필요가 있다. 이 점에서 미국의 남한점령은 독일·일본의 경우와 비교될 수 없는 특징이 있다.

3) 중국의 경우 이러한 경향이 엄격하게 적용되지 않는다. 미중 국교수교 이후 중국은 무력노선에서 전환하여 1979년 1월 전국인민대표대회 상무위원회는 「대만동포에게 보내는 메시지」를 통해 이른바 3통정책(三通政策, 通航·通信·通商)을 제안하였다. 이에 대만은 1988년 3화정책으로 전환하였다. 즉 상호교류와 관련해서 70년대 말에는 미중수교로 중국이 이니셔티브를 쥐었다면, 80년대 후반에는 대만이 더 적극적이었다.

4) 1981년 9월 30일 전국인민대표 상무회의 위원장 엽검영(葉劍英)이 제출한 9개항

의 「조국통일결의안」(祖國統一決議案) 참조.

5) 1989년 3월 대만정부의 행정원장 유국화(兪國華)가 입법원에 제출한 통일방안 참조.

6) 이러한 과도체 국가연합(Confederation)의 역사적 선례로는 먼저 미국을 들 수 있다. 1774년 미국 동부지역의 13개 주가 대륙회의를 구성하고 1781년에 미주연합을 구성하여 영국에 대항하였다. 1789년 미합중국 성립 이전의 미주연합은 일종의 국가연합이라 할 수 있다. 그외에도 1867년 성립하여 1871년 독일통일까지 존재한 북부독일지방의 연방협력체 등이 있다. 영연방(the British Commonwealth of Nations)은 하나의 연방국가가 아니라 영속적으로 독립된 국민국가들이 특정의 이해관계를 위해 맺은 느슨한 국가연합이다. 한편 연방제(Federation)의 역사적 선례로는 1789년 연방헌법 채택 후의 미합중국, 1871년 통일 이후의 독일 그리고 스위스 등이 있다.

7) 북의 연방제는 엄격한 의미로 국제사회에 존재하는 연방제보다 중앙정부의 기능이 약하고 국가연합보다는 중앙정부의 기능이 강하다고 할 수 있다. 그렇다고 해서 북의 연방제가 양자 사이에 있다는 것은 아니다. 그것의 본질은 '하나의 민족국가'라는 데 있다. 즉 그것은 중앙정부 기능의 강도와 관계없이 국가연합이 아니라 연방제로 분류된다.

8) 예컨대 제6공화국 시기 이홍구 통일원장관은 통일방안으로 궁극적으로는 남북이 단일 민족국가를 추구하지만 그 과도체제로서 남북연합(Korean Commonwealth)을 주장하였다.

참고문헌

구종서 (1994), 『격변하는 세계, 도전하는 한국』, 나남출판사.

김용욱 (1995), 『한민족의 평화통일론』, 대왕사.

도진순 (1990), 「한국현대사의 객관적 조건과 과학적 연구방법」, 『민족지평』 겨울호, 민족지평사.

______ (1991), 「한국현대사 인식의 갈래와 참고문헌」, 『한국현대사』 4, 풀빛.

아태평화재단 (1995), 『아태 통일연감』.

전득주 (1989), 『분단국 통일의 재인식』, 대왕사.

Burnham, W. D (1986), *Democracy in the Making American Government and Politics* second Edition, Englewood Cliffs, N. J.: Prentice-Hall.

신자유주의 세계화와 동아시아 그리고 한반도

1. 주술로서의 낙관적 미래관

미래나 새로운 세기에 대한 전망은 흔히 낙관으로 흐르는 경향이 있다. 이러한 경향은 특히 선진국이나 패권국의 미래 진단에서 두드러지는바, 20세기를 맞이하면서도 과학과 문명을 근거로 낙관적인 전망이 줄을 이었다. 스탠퍼드대학의 총장 조던(D. S. Jordan)은 『20세기에의 초대』(*The Call of the Twentieth Century*)에서 "20세기 인간은 희망인(hopefulman)이 될 것이며 그는 세계를, 세계는 그를 사랑하게 될 것"이라 예언하였다(Schlesinger, Jr. 1997, p. 3). 그러나 그후 확인된 현실은 이러한 미래 진단이 단지 주술이었음을 보여줄 따름이다. 20세기에는 인류역사상 최초로 참혹한 세계대전이 있었고 독일의 나치즘, 이탈리아의 파시즘, 일본의 군국주의와 제2차 세계대전 그리고 긴 냉전이 뒤따랐다. 벌린(I. Berlin)이 말한 바와 같이 20세기는 '끔찍한 세기'였고 홉스봄의 표현을 빌리자면 '극단의 시대'로 귀결되었다(Hobsbawm

1994). 유럽은 1815년 비엔나회의에서부터 100년의 평화가 지속되었기 때문에 20세기의 끔찍함은 더욱 충격적이었을 것이다.

그러나 실제로 끔찍한 20세기는 아시아와 제3세계의 몫이었다. 러일전쟁, 만주사변, 중일전쟁, 태평양전쟁, 미국과 베트남 전쟁, 중국과 베트남 전쟁, 캄푸치아와 베트남 전쟁, 이란과 이라크 전쟁, 미국·쿠웨이트와 이라크 전쟁, 구 소련 중앙아시아 여러 나라의 민족분규, 최근 인도네시아의 동티모르 학살 등 많은 전쟁과 수난이 줄을 이었다.[1] 특히 한반도는 일본의 한국병탄과 잔악한 식민통치, 미소에 의한 분단과 한국전쟁, 남북의 대립 등 세계 어떤 곳보다 잔인하였다.

현재 21세기에 대한 전망도 정보통신혁명, 냉전체제의 해소와 자유주의의 승리 등을 배경으로 20세기보다 더한 낙관으로 가득 차 있다. 이러한 낙관의 진원지는 자유주의의 심장이자 세계 유일의 패권국가로 남은 미국이다. 우리는 후쿠야마가 냉전의 해소를 '역사의 종언'이라 선언한 것에서 서구 위주 낙관주의의 한 극단을 볼 수 있다(Fukuyama 1992). 클린턴 미 대통령도 그의 두번째 취임사에서 "독재체제보다 민주주의 체제 아래 더 많은 사람들이 살고 있는 것은 유사 이래 처음"이라며 낙관적 기조를 피력하였고, 『뉴욕타임스』도 "31억의 인구가 민주주의 체제에 살고 있고 26억 6천만 사람은 그렇지 못하다"며 이러한 기조를 지원하였다(Schlesinger, Jr. 1997).

20세기 민주주의가 확대되어 온 것은 분명한 사실이며 중요한 역사적 공헌이다. 냉전체제의 해체와 더불어 20세기 후반 가장 경이로운 사건은 동아시아 경제의 약진이었다. 20세기 긴 냉전에서 승리와 경제적 약진에 도취되어 어떤 이들은 근대를 넘어 탈근대를, 국가와 민족보다는 세계화를 주장하고, 어떤 이들은 반대로 아시아적 가치나 우리의 전통을 즐겨 자부하였다. 어느 쪽이든 세계 어느 누구보다 미래에

의 낙관에 깊이 매료되어 있다는 점에서는 서로 동일하다. 그러나 1997년 말 우리는 순식간에 '한국전 이후 가장 큰 도전'이라는 경제위기에 내몰리게 되었다. 이 마술과 같은, 그러나 엄연한 전환 앞에서 우리는 무엇을 생각할 것인가.

먼저 지난 대선기간 동안 이미 논란이 된 적 있지만, 지금도 흔히 "얼마가 지나가면 IMF위기로부터 벗어날 수 있는가" 묻는 경우가 많다. 그러나 문제의 핵심은 1년이냐 2년이냐의 '시간'이 아니라, 바른가 아닌가의 '방향'이다. 현재(1998. 2)의 상황진전을 보면 일단은 위기해결의 실마리를 잡은 것처럼 보이지만 이미 우려할 만한 현상도 적지 않게 나타나고 있다.

또한 현재의 위기는 단순히 자본의 유동성이나 금융권 또는 신용의 문제에 그치는 것이 아니라, 실물경제 전반에 걸친 산업구조조정은 물론 국가경영의 새로운 패러다임을 요구하는 총체적인 것이다. 1992년 미 대통령선거 당시 클린턴이 걸프전쟁에서 승리한 부시를 상대로 "멍청아, 문제는 경제야"(It's economy, stupid)라고 공격한 것에 비유하자면, 우리의 경우는 반대로 "문제는 경제만이 아니"라는 것이다. 따라서 여기서는 경제를 중심으로 하되 더 포괄적 범주인 사회·국가·민족 나아가 동아시아·세계의 정치경제학적 지형 속에서 IMF위기의 이면과 이후를 진단해 보고자 한다.

2. 시장경제와 민주주의

IMF위기는 역설적으로 경제학의 호황을 초래하였다. 우리는 날마다 신문칼럼, TV인터뷰, 저작을 통해서 많은 국내외 경제학자들의 진단을 접한다. 이들은 외채관리에 관한 다양한 정책, 부실 금융기관 정리를 비롯한 금융개혁, 과감한 재벌개혁과 산업의 구조조정, 노동시장의 유연화 전략, 기술·지식·정보를 기반으로 하는 생산력 향상 등에 대한 갖가지 처방들을 내놓고 있다.[2]

　이 글에서 먼저 검토하고자 하는 것은 이러한 구체적인 경제정책이 아니라 좀더 거시적인 원칙과 철학의 문제이다. 김대중 대통령은 취임 일성으로 "시장경제와 민주주의의 병행발전"을 만방에 선포하였다. 이러한 '민주적 시장경제론'에 대해 언론은 대부분 찬사를 표명하였고 관치금융과 정경유착, 재벌의 족벌적 승계와 독점체제 등 우리 경제가 지닌 천민성을 고려할 때 민주적 시장경제론은 개혁론으로서 적지 않은 의미를 지닌다. 역사적으로 보더라도 자본주의 시장체제는 봉건적 특권이나 동유럽 사회주의의 관료적 독점체제에 대해 막강한 해체력을 발휘하였다. 때문에 신자유주의 경제학에서는 "세계에서 가장 부강한 나라들이 다 민주주의 국가라는 점을 상기해 보라"며 "시장경제야말로 민주주의의 표상"이라고 주장한다. 나아가 어떤 사람들은 사람의 본질을 경제인(Homo economicus)이라 규정하기도 한다.

　그러나 폴라니(K. Polanyi)가 일찍이 그의 명저 『거대한 변혁』(1957)에서 갈파하였듯이 자본주의에서 시장과 민주주의, 경제와 사회는 본질적으로 모순관계에 있다. "우리는 원래 민주주의를 원했다. 그러나 막상 우리가 얻은 것은 자본주의였다"(한스 피터 마르틴·하랄드 슈만 1997, 89쪽)는 폴란드의 한 대자보에서 자본주의 시장경제가 심각한 사회문제를 초래하고 있음을 확인할 수 있다. 이것은 동유럽권의 후진적 양상에 그치는 것이 아니라 선진자본주의 시장경제의 대가들에게서도 확인할 수 있다. 미국의 경제학자 서로(L. C. Thurow)와 국제금융의 사부로 대접받는 소로스(G. Soros)[3]의 다음 언급을 보자.

민주주의는 원칙적으로 급진적이다. 민주주의는 차별을 인정하지 않는다. 반면 자본주의는 다르다. 자본주의는 근본적으로 불평등하다. 불평등을 용인할 뿐만 아니라 불평등이 오히려 진보를 가지고 온다고 믿는다. 민주주의와 자본주의가 양립할 수 없는 이유가 여기에 있다. 복지국가가 나름대로 양립할 가능성을 찾은 것이다. (김상철 편 1997, 176~77쪽에서 재인용)

나는 대부분의 서구 경제학자들과는 달리 시장을 크게 믿지 않습니다. 시장원리에 따라야 한다고들 하지만 나는 동의하지 않아요. 시장은 본질적으로 불안한 것이고, 금융시장 등 신용에 관계된 분야는 특히 그래요. 시장에만 맡겨서는 안정을 찾을 수 없고, 사회의 이익은 시장만으로 보호되지 않습니다. 그래서 시장원리 이상의 어떤 원리가 필요하고, 여기에 정부·국제 기구 등의 역할이 중요합니다. (Schlesinger, Jr. 1997에서 재인용)

시장경제라는 '악마의 맷돌'이 인간과 사회를 분쇄할 것이라는 폴라니의 진단은 20세기 말에도 여전히 유효한 것으로 보인다. 저명한 경제학자인 스위지도 70년대 이후 금융자본의 기형적인 성장과 이로 인한 세기말의 '카지노자본주의'에 의한 지구촌의 파국적 상황을 우려하였다(Sweezy 1994). 역사적으로 언급하면, 사회에서 경제가 나왔지만 경제가 사회를 지배하고 노동에서 이윤이 나왔지만 이윤이 노동을 지배하고, 산업자본에서 금융자본이 나왔지만 금융자본이 산업자본을 지배하는, 요컨대 아들이 아버지를 지배하는 형국이 된 것이다.

자본주의 시장경제의 이러한 불안정성 때문에 서로나 소로스는 정부나 국가의 역할 그리고 새로운 세계금융체제의 수립을 역설하고 있다. 국민정부에 대해서는 "큰 것을 하기에는 너무 작고 작은 것을 하기에는 너무 크다"는 벨(D. Bell)의 원론적인 지적도 있지만, 아직까지 국제사회에서 정치·주권·안보는 물론 경제의 기본 단위가 국민국가라는 것은 결코 부인할 수 없는 엄연한 사실이다. 또한 현재의 세계화 현상도 탈냉전 이후 미국 등 선진 국민국가의 세계경영전략과 깊은 관련이 있다.[4]

따라서 흔히 담론화되고 있는 '정부의 규모' 논쟁은 문제의 핵심이 아니다. 핵심은 시장경제를 건실화하고 사회를 보호하며 세계화에 대처하는 정부의 '기능과 역할'에 있다. 국가 주도의 경제발전이 실패라는 지금의 담론적 공세는 그것이 관치금융이나 정경유착을 철폐하는 측면에서는 물론 정당하다. 그러나 시장의 맷돌이나 외국 금융자본의 투기적 공세에 대해 사회와 나라를 보호하는 측면에서 국가와 정부의 역할은 여전히 중요하다.

김대중 대통령당선자의 '민주주의와 시장경제의 병행발전'이란 화두는 미 클린턴행정부가 대외정책의 목표로 표방한 민주주의와 시장경제의 확대를 방불케 한다. 또한 김 당선자의 경제고문인 유종근 전북지사가 다보스 세계경제포럼에서 "우리의 경제실정이나 나라의 장래로 볼 때 '유럽식 복지국가'보다는 '영미식 개방경제체제'가 불가피하다"고 역설한 것[5] 등을 보면, 신정부의 경제정책은 일단 미국식 신자유주의를 모델로 하고 있는 것으로 평가할 수 있다. 여기서 선진국의 두 가지 모델 즉 영미(또는 앵글로색슨)식 신자유주의 모델과 유럽식 사회적 시장모델(또는 복지모델) 중 어느 것이 좋은 것이며 우리에게 적합한지를 논의하자는 것은 아니다.[6] 그러나 아탈리(J. Attali) 전 유럽은행장이 "미국의 불안한 고용자보다는 프랑스의 실업자가 좋다"라고 한 것은 과장이라고 하더라도, 영미식 신자유주의 모델이 노동과 복지문제에 많은 문제점을 지닌 것은 사실이다. 특히 실업과 사회보장에 취약한 우리에게 이러한 측면은 더욱 심각한 문제를 초래할 수 있다.

현재 서울의 호텔들은 M&A를 추진하는 기업사냥꾼들과 외국 금융사의 펀드매니저들로 때아닌 호황을 누리고 있으며 건실한 기업마저 이들의 공격에 노출되어 있다(『조선일보』;『중앙일보』 1998. 2. 5.) 지금의 상황에서 우리 경제를 신자유주의적 시장질서에만 내맡긴다면 아마 우리 사회는 초국적 자본이 규정적인 지위를 차지하는 세력관계로 급속하게 재편될 것이다. 이 즈음에서 우리는 아시아 위기에 대한 크루그먼의 최근 진단을 경청할 필요가 있다.

요컨대 나의 결론은 '사라'(buy)는 것이다. 그 이유는 제프리 삭스가 진단한 바와 같이 '아시아의 미래는 밝기' 때문이 아니다. 진실은 아시아의 미래가 적지 않게 어둡다는 것이다. 그러나 아시아는 정말 싸다(cheap). 바로 이것이 이유이다. 아시아의 어느 곳이든 재산은 10~25% 정도 내렸다. 설령 1996년의 심각한 거품현상을 고려하더라도, 앞으로 아시아의 성장이 90년대 초의 50%라 하더라도, 그것은 남는 장사이다. (Krugman 1998)

초국적 자본 주도로 경제질서가 재편되면 국내재벌의 지배력은 다소 약화되겠지만, 그렇다고 중소자본의 지위가 강화되지는 않을 것이다. 더욱이 노동에 대한 지배방식은 더욱 고도화·유연화될 것이다. 때문에 이에 대한 정부의 적극적인 역할이 필요하며, 특히 고용과 노동 문제에 대해서는 각별히 유의해야 할 것이다. 1995년 유엔사회개발정상회담의 연설에서 미테랑 프랑스 대통령이 발언했듯이, 금융자본이 주도하는 정글의 법칙으로는 세계시장에서 몇 시간의 환투기가 수백만의 일자리를 빼앗을 수 있기 때문이다(박태견 1995).

3. 세계화와 국민국가

현재 주창하는 세계화는 두 가지 차원으로 구성되어 있다. 하나는 제3의 혁명이란 정보통신혁명에서 비롯된 것으로, 이것은 농업혁명·산업혁명 등과 마찬가지로 생산력의 발전을 내포하고 있다. 즉 긍정적이고 선진적인 측면을 내포하고 있다. 세계화의 또 한 측면은 금융자본의 주도로 시장경제의 상호의존성이 높아졌다는 것이다. 시장의 상호의존성이 높아졌다는 것은 과거보다 화목해졌다거나 오순도순 사이좋은 이웃이 되는 조화를 의미하지는 않는다. 오히려 상호의존이란 이름의 시장관계의 전면화는 자본과 노동 또는 국민국가간의 불평등을 심화시키는 심각한 부작용을 내포하고 있다. 세계화가 "초특급 부자 358명의 재산이 지구촌 인구 절반에 해당하는 25억 명의 전재산과 비슷한 20% 대 80%의 불평등사회"로 나아가는 덫이 되고 있다는 주장은 이러한 측면에 주목한 것이다(한스 피터 마르틴·하랄드 슈만 1997).

때문에 오늘날 세계는 하나로 통합되어 있다는 표현은 정확한 사실이 아니다. 금융자본 주도의 세계경제에서 자본은 '광(光)속도로 이윤사냥'에 나서고 있지만, 노동자와 시민들은 그러한 자유와 선택을 누리지 못하고 여전히 국민국가 단위에 묶여 있다. "독일의 국방장관 클라우스 튀퍼가 뻬이징을 방문했을 때 리펑 총리한테 '중국에서도 인권을 중시하는 정치를 해야 하지 않겠느냐'고 충고하였다. 이에 대해 리펑 총리는 '독일이 인권보호 차원에서 매년 1천만 내지 1천500만의 중국인들을 좀 잘 먹고 잘 살 수 있게 받아 줄 수 있겠는가?' 되물었다. 걸작의 반문에 튀퍼 장관은 말문을 잃었다."(같은 책, 69쪽)

이것은 단순한 말장난이 아니다. 실제로 EU국가들은 동유럽권 몰락 이후 쇄도하는 난민을 막기 위해 솅엔(Schengen)조약을 맺어 비EU국가에 대한 장벽을 더욱 높였고, 미국 또한 NAFTA 이후 멕시코인들의 월경을 방지하기 위해 국경감시를 강화하였다. 이렇듯 자본은 세계화되는 반면, 노동자는 국민국가의 벽 속에서 선택의 기회보다는 해고의 위협에 직면해 있다.

이러한 불평등은 국민국가간에도 심화되고 있다. 미소 냉전시기에는 그래도 제3세계를 체제의 동반자로 끌어들이기 위해 선진국의 원조와 후원이 있었다. 정치·군사적 냉전(cold war)이 끝나고 세계화란 이름의 경제 열전(hot war)이 전개되면서 수출, 외채, 1인당GDP 등에서 남북의 격차는 더욱 커졌다(해리 맥도프 1996). 이러한 맥락에서 보면 미소냉전이라는 '제3차 세계대전'이 끝나자 이제 신자유주의의 국민국가 공략이라는 '제4차 세계대전'이 시작되었다는 마르코스의 선언은 매우 시사적이다(마르코스 1998).

이러한 제3, 4차 세계대전의 승계관계는, 어떤 의미에서 제1, 2차 세계대전의 승계관계를 닮았다는 점에서 매우 우려할 만한 현상이다. 폴라니는 양차 대전의 사이에 자유시장법칙의 질주로 인한 구 사회구조의 붕괴가 어떻게 유럽국가들을 점점 더 비이성적인 방어수단에 매달리게 했는지 상세히 서술했다. 개방과 경쟁보다 보호주의를 선호하게 되었고, 급기야 민주주의 자체를 부인하는 파시즘으로 넘어갔다. 시장에서 버림받은 사회는 지역블록화, 보호주의 나아가 민주주의의 파멸로 내달았다.[7] 이것이 다름 아닌 2차대전의 전조였다.

물론 90년대 중반은 2, 30년대의 전간기(戰間期)와 다른 점이 적지 않다. '무능한' 국제연맹보다는 그래도 '유능한' 유엔이, 패전국 독일을 불황에 빠뜨린 전간기의 가혹한 평화 대신 전후에는 미국을 선두로 독일·일본의 삼각동맹이 건설되었다(브루스 커밍스 1996). 또한 1차대전 이후 볼셰비키혁명으로 소련이 탄생하였지만 지금은 소련이 붕괴하였다. 때문에 지금의 위기가 전간기와 비슷하다는 맥락에서 공황을 예견하는 경우도 있지만(박복영 1998), 필자는 다른 점이 더 많다고 생각한다. 그러나 스스로 조절되는 시장이라는 신자유주의적 유토피아관이 적절한 제어·보완 장치를 마련하지 않으면, 30년대의 우려스러운 징후들은 여러 가지 형태로 재현될 수 있다.

따라서 국경 없는 시장이 단지 초국적 금융자본에게 수익을 주는 것이 아니라 모든 시민에게 이익을 두루 분배하는 체제로 수정되어야 한다. 이를 위해서 세계금융체제에서 단기적 투기자본에 대한 적절한 규제와 방어조치가 필요하다. 1978년 토빈(J. Tobin)은 "과도하게 움직이는 국제금융자본의 변속기에 약간의 모래를 뿌려야 한다"며 1%의 세금, 이른바 토빈세를 주장하였고 마하티르(M. Mahathir) 말레이시아 총리는 현재의 동아시아 경제위기에 당면하여 아시아 자체의 지역협조체제와 아울러 "환투기의 장벽으로 예치금제도"를 제안하였다.[8]

현재 동아시아 경제위기를 치료하는 의사로 자처하는 IMF에 대해서도 이러한 비판이 가해지고 있다. 마하티르의 적(?) 소로스까지도 다보스 세계경제포럼에서 "IMF와 같은 금융기구로는 새로 발생하고 있는 세계금융시장의 문제에 대처할 수 없다"며 새로운 브레턴우즈협정 체결을 제안하였다.[9] IMF에 대해서는 슐츠 전 미국 국무장관, 사이먼 전 재무장관 그리고 리스턴 전 시티은행 회장 등도 "어려움을 당한 해당국 국민이 아닌 국제투기자본의 자금회수에 도움을 주고 있다"고 비판하였다(『중앙일보』 1998. 2. 5). 이처럼 IMF는 그 자체가 많은 문제점을 지니고 있으며 실제로 약소국과의 '파우스트협정'으로 금융자본의 이윤창출을 보장하는 '후기제국주의(post-imperialism)적 면모'를 지니고 있다(김민웅 1998).

흔히 성공적이라고 국내에 잘못 알려진 멕시코의 경우도 실질적인 상황은 낙관적이지 않다.[10] 오히려 많은 개발도상국들이 보호장치나 준비운동 없이 기대와 희망을 품고 금융자본이 주도하는 자유무역의 바다에 뛰어들어 익사 직전의 위기에 처하게 되었다. 우리의 경제위기도 자본시장 개방과 시장경제로의 개혁이 부족해서 일어난 것이라기보다 오히려 그것이 과도하고도 무모하게 진행된 결과라는 분석이 설득력을 얻어가고 있다(『한겨레신문』 1997. 11. 29). 아시아 위기를 보고 중국과 베트남이 자본시장의 개방을 연기한 것 역시 같은 이유이다.

따라서 우리는 IMF의 파우스트협정에 대해서는 정당하게 재협상을 요구할 수 있다. 고금리와 지나친 긴축정책에 대해서는 이미 하버드대학의 제프리 삭스 교수와 세계은행의 스티글리츠 수석부총재까지 비판한 바 있다(『중앙일보』 1998. 2. 4; 2. 5). 나아가 민족경제의 토대를 지키기 위해서는 외환, 식량, 에너지 등 생존의 기본 요소에 대한 주권 차원의 통제와 보호조치가 필요하다.

4. 미국의 아태전략: 안보와 경제

이번의 아시아 경제위기는 자체의 경제적 취약성도 하나의 원인이지만, 아시아·태평양지역에 대한 미국의 정치·군사적 전략의 변화와도 밀접한 관계가 있다. 냉전시기 미국은 아시아에서는 안보와 군사를 우선하고 경제는 일본이 주도하는 것을 허용하였다. 그러나 탈냉전 이후 미국은, 1997년 밴쿠버 APEC 정상회담으로 향하면서 클린턴이 밝힌 바와 같이 "아시아에서 안보와 경제적 이익을 동시에 추구"하게 되었다.

미국의 21세기 아태 안보전략을 이해하기 위해서 이른바 '나이 이니셔티브'(Nye Initiative)[11]부터 점검해 보는 것이 좋을 듯하다. 동북아

주변 열강에 대한 그것의 정세인식과 대처방안은 대략 다음과 같이 정리할 수 있다(김상철 편 1997).

첫째, 나이는 미국이 경제·군사·이념 등에서 세계 유일의 초강대국이며 아태지역에도 주도적인 이해관계를 가지고 있다고 보고 있다. 이것은 그간 미국의 경제적 침체 등을 배경으로 제기되던 폴 케네디류의 미국쇠퇴론이나 냉전 이후 대두된 다극체제론을 사실상 일축하면서, 세계 유일 초강대국으로서 아시아에 대한 미국의 강력한 관심을 표명한 것이다. 이 점에서 나이 이니셔티브는 기본적으로 패권성을 지니고 있다.

둘째, 나이는 중국이 10년 안에 경제력이 급성장하고 군사력도 증강될 것이지만 당분간은 여전히 지역 강대국일 뿐 세계 초강대국은 아니라고 보고 있다. 따라서 동북아에서 미군이 철수하면 중국의 약진으로 지역적 균형이 깨어지겠지만 미군이 남아 있으면 균형을 유지할 수 있다고 본다. 중국에 대해서 기존의 봉쇄(containment)가 아니라 관여(engagement)를 기조로 하고 있다는 점에서는 변화이지만, 미군의 주둔을 아시아 안보의 기본 전제로 한다는 점에서 나이 이니셔티브는 냉전적 패권의 연장선장에 있다. 유럽에서 탈냉전 이후에도 동아시아에서 냉전이 지속되는 중요한 원인의 하나가 바로 이 점이다.

셋째, 나이에 의하면 일본은 아태지역 안보의 중심으로 매우 중요하며 이러한 기조는 1997년 9월 미일방위협력지침(Guide Line)으로 보다 구체화되었다. 일본중시론은 1980년대 말부터 대두된 일본위협론이나 미키 캔터 통상대표부 대표가 취한 경제적 측면 위주의 대일 경쟁적 정책과는 물론 뚜렷한 차이가 있다. 그렇다고 해서 미국이 일본이 장악하고 있는 동아시아 경제에 대한 미국의 경제적 공략을 포기한다는 것은 전혀 아니다. 오히려 미국은 군사·안보적 주도권과 결합하여 경제적 공세를 강화한다.

넷째, 나이 이니셔티브는 러시아가 언젠가 다시 일어설 것이지만 그 것은 상당한 기간이 걸릴 것으로 보고 있다. 결국 나이 이니셔티브는 유일 초강대국인 미국이 아태지역 강국인 일본과 중국의 도전을 어떻게 받아들일 것인가 하는 문제를 다루고 있는데, 그 결론은 아시아에서 미국의 헤게모니 작업을 강화하면서 일본과 동맹하고 중국에 관여하는 것이다.

1995년 2월 미 국방부는 「동아시아·태평양지역의 미국의 안보전략」을 발표하였다. 이 보고서는 첫째 미군을 감축하려던 부시행정부의 결정을 번복하고 아태지역 미군수를 10만 명으로 동결하였으며, 둘째 미군의 군사력과 핵우산은 아태지역의 평화와 안보를 보장하는 최후 수단이며, 셋째 45년간 지속된 미일안보조약이 이 지역 안보의 중심 축임을 재확인하였다(월튼 벨로 1996).

그런데 안보 면에서는 일본이 미국에 의존하고 있지만 경제적 측면에서는 이미 아시아의 맹주 역할을 해왔다. 이러한 문제를 해결하기 위해 1985년 미국은 플라자합의(Plaza Accord)[12]로 일본에 엔고정책을 강요하였다. 그러나 일본자본은 이를 계기로 국내보다 동아시아에 거대한 투자를 하였고,[13] 이를 근간으로 한 동아시아 경제는 20세기 후반 경제성장을 거듭하였다. 미국은 일본에 시장개방과 규제완화를 끊임없이 요구하였지만 별다른 효과를 거두지 못하였다. 오히려 일본은 물론 동아시아 경제에서 '아시아의 내부적 통합'은 강화되었고 미국의 중요성은 상대적으로 축소되었다.

이에 대해 미국은 APEC을 통해 자유무역지대 창설을 주도함으로써 일본 중심의 아시아 경제 통합과정을 뒤집고, 시장개방과 민주주의를 강조하면서 동아시아 경제에 개입하고자 노력하였다. 미국의 이러한 노력은 1994년 인도네시아에서 개최된 제2차 APEC 정상회담에서 보고르 선언(Bogor Declaration)을 채택하면서 더욱 본격화되었다.[14] 동아시아 경제의 개방과 개입을 위한 미국의 강력한 조치가 자본 및 금융의 개방이었다(Yamamura & Hatch 1997).

일본과 동아시아 경제에서 결정적인 취약점이 바로 금융부문이었다.[15] 일본은 APEC을 자유무역지대화하려는 미국의 전략을 지연시키고자 '조화로운 개방' 등을 표명하였지만 금융자본의 공세에 대한 효율적인 대응수단을 별로 가지고 있지 못하다. 엔을 아시아 기축통화로 하는 데는 중국·한국은 물론이고 전반적으로 '새로운 대동아공영권'이라며 비판적이다. 또한 미국의 안보동맹에 묶여 있는 일본은 자신의 주장을 끝까지 관철시킬 수 없는 한계가 있다. 미국과 서방 언론은 오히려 동아시아 경제위기에 대한 일본의 책임 있는 해법을 촉구하는 실정이고, 이에 대해 일본은 별다른 대안을 제시하지 못하고 있다.[16]

결국 동아시아 국가들은 1990년 중반 점차 금융시장을 개방하기 시작하였으나 금융시장의 상황은 최하위그룹에 속했다.[17] 1989년 일본의 주가지수 선물(先物)시장을 개장시켜 단단히 한몫 하였던 초국적 금융자본들은 실물경제의 약진지역인 동아시아 신흥시장(emerging market)에 대한 공격을 마다할 리 없었다.[18] 동아시아의 경제위기 나아가 한국의 경제위기는 이러한 정치경제적 지형 위에서 발생한 것이다.[19]

이러한 미국과 금융자본의 공세에 정면으로 대응한 사람은 말레이시아의 마하티르 수상이다. 그는 미국의 아시아 자유무역지대화를 "미국이 자신의 영향권에서 졸업하고 있는 아시아에서 강력한 무역·투자 입지를 회복하기 위한 시도"라고 비판하였다. 그는 아시아 위기 이후 인도네시아·말레이시아·태국이 상호무역에 달러를 사용하지 않

기로 합의하는 데 주도하였고 동남아국가연합(아세안 9개 회원국) 내
외환거래를 위해 '중앙결제원'을 설립할 계획이라고 밝혔다(『조선일보』
1998. 2. 7).

아세안에서 자유무역지대화에 대한 입장은 다양하지만[20] 유럽의
EC, 북미의 NAFTA 등 세계경제의 지역주의화에 공동으로 대응하기
위한 공동의 기구가 필요하다는 데는 대체로 동의하고 있다. 이러한
시도로 1990년 마하티르가 제창하여 창설된 동아시아경제회의(East
Asia Economic Caucus, EAEC)[21] 1992년 아세안 국가들이 만든
AFTA(ASEAN Free Trade Area)[22] 등이 있지만, 미국은 APEC으로 이
를 견제하고 있다. 또한 1995년 나이가 도쿄에서 "아태 국가들이 독자
의 동아시아경제회의를 구성하면 미국은 이 지역에 대한 안보지원을
철회할 것"이라 밝혔듯이 군사·안보적인 측면도 아시아의 경제권 공
략에 활용하고 있다.

물론 미국은 아시아의 독자적인 지역안보체제를 반대하고 있다. 아세
안은 경제성장과 아울러 독자적인 다자간 지역안보체제안을 모색한 적
이 있지만 번번이 미국의 개입으로 좌절되었다.[23] 1994년 7월 방콕에서
발족한 아태지역의 안전보장과 신뢰구축을 논의하기 위한 지역안보기
구인 아세안지역포럼(ASEAN Regional Forum, ARF)에 대해서도 미
국은 APEC으로 강력히 견제하고 있다. 페리 미 국방장관은 오사카
APEC 정상회담에서 "경제기구인 APEC에 안보기능도 추가되어야 한
다"고 주장하였다. 클린턴 대통령도 아세안지역포럼 등의 다자간 안보
기구들이 "미국의 동맹체제와 미군의 전진배치를 보완하는 수단이어
야지 이를 대체하는 것이 되어서는 안 된다"고 명백하게 천명하였다.

이처럼 미국은 아시아에서 안보와 경제를 동시에 추구하고 있다. 바
로 이 점 때문에, 역설적이게도 아시아 경제위기가 더 심각해지면 미

국은 정치·군사·안보 면에서 막대한 손실을 입게 될 것이다. 다시 말해 미국이 아시아 경제에 대해 일정 수준 공세적인 입장을 취하곤 했지만 그것은 어디까지나 안보전략을 손상하지 않는 범위 또는 아시아가 독자적 지역연합을 모색하지 않을 수준에 한정될 것이다. 1997년 말 백악관 상황실에서 아시아 위기를 단순한 경제현상이 아닌 안보 측면에서 다룬 것이라든가, 1998년 초 코언 미 국방장관이 아시아지역을 순방하고 루빈 미 재무장관이 "아시아 위기극복에 미국의 경제·안보 이해가 걸려 있다"고 강조한 것도 바로 이 같은 맥락이다(『중앙일보』 1998. 1. 6;『동아일보』 1998. 1. 10).

5. 한반도: 세계화와 능동적 결합

1995년 미 국방부의 아태전략 보고서에서 미국은 두 개의 지역분쟁에 동시에 대처하는 윈윈(win-win)전략을 표명하였는데, 두 개의 분쟁지역이란 다름아니라 한반도와 걸프만이다. 그렇다면 나이의 한반도 인식은 어떠한 것인가.

먼저 나이는 북한이 갑자기 붕괴하기도 어려우며 또한 지금의 구조로 장기적으로 유지되기도 어렵다고 본다. 그는 두루 알려져 있는 바와 같이 북한의 개혁·개방을 주장한다. 그는 그것을 첫째 북한이 당면한 식량위기를 해결한 다음, 둘째 시장경제를 도입하며, 셋째 다원주의 체제로의 정치개혁이라는 3단계로 정리한 바 있다(『중앙일보』 1997. 9. 22). 따라서 나이는 현재의 남북관계가 우선 1991년의 남북기본합의서 수준으로 회복되어야 한다는 데서 출발한다. 여기까지는 남북한과 대체로 이해관계가 일치할 수 있는 지점이다.

그러나 통일로 나아가는 단계부터는 남한과 북한 그리고 미국이 서로 이해관계를 달리할 수 있다. 미국의 한반도 통일정책을 보기 위해서는 먼저 북한붕괴시 미국의 대안을 살펴볼 필요가 있다. 이럴 경우라도 미국은 한반도의 급속한 또는 민족주의적 통일보다는 '북한의 민주화를 통한 평화적 분단관리'를 더 선호할 것이다.[24] 때문에 이른바 북한 연착륙론자나 개혁·개방 유도론자의 기조는 '두 개의 한반도'이다. 예컨대 나이의 경우 남북관계가 남한 주도로 낙관적으로 진전되면 남북한이 매우 느슨한 연합(confederation)을 구성하고, 그 틀 안에서 북한을 다원주의 체제로 변화시킨다는 입장을 표명한 바 있다. 여기서 '매우 느슨한 연합'이란 역시 통일보다는 국가연합에 의한 분단관리를 의미한다. 더욱이 소련과 동유럽의 붕괴 이후 대(對)사회주의 전초기지로서 남한의 정치·군사적 중요성은 상당히 떨어졌다. 이러한 변화로 한국 자본주의도 그간의 특수한 관계에서 벗어나 여타 다른 나라의 자본주의와 마찬가지로 시장적 일반관계가 점차 지배적인 것으로 되어갈 것이다.

그러나 남한은 동아시아의 다른 나라들보다 경제규모가 클 뿐 아니라 미국의 경제적 동맹국인 일본과 더 밀접한 관계를 맺고 있으며 여전히 지정학적인 중요성이 크다. 여기서 지정학적 중요성이란 북미·남북 관계의 미해결이라는 과거의 과제와, 새로 부상하는 중국이라는 미래 때문에 생기는 이해관계가 많다는 것을 의미한다. 보즈워스 주한 미대사는 취임 후 첫 연설에서 한국에 대한 미국의 이해로 안보, 경제, 민주주의 등 세 가지를 천명하였다(Bosworth 1998). 즉 한반도의 정세가 상당히 많이 변하였지만, 안보와 군사문제는 여전히 한반도에서 미국의 가장 중요한 이해관계이다. 또한 미국 의회조사국(CRS)이 상하 양원에 제출한 입법보고서 「한국의 경제와 97년 금융위기」에서도 한국에 대한 안보·정치적 고려에 주목하고 있다(허광준 1998). 남한경제

의 위기로 한국의 경제력을 배경으로 하는 대북정책은 일정 부분 수정
될 수밖에 없지만, 안보 때문에라도 미국은 한국 자본주의를 파국으로
몰고 갈 수 없다는 것이다. 이러한 정황을 고려한다면 IMF · 미국과의
협상전략에서 우리는 자주성을 최대한 확보해야 한다.

한반도 문제는 현재 4자회담으로 진행되고 있다. 1997년 클린턴은
APEC 정상회담 참석차 벤쿠버로 향하면서 "한반도에서 미국의 핵심
목표는 평화정착이며, 한국전쟁 이후 처음으로 항구적인 평화를 위해
열리는 4자회담에 희망을 갖고 있다"고 밝혔다. 여기서 평화정착이란
다름 아닌 남북 두 국가로 분단에 의한 평화적 관리이다.

현재 김대중정부의 대북정책은 대체로 나이의 구상이나 미국의 대
한정책과 크게 어긋나지 않는다.[25] 김영삼정부와의 대북정책 조율에
애먹은(?) 미국으로서는 김대중정권의 출범으로 남북관계의 진전을
기대하고 있다. 백악관의 외교정책 보좌관이 김대중정권의 등장을 "한
미간 역동적 동반자관계를 회복할 수 있는 기회"라고 말한 것은 이러
한 맥락일 것이다. 따라서 김영삼정권기의 무원칙하고 적대적인 남북
관계는 많은 부분 개선될 여지가 많다. 그러나 미국의 동북아정책에
일방적으로 합류하는 방식으로 귀결된다면 이전과는 다른 새로운 규
모의 긴장이 형성될 수 있다는 점을 예의 주시할 필요가 있다.

남북관계에서 우리의 길은 미국의 평화정착 분위기를 활용하면서도
그것이 자주적 통일로 나아가게 해야 한다. 강대국은 우리를 분단시킬
수 있지만 통일까지 줄 수는 없다. 그런데 남측의 경제위기로 인해 당
분간 대북 투자나 원조는 일시적으로 위축될 수밖에 없는 상황이지만,
이것이 남북관계 전반에 대한 경시나 위축으로 이어져서는 안 된다.
오히려 남북관계에서 거품을 제거하고 탈냉전 시대 민족의 활로로서
실질적인 협력체제를 구축하는 계기로 삼아야 한다. 대외적인 개방의

폭만큼이라도 남북관계가 개방되어 정치와 경제가 점차 분리되고 민
족시장의 규모가 확대된다면, 남북 경제의 활성화는 물론 대외적인 시
장종속에서 벗어나 '민족경제의 균형점'을 잡을 수 있다. 또한 남한의
자본과 기술, 북한의 자원과 노동력이 결합한다면, IMF 아래 경제적
위기를 극복하는 탈출구를 마련할 수도 있다. 이러한 평화이익은 무엇
보다 민족동질성 회복의 기초를 마련할 것이다.

　결국 우리의 길은 열강들이 이미 10년 동안 준비해 온 탈냉전적 국
가전략을 이제라도 적극적으로 모색·추진하는 것에 있으며, 그것은
다름아니라 남·북·미 삼각관계의 조정을 통한 한반도의 평화통일
전략이어야 한다. 나아가 이를 기반으로 동아시아 지역경제와의 협력
관계를 넓혀나가야 한다. 지금은 전반적 경제위기에 처해 있지만 동아
시아는 여전히 매우 약동적인 성장 가능성이 있는 중요한 지역이다.
이러한 지역과의 유대는 우리에게 세계 또는 열강과 바로 만나는 충격
을 완화시켜 줄 수 있다.

　물론 아시아에서 열린 지역주의 또는 다자주의의 길은 간단하지 않
다. 아시아는 종교·문화적으로 유교·불교·이슬람교·기독교가 공
존하고 있고, 중국·베트남·북한 등의 사회주의 국가와 일본·남한
을 비롯한 자본주의 나라들이 병존하고 있다. 이러한 차이는 다자주의
적 지역협조에 얼마간 장애가 될 수 있는 것도 사실이지만, 반대로 어
느 한 나라의 패권을 견제하는 조정의 역할도 한다. 역사적으로 보면
아시아는 문명·문화·제도의 차이나 다양성보다는 강대국 중심의 일
원적 패권이 더 많은 문제를 일으켰다.

　물론 우리가 아시아와 결합하는 데서도 선차적으로 중요한 것은 한
반도의 주체성이다. 즉 민족 내적으로 교류와 화해·협력을 적극 추진
하여 주체역량을 높이고 이를 기반으로 동아시아 지역경제와 다원적

협력관계를 확대하는 것이 신자유주의적 세계화에 능동적으로 대처하는 방안일 것이다.

6. 아시아적 가치? 서구의 승리?

20세기 후반 일본에 이어 한국, 중국, 아세안 여러 나라의 경제적 약진이 이어지면서 이른바 '아시아적 가치'(Asian values)에 대해 논란이 있어 왔다. 한편에서는 유교자본주의 등으로 담론화되면서 아시아적 가치가 서구 자본주의와 근대화의 병폐까지 치유할 수 있는 문명적 대안으로 찬양되기도 하였다. 다른 한편 헌팅턴이 이른바 '문명충돌론'으로 비서구적 문명에 대한 우려를 토로하였듯이, 미국이나 서구에서는 이에 대한 비판적인 견해가 주류를 이루었다.

이 문제는 어느 것이 맞다는 식으로 판가름할 수 있는 것이 아니다. 원론적으로 말하면 아시아적 가치든 서구적 가치든 모두 자신의 역사적 기반에 토대를 두고 나름의 생명력을 지니고 있기 때문이다. 현대 사회에서 어떤 것은 이미 도태되었고, 어떤 것은 생명력을 다해 가고 있으며, 또 어떤 것은 새롭게 부상하고 있다. 그리고 '강남의 귤이 강북에서 탱자'가 되듯, 어떤 것은 기능과 역할이 변하기도 하였다.

이러한 상황에서 우선 필요한 것은 '개방적인 다자주의'이다. 물론 개방적 다자주의가 후진성에 대한 옹호로 이어지지 않기 위해서는 인류의 보편적인 가치와 기준을 추구해야 한다. 예컨대 경제문제에 대한 보편적 기준을 논할 때 우리는 크루그먼의 다음과 같은 지적에 주목할 필요가 있다. 그는 이미 1994년에 동아시아 경제기적을 '신비하지 않은 신비'라 비판하면서 성장의 한계를 예견한 바 있는데, 재미있는 것은 그가 아시아의 성장을 구 소련의 50년대와 비교하였다는 사실이다.

최근 몇 년간 아시아 국가의 성공사례와 30년 전 소련 사이에서 어떤 공통점을 찾기는 그다지 쉽지 않다. 사실 싱가포르를 방문한 여행객이 그 도시의 화려한 호텔에 투숙해서 바퀴벌레가 들끓는 모스크바의 호텔과 어떤 유사성을 생각한다는 것은 있을 수 없는 것처럼 보인다. 멋진 활기가 넘치는 아시아의 호경기와 소련의 무시무시한 산업화운동을 어떻게 비교할 수 있단 말인가.

그러나 놀랍게도 이들간에는 유사성이 있다. 1950년대의 소련처럼 아시아의 신흥산업국들이 급성장을 이룩한 것은 주로 놀랄 만한 자원의 동원 때문이었다. 소련과 마찬가지로 아시아의 성장도 효율성의 증가보다는 노동이나 자본과 같은 생산요소의 이례적 투입증가에 의해 추진되고 있는 것이다. (Krugman 1994)

그는 아시아와 소련의 경제성장이 "inspiration(창의성)에 의한 투입단위당 생산의 증가"가 아닌 "perspiration(노동력)의 동원에 의한 투입량의 증가"에 의한 것임을 지적하고 "최근의 추세를 그대로 연장해서 아시아가 앞으로 세계를 지배하게 되리라는 지금의 전망은 브레즈네프 시대의 시각에서 소련의 산업지배를 내다봤던 1950년대식의 전망만큼이나 어리석다"고 단정하였다.

그런데 크루그먼은 같은 아시아에서도 5, 60년대 일본의 경제성장은 7, 80년대 싱가포르 또는 아세안의 성장과 유사점이 없다고 보았다. 아시아의 여느 국가들과 달리 일본은 기술의 향상에 의한 '투입단위당 생산의 증가'가 있었다는 것이다. 이러한 진단은 지나치게 단순하게 파악한 문제점도 있지만, 아시아적 가치인 유교나 서구적 가치인 민주주의를 경제성장에 직결시키는 속류이론과는 차원을 달리한다. 회교국인 말레이시아도, 불교국가인 태국도 약진의 경제성장을 하였던 사실이 유교자본주의론의 허점을 보여준다면 공산주의 일당지배의 중국, 또 다른 일당지배의 싱가포르, 권위주의하의 한국과 대만이 기적적 경제성장을 이룩한 것은 민주주의 경제성장론의 허점을 보여주고 있다.

아시아적 가치 논쟁의 핵심은 가치 그 자체보다는 저변의 정치·경제적 역학관계의 반영이라 할 수 있다. 예컨대 일본은 유색인종의 단결을 주장했지만 파시스트의 에티오피아 침략을 지지하였고, 아시아의 공영을 주장하면서 아시아를 침략하였다. 즉 제국 일본에게는 유색인종과 아시아라는 공통성보다는 제국주의 국가이익이 우선이었다. 아시아적 가치와 서구적 가치가 논란되는 이면에는 아직도 이러한 정치·경제적 동기들이 포함되어 있다.

흔히 아시아적 전통은 개인보다는 단체, 논쟁보다는 질서, 자유보다는 단결에 더 많은 가치를 둔다고 한다. 이러한 가치들이 서구적 근대화의 지나친 개인주의가 초래한 폐단을 치유할 수는 있지만, 그렇다고 개인의 자유와 민주주의를 무시하는 권위주의와 전체주의의 도구가 되어서는 안 된다. 미얀마의 민주운동가인 아웅산 수지보다 리콴유를 아시아적 가치의 표상으로 반드시 선택할 이유는 없다(Schlesinger, Jr. 1997).

그러나 서구의 근대주의는 많은 문명적 진보에도 불구하고 그 자체로서도 심각한 사회문제를 드러내고 있으며, 특히 아시아에서는 제국주의적 지배질서로 지울 수 없는 역사적 범죄를 저질렀다. 그러한 오리엔탈리즘(orientalism)적 편견과 오만 그리고 신자유주의적 헤게모니 작업은 아직도 번성하고 있다.

다시 IMF 경제위기로 돌아가면, 흔히 아시아 경제위기로 '시장경제와 민주주의'라는 서구자유주의가 승리하였다고 한다. 그러나 면밀하게 살펴보면 그것은 매우 편향적인 지적이다. 정치적 권위주의 체제가 여전한 홍콩(사회주의), 싱가포르(일당지배), 말레이시아(권위주의), 대만보다는 오히려 민주화가 진전된 태국과 한국에서 위기가 더하였다. 따라서 위기에 대한 해법도 아시아적 가치에 대한 배척으로 해결될 사안은 아니다. 아시아의 위기는 '아시아'의 위기가 아니라 '지구촌'의 위기이며, '후진'의 징표만이 아니라 '선진'의 패권도 개재되어 있다. 즉 그것은 "선진 금융자본 주도의 신자유주의적 세계질서의 일방화 과정에서 일어난 세기말 지구촌의 위기"인 것이다(Lim 1998).

우리는, 같은 아시아 국가인 일본에 의해 식민의 역사를, 미소에 의해서 분단의 역사를 경험하였다는 사실을 20세기 최고의 역사적 교훈으로 삼아야 한다. 여기서 문제의 핵심은 아시아·서구·동구라는 지역이 아니라 패권이다. 우리가 지향하는 것은 아시아적 가치란 명목으로 이루어지는 복고나 전제도 아니거니와 선진이란 이름 아래 행해지는 패권의 지배도 아니다. 우리의 진정한 가치는 어느 한 문명의 주도나 승리를 전제로 주어지는 것이 아니다. 그것은 우리 문화의 주체적 기반 위에서 다양한 문화·민족의 호혜·평등적 교류와 수렴 과정을 통하여 탄생하는 것이다.

〈『당대비평』, 1998년 봄호〉

주

1) 이춘근(1992)의 〈표 8-1〉 제3세계 정규전쟁 목록(215쪽), 〈표 8-2〉 제3세계 전쟁의 빈도(218쪽), 〈표 8-3〉 제3세계 전쟁목록(226~27쪽) 등 참조.
2) 이러한 처방 가운데 신자유주의적 입장에서 정책대안을 제시한 것으로는 부즈 앨런 & 해밀턴(1997); 맥킨지 외(1998)가 대표적이다.
3) 소로스에 관해서는 조지 소로스(1996); 박태견(1995) 참조. 그가 "오늘의 사태를 이해하는 데 도움을 준다"면서 폴라니의 『거대한 변혁』을 다시 읽고 있다고 언급한

200

것은, 금융자본가가 사회민주주의적 저작을 탐독한다는 점에서 재미있는 사실이다
(『중앙일보』1998. 1. 26; 2. 9).

4) 그것은 "It's economy, stupid"라며 등장한 클린턴행정부의 경제우선전략 그리고
"America First"라는 미국제일주의 등으로 요약할 수 있다.

5) 유종근은 자신이 미국언론과 월스트리트에서 인기가 있는 이유도 이 같은 확실한
개방철학인 것 같다고 밝혔다(『조선일보』1998. 2. 4).

6) 1997년 6월 미국 덴버에서 열린 세계 최강국 클럽 G-8 정상회담에서 클린턴은 유
럽국가의 정상들에게 미국모델을 채택하라고 권유하였고 프랑스의 시라크 대통령
이나 독일의 콜 총리는 유럽 복지모델의 우월성을 변호하였다(최연구 1997).

7) 1920년에 적어도 35개였던 민주정부가 1938년에는 17개로 줄어들었다(홉스봄
1997, 158~59쪽).

8) 제임스 울펀스 세계은행 총재도 예치금제도를 진지하게 연구할 필요가 있다고 밝
힌 바 있고, 칠레는 이미 시행하고 있다(『중앙일보』1998. 2. 4).

9) 『한겨레신문』; 『중앙일보』1998. 2. 2. 금융자본이 민족국가의 통제 없이 제멋대로
흘러다닐 수 있게 된 것은 1973년 고정환율제도(브레턴우즈체제)가 붕괴하면서부
터이다.

10) 마르틴 · 슈만(1997, 90~100쪽); 요한 갈퉁의 지적(『월간 말』1998년 2월호); 『문
화일보』(1998. 2. 2); 마르코스(1998) 참조.

11) 나이는 프린스턴, 하버드, 옥스퍼드 등에서 정치학과 철학을 전공하였고 카터행정
부에서 국무부 차관보, 클린턴행정부에서 국방부 차관보를 지냈다. 미국에서 가장
유력한 차관보였던 그는 클린턴 재선 후 국무장관 물망에 오르기도 하였다. 현재
그는 하버드대학 케네디행정대학원장을 맡고 있지만 클린턴행정부에 적지 않은 영
향력을 행사하고 있다. 나이는 코헤인과 더불어 '상호의존(interdependence) 개념'
으로 국제관계를 설명하는 제도주의(institutionalism)의 대표적인 논자이며
(Keohane and Nye 1997), 자원이나 군사력 등 hard power뿐 아니라 이념 · 문화
등의 soft power를 활용하여 미국의 패권을 설명한다(같은 책; Nye 1990a; 1990b).
그는 국방차관보 시절인 1994년 미국의 21세기 아태전략의 기본틀을 마련하였는
데, 이것을 흔히 '나이 이니셔티브'라 부른다.

12) 1985년 미국은 대규모 대일 무역적자를 줄이기 위해 일본에 플라자조약을 강요하
여 엔고현상이 초래되었다.

13) 1985~95년 일본의 동아시아 투자액은 510억 달러에 이른다(월든 벨로 1996).

14) 보고르 선언은 선진국은 2010년까지, 개발도상국은 2020년까지 자유화하기로 목표
를 정했다(같은 글).

15) 피터 드러커는 금융자본의 헤게모니를 논하면서 "미국 70%, 유럽 30%, 일본 몫은
없다"고 한 바 있다(박태견 1995, 140쪽).

16) 1997년 4월 15일 워싱턴에서 열린 G-7 재무장관 및 중앙은행총재회의에서도 일본

문제가 가장 중요한 문제로 부각되었지만, 뚜렷한 합의는 없었다.

17) 예컨대 태국은 1995년 7월 금융시장을 전면 개방하였으며, 한국은 1996년부터 주식지수 선물시장을 개방하여 이른바 파생상품(derivative) 시대가 개막되었다. 그러나 태국은 1995년 IMF의 경고를 받은 10대 위험국가에 포함되었고 한국은 1994년 스위스 국제경영개발원(IMD)이 발표한 『세계경쟁력보고서』에서 금융경쟁력 41개국 가운데 겨우 39위였다(같은 책).

18) 소로스와 마히티르의 논쟁에는 이러한 배경이 있다. 박태견(1995, 151쪽)에 의하면, 금융의 황제 소로스는 파생상품 개장에 대비하여 이미 1995년 한국 증시에 3억 달러를 투자해 놓고 때를 기다리고 있었다고 한다.

19) 〔첨가〕 클린턴의 특급 정치참모였던 딕 모리스는 1998년 1월 전화밀담으로 클린턴 대통령이 다음과 같이 말했다고 밝힌 바 있다. "I can't believe what we are doing in Korea. We are pushing on them high unemployment, letting foreigners buy their companies. We are making them adopt capitalistic practice we would never accept in the United States. Is this progress? Is this what we want now? It is what the IMF desires?" 이에 따르면 클린턴은 미국인들이 결코 받아들일 수 없는(never accept) 방식을 한국에 강요하는 것이 과연 옳은 것인지 강하게 회의하고 있다(유민호 2000).

20) 예컨대 싱가포르는 전폭적인 지지, 인도네시아는 조심스러운 지지, 필리핀은 방관자적 입장, 태국은 우려, 말레이시아는 적극적인 반대를 표명하고 있다.

21) 이것은 아세안 6개국에 일본, 중국, 대만, 한국, 인도차이나 3국을 포함하여 지역적인 경제협력기관을 만드는 것을 목표로 하고 있다.

22) 1992년 1월 싱가포르에서 열린 제4회 아세안 정상회담은 '싱가포르선언' '아세안경제협력기본협정' '공동특혜관세협정' 등 세 가지 문서를 채택하였다. 공동특혜관세협정은 1993년 1월부터 역내거래에 관세인하, 수량제한 철폐 등을 포함하고 있다. 이리하여 아세안자유무역지대(AFTA)가 창설되어 아세안의 역내 경제협력에서 주된 기반이 되고 있다.

23) 대표적인 것으로 1990년 10월 가레스 에번스 오스트레일리아 외무장관은 "유럽안보협력회의(CSCE)와 유사한 형태로 아시아의 안보와 협조를 위한 회의를 구성하자"고 제안하였지만 부시행정부의 반대에 부딪혀 좌절되었다. 또한 '북태평양안보회의'를 창설하자는 캐나다의 제안 역시 미국의 반대로 결렬되었다(월든 벨로 1996, 212~13쪽).

24) 1997년 10월 31일 워싱턴의 해군분석센터에서는 슐레진저 전 국방장관, 레이니 전 주한대사, 솔로몬 전 차관보 등이 참석한 가운데 북한붕괴시 동북아 환경에 대한 시뮬레이션이 시행되었는데, 여기서는 북한붕괴시 미국은 한반도의 통일보다는 북한의 민주화를 먼저 추구하는 것으로 정리되었다. 또한 M. 포시 원수도 북한붕괴시 ① 남한의 단독접수 ② 남한과 미국의 연합접수 ③ 유엔의 관리 중에서 미국은 세

번째 시나리오를 선호한다고 밝혔다(데이비드 S. 맥스웰 1997). 미국뿐 아니라 중
국·일본 등 한반도 주변 열강도 한반도의 통일보다는 '분단관리'를 선호하고 있는
것이 현실이다(정상모 1997).
25) 대인지뢰금지운동에 앞장서 97년 노벨평화상을 수상한 조디 윌리엄스의 면담요청
을 사양한 것에서 알 수 있듯이, 통일외교에 관한 김대중 대통령당선자의 입장은
일단 매우 신중한 듯하다(『내일신문』1998. 2. 11).

참고문헌

김민웅 (1998), 「카지노자본주의, IMF, 그리고 아시아의 길」, 『신동아』 1월호.

김상철 편 (1997), 『세계의 석학 11인이 내다본 한국경제』, 창해.

남문희 (1998a), 「"한국 먼저 군비 줄여라" 미국 메시지에 숨은 뜻」, 『시사저널』 4. 2.

______ (1998b), 「미국자본의 썰물작전: 중국경제 길들이기 위해 '자본철수' 극약처방」,
    『시사저널』 4. 9.

______ (1998c), 「워싱턴 매파, 북한에 군축압력」, 『시사저널』 4. 9.

데이비드 S. 맥스웰 (1997), 「북한의 파국적 붕괴와 미국의 대응」, 『사상』 가을호.

마르코스 (1998), 「제4차 세계대전이 시작되었다」, 최연구 옮김, 『당대비평』 봄호.

맥킨지 외 (1998), 『맥킨지보고서』, 매일경제신문사.

민주노조운동연구소 (1997), 『경제 대공황과 IMF 신탁통치』, 한울.

박복영 (1998), 「두 번의 금융위기: 1931년과 1997년」, 『역사비평』 봄호.

박태견 (1995), 『조지 소로스의 핫머니전쟁』, 동녘.

부즈 앨런 & 해밀턴 (1997), 『한국보고서』, 매일경제신문사.

브루스 커밍스 (1996), 「70년 위기의 종언: 삼각구상과 신세계질서」, 서재정·정용욱
    옮김, 『탈냉전과 미국의 신세계질서』, 역사비평사.

월든 벨로 (1996), 「미국과 일본, 그리고 21세기의 아시아·태평양」, 서재정·정용욱
    옮김, 『탈냉전과 미국의 신세계질서』, 역사비평사.

유민호(2000), 「심층취재 특종: 클린턴의 분신 딕 모리스 독점 인터뷰」, 『월간조선』 6월
    호.

이춘근 (1992), 「제3세계의 전쟁」, 이상우·하영성 편, 『현대국제정치학』, 나남.

정상모 (1997), 『새로운 세기를 위하여』, 한겨레신문사.

조지 소로스 (1996), 『소로스가 말하는 소로스』(*Soros on Soros*), 고미선 옮김, 국일증권
    연구소.

최연구 (1997), 「자유주의의 한계와 '사회적 연대'의 모색: 앵글로색슨 모델과 사회적

복지 모델 사이에서」, 『당대비평』 가을호.
최영재 (1998), 「미·중의 '오월동주' 꿍꿍이」, 『시사저널』 4. 23.
한스 피터 마르틴·하랄드 슈만 (1997), 『세계화의 덫』, 강수돌 옮김, 영림카디널.
해리 맥도프 (1996), 「자본의 지구화와 그 지향점」, 서재정·정용욱 옮김, 『탈냉전과 미국의 신세계질서』, 역사비평사.
허광준 (1998), 「미국: '한국의 위기' 손해냐, 이익이냐」, 『시사저널』 3. 26.
홉스봄 (1997), 『극단의 시대』 상, 이용우 옮김, 까치.
Bosworth, S. W. (1998), "The Korean-American Relationship: Continuity and Change(Jan 23)," http://usembassy.state.gov/posts/ks1/wwwh4401.html.
Fukuyama, F. (1992), *The End of History and the Last Man*, Free Press.
Keohane, R. O. and J. S. Nye (1997), *Power and Interdependence World Politics in Transition*, Boston: Little Brown.
Krugman, P. (1994), "The Myth of Asia's Miracle," *Foreign Affairs* vol. 73, Nov/Dec.
______ (1998), "Will Asia Bounce back?," speech to be given in Hong Kong, http://web.mit.edu/krugman/www/suisse.html.
Lim, L. (1998), "'Asian Values' Idea: Is it Out?," *Straits Times* March 29.
Nye, J. S. (1990a), "Soft Power," *Foreign Policy* vol. 80, Fall.
______ (1990b), *Bound to Lead: The Change Nature of American Power*, New York: Basic Books
Polanyi, K. (1957), *The Great Transformation: The Political and Economic Origins of Our Times*, Beacon Press. (박현수 옮김, 『거대한 변환: 우리 시대의 정치적 경제적 기원』, 1991, 민음사.)
Schlesinger, Jr., A. (1997), "Has Democracy a Future," *Foreign Affairs* Sept/Oct.
Sweezy, P. M. (1994), "The Triumph of Financial Capital," *Foreign Affairs* May/June.
Yamamura, K. & W. Hatch (1997), "A Looming Entry Barrier: Japan's Production Networks in Asia," The National Bureau Asian Research, no. 2, http://www.nbr.org/pub/analysis/vol8no1doc.html.

한반도의 분단과 일본의 개입

38선의 분단으로 12개의 강과 75개 이상의 샛강이 잘렸고, 수많은 산들이 갈렸으며,
181개의 작은 우마차길, 104개의 지방도로, 15개의 간선도로, 6개의 철로가
절단되었다. 심지어 옹진반도는 고립되었다. —Shannon MaCune

1. 머리말

한국의 분단은 흔히 미소 냉전 때문이라고 한다. 이러한 담론이 완전히 틀린 것은 아니지만 대단히 불충분한 것임에는 틀림이 없다. 거대담론은 대개 관련 행위자의 구체적인 활동과 그 차이를 매몰시킬 뿐아니라, 종종 역사와의 단절을 야기하기도 한다. 특히 전후의 냉전체제가 전전의 식민체제와 어떤 관련성이 있는가 하는 것은 민족문제가 관건적 의의를 지니는 아시아에서 대단히 중요한 문제이며, 분단 한반도의 경우 특히 더 그러하다.

38선과 남북분단은 미소 냉전체제의 산물이고, 일제의 식민주의는 단지 역사적 배경에 지나지 않는 것인가. 아니면 일본이 식민통치의 연장선상에서 한반도의 분단에 모종의 구체적인 변수로 작용하였는가. 이를 규명하기 위해 일본, 조선총독부, 조선주둔군의 종전 구상과 공작을 살펴보고자 한다. 이것은 비단 일본의 행위를 해명하는 데 필

요할 뿐만 아니라, 한반도 분단의 성격과 주체 나아가 미국의 한반도 정책을 제대로 규명하기 위해서도 필수적이다.

그간 미국의 대(對)한반도 정책에 대해서는 선의의 '준비부족론' 내지 '선의의 무지론'과 '준비점령론'으로 논쟁이 되어왔다. 현재 소련의 대한정책과 마찬가지로 미국의 대한정책이 준비되지 않은 상태였거나 결여되어 있었다는 주장은 점차 설득력을 잃고 있지만, 준비점령론 또한 대단히 단순한 구도로 문제점이 적지 않다. 미 국무부와 합동참모본부, 3부조정위원회(SWNCC) 등이 대한정책을 여러 가지로 준비·입안한 것은 사실이지만, 그것은 그야말로 실제 집행과는 일단 거리가 있는 준비의 수준이다. 그러한 준비와 무관하게 제24군단이 급하게 남한에 진주하였으며, 제24군단은 한반도의 초기 점령정책에 대해서 거의 준비한 것이 없었다(정병준 1996). 그렇다고 미국의 점령방식이 '선의의 무지론'이라는 것은 아니다. 오히려 그 반대, 준비된 것보다 더 억압적인 방식으로 한반도의 점령이 집행되었고, 바로 이 지점에서 일본의 결합이 있었다는 것이다

이처럼 종전 전후 일본의 행위를 해명하는 것은 해방에서 분단으로 이르는 한국 현대사의 결정적 전환국면에서 역사적 인과관계의 공백을 메우는 중요한 작업이다. 몇 가지 선구적인 업적들을 참고하면서 (김기조 1994; 1998; 정병준 1996), 이 문제를 다시 정리해 보고자 한다.

2. 일본의 '화평공작'과 조선 영유

1943년 1월 루스벨트와 처칠은 카사블랑카회담에서 독일과 일본의 '무조건항복'을 연합국의 정책목표로 결정하고 그해 12월 카이로회담에서 연합국(미·영·중)은 일본에 대해 무조건항복을 촉구하였다. 이

무조건항복이 의미하는 바를 정확하게 이해하기 위해서는 먼저 조건
부 항복의 내용을 살펴볼 필요가 있다.

　1943년 초부터 일본은 '화평공작'(和平工作)을 통해 나름대로 유리
한 조건의 종전대책을 모색해 왔다. 예컨대 재야 화평파인 고노에(近
衛) 그룹은 1943년 초 비밀결사 이쓰유카이(乙酉會)를 조직하고 "해
외 모든 영토를 포기하되 식량과 자원의 보급원으로 조선과 대만을 보
유하는 경우에 항복함으로써, 일본의 파멸을 방지하고 소련참전 이전
에 종전한다"는 방침을 세우고 있었다. 여기서 일본의 파멸을 방지하
기 위해 배후지로 조선을 영유한다는 것에 주목할 필요가 있다. 실제
일본은 1943~45년 다양한 화평공작을 진행시켰는데, 그 핵심은 일본
본토에서의 국체 유지, 즉 천황제 보존과 아울러 '조선과 대만의 영유'
였다. '15년전쟁'으로 획득한 영토는 반환하되, 그 이전에 이미 식민지

〈표〉 일본의 화평공작(1944~45)

시기	대상국	쌍방의 중개인	주요 논지
1944. 9 1945. 4	스웨덴	마이니치신문 鈴木史郎 전무, 昌谷 전 핀란드 대사 /바게 주일 스웨덴공사	이번 전쟁(만주사변 이후)에 서 정략(政略)한 영토 일체 반 환(대만과 조선 제외)
1945. 1	바티칸	原田 주 바티칸공사 /미 OSS	1937년 전의 현상 유지
1945. 4~7	중국	今井武夫 참모 /何柱國 상장(上將)	중국 주장: 대만, 조선, 사할린 등 전 해외영토 철수
1945. 4~6	스위스	藤村 해군무관, 加瀨 공사 /OSS(앨런 덜레스)	천황제 보존, 조선과 대만 영 유
1945. 5	포르투갈	井上 참사관 /OSS 요원-바루치 미국대사	이번 전쟁에서 정복한 것 전부 포기(조선·대만 계속 영유 함 축)
1945. 6~7	소련	廣田 전 수상, 佐藤 주소 대사/ 말리크 대사, 외상	만주 중립화, 이번 전쟁에서 얻은 모든 영토 포기(조선·대 만 계속 영유)

가 된 지역은 그대로 보유한다는 것이다(〈표〉 참조).

연합국은 1948년 7월 포츠담선언에서 "일본의 주권은 혼슈(本州), 홋카이도(北海島), 규슈(九州), 시코쿠(四國) 및 우리가 결정하는 인근 소도서(小島嶼)로 국한된다"고 선언하였지만, 일본은 여전히 본토에서의 천황제 유지와 대만·조선의 영유를 종전의 조건으로 내걸고 있었다. 미국의 원폭투하와 소련참전 이후인 8월 10일 이후에야 일본은 비로소 조선·대만의 영유를 포기하고 천황제 유지만을 조건으로 항복을 제의하였다. 연합국은 천황은 연합국 군총사령관에게 복종한다는 것을 전제로 일본의 항복을 수락하였다.[1]

일본이 조선을 포기함으로써 일본의 대한반도 정책과 영향력은 이제 끝난 것인가. 그렇지 않다. 연합국의 한반도 점령방식에 모종의 영향력을 발휘하여 일본에 유리하게 하는 것이 남아 있었다. 그것은 다시 38선문제와 관련되는 것과 38선 이남지역의 점령정책에 영향력을 발휘하는 것으로 나눌 수 있다.

3. 일본군의 분리와 38선

38선에 관해서는 해방 직후부터 현재까지 많은 주장들이 분분하지만, 최근의 연구는 대체로 다음과 같이 정리할 수 있다. ① 38선은 미국이 주도하여 소련이 접수함으로써 성립되었다. 즉 동북아에서 미소 냉전체제의 분계선이다. ② 미국의 정책브레인들은 1944년경부터 한반도의 분할을 포함한 군사작전선 및 점령방식 등에 대해 여러 가지로 검토해 왔다. ③ 그러나 실제 38선이 채택·집행되는 것은 1945년 8월 10~11일 미국의 3부조정위원회(三部調整委員會)와 휘하의 전략정책단에 의해서 급하게 획정되었다.[2]

이러한 연구로 해서 38선의 획정과정과 전반적인 성격은 상당 부분 해명되었다. 그렇다면 38선과 일본은 무슨 관련이 있는가. 미국이 한반도의 점령방식과 분할에 대해 많이 검토하였다고 하더라고 그것이 집행되기 위해서는 일정한 필요조건이 충족되어야 한다. 일본의 한반도정책이, 미국이 한반도의 분할을 연구·검토하는 단계(②)에서 정책으로 실제 집행하는 단계(③)에 어떠한 촉매로서 작용하였는가, 그리고 그것은 한반도의 분단과 38선의 성격(①)에 어떤 성격을 추가하게 되었는가를 밝히는 것이 이 글의 목표이다.

38선은 오랜 단일국가인 한반도를 분단한 선이고 아직 해결되지 않았기 때문에, 이에 대한 관련자들의 증언은 여러 가지로 정치적 함의를 가지는 경우가 많다. 이러한 점에 유의하면서 우선 해방 직후 주한 미군사령관 하지(J. R. Hodge)의 언급을 보자. 그는 1945년 9월 주둔 직후 38선에 대해 "나 자신이 모르는 만큼 대답할 수 없으며 군문(軍門)에 있는 나보다는 미국 워싱턴 외무성에 직접 관계되는 것"이라 대답하였다(『매일신보』 1945. 9. 18; 국사편찬위원회 편 1968). 그러나 주둔군 사령관으로서 이런 중차대한 문제를 회피할 수만 없었던 하지는 11월 국무부의 입장을 밝히는 다음의 성명을 발표하였다.

일전 미국 국무성에서는 조선을 미소 양 지대로 분할하게 된 원인을 재차 설명하였다. 즉 **일본항복 당시 일본군대의 배치**(강조는 인용자. 이하 동일)로 인하여 연합국은 맥아더 대장을 통하여, 북의 38도 이북의 일본군은 소군에, 이남의 일본군은 미군에 각각 항복하라고 지령하였다. (『자유신문』; 『서울신문』 1945. 10. 27)

여기서 주목되는 구절은 '일본군대의 배치'가 38선의 배경(원인)이 되었다는 언급이다. 당시 비슷한 주장은 미국본토에서도 제기되었다. 1949년 6월 16일 미 하원외교위원회의 한국원조 심의를 위한 청문회에서 육군부 기획작전국장 볼트(Bolte) 소장은 38선을 최초로 고안한 자가 누구냐는 추궁에 대해, "일본군의 항복 수락을 위하여, 일본군대의 두 부분간에 분할선을 긋는 결정을 내려야만 했다"고 말했다.[3]

이러한 논리는 해방 직후 조선에서 38선이 처음으로 공표될 때에도 그 흔적이 남아 있다. 8월 27~28일 조선군관구 사령부는 "조선 북반부의 정전은 관동군과 소련군 최고사령관의 협정에 따라 … 북위 38도 이남의 조선부대의 국지 정전에 관하여 교섭할 상대는 조선군관구 사령관과 합중국 제24군사령관으로 결정되었다"고 발표하였다(森田芳夫 1963, 277쪽; 1964, 154~55쪽). 요컨대 종전 당시 조선에서 일본군의 지휘체계가 조선의 남부는 대본영 소속, 북부는 관동군 소속으로 분리되어 이를 기준으로 38선이 획정되고, 북쪽은 소련군이 남쪽은 미군이 항복을 접수하였다는 주장이다.

이처럼 일본군의 분리가 한반도의 분단과 관련되어 있다는 주장은 일찍부터 있었다. 그후 이것을 다시 제기한 사람은 고준석이다. 그에 의하면 1945년 초 일본대본영은 조선군에 대하여 38선 이북의 부대는 관동군사령부의 지휘하에, 그리고 이남의 군대는 … 제17방면군사령부 지휘하에 들어가도록 편성하였는데, 관동군의 증강은 소련군의 대일 참전에 대비하기 위한 것이고, 17방면군은 미군에 대비하기 위한 것이며, 그래서 미국정부는 그것을 근거로 미소 양군의 점령 경계선으로 분단안을 만들었다는 것이다(高峻石 1989, 13~14쪽). 이러한 주장에 대해 일본의 한 학자는 군사기술적 측면을 강조한 것이라며 비판하였지만(藤城和美 1992, 183~84쪽), 고준석의 의견에 공감하는 학자도 적지 않다.[4]

일본군의 분리가 38선의 배경이 되었다는 이러한 주장에는 몇 가지 검토해야 될 과제가 있다. 소련의 대일 참전에 대비하여 1944년 후반부터 관동군의 작전지역이 한반도까지 확대된 것은 사실이지만, 45년 8월 10일 이전까지 함경북도, 함경북도와 평안남북도 등으로 점차 확대되었고, 45년 8월 10일에는 관동군이 전조선 지역으로 확대되었다(김기조 1994, 129쪽). 때문에 45년 8월 10일 이전 미국에서 한반도 분할을 검토하던 시기 관동군의 작전지역은 가변적이었고, 38선과 일치하지 않는다. 또 미국에서 38선을 획정하는 45년 8월 10일 관동군의 작전지역은 오히려 전조선지역을 포괄하는 것으로 바뀌는 시기였다.

따라서 한반도 일본군의 작전지역 분리가 38선 그 자체의 근거로 보기는 어렵다. 그러나 한반도의 지휘계통이 대소·대미 작전지역으로 나누어진 것이 한반도에서 미소 작전지역을 분리한다는 관념의 배경이 되었을 수는 있다. 물론 그렇다고 하더라고 그것이 일본의 의도의 표출로 보기는 어렵다. 왜냐하면 당시까지 일본의 목표는 한반도의 영유였기 때문이다.

이상을 종합해서 보면 일본군의 분리가 38선의 배경이 되었다는 하지와 미국측의 설명은 38선문제에 대한 미국측의 책임을 일부 은폐하면서 '하나의 배경'을 슬쩍 언급한 것으로 볼 수 있다.

4. 일본의 유혹?

그렇다면 일본은 한반도의 분단과 38선획정 논의에서 하나의 '선의의 희생양'인가. 제2차 세계대전 당시 최고사령관이자 한반도의 분단이 본격화되는 1948년에 국무장관을 지냈던 마셜은 1948년 10월 13일 파리에서 유엔한국대표단을 접견하는 자리에서 38선과 관련하여 다음과 같이 발언하였다.

> 군사분계선 38선이 어떻게 해서 나오게 되었는지 대외비로 설명하겠
> 다(explained confidentially). 그것은 1945년 9월(8월의 오기—인용자)
> 조선주둔 일본군사령관의 자세에 대한 모종의 발견 때문이었다. (*FRUS 1948*,
> p. 1314)

당시 유엔한국대표단 어느 누구도 이 중요한 대목을 더 이상 캐묻지
않았다. 그러나 1959년 마셜의 서거 직후 『U. S. 뉴스 앤드 월드 리포
트』(*U. S. News & World Report*)는 커버스토리로 38선분할에 대한 마
셜의 생전 언급을 비교적 소상하게 소개하고 있다.

> 나(마셜—인용자)는 '외교관들이 모여앉아 한반도를 38선으로 어떻게
> 분할하였는가'를 비판하는 많은 글들을 읽어보았다. 의원들과 편집인
> 등 여러 사람들은 '외교관들이 좀더 현명했어야 했다' '외교관들이 〔한
> 국〕전쟁을 끌어들였다'고 비판한다. 그러나 그것은 그렇게 해서 일어난
> 것이 결코 아니다. 정말 어떤 일들이 있었는지 알겠소?
> 우리는 일본의 전문 메시지를 포착했다. 그 메시지는 조선의 일본군사령관으로
> 부터 본국의 일본군사령부로 보내는 것이었다. 그 전문에는 공산군이 조선으로
> 쏟아져 들어오고 있으며, 미국이 공격하면 그들은 일본군대 전부를 항복시키겠다
> 고 적혀 있었다.
> 그들은 공산군이 그들에게 무슨 짓을 할지 두려워하고 있었는데, 그
> 들의 걱정은 온당한 것이었다. 그때까지 우리는 조선진격을 계획하였지만, 맥
> 아더는 조선침공에 적어도 1개 군단이 필요한 것으로 생각하였고, 그의 군대는
> 널리 산재해 있었다. 그런데 우리가 그 전보를 포착했을 때, 우리는 적은 부대로

도 조선에 진격할 수 있겠다고 깨달았다. 그래서 우리는 그렇게 하기로 하였다.[5]

앞서 언급한 바와 같이 미국은 전략정책단을 중심으로 44년 이후 한반도의 분할점령을 다각도로 연구·검토한 바 있다. 그러나 종전 직전 문제는 실제 그것을 집행할 수 있는가 하는 진공속도가 현실적인 쟁점이었다. 이러한 관점에서 마셜의 언급은 38선과 관련하여 몇 가지 중요한 단서를 전해 주고 있다. 첫째, 미군은 38선획정 이전에도 한반도를 방기하거나 소련에게 맡기는 것이 아니라 독자의 작전전개를 검토하였다. 사실 마셜은 포츠담회담 당시에도 조선에 미군을 상륙시키는 계획을 언급한 바 있다. 둘째, 그러나 종전이 임박해지기까지 맥아더 사령관 휘하의 군대들이 한반도에서 멀리 산재해 있어서 한반도 상륙작전을 현실적으로 실행하지 못하였다. 셋째, 그때 "미국이 조선을 공격하면 일본군대를 항복시키겠다"는 일본군의 전문을 통해 한반도에서 미군의 작전이 가능하다는 깨달음을 얻었다. 넷째, 일본군이 그러한 전문을 보낸 이유는 소련군에 대한 공포 때문이었다.

마셜의 증언은 이처럼 중요한 내용을 포함하고 있고, 또한 첫번째, 두번째와 네번째 등은 당시의 현실 및 최근의 연구성과와 부합하는 것들이다. 다만 38선과 결정적으로 관련되는 셋째부분을 뒷받침할 전문은 현재 남아 있지 않다. 8월 종전 전후의 일본문서들은 대단히 중요한 의미가 있지만, 일본의 '종전대책'으로 그 태반이 소각·망실되어 찾을 수 없다(김기조 1994, 23쪽). 조선총독부의 경우도 종전 직후 가장 먼저 착수한 일이 비밀문서를 소각하는 것이었으며, 그것은 1주일이나 계속되었다.[6] 실제 대화숙장(大和塾長)이자 경성보호관찰소장이던 나가사키 유조(長崎祐三)는 1946년 3월 공문서류 훼기(毁棄)와 자금횡령혐의로 기소되어 징역 1년 6월을 언도받기도 하였다.[7]

사정이 이러하기 때문에 비슷한 내용의 전문이라도 추적하는 수밖에 없다. 마셜의 발언으로 봐서는 그 전문의 발송시각은 소련군이 참전하는 동경기준시 8월 9일 오전 00: 05(미국 EST 8월 8일 오후 10시 05분) 이후, 미국 3부조정위원회에서 한반도 분할선을 지시하는 미국 동부표준시(EST) 8월 10일 오후 9시(동경기준시 8월 11일 오전 11시) 이전으로, 시간은 59시간 정도이다(같은 책, 273쪽). 그중 일본대본영이 조선의 제17방면군에 보낸 8월 9일자 전문 하나를 보면 다음과 같다.

> 제17방면군은 관동군의 전투서열에 들어갈 것, 예속 변경시간은 8월 10일 6시로 함 … 관동군의 주작전을 대소작전으로 지향하여 본토 조선을 보위함. 그 동안 남조선 방면에서는 최소한의 병력을 가지고 미군의 내공에 대비할 것.[8]

이 전문에는 일본이 38선을 의도하거나 한반도 남부에 미군주둔을 직접 유혹했다는 언급은 없다. 그러나 17방면군의 전투서열을 관동군으로 바꾸어 대소방어에 주력하고 그간 주력하였던 남부지역의 대미방어선에는 최소 병력만 남긴다고 표명한 점, 즉 강경한 대소정책과 유화적인 대미정책으로 구별하고 있는 점은 마셜의 언급과 궤를 같이한다. 이것은 일본이 8월 9일부터 미국과의 관계개선을 적극 모색하였다는 주장과도 일치한다.[9] 또한 미국은, 제17방면군이 앞의 전문지시를 실시한 내용을 대본영에 보고한 전문을 포착·해독하여, EST 8월 10일 오후 2시 25분(동경표준시 8월 11일 오전 4시 25분)에 워싱턴에 보고하였다(같은 책, 283~91쪽). 그리고 그날 저녁 38선이 그어졌다.

그러나 여전히 문제는 이 전문에는 "일본이 38선을 의도하거나 한반도 남부에 미군주둔을 직접 유혹했다"는 언급이 없다는 점이다. 따라서 관련 전문을 찾아내는 것이 여전히 과제이다. 때문에 전문 발송일은 8월 10일이 유력하며, 그럴 경우 앞의 8월 9일자 대본영 전문의 답신이었을 가능성이 크다.

8월 10일 오전 9시 30분경 도쿄방송은 "일본정부가 천황폐하의 대권을 침해하지 않는다는 조건으로 포츠담선언을 수락할 용의가 있다"고 발표하였으며, 조선총독부와 조선주둔군도 이 방송을 들어 일본이 조선을 포기한다는 사실을 알았다.[10] 이후부터 조선총독부와 조선주둔군이 가장 두려워한 것은 소련군의 경성점령이었다. 이것은 조선총독부와 여운형의 교섭과정, 뒤에서 살펴볼 종전 직후 일본대본영과 조선주둔군의 전문에서도 확인할 수 있다. 이와 관련하여 모리다(森田)는 조선주둔군에서 포츠담선언 수락을 인지한 이후 "일본군대가 미군에 항복하여 소련군의 남조선점령을 모면할 수 있겠다"는 전문을 대본영으로 보냈을 것으로 추정하였다. 그러나 현재로서는 그 전문을 확인할 수 없다.[11]

8월 10일 이후 미군의 한반도 공습이 중지되었다는 것도 일본의 대미정책 전환과 관련이 있을지 모른다.『경성일보』의 기사를 중심으로 살펴보면 미군 전투기는 1944년 7월부터 한반도 상공에 나타나기 시작하여 1945년 들어와서는 거의 매일 공격하였다. 1945년 8월 9일에도 B-25 5개 편대 34기가 공습하여 그중 1기가 격추되기도 하였다. 그러나 8월 10일 이후에는 미군 비행기가 한 대도 나타나지 않았다. 반면 소련 비행기들은 8월 9일부터 공격을 시작하여 8월 14일까지 계속되었다(森田芳夫 1963, 10, 70~98, 109~12쪽). 육지전에서도 남과 북의 상황은 현격하게 달랐다. 북부에서 소련군과 일본군의 전투는 8·15 이후에도 닷새 동안 계속되었지만, 남부의 일본군은 미군에 아무런 저항을 하지 않았을 뿐 아니라 적극 협조하였고, 더욱이 소련군의 공격에 맥아더가 빨리 개입해 줄 것을 요구하였다.[12]

5. 일본과 미군의 결합

38선문제에 대한 일본의 개입과 역할은 대단히 중요한 문제이지만, 확정적 언급을 위해서는 아직도 구체적인 자료를 더 발굴해야 하는 과제를 안고 있다. 그러나 종전 직후 일본정부와 일본대본영, 조선총독부와 조선주둔군이 자신들에게 유리한 상황을 만들어가기 위해 미군과 접촉하였다는 것은 구체적인 전문들로 남아 있다.

8월 10일 조선총독부는 단파방송을 통해 일본이 포츠담선언을 수락한다는 것을, 다시 말해 조선을 포기할 수밖에 없음을 알게 되었다. 조선을 버릴 경우에도 그들에게 차선의 선택은 남아 있었다. 조선인들에 대한 무마정책과 점령군인 미군에 대한 접근이었다.

먼저 조선총독부는 종전대책으로 유력한 조선인을 통해 자신을 보호하는 공작을 추진하였다. 그들이 제일 먼저 선택한 사람은 미국과의 관계를 고려한 듯 온건우파의 송진우였다. 8월 12일 엔도(遠藤) 정무총감은 니시히로(西廣) 경무국장을 송진우에게 보내 접촉을 시도하였으나 성사되지는 않았다.[13] 이에 대한 송진우의 입장도 유보적이었지만 조선총독부의 송진우에 대한 접촉도 점차 소극적으로 되었는데, 그 이유의 하나가 남진하고 있는 소련군 때문이었다.

8월 14일 밤 11시경 조선총독부는 통신사를 통해 이튿날 일본이 항복한다는 사실을 알았다. 총독부의 상황은 더욱 다급해졌고, 간부들은 심야 대책회의를 거쳐 조선인정치범 석방 등을 결정하였다. 다음날 오전 6시 엔도 정무총감은 여운형과 적극 교섭하여 조선인에 의한 치안

218

유지를 당부하였다(여운홍 1967, 136쪽; 서중석 1991, 199쪽). 이 자리에서 엔도가 "적어도 17일 오후 2시경까지 소련군이 경성에 들어올 것"이라고 말하고, 이튿날 여운형을 다시 만나 "미국이 조선 남단의 부산-목포 지역을 점령할 것이며, 반도의 나머지는 소련군이 점령할 것"이라고 말했다. 이것으로 보아 당시 조선총독부는 미소 양군이 한반도에 진주한다는 사실은 알았지만 그 경계가 38도선이라는 것은 몰랐던 것이 분명하다. 즉 그때까지 조선총독부는 경성에 소련군이 진주하는 것으로 알고 있었으며, 그것이 좌파인 여운형을 선택한 중요한 이유 가운데 하나였다.

8월 21일 만주 연길에서 소련군과 일본군이 무장해제협정을 맺을 때까지, 조선총독부는 '남부조선'에 대한 별다른 지침을 가지지 못하였다. 그러나 곧 복음이 들려왔다. 8월 20일 가와베(河邊虎四郎) 대장이 마닐라로 가서 맥아더 사령관으로부터 38선이 포함된「일반명령 1호」를 수교하였고, 8월 21일 그가 귀국한 다음날(8. 22) 일본 내무차관은 조선총독부 정무총감에게 "조선에서 일본군 무장해제는 38선 이북은 소련이, 이남은 미군이 하게 된다"고 타전하였다(山名酒喜男 1956; 森田芳夫 1964, 154쪽). 즉 총독부가 38선의 존재와 경성지역이 미군에 의해 점령된다는 사실을 정확하게 안 것은 8월 22일 이후이다.

바로 이때부터 조선총독부와 조선주둔군은 무슨 근거에서인지 조선인에게 위탁하던 수세적인 위치에서 벗어나 다시 일본군이 전면에 나서는 적극적인 정책으로 전환하였다. 8월 23일 조선총독부 총독은 국장회의에서 "치안유지는 제국경찰이 담당한다"고 밝혔고, 일본군은 조선인의 협조를 당부하는 전단을 살포하였다(森田芳夫 1963, 19쪽; 샤브쉬나 1996, 92쪽). 이후 조선인의 해방감은 두드러지게 위축되었다. 예컨대 8월 16~24일 해방 1주일 동안 694건에 달하던 조선인의 식민통치

기구와 신사에 대한 공격이 8월 24일 이후에는 단 한 건도 없었다(森田芳夫 1963, 13~15쪽). "해방은 16일 하루뿐이었다"는 안재홍의 개탄은 이러한 기막힌 역전의 함축적인 표현이었다(안재홍 1948).

이제 일본은 소련을 이유로 미국과 결합하기 시작하였다. 맥아더사령부가 있는 마닐라와 도쿄 사이에는 많은 메시지가 교환되었으며(H. S. 트루먼 1968, 452쪽), 경성의 조선주둔군 최고사령관과 미 24군단사령관 사이에도 끊임없이 메시지가 오고 갔다(정병준 1996; *HUSAFIK* p. 57). 한국인들이 모르는 사이에 주고받은 이 메시지들은 초기 미군정의 대한정책에 결정적인 영향을 끼쳤다. "가장 신뢰할 수 있는 정보원은 일본인"이라던 하지 사령관의 고백(R. E. 로터바치 1983, 40쪽; D. W. 콩트 1988, 34쪽)은 무서운 진실이었다.

8월 22일 38선의 존재와 미군의 주둔을 알고 난 이후 조선총독부는 '군의 무장해제 이후의 치안유지'에 대한 각별한 우려를 본국 내무대신과 육군대신에게 전달하였고(森田芳夫 1963, 18~19쪽), 이를 토대로 8월 23일 일본대본영은 마닐라의 연합군 최고사령관에게 제1신의 전문을 보냈다.

만주 내몽고 및 북조선에서 일본군대의 무장해제가 진행중인데 … 일본 군대와 민간인들이 여러 곳에서 불법적인 총격·약탈·폭행·강간 등으로 희생당하고 있으며 그로 해서 법과 질서의 유지가 거의 불가능하므로, 일본인들이 안전한 장소로 이송될 때까지 우리 군대가 무장을 계속 유지하도록 허가해 달라.[14]

맥아더는 이 전문을 24군단에 바로 전달하지 않았지만(정병준 1996), 8월 24일 24군단 사령관 하지에게 남한을 효율적으로 통치하기 위해 어느 시기까지 총독부 관리들을 최대한 이용하라는 지시를 내렸다(*HUSAMGIK* vol. 1, p. 27). 같은 날 조선총독부에서는 미군과 사전교섭을 위해 비밀자료「희망사항」13개조를 작성하였다(山名酒喜男 1963, 20~21쪽). 이 13개조는 "미군이 상륙하여 입성할 때 조선인의 폭동화를 저지하는 데 각별한 배려" 운운한 제1조를 비롯하여 조선에 대한 일방적인 적대정책으로 구성되어 있었다.[15]

8월 28일에는 일본 정부 명의로 연합군 사령관에게 제2신을 타전하였다.

> 북조선상황은 8월 23일 이래 최악의 것으로 돌변했고, 일본거류민의 생명·재산은 임박한 위험에 노출되어 있다. 이 비참한 상황을 치유하지 않고 방치한다면 결국 상황은 남조선에까지 확산될 우려가 있다. 그리하여 평화질서 유지와 관련하여 현지 일본당국을 극도의 곤란 속에 빠뜨릴 것이다. 따라서 ① 현지 일본정부 당국은 남조선에서 일본당국으로부터 평화·질서 유지 책임을 떠맡을 연합군의 조속한 상륙을 열렬히 기다리며, ② 연합군이 일본군의 무장해제를 진행시키고 일본인의 손에서 행정기구를 이양해 가기 전에 현재의 정확한 상황을 충분히 고려해 주길 긴급히 희망한다.(번호와 강조는 인용자)[16]

"연합군의 조속한 상륙을 열렬히 기다리고 있다"며 적군의 조기 진주를 요청하는 유례 없는 내용은 앞서 언급한 마셜의 증언을 상기시킨다. 이튿날(8. 29) 맥아더는 이 전문을 24군단에 타전하였고, 일본정부에는 이 전문에 대한 답변으로 "① 24군단이 남한점령을 위해 9월 7일 상륙하며, ② 조선주둔 일본군사령관이 8월 31일부터 24군단과 무선연락을 취하라"는「메시지 Z-646」을 보냈다(정병준, 1996).

맥아더의 「메시지 Z-646」에 따라 8월 31일부터 9월 4일까지 조선주 둔 일본군 최고사령관과 미 24군단사령관 사이에는 적어도 40회 이상 의 메시지가 끊임없이 교환되었다(같은 글 1996; *HUSAFIK* p. 57). 조선주 둔군 사령관이 보낸 전문의 제1기조는 조선총독부의 「희망사항」 1조 와 마찬가지로 조선인의 폭동화를 우려하는 적대정책과 이를 기반으 로 하는 일본군 유지정책이었다.

① 이곳의 평화와 질서를 혼란시킴으로써 상황의 이득을 얻으려고 음 모를 꾸미는 공산주의자들과 독립선동가들이 조선인들 사이에 존재한 다. 귀부대의 점령 · 수송을 완료할 때까지 경찰과 헌병을 그대로 유지 하는 외에 평화 · 질서를 유지하기 위해서는 최소한의 일본군이 필요하 다(1945. 9. 1).

② 조선인폭도가 경찰에 반대하는 폭동을 일으키고, 군수품약탈 · 파 업을 벌이고 있다. 수송과 통신은 두절되거나 연착되었다. 군대가 지원 해 주지 않으면 경찰은 무력한 상태이다(1945. 9. 1). (정병준 1996)

결국 이 전문의 희망대로 일본군은 존속하였고, 무력을 보유하는 '행 복한 철수'를 보장받았다(森田芳夫 1963, 347~48, 513쪽).

미군은 9월 초 상륙에 앞서 전단을 살포하였다. 그 전단에는 "사회 안정과 질서를 파괴하는 자 등은 사형을 포함한 엄벌에 처한다"는 억 압적 내용들로 가득 차 있었으며, 주민들은 미군이 도대체 왜 이렇게 생각하는지 매우 의아해하는 눈길로 전단을 읽어갔다(샤브쉬나 1996, 97 ~98쪽). 이것을 처음 본 조선인들은 경악했지만, 일본의 8~9월 전문 들과 조선총독부의 '종전대책'에서 누누이 강조된 내용이었다. 더욱이 조선주둔군 사령관이 미 24군단사령관에게 보낸 전문을 보면 놀랍게도 전단살포 전후 서로 긴밀하게 협의하였던 것을 알 수 있다.

① 평화와 질서를 유지하는 데 효과적일 것으로 보이는 귀하의 메시지들의 일부를 공개하고 싶다(1945. 9. 2 이후 일자 미상).
② 투하된 귀측의 메시지에 대한 조선인들의 반응은 평화·질서유지란 측면에서 상당히 양호한 결과를 초래했다. 만약 귀하가 미군의 조선점령 완료시까지 일본사령관이 평화와 질서를 유지할 책임을 지니며 또한 약탈·소요·폭동 혹은 파괴범죄를 저지른 사람들은 계엄령에 따라 처벌된다는 취지의 전단을 투하함으로써 대중들에게 통지한다면, 우리는 향후로도 이런 유형의 메시지를 반길 것이다(1945. 9. 3).
③ 귀측이 메시지를 투하한 직후 라디오방송을 통해, 또한 중요 지점에 포스터를 부착하는 방식으로 남조선 전역에 이를 알릴 의도이다. 조선인·일본인 모두가 이 내용을 보게 되면 평온을 유지할 것으로 확신한다(1945. 9. 3). (정병준 1996)

일본측의 희망대로 9월 7일 미군 선발대가 도착하여 총독부 관리와 긴밀히 회동하여 초기 점령정책의 골격을 잡았다. 특히 선발대장 해리스(C. Harris) 중장은 일본인 총독과 총감을 그대로 두는 통치방법을 제시하여 총독부관리들이 오히려 민심이반을 이유로 조선인 유력자의 활용을 건의할 정도로 미국은 일본에 우호적이었다(도진순 1997, 32쪽).

9월 8일 미군이 인천에 상륙할 때 아무것도 모르는 조선군중들은 화환과 기를 들고 환영하였다. 이들에게 일본군이 발포하여 조선인 보안대원 2명이 사망하고 여러 명이 부상당하는 사건이 일어났다. 미군에 의해 이 사건에 대한 재판이 열렸으나, 조선인들이 '환영금지' '외출금지'를 어겼기 때문에 일본 경찰대원의 발포가 합법이라고 판결하였다.

조선인측은 보안대원은 경찰의 협력단체라며 재심을 요구하였지만, 미군은 이를 기각하였다(森田芳夫 1963, 274~75쪽; Gosfield & Hurwood 1969, pp. 92~93).

이처럼 「희망사항」 제1조와 전문들의 제1기조로서 강조한바 "미군 상륙시 조선인의 폭동화"는 조선인이 아니라 일본군의 발포에 의해 실현되었다. 9월 9일 오후 4시 조선총독부의 일장기가 내려왔을 때, "일장기는 내렸지만 일본정권은 보존되었다"고 지적하였다(『경성일보』 1945. 9. 10). 냉전이 시작되기 이전에 이미 식민이 재생하고 있었다는 것은 한반도 분단사를 이해하는 데 참으로 중요한 요소이다. "가장 신뢰할 수 있는 정치인"으로 '친일파'가 소련과 북한에 맞서는 '우익'의 이름으로 등장하여 단정을 추진하였다.

6. 맺음말

해방 조선에서 이러한 불행의 연속은 냉전이란 이름으로 일본이 미군과 결합함으로써 만들어진 구조의 반영이었다. 38선은 결국 남북의 분단정부 수립으로 귀결되었는데, 분단정부 수립 구상의 씨앗이 뿌려진 곳도 일본 도쿄였다. 1945년 10월 13~15일 맥아더, 하지, 이승만은 도쿄에서 극비리에 회동하여 미소공동위원회에 대한 반대와 남한만의 과도정부 수립을 협의하였다.[17] 38선에 대한 비밀증언을 남긴 바 있는 마셜 국무장관은 1947년 1월 29일 맥아더의 건의를 받아들여 "남한만으로 한정된 정부(definite Government)를 조직하여 남한경제를 일본에 연결시키는 계획안"을 작성하라고 지시하였다.[18]

이리하여 한반도의 분단은 공공연하게 세계정치의 표면으로 부상하였으며, 조선에서 해방은 분단으로 가는 막간극으로 변질되었다. 한반도의 분단에는 일본이 있었으며, 이것은 분단이 단지 냉전에 의한 것이 아니라 식민과 결합된 것이라는 징표이다. 분단을 반대하던 진영의 구호가 '통일' '독립'으로 짝을 이룬 것은 이러한 연유였다.

한반도에서 분단은 산하를 갈랐을 뿐만 아니라 민족과 국가를 갈라 놓았으며 결국은 전쟁을 불러일으켰다. 일본의 분단개입은 필연적으로 전쟁개입으로 이어졌다. '한국전쟁'으로 일본경제는 역사상 최대의 호황을 누렸다. 더욱이 그것은 단지 지정학적 이점에서 비롯된 것이 아니라 구체적으로 개입하여 전쟁의 피를 먹고 자란 것이었다.[19] 지금도 일본은 한반도 전쟁발발시 가장 중요한 기지로 준비되고 있으며, 그 개입 정도는 50년 전과는 비교할 수 없는 대규모가 될 것이다. 그러나 한반도에서의 전쟁은 반세기 전과는 달리 일본열도의 재부흥이 아니라 동북아의 대재앙이 될 것이다.

〈한일역사공동연구회 제3회심포지엄(東京 一橋大學, 2000. 8. 27) 발표논문〉

주

1) 이로써 8월 15일 일본의 항복이 조건부냐 무조건이냐 하는 논란이 벌어졌으나, 연합국측은 '대일강화조약' 체결을 계기로 일본의 항복이 무조건이었다는 양해사항을 삽입하는 조치를 취함으로써 문제를 타결시키려 하였다.
2) 1945년 8월 10일 저녁 미 3부조정위원회에서 한반도의 분할이 결정되어, 8월 11일 새벽 30분 만에 린컨 준장이 이끄는 전략정책단에서 38선을 획정하였고, 8월 11~14일 대통령 및 미국의 관련 각부 장관과 실무진들이 이를 포함하여 「일반명령 1호」를 재검토·완성하였으며, 8월 15일 트루먼 대통령이 최종 결재한 후 맥아더와 스탈린에게 보냈다(김기조 1994; 이완범 1994).
3) 이 청문회에서 작전국 작전단장 팀버먼(Timberman) 중장도 같은 취지의 발언을 하였다(김기조 1994, 281~82쪽).
4) 서중석, 김기조 등도 고준석과 비슷한 견해를 표명한 바 있다(이기봉 1988; 서중석

1991, 26쪽; 김기조 1994). 한국인 이외에 소련인 미하일 스미르노프도 이러한 견해를 표명하였다(『동아일보』 1990. 3. 14).

5) Sutherland 1959. 김기조, 1994, 350쪽에서 재인용. 사후에 이것을 공개한 것은 그것이 몰고 올 파문 때문이라고 생각된다.

6) 8월 15일 총독이 눈물을 흘리며 유고(諭告)를 하고 난 직후, 조선총독부 직원들은 중요 서류를 정리·소각하였다(森田芳夫 1964, 74~75쪽). 이러한 일은 8월 22일에도 계속되었다. "또 검은 연기기둥과 함께 굴뚝에서는 계속해서 종이조각이 날아왔다. '이 탄 종이들에 무엇이 적혀 있었는지 아십니까?' 화신백화점 근처의 집회에서 한 사람이 말했다. '조선 애국자들을 체포하여 총살하라는 명령서, 여러 가지 형태로 적어놓은 고문실시에 대한 중앙기관의 명령서, 밀정들의 보고 및 그들의 명단들입니다. 식민주의자들은 그 모든 것들을 재로 만들고 있습니다. 그러나 우리 가슴에 있는 식민지 압박에 대한 증오는 결코 불태울 수 없습니다."(샤브쉬나 1996, 80쪽)

7) 『서울신문』 1946. 3. 17; 3. 21. 정병준(1996)은 그가 훼기한 문서들은 주로 보호관찰소와 대화숙의 사상범 관련 문서였을 것이라고 말한다.

8) 服部卓四郎 1956, 98~99쪽. 김기조(1994, 282~91쪽)는 이와 유사한 내용의 미국 전문 세 건을 소개하고 있다.

9) 후지무라(藤山愛一郎)의 기록에 따르면 8월 9일 각의에서 고문 격이었던 재벌대표들은 미국과의 경제관계를 급속하게 회복시킬 계획을 발표하였다(D. W. 콩트 1988, 23쪽).

10) 미국은 워싱턴 시각으로 8월 10일 오전 7시 33분 이 방송을 청취하였다(H. S. 트루먼 1968, 429쪽).

11) 김기조(1994, 293~94쪽)는 모리다가 그 전문을 본 것은 아닐까 추측하면서 자료를 찾아보았지만, 일본 방위연수소(防衛練修所) 전사자료실에는 당시의 관련 문서가 소장되어 있지 않다고 밝힌 바 있다.

12) 콩트 1988, 13쪽; 트루먼 1968, 438, 451~52쪽. 트루먼이 야전군사령관에게 공식적으로 전투중지 명령을 내린 것은 워싱턴시각으로 8월 14일, 도쿄시각으로 8월 15일이었다.

13) 송진우와의 접촉에 대해서는 이러저러한 논란이 있다(최하영 1968; 이동화 1978; 서중석 1991, 199쪽).

14) 일본대본영은 북조선의 상황에 관한 것은 조선주둔군의 건의에 따른 것이라고 밝혔다(Msg No. 27, Japanese GHQ and Government to Allied Supreme Commander, Manila, 24 Aug 45, Box 41, #183, RG-9, MacArthur Archives, Norfolk; 김기조 1994, 333쪽).

15) 미군은 13개조 가운데 "신사와 신궁의 존엄을 유지함" 등 무조건항복의 대전제에 어긋나는 황당한 요구를 제외하고는 대부분 접수하였다(도진순 1997, 31~33쪽).

16) Msg No. 65, Japanese Government to Allied Supreme Commander, Manila, 28 Aug 45, RG-9, MacArthur Archives; 김기조 1994, 333쪽.

17) 한국 분단사에서 도쿄의 이 3자비밀회동은 매우 중요하다(도진순 1997, 43~48쪽). 미소공동위원회에 대한 한국대중의 분열로 한반도가 분단된 것이 아니라 거꾸로, 즉 분단구상 때문에 미소공위가 결렬된 것이 진실에 가깝다. 또한 이 회동을 마치고 돌아온 이승만이 만든 단체의 이름이 독립촉성중앙협의회인데, 모두 해방되었다고 생각하는 1945년 10월 이승만이 '독립촉성'을 강조했다는 것은 미소공위에 반대한다는 의사를 단적으로 상징하고 있다. 이승만은 모스크바3상회의 한 달 반 전에 이미 도쿄에서 반탁단정노선의 선견지명을 얻었다.

18) *FRUS 1947* vol. 6, p. 603. 그 자세한 전말과 의미는 도진순(1997, 121~27쪽) 참조.

19) 극동군사령부와 CIA 도쿄지부가 한국전쟁에 대한 작전을 총괄하였기 때문에 일본인, 일본지역의 한국전쟁 개입은 다양하였다. 각종 특수전의 본부가 되었고 세균전의 공급·공격 기지가 되었다. 또한 인천상륙작전에는 소해정을 파견하고 해상 및 지형 조사자료와 항공측지전문가들을 제공하는 등 일본인들도 한국전쟁에 여러 가지 형태로 동원되었다. 당시 북한측은 참전 일본군을 색출하기 위해 스파이까지 파견하였다(Breuer 1996; 도진순 2000).

참고문헌

국사편찬위원회 편 (1968), 『자료대한민국사』 1권.

김기조 (1994), 『38선분할의 역사』, 동산출판사.

______ (1998), 「2차대전 말 일본의 화평공작과 연합국의 대응」, 『외교』 46호.

도진순 (1997), 『한국민족주의와 남북관계』, 서울대출판부.

______ (2000), 「화해와 통일을 위한 한국전쟁 인식의 과제」, 『한국전쟁의 재인식: 분단을 넘어 통일로』, 한국역사연구회.

샤브쉬나 (1996), 『1945년 남한에서』, 김명호 옮김, 한울.

서중석 (1991), 『한국현대민족운동연구』, 역사비평사.

안재홍 (1948), 「민정장관을 사임하고」, 『신천지』 7월호.

여운홍 (1967), 『몽양 여운형』, 청하각.

이기봉 (1988), 「북한점령 소련해방군의 실체」, 『월간중앙』 8월호.

이동화 (1978), 「몽양 여운형의 정치활동」, 『창작과비평』 여름호.

이완범 (1994), 「미국의 한반도 분할선 획정에 관한 연구, 1944~45」, 연세대학교 정치학과박사학위논문.

정병준 (1996), 「남한진주를 전후한 주한미군의 對韓정보와 초기점령정책의 수립」, 한국사학회, 『사학연구』 51.

최하영 (1968), 「정무총감 한인과장을 호출하다」, 『월간중앙』 8월호.

D. W. 콩트 (1988), 『분단과 미국』 1, 편집부 옮김, 사계절.

H. S. 트루먼 (1968), 『트루먼회고록』 상, 손세일 옮김, 지문각.

R. E. 로터바치 (1983), 『한국미군정사』, 국제신문사 옮김, 돌베개.

高峻石 (1989), 『現代朝日關係史: 解放朝鮮と日本』, 東京: 社會評論社.

藤城和美 (1992), 『朝鮮分割: 日本とアメリカ』, 京都: 法律文化社.

服部卓四郎 (1956), 『大東亞戰爭史』 8, 東京: 魚尊書房.

山名酒喜男, (1956), 『朝鮮總督府終政の記錄』, 中央日韓協會.

______ (1963), 「朝鮮總督府終戰の記錄: 終戰前後における朝鮮事情槪要」, 森田芳夫, 『朝鮮終戰の記錄; 資料編 1』, 東京: 巖南堂書店.

森田芳夫 (1963), 『朝鮮終戰の記錄; 資料編 1』, 東京: 巖南堂書店.

______ (1964), 『朝鮮終戰の記錄』, 東京: 巖南堂書店.

Breuer, W. B. (1996), *Shadow Warriors: The Covert War in Korea*, John Wiley & Sons.

FRUS(Foreign Relations of the United States) by Department of State, U. S. Washington, D. C.

Gosfield, F. & B. J. Hurwood (1969), *Korea: Land of 38th Parallel*, New York: Parents' Magazine Press.

HUSAFIK(History of the United States Armed Forces in Korea) by United States Armed Forces in Korea, Manuscript in Office of the Chief of the Military History, Washington, D. C.

HUSAMGIK(History of United States Army Military Government in Korean) Period of September 1945 to 30 June 1946. The Statistical Research Division, The Office of Administration, USAMGIK, 1946. (미간행 영문자료)

Sutherland, J. P. (1959), "The Story Gen. Marshall Told Me," U. S. *News & World Report* Nov. 2.

해방 직후 남한단정론의 연원과 계보

1. 머리말

1945~48년 우익진영의 국가건설방안은 여러 가지 형태로 표출되었다. 이승만의 남한단정론, 김구의 임정법통론, 김규식의 좌우합작론, 우익연합의 자율정부론 등이 그것이다. 이러한 국가건설방안에서 1947년 제2차 미소공동위원회의 결렬 이후 이승만의 남한단정론이 단연 부각된다는 것은 이미 잘 알려진 사실이다.

그런데 남한단정론을 검토할 때 제대로 해명되지 못한 몇 가지 문제가 있는데, 그중 하나가 남한단정론의 연원과 계보에 관한 것이다. 그간 남한단정론의 연원으로 흔히 언급되었던 것은 1946년 6월 3일 이른바 이승만의 '정읍 발언'이다. 단정론의 효시를 이렇게 파악할 때 여기에는 적어도 두 가지 의미가 내포되어 있다. 하나는 이승만이 남한단정론을 주도하였다는 것이며, 다른 하나는 미소공동위원회가 최종 결렬됨으로 해서 그 대안으로 남한단정론이 제기되었다는 것이다.

그러나 필자는 이승만의 정읍 발언이 있기 이전에 이미 남한단정론의 골격과 조직적 기초는 마련되었으며, 그후 남한단정론은 여러 가지 변형형태로 잠복·표출되는 숨바꼭질을 거듭하였다고 본다. 이러한 추론이 정당하다면 미소공위의 결렬로 남한단정론이 제기되었다기보다는 그 반대일 수 있다. 즉 역사적 사실의 기초적 인과관계가 전도될 수 있다. 또한 단정론의 주체와 관련하여 좀더 넓은 시각과 다양한 배역을 포착할 수 있을 것이다. 이 글은 이승만·한국민주당, 국내 우익진영의 국가건설론을 미소공위 훨씬 이전인 1945년 10월경부터 추적하면서 서울의 주한미군과 미군정, 도쿄의 맥아더사령부 등과 관련시켜 폭넓게 살펴보고자 한다.

이에 앞서 몇 가지 전제를 미리 밝혀두고자 한다. 먼저 당시의 여론 상황에서 남한단정론을 공공연하게 주장할 수 없었다는 점이다. 그것은 한반도의 정부수립 문제가 미소 협조 차원의 국제적 문제이며, 또한 오랜 통일국가의 경험으로 대중들이 단정론에 강한 거부감을 지니고 있었기 때문이다. 따라서 남한단정론은 대체로 '아니다, 아니다' 하는 부인과 잠복의 과정을 거쳐 우회적으로 부상되거나 부수적·허위적 구호들과 더불어 제기되었다. 따라서 일련의 건국구호들을 분석할 때 우리는 그 무게중심과 현실적 함의에 유의하지 않을 수 없다. 예컨대 당시 우익진영의 2대 구호인 '신탁반대'와 '38선철폐'를 보자. 신탁반대가 외세 일반에 대한 거부가 아니라 역설적으로 미군의 존속을 주장하는 경우도 많았듯이, '38선철폐' 주장도 통일국가 수립을 의미하지 않는 경우가 적지 않았다. 이 점에 대해서는 뒤에서 자세히 살펴보게 될 것이다.

2. 연원: 도쿄회동과 남한과도정부

1945년 8월 15일 해방을 전후하여 미국은 한반도정책을 둘러싸고 본국 정부·국무부와 도쿄의 맥아더사령부, 서울의 주한미군 사이에 일정한 갈등이 있었다는 것은 널리 지적되어 온 바이다(커밍스 1986). 국무부와 3부조정위원회(SWNCC)의 입장은 신탁통치로 요약할 수 있는데, 10월에 접어들면서 그 구체적인 윤곽이 드러났다. 다음은 1945년 10월 1일 참모총장 마셜이 맥아더에게 보낸 전문이다.

현재 가장 빠른 시일 내 한국에 국제적 신탁통치를 실시해야 한다는 제안이 3부조정위원회에 제출되어 있다. 위원회는 미소 양군이 분할하고 있는 현재의 분계선은 매우 인위적이라는 점과 여러 가지 이유로 전체 한국의 단일한 행정(a single Administration)이 보다 바람직하다는 점을 시인해 왔다. … 또한 남한의 행정체계는 소련과 합의가 이루어질 경우 한국 전체에 신속하게 확대 적용할 수 있도록 편제되어야 한다. … 또한 참고사항으로 신탁통치회담이 1946년 초 시작되길 바라지만 군정으로부터 4개국 신탁통치로 실질적인 감독권이 넘어가기까지는 적어도 1년은 걸리게 될 것이라는 점을 알리는 바이다. (*FRUS 1945* vol. 6, pp. 128~29)

여기서는 다음 세 가지 점이 주목된다. 첫째, 신탁통치로 한국에서 주권정부는 즉시 수립되지 않는다는 점이다. 이 전문에서 말하는 강대국 신탁통치하의 행정(Administration)조직은 주권기관인 정부(Government)와는 차원이 다른 것이다. 둘째로, 38선은 인위적인 분계선이기 때문에 철폐되어야 하며 서울을 중심으로 한 단일한 체계를 제시하고 있는 점이다. 셋째, 한반도 정치정세의 일정표로 신탁통치에 관한 회담이 1946년 초에 있을 것이라고 예고한 점이다. 이상의 특징을 종합해 보면, 미국은 1945년 말까지 미소간의 신탁통치회담에 대비하며 신탁통치의 핵심은 정치적 주권을 유보하고 서울을 중심으로 행정적 단일 체계를 구비한다는 것이었다. 요컨대 이 방안은 미국이 소련보다 유리하고, 또 수도 서울이 지방도시 평양보다 유리한 경제·행정적 측면에 주목했다고 볼 수 있다.[1]

그런데 국무부가 소련과의 협의를 목적으로 대(對)한정책을 정비하기 이전인 초기 대한정책은 주한미군과 미군정이 실질적으로 주관하고 있었다. 당시 남한에 진주한 미군은, 주한 정치고문 베닝호프(H. W. Benninghoff)가 국무장관에게 "점화되기만 하면 즉각 폭발할 화약통"(*FRUS 1945* vol. 6, p. 1050)이라고 비유했듯이 해방감으로 증폭된 한국인의 대중적 요구와 인민공화국 등 좌익의 두드러진 진출에 직면하였다. 이에 대처하기 위해 주한미군과 미군정은 한편으로는 통치기구를 정비하고 물리력을 강화하면서, 다른 한편으로 중앙과 지방의 정계 개편을 추진하였다.

이들이 추진한 정계개편의 핵심은 좌익을 탄압하고 한국민주당을 중심으로 보수주의자들을 기반으로 하면서 "선거실시가 가능할 만큼 한국민이 안정될 때까지 임시정부 요인을 간판으로 활용"하는 것이었다. 다름아니라 남한만의 과도정부 수립이었다. 이를 위해서는 먼저 남북의 분리가 필요하였다. 10월 9일 군정장관 아놀드는 이렇게 말한다.

문 조선은 분할점령을 당하고 있는데 38도선의 해결책은 없는가.

답 조선이 38도선을 경계로 둘로 분할된 것은 사실이다. 38선 이남은 미군정 안에 있고 38도 이남에서 정부수립을 요망하고 있다. 그[38

선] 해결은 연합군사령부에서 할 문제이다. (『신조선보』 1945. 10. 10)

아놀드는 우선 미군정 주도로 38선 이남에서 정부수립을 하고 38선 문제를 비롯한 한반도 전체 문제는 연합군사령부의 몫으로 돌리고 있다. 다음날 아놀드는 인민공화국을 부인하는 1천여 자의 유명한 성명을 발표하고, 점령당국은 전술군을 지방에 배치하여 군정을 확대함으로써 인민위원회를 탄압하기 시작하였다. 그 결과 점령 몇 개월 만에 남한의 전반적인 상황은 근본적으로 변화하였다(샤브쉬나 1996, 169쪽; 박찬표 1995).

이렇게 물리력으로 좌익을 탄압하는 한편으로 하지 사령관은 임시정부 요인을 미군정의 자문위원단에 임명하는 방안을 국무부와 맥아더사령부에 건의하였다(*FRUS 1945* vol. 6, p. 1053, 1070). 이에 대해 국무부의 입장은 비판적이었지만, 직속 상관인 맥아더는 하지의 건의에 주목하고 있었다. 1945년 9월의 런던외상회담이 실패하는 과정을 지켜보고 또 12월의 모스크바3상회담을 앞두고 있던 당시 도쿄는 미소 협조를 기조로 하는 국무부의 구상 ─ 일본에 대한 다국적 관리와 한국의 신탁통치 ─ 을 강력하게 비판하는 분위기였기 때문이다. 한반도에 대한 신탁통치 지침을 통고받은 뒤인 10월 중순, 맥아더는 서울에서 온 하지, 미국에서 온 이승만 등과 여러 가지 형식으로 회합을 하게 된다.

10월 13일 하지-애치슨회담(혹은 하지-애치슨-이승만 3자회담). 이
    승만, 맥아더사령부 방문
10월 14일 맥아더-이승만회담, 하지-이승만회담(혹은 맥아더-하
    지-이승만 3자회담, 애치슨 포함 4자회담)

10월 15일 이승만-맥아더회담. 하지 귀경. 애치슨, '한국민행정위원
　　회' 계획 발신
10월 16일 이승만, 김포공항 도착. 하지의 '임시한국정부' 수립 비망
　　록. 베닝호프 미국행 (정병준 1996, 150쪽;『자유신문』;『신조선보』
　　1945. 10. 19)

이들의 도쿄 비밀회합은 그후 한국의 정권수립 문제와 정치정세를
해석하는 데 중요한 복선으로 작용하였다. 이승만이 맥아더와 굿펠로
(P. Goodfellow), 하지의 배려로 도쿄회동에 동참할 수 있었던 것이야
말로,[2] 그가 다른 정객과 구별되는 핵심적인 대목이다. 도쿄 비밀회동
에 관한 직접적인 자료는 남아 있지 않지만, 이와 관련된 이승만의 단
편적인 언급으로도 회동에서 논의된 내용을 어느 정도 추적할 수 있
다.

① 동경에서 하지 중장과 맥아더 대장과도 중요한 회담을 하였다.
(『자유신문』 1945. 10. 19)

② 맥아더 장군, 하지 장군, 아놀드 장군이 모다 우리의 동정자들이
다. (『신조선보』 1945. 10. 19)

③ 귀국하야 하지 지휘관과 아놀드 군정장관과 논의한 결과 공통된
논점을 발견하얐고 의견의 합치가 잇슴으로 우리는 다만 그들과 협조하
야 조선건국의 기본 방침을 확립하지 않으면 안 된다. (『자유신문』 1945.
10. 16)

④ 내가 미국에서 동경에 도착하야 맥아더 대장을 만나니 그는 고성
(高聲)으로 말하기를 한인들이 자치능력(自治能力)이 없다 하니 이것
은 악선전(惡宣傳)하는 말이라고 생각한다. 나는 한인들이 만사(萬事)

를 잘해 나가리라고 믿는다. 그런데 합동문제(合同問題)에 가장 어려운 것이 있다. (『신조선보』 1945. 11. 7)

⑤ 이 회담에서 맥아더 대장은 절대로 조선의 자주독립을 지원하며 그에 협력하는 것을 언명하였다. (『자유신문』 1945. 10. 19)

⑥ 이번 동경에서 맥아더 장군이 나에게 북위 38도 문제는 어떻게 된 것인가 하고 질문을 하였으며 이곳에 와서 하지 중장과 아놀드 소장에게서도 이러한 질문을 바덧슴니다. 그러나 나는 이를 대답 못햇슴니다. 그러나 이 문제를 잘 알고 잘 대답하는 사람이 잇스리라는 것을 나는 알고 잇슴니다. … 그것을 아는 길은 자기를 버리고 다 합치는 그 길밖에 없슴니다. 이 길을 위하야 나는 압잡이로 나설 터이니 여러분도 다같이 나와 함께 나아갑시다. (『자유신문』 1945. 10. 21)

⑦ 38도선 이북의 일을 염려하는 모양인데 일에는 조리와 순서가 있으며 먼저 한데 뭉치고 합하는 길만이 모든 문제를 해결하는 유일한 열쇠라고 믿는다. (『신조선보』 1946. 10. 20)

⑧ 동경의 맥아더 장군 역시 나[이승만]에게 민족통일의 집결체를 만드는 데 시일이 얼마나 걸리겠느냐고 물었다. (『자유신문』 1945. 10. 30)

이승만의 발언으로 도쿄회담의 내용을 몇 가지로 정리하면 다음과 같다. 첫째, 맥아더·하지·이승만의 도쿄회담 분위기는 매우 우호적이고 서로 의견이 일치하였다(①~③). 둘째, 회담의 의제는 조선건국의 기본 방침이란 중차대한 문제이며(①, ③), 그것은 크게 두 가지, 즉 신탁통치(④, ⑤)와 38선(⑥, ⑦)이었다. 셋째, 신탁통치에 관해서 이들은 반대의사를 분명히 하였고, 38선 문제에 관해서는 국무부의 철폐 원칙과 달리 '조리와 순리'를 표명하였다(⑦). 넷째, 최초의 과업은 이승만을 핵으로 하는 단결과 집결체의 조직이었다(⑥~⑧).

그러면 이번에는 도쿄회동이 반영된 미국의 공식문서를 살펴보기로 하겠다. 도쿄회동 말미인 10월 15일 맥아더의 정치고문 애치슨(G. Atcheson)은 이승만, 김구, 김규식 등 임시정부 요인을 '조직의 핵'으로 활용하여 남한에 '행정부적인 정부기관으로 발전할 수 있는 한국민행정위원회'(National Korean Peoples Executive Committee)를 설치할 것을 국무장관에게 건의하였다(*FRUS 1945* vol. 6, p. 1091). 단 여기서 '한국민행정위원회'라는 표현은 앞서 언급한 국무부 및 SWNCC의 입장을 의식한 형식적인 것이다. 애치슨 보고내용의 핵심은 남한만의 우선적이며 단독적인 조치, 그것도 '정부기관으로 발전할 수 있는 조직'의 설치였다.

도쿄회동 후 서울로 돌아온 하지의 입장은 애치슨보다 훨씬 더 구체적이다. 11월 5일 맥아더가 마셜에게 보낸 보고문에는 하지의 입장이 잘 나타나 있다.

① 한국에 이승만이 등장한 것은 다양한 정당의 통합과 사상적 통일에 바람직한 영향을 미치고 있습니다. … 김구도 도착하는 대로 이승만 박사와 협조하리라 예상됩니다. … 본관은 이승만과 김구의 도움을 활용하여 … 보다 대의적이고 확충된 통합자문회의를 설치하여 정부기구를 쇄신하고 … 책임 있는 정부의 실무진이나 명예직에 적절한 한국인을 임명할 것입니다. … 만일 이러한 일이 효율적으로 이루어질 수 있다면 우리의 감독하에 대다수 한국인들이 만족할 만한 과도적 한국행정부(Korean Administration)를 시험적으로 설치하고 적당한 시간이 흐른 뒤 총선거를 통해 국민정부(popular Government)를 구성할 수 있을 것입니다.

② 이와 같은 일련의 조치는 현재 미군점령하에 있지 않은 영토가 해

방된다면 어떠한 단계에서나 그러한 지역까지 확대할 수 있을 것입니다.

③ 그러나 당 사령부는 추가적인 영토에 대한 통제권을 장악할 만한 능력을 현재로서는 그리고 당분간은 갖고 있지 못하다는 점을 강조합니다. (같은 책, p. 1112)

하지의 정권수립 방안은 우선 이승만과 김구 등 임시정부 요인들을 활용한 통합 고문회의와 군정기구의 한인화 작업을 통하여, 둘째 주한 미군의 감독 아래 과도적인 임시행정부를 수립하고, 마지막 단계에서 총선거를 통해 국민정부를 설치한다는 것이다. 이러한 일련의 과정의 어느 단계에서나 북한까지 확장시킬 수 있지만 지금으로서는 점령당국이 북한지역까지 통제권을 행사할 능력이 없으므로 우선 남한에서 일방적으로 추진하자는 것이다. 이것이 바로 남한단독정부론의 원형이다.

하지의 이 방식은 12월 모스크바3상회담 결정서의 정부수립 방침과는 근본 철학에서 차이가 나는 것이었다. 결정서는 미소 협조 아래 남북통합의 정권수립 방안이며, 자문기구나 행정기구가 아닌 주권기관인 임시정부(Government)를 수립하는 것이었다. 하지의 방식은 또한 남한 단독 조치를 우선시하는 면에서 국무부 주도의 신탁통치안과도 배치되었다. 이승만의 표현을 빌리면, 하지는 국무부와 싸우고 있었다.

외교관계, 신탁문제 등에 대한 것은 이것이 나의 단독의사만이 아니요 군정당국에서도 극력(極力)으로 자기 나라의 국무성과 싸와가면서 우리를 조력(助力)하고 있읍니다. (「독립촉성중앙협의회록」 1945. 12. 15)

자문기구라는 명목으로 남한 과도정부를 조직한다는 하지의 제안에 대해서 국무부 극동국장 빈센트는 반대하였지만, 매클로이(J. J. McCloy) 전쟁부 차관보와 맥아더는 '최선의 방안'이라며 지지하였다 (같은 책, pp. 1113~14, 1122~24).

이 같은 하지의 정권수립 방식을 실무 차원에서 더 구체적으로 정리한 것은 그의 정치고문 랭던(W. Langdon)이다. 일찍이 신탁통치의 기안자이기도 했던 랭던은 이제 그 폐기를 주장하면서[3] 그 대안으로 정무위원회(Governing Commission)안을 제시하였다(같은 책, pp. 1130~33). 랭던의 정무위원회 구상은 애치슨의 '한국민행정위원회' 및 하지의 '한국임시행정부'와 맥락을 같이하는 것으로서[4] 남한 과도정부론의 한 전형을 이룬다. 물론 이 안에서도 남한 과도정부 수립을 우선시하고 소련과 북한을 단지 부수적으로 취급할 따름이다.

이상과 같이 맥아더 · 하지 · 이승만의 도쿄회동을 계기로 표출되는 애치슨의 한국민행정위원회, 하지의 임시행정부, 랭던의 정무위원회 등은 국무부를 의식하여 명목적으로는 행정 · 자문 기구였으나, 실질적으로는 미국 주도의 남한정계 개편과 과도정권 수립을 위한 것이었다. 미국으로서는 이러한 준비가 미소 합의에 의한 통일정부나 독자의 남한정부 수립 모두에 필요했지만, 기본적으로 후자를 선호하는 일방적 정책의 산물이었다(커밍스 1986, 300~24쪽). 따라서 남한단정론의 연원은 1945년 10월 중순 도쿄회동으로 거슬러 올라갈 수 있다.

3. 조직적 기반: 실패와 성공

독립촉성중앙협의회

국무부의 견제에도 불구하고 미 점령당국은 도쿄회동에서 논의된

'자문기구'를 통한 '과도정권'을 구성하기 위한 조직작업에 착수하였다. 그 일차적인 시도가 바로 이승만의 '독립촉성중앙협의회'(이하 독촉중협)이다. 미 당국과 이승만은 특히 12월 말 모스크바3상회담과 신탁통치에 대비하여 시한을 정해 놓고 독촉중협의 결성을 서둘렀다.

> 이 중앙집행위원회의 조직을 군정부(軍政府)에서는 초조히 고대하고 있읍니다. … 정부가 승인될 때까지의 과도기관으로 설립되여 가지고 민의를 대표하도록 되는 것을 군정당국이 갈망하고 있는 것임니다. … 만근(輓近) 개최될 막사과(모스크바—인용자)의 각국 외상회의 관계가 우리의 문제에 심대한 것이 잇는데 이 회의구성이 지연되여 유감이나 힘써 속진(速進)하도록 합시다.
> 져 군정부 하지 장군은 우리를 위하야 신이냐 넉시야 하면서 2주 내로 이 결성을 속히 보여달라고 요구했읍니다. … 오날이 미국인 군정측 이 내용으로 이 결속의 결과를 보고해 달랜 최후의 한정일(限定日)이오. … 우리의 일이 느져져서 군정청 하지 장군은 골이 나 있슴니다.(「독립촉성중앙협의회록」 1945. 12. 15)

이승만과 점령당국은 독촉중협의 신속한 구성을 위해 지도부 구성도 대강 합의한바, 그 개요는 첫째 좌우를 포괄하면서 우익적 헤게모니를 관철시키며, 둘째로 임시정부를 인정하지 않으면서 그 지도부를 활용한다는 것이었다. 요컨대 이승만과 김구의 합동을 통한 우익 헤게모니의 관철이었다.

> 군정청에서는 이 중협(中協)을 국무회의의 명의로 모아 최고의 인도자로 김구, 김규식, 조소앙, 유동열 이 네 분을 생각하는데 군정청에서

도 이예 대하야는 대단히 조와합니다. 그리고 이외에 송진우, 안재홍, 여운형, 박헌영 혹은 김철수 이 네 분을 협의회에서 추천하면 엇더할가 합니다. 져들의 의견은 15인 이내의 선정이 엇더한가 하는 모양임니다. (같은 곳)

이승만은 임정의 초대 대통령을 지냈고 또 해방 직후 인민공화국의 주석으로 추대되어 있었기 때문에 좌우의 분열을 통합할 수 있는 적격자처럼 보였다(*FRUS 1945* vol. 6, p. 1064). 또 그는 인민공화국과 임시정부의 양자택일을 회피하면서, 당시 국내에서 대두된 정계통합 노력에 편승하였다. 이 무렵 국내에서는 임시정부와 인민공화국을 둘러싼 대립을 극복하고자 건국동맹·국민당·한국민주당·조선공산당 등이 중심이 되어 '각정당행동통일위원회'(各政黨行動統一委員會)를 결성하였는데, 이승만은 이를 기반으로 10월 23일 정당대표 200명이 참석한 가운데 독촉중협을 결성하였다(『매일신문』 1945. 10. 25; 이기하 1961, 81~87쪽; 송남헌 1985, 228~39쪽).

이승만은 독촉중협을 건설하기 위해 "공산당에 대해서도 호감을 가지고 있다"며 자신의 초당파성을 부각시켰으나(『매일신보』 1945. 10. 26), 그의 좌익포섭은 실패로 끝났다. 공산당의 박헌영이 친일파 배제와 좌우 5 대 5의 정치적 지분을 요구하자, 이승만은 이를 거부하였고 조선공산당은 독촉중협에서 탈퇴하였다(『자유신문』 1945. 11. 8; 『서울신문』 1945. 11. 23; 김종범·김동운 1945, 143~45쪽; 「독립촉성중앙협의회록」). 그리고 11월 말 여운형의 인민당까지 독촉중협에서 탈퇴하였다.

한편 이승만의 정계통합에서 더 중요한 문제는 김구와 임시정부였다. 그런데 김구의 임시정부는 귀국 후 임정법통론에 따라 독자의 정부수립을 추진하고 있었다. 때문에 우익지도부에서는 독촉중협을 중심으로 정권을 창출해야 한다는 '중협중심주의'(中協重心主義)와 이에 맞서 임시정부에서 정권을 창출해야 한다는 '임정일본주의'(臨政一本主義)가 강력하게 제기되었다(「독립촉성중앙협의회록」). 하지만 당시 이승만은 미국이 임정에 정권을 넘겨줄 수 없게 되어 있다는 것을 이미 잘 알고 있었다. 그리하여 중협과 임시정부의 논쟁에 쐐기를 박기 위해서 국제적 구도에서 신탁문제를 제기하면서 '임정이라는 명분'과 '독립이라는 실익' 중 하나를 선택하라고 압박하였다.

군정에셔 임정에 위양(委讓)만 해쥬었으면 죠켓는데 그러케 못 되니 독립이 멧 해 늣드라도 중협(中協)을 중지하는 것이 엇더하겠소. 여러분이 대의명분에 구애하는 의사가 만히 보히이다. (「독립촉성중앙협의회록」 1945. 12. 15)

이승만의 이러한 압박에도 불구하고 정작 임정은 독촉중협을 '임정의 별동대' 정도로 여겼다. 당시 세간에는 미군정이 정권을 한국인에게 넘겨준다는 소문이 파다하였고 김구는 정권인수를 준비하고 있었다. 이렇게 해서 10월 중순 도쿄회동에서 발의하고 12월 중순까지 결성하기로 약속한 이승만 주도의 정계통합은 결국 실패하였다.

남조선대한국민대표민주의원

1945년 12월 말 하지가 구상한 통합자문단이나 행정위원회를 구성하지 못한 채 모스크바3상회담이 개최되고 그 결정서가 국내에 알려졌다. 그러자 하지 사령관은 "남한 과도정부를 위한 모종의 연합전선이 결성될 때까지 미소공위를 연기시킬 것"을 본국에 요청하였다(*FRUS 1946* vol. 8, p. 613).

그러나 3부조정위원회는 SWNCC176/18을 통해 미국대표의 긴급한
의무는 미소공위의 한국임시정부 수립을 위한 계획작성이라고 규정하
고, 이에 반하는 남한만의 단독정부 수립 문제에 대한 토의를 금지시
켰다. 한편 이처럼 SWNCC176/18에는 기본적으로 국무부의 입장이
관철되었지만, 전쟁부·해군부의 주장 또한 반영되어 있었다. 즉 미소
합의에 의한 정부수립계획과 관련된 문제라면 남한에서 독자적인 세력
구축을 전적으로 제한하는 것은 아니었다. 이것은 국무부와 전쟁부 간
절충의 산물이었고 하지의 행동반경을 어느 정도 보장해 주고 있었다.

도쿄회동 이후 하지는 이 절충의 여백을 자신의 일관된 정책인 남한
과도정권을 위한 자문단 구성으로 메워나갔다. 하지만 1945년 10월부
터 준비해 나갔던 통합자문단 구성이 미소공위를 앞둔 시점에서 와서
도 이승만뿐 아니라 김구도 만족스러운 수준에 이르지 못했다. 통합자
문단 결성을 위해 새로 부임한 사람은 하지의 정치고문 굿펠로였는데,
굿펠로는 이승만의 귀국을 주선하여 1945년 10월 15일 도쿄회동을 가
능케 한 자로서 모스크바3상회담의 결정안을 반대하는 인물이었다.

1946년에 들어와 굿펠로의 '어사(御使)적 활동'이 시작되었다. 자문
단에 대한 그의 초기 구상은 남한의 조선공산당과 북한의 조선민주당
을 포함하여 주요 정당에서 대표 4명을 선발하여 통합자문단(united
advisory group)을 구성하는 것이었다.[5] 1946년 1월 한 달 동안 굿펠
로는 이승만, 김구, 김규식 등 우익지도자를 비롯하여 박헌영, 여운형
등 좌익지도자들과도 비밀리에 접촉하였다. 그러나 박헌영은 소련의
반응을 우려하면서 '유혹'에 말려들지 않았고 여운형은 거의 '그물'에
걸려들었지만 마지막에 이탈하였다.[6]

이것이 실패하자 시간에 쫓긴 굿펠로는 2단계 작업에 들어가는데,
임시정부의 반탁운동과 국가수립운동을 활용하는 방안이었다. 당시

김구는 반탁운동을 주도하면서 권력접수에 착수하지만 하지의 강력한 경고에 의해 실패하고, 1946년에는 비상정치회의를 소집하여 과도정권을 수립하려고 애쓰고 있었다. 굿펠로는 독자적인 자문단조직이 여의치 않자 이 비상정치회의를 과도정권 수립에 활용하는 방식을 채택하였다. 이를 위한 수순은 첫째 임시정부의 독자적인 정부수립을 차단하고, 둘째 이승만을 투입하여 김구 진영과 합동케 하며, 셋째 그 결과를 통합자문단으로 흡수하는 것이었다.

먼저 점령당국은 임시정부의 반탁운동을 통한 정부수립에 대해 단호한 입장을 표명하였다. 1월 중순 G-2는 그간 임정요인들에게 베풀었던 특별 배려를 재고할 때가 되었다면서 임정요인의 신변보호를 위해 배치한 군대와 특별경찰을 철수시키고 "임시정부로부터 권위를 빼앗아 올 것"을 하지에게 비망록으로 건의하였다.[7] 이 비망록에서 러치 군정장관은 "임시정부에 대한 바람빼기 작전"을 "확고하고도 점진적"으로 실행해야 한다는 견해를 덧붙였다.[8] 이에 대해 하지 사령관은 전적으로 동의하면서 다만 이승만과 김구는 과도정권 수립에 필요한 인물이므로 구조할 것을 지시하였다.[9]

한편 이승만은 굿펠로의 도움으로 점령당국의 이러한 의도를 꿰뚫고 있었다. G-2에서 임시정부 해체를 건의하던 날(1. 15), 독촉중협은 임정의 비상정치회의를 활용하여 비상국민회의를 만들기로 결의하였고, 며칠 후 이승만은 임시정부가 정권을 잡을 수 없는 이유 세 가지를 명확하게 제시하였다.

① 상해에서 군정청과의 사이에 개인 자격이라는 약조하 환국한 것
② 반탁운동으로 인하야 일부 위원은 군정당국의 오해를 산 것
③ 내부에 의견대립이 있는 것 (「독립촉성중앙협의회록」 1946. 1. 18)

　이러한 과정을 거쳐 이승만과 독촉중협은 비상정치회의 주비회 제4
차회의(23일)에 합류하고 비상정치회의는 비상국민회의로 개칭되었다.
상황이 이렇게 변하자 임시정부 내 진보세력을 대표하던 김원봉, 성주
식, 김성숙 등은 이승만이 '모종의 예정안'을 가지고 참여하며 좌익의
참가 없이 정치적 통일은 불가능하다는 것을 이유로 주비회를 탈퇴하
였다.[10] 이들의 탈퇴로 임시정부의 확대·강화를 위한 비상국민회의는
오히려 임시정부의 우경화와 축소를 초래하였다.

　1946년 2월 1일 명동의 천주교회당에 167명이 모여 비상국민회의를
결성하고,[11] 총회에서는 최고정무위원회의 설치와 그 전형을 이승만·
김구에게 일임하는 긴급결의안을 가결하였으며, 이에 따라 이승만과
김구는 최고정무위원 28명을 최종 결정하여 발표하였다(『동아일보』;『조
선일보』1946. 2. 14). 그런데 바로 다음날 미군정청은 동일인 28명을 '남
조선대한국민대표민주의원'(이하 민주의원)으로 임명하였다. 이것은 임
시정부의 외무부장 조소앙조차 전혀 알지 못했던, 실로 '기막힌 우연'
이었다.

　문　비상국민회의에서 13일 발표한 최고정무위원 28명과 금일〔14
일〕군정청에서 발표한 민주의원 28명과 성원이 동일한데 이것은 우연
한 일치인가?
　답　최고정무위원회가 여하한 경위로 변천되엿는지 나는 몰으겟다.
또 누가 발표하엿는지도 몰으겟다. (조소앙 1946)

비상국민회의 최고정무위원의 민주의원으로 전환, 이것은 바로 굿
펠로의 '재치 있는 공작'의 결과였다. 비상국민회의는 탄생과 동시에
사실상 소멸해야 했고 여기서 '임정에 의한 임정의 해체'가 발생하게

된 것이다. 이러한 연유로 민주의원의 성립에 대해 김성숙은 "오호! 임정 30년 만에 해산하다"(김성숙 1968), 조소앙은 "임정은 분산되고 독립운동은 낙제를 하게 되었다"고 한탄하였던 것이다(조소앙 「한독당 결별 성명서」. 강만길 편 1984, 271쪽에서 재인용).

민주의원이 성립되자 우익, 특히 이승만 진영은 "미군정의 최대 지원하에 과도정권의 모체"가 탄생하였다며 정권수립의 기대감을 표명하였다(『대동신문』 1946. 2. 15). 한 미군 정치평론가의 말처럼 우익진영은 "임시정부를 알로, 비상국민회의를 유충으로, 민주의원을 번데기로 하여, 장래의 정부인 나비가 나올 것"으로 생각하고 있었다(*HQ USAFIK*, "Political Trend #21", 1946. 2. 17).

이처럼 민주의원은 맥아더 · 하지 · 이승만의 10월 도쿄회동의 실현체, 즉 남한 과도정권의 모체였다. 제1차 미소공위 시기와 그 결렬 후 남한단정론의 진원지가 한결같이 민주의원이었다는 것은 결코 우연이 아니다. 민주의원이 미군정 주도로 남한 내의 과도정권 수립을 위한 정계통합이라면, 남북통합의 민족통일은 과연 어떠한 방법으로 한다는 것인가 하는 당시 신문들의 우려는 기우가 아니었다.[12]

38선철폐 주장에 주목하여 민주의원이나 남한 과도정부를 남한단정론과 무관한 것으로 파악하는 경우가 많은데, 이는 이른바 38선철폐 주장이 지닌 철학적 토대에 대한 오해에서 비롯된 것이다. SWNCC 176/18이 통일된 한국임시정부 수립이 미소공위 미국대표의 긴급한 의무라고 규정하자, 하지는 이에 반박하며 '38선철폐' '국토개방'을 주창하였다.

SWNCC176/18에서 미소공동위원회의 가장 급박한 임무는 한국임시정부를 수립하는 것이라고 하였지만 본인은 그 문제에 앞서 국토를 개방시키고 소련의 장벽을 깨뜨리는 일이 시급하다고 생각합니다. … 미국측에 유리한 결말이 날 때까지 임시정부 구성을 위한 미소공동위원회의 공동토의를 연기할 준비까지 되어 있습니다. … 본인은 신중하게 한 국민에 대하여 남한의 자문단을 통하여, 미국이 처음부터 38선을 철폐시키려고 하였지만 소련측이 이에 응하지 않아왔다는 사실을 알려줄 수 있을 것입니다. (*FRUS 1946* vol. 8, pp. 632~33)

이와 같이 38선철폐, 국토개방 등은 '통일정부의 수립'과 일치하는 것이라기보다 오히려 정치적 통일정부의 수립에 대처하는 방편으로 경제·행정적 접근을 강조한 것이다. 미국은 38선철폐 및 전국토를 하나의 경제·행정 단위로 간주하는 것이 우선이었고, 소련은 임시정부의 수립이라는 정치문제를 우선으로 파악하고 있었다(같은 책, p. 634). 이러한 철학의 차이는 모스크바3상회담에서 이미 부각된 바 있고, 그 후 미소공위 예비회담과 본회담에서도 계속 평행선을 달리고 있었다. 당시의 신문들도 이 대립을 "과도정부 수립이 먼저냐, 38선철폐가 먼저냐"의 문제로 보았다.

38선을 철폐한 후 산업문화의 평상화를 보존할 그 토대 우에 과도정권인 임시정부를 수립하느냐? 먼저 이 임시정부를 수립함으로서 자연 38도선을 해소식히느냐?가 의연 문제의 초점으로 되어 잇는 것이다. (『자유신문』 1946. 3. 23)

이러한 철학의 차이야말로 건국의 두 가지 길로 지칭할 수 있을 만큼 중요한 것이다. 따라서 민주의원은 미국대표가 소련에 제시하는 정부수립의 한 모델이자, 이런 식이 아닌 통일정부는 거부한다는 의미의 남한단독정부론의 모체였다.

4. 남한단정론의 부상

한편 국무장관 번스(J. F. Byrnes)는 하지의 태도에 불만을 표시하며 미소공위 준비를 재촉하였다(같은 책, pp. 654~56). 국무부의 재촉과 민주의원의 성립을 계기로 마침내 1946년 3월 20일 미소공위가 개최되었지만, 미소공위는 처음부터 전망이 밝지 못했다. 미소공위의 미국 대표는 현지 사령관인 하지의 영향력 아래 있었고 하지는 회담의 실패를 확신하고 있었다. 3월 30일 하지는 본국에 미소공위는 성공적이 아니라고 보고하였고, 이러한 사실이 국내신문에도 보도되었다(『조선일보』, 1946. 3. 31). 또 주한미군은 미소공위가 열리고 있는 시기에도 지방 인민위원회와 좌익세력을 대대적으로 탄압하였다(서중석 1991, 328~36쪽 참조). 이러한 일련의 상황은 미소공위의 실패를 예견케 하는 것으로서 번스 국무장관마저 우려하고 있었다. 다음은 번스가 육군장관 패터슨에게 보낸 보고서이다.

미소공위 미국측 대표단이 하지 장군의 지시를 받아 이제 막 회담을 개시했다는 사실에 비추어볼 때, 본인은 하지 장군이 취한·태도로 말미암아 적지 않게 동요하고 있음을 고백합니다. 본인은 그가 매우 어려운 과업에 직면해 있음을 인정합니다. 그러나 하지 장군이 회담 벽두부터 실패를 그렇게 확신하고 있지만 않더라도 본인은 미소공위의 결과에 대해 덜 우려할 수 있을 것입니다. (*FRUS 1946* vol. 8, p. 656)

3월 20일~5월 6일 6주 동안 계속된 미소공위에서 주요한 이슈는 널리 알려진 바와 같이 한국임시정부 구성을 위한 협의대상 문제였지만, 결렬의 주된 이유는 자신이 선호하는 정부를 미리 확정해 놓고 있었다는 점이다. 미소는 자신이 선호하는 정부모델을 점령지역에 먼저 구축하고 그 연장선상에서 미소공위에 임하였던 것이다(커밍스 1986, 245쪽). 그리고 정부모델은 남의 민주의원과 북의 인민위원회였다.

남한의 점령당국과 이승만에게 정부를 탄생시키는 중요한 것은 미소공위가 아니라 민주의원이었다. 따라서 미소공위가 난관에 빠질 때마다 더욱 부각되는 것은 민주의원과 남한단정론이었다. 4월 6일 AP통신은 미군정이 이승만을 주석으로 하는 남조선 단독정부 수립을 본국정부에 제의한 것으로 보도하였다.[13] 이에 대해 김구는 '천만의외'라며 '남북통일과 좌우협조'를 강조하였고, 이승만은 논평을 유보하였다(『서울신문』 1946. 4. 7;『동아일보』 1946. 4. 9). 4월 7일에는 미 국무부가 남한단정수립설을 부인하는 성명을 공식적으로 발표하였지만(『동아일보』 1946. 4. 8), 국내에서는 하지가 도쿄에서 귀환하는 12일까지 미군정·이승만·한국민주당을 중심으로 반소 남한단정론이 대두되었다(「남부조선에 단정수립설」,『동아일보』 1946. 4. 7;「정치농간에 인질된 조선」,『동아일보』 1946. 4. 10~12;『조선일보』 1946. 4. 12).

남한단독정부설이 본격적으로 숨바꼭질을 시작한 것은 미소공위 결렬 직후인 5월이며, 그 진원지는 민주의원의 창설자(굿펠로)와 의장(이승만), 부의장(김규식)이었다. 먼저 제1차 미소공위가 결렬되자 이승만은 지방순회를 중단하고 5월 10일 서울로 올라와 여장도 풀지 않고 굿펠로·하지·김구와 일련의 회동을 가진 후(『조선일보』 1946. 5. 11) 단독정부수립설과 관련하여 다음과 같이 주장한다.

자율적 정부 수립에 대한 민성(民聲)이 높은 모양이니 나도 이 점에

248

대해 생각한 바 있으나 아직 발표 못하겠다. (『서울신문』 1946. 5. 12)

남조선 단독정부 수립설에 대하여서는 나도 여러 가지로 생각하고 있는 바이다. 내가 그런 의사를 주창하려는 것은 아니다. 미소공위가 무기 휴회된 오늘에 있어 그런 의사를 가지게 되는 것도 무리는 아니다. (『대동신문』 1946. 5. 12)

이처럼 이승만은 남한단독정부수립설에 대한 자신의 견해를 매우 암시적으로 제기하였다. 그러나 그는 민주의원을 김규식에게 맡겨둔 채 다시 지방여행에 나섰다. 이승만은 5월 말까지 공위 재개 여부를 지켜보는 노련함을 지니고 있었던 것이다.

미묘하게도 남한단정론을 먼저 표명한 사람은 이승만 대신 민주의원을 이끌고 있던 김규식이었다. 우익진영은 미소공위 결렬을 계기로 5월 12일 독립전취국민대회(獨立戰取國民大會)를 개최하는데, 60개 우익단체의 3만 7천~5만 명이 참여한 우익진영의 이 '성공적인 집회'에서 김규식은 문제의 단정발언을 한다. 발언의 요지는 "미소공위가 재개되어 통일정부를 세우지 못하면 우리 손으로 정부를 수립해야 하며, 그것은 대구에 있든 제주에 있든 우리 정부며 통일정부"라는 것이었다.[14] 미소공위가 재개하지 못할 경우라는 조건을 붙인 것이나 통일정부라는 표현을 한 것은 당시 '남한단정론'에 대한 대중적 거부감을 고려한 것이다.

발언의 파문이 확대되자 김규식은 자신의 진의는 통일정부라고 변명하고, 이승만도 "2주일 내로 공위 속개한다고 하니 단독정부가 설 수 없다"고 단정설을 조건부로 부인한다(『중외신보』 1946. 5. 14). 이리하여 단정설은 다시 잠복하게 된다. 그러나 김규식의 발언은 간단하게 치부할 문제가 아닌바, 이는 도쿄회동 이후 점령당국의 일관된 방침과 맥락을 같이하기 때문이다. 즉 점령당국의 의지가 비밀스럽게 개입된 것이었다.

미국측에서는 벌써 소련측과 협조가 불가능하다는 것을 간취한 형안(炯眼)의 미국대표가 있었던 모양이었다. 그이가 김규식 박사를 5월 6일 밤에 찾아와 당장에 정부를 조직하라고 권유하였던 것이었다. 그래서 김박사는 좀더 냉정하게 생각할 시간의 유예를 청하였던 것이었다. 5월 12일에 서울운동장에서 개최되었던 독립전취국민대회에서 정부수립 문제에 대해서 2주간만 기다리자고 선언하고 '또 우리가 설령 제주도에다 정부를 수립하더라도 그것은 역시 조선정부이다!'라고 하는 의미심장한 말을 하였던 것이다.[15]

5월의 마지막에 단독정부설을 주장한 것은 굿펠로의 AP통신과의 회견이었다. 당시 굿펠로는 이승만과 이권양여(利權讓與)를 밀약한 사실이 폭로되어 본국으로 귀국하게 되었으며, 우익지도자들은 5월 22일 비원(秘苑)에서 민주의원의 창설자인 굿펠로에게 거대한 송별향연을 베풀었다. 이임을 앞둔 굿펠로는 "통일만이 조선사람들의 좌우명"이라는 서신을 한 신문사에 보내기도 하였다(『중외신보』 1946. 5. 23).

그러나 서울을 떠나면서 가진 AP특파원 로버트와의 회견에서 굿펠로는 "미소공위가 재개되지 않을 경우 미국은 남한 단독정부의 구성을 추진"해야 하며, 조선에서 총선거가 실시된다면 "민주주의가 90% 공산주의가 10%를 차지한다"는 소신을 피력하였다(『중앙신문』 1946. 5. 25; "G-2 Weekly Summary" no. 36, 1946. 5. 22; *FRUS 1946* vol. 6, p. 689). 아울러 5월 22일 미 군정청 외무처는 38선을 폐쇄하고 38선 이북지역 여행에는 특별허가가 필요하다고 공표하였다. 이와 같은 굿펠로의 발언과 점령당국의 남북분리 조치를 계기로 민주의원을 중심으로 단독정부가 불가피하다는 주장이 확산되었다(『현대일보』 1946. 5. 24;『중앙신문』 1946. 5. 25).

　물론 점령당국의 지도부는 공식적으로는 단정을 부인하였다. 5월 24일 러치 군정장관이, 25일에는 단정론의 진원지로 지목받던 민주의원이, 27일에는 이승만이 각각 단정론을 부인하고 미소공위에 의한 통일정부 수립을 주장하였다(『중앙신문』;『현대일보』 1946. 5. 26, 5. 28). 이처럼 이승만·김규식·굿펠로·미군정 등은 남조선 단독정부를 주장하거나 암시하다 문제가 되면 연막을 피웠고, 따라서 남한단정설은 '보이지 않는 적'처럼 출몰했다("G-2 Weekly Summary" no. 36, 1946. 5. 22).

　1946년 6월 3일 이승만의 정읍 발언은 이러한 긴 잠복과정의 표출이었다. 다음은 정읍 발언[16]에서 문제의 남한단정과 관련되는 부분이다.

　　우리는 남방(南方)만이라도 임시정부 혹은 위원회 같흔 것을 조직하야 38 이북에서 소련이 철퇴하도록 세계 공론에 호소하여야 될 것이니 여러분도 결심하여야 될 것이다. (『서울신문』 1946. 6. 4;『자유신문』;『중앙신문』;『중외신보』 1946. 6. 5)

　당시 이승만측의 남한단정설을 자세하게 보여주는 문서로는 「시국에 대한 관견(管見)의 일단(一端)」이 있다.

　　一. 단독정부를 하로 밧비 수립할 사
　　가. 미소회담의 파열이 우리 정부수립로의 재하야 하날이 주신 천재일우의 호(好)기회라고 생각합니다. 이 기회를 포착하야 우선 남조선만의 단독정부를 수립하고, 북위 38도선 문제는 국제문제로 돌리는 것이

엇더할가 합니다.

나. 이분자(異分子) 즉 공산당과의 통일 운운은 한갓 정력과 진설(唇舌)의 낭비일 뿐이요, 도저히 실현성이 없스리라고 생각합니다. … 남북통일을 기다려 좌우합작의 정부를 수립하겠다면 이는 황하수 마러기를 기다림과 갓터서 도저히 성과를 거둘 날이 업스리라고 생각합니다.[17] (중앙일보 현대사연구소 편 1996)

이승만의 정읍 발언은 자신의 통일정부 발언을 일주일 만에 번복하는 것이었고 '폭탄선언'으로 표현될 정도로 당시의 일반 정서와는 맞지 않는 것이었다. 그러나 이는 오랫동안 준비된 것이었으며 "아니다 아니다 해오던 것"의 공공연한 표명에 지나지 않았다(『현대일보』 1946. 6. 6;『중앙신문』 1946. 6. 12).

이박사를 중심으로 한 일련의 정치블록은 자초(自初)부터 단독정부 수립을 기도하면서 지금까지 그것을 엄폐하여 왔다는 지극히 단순한 사실을 인식한다면 이제 새삼스레이 경악할 것은 없다. (『중앙신문』 1946. 6. 6)

정읍 발언으로 남한단정론은 정계의 핵심 이슈로 부각되었고(*FRUS 1946* vol. 8, p. 704), 이승만은 다음날 전주에서도 남한단정론을 연속으로 제기하였다(『자유신문』;『중외신보』 1946. 6. 6). 그러나 정계의 반응은 한결같이 단정론을 극렬하게 비판하였다. 좌익진영은 물론, 김구의 한국독립당과 비상국민회의, 그외 조선어학회(이극로)·재미한족연합회(韓始大) 등 중간파도 "조선은 하나다"라며 분명하게 반대하였다(『현대일보』 1946. 6. 9). 다만 한국민주당, 조선민주당, 여자국민당 등

‘명백한 소수’만이 소련과 좌익의 직접적인 개입을 제거할 수 있다는 이유로 남한단정론을 지지하였다.[18] 특히 한국민주당은 “무슨 역적질이나 한 것같이 선전하니 그 이유를 알 수 없다”며 이승만을 옹호하면서 단정과 총선에 대비하여 지방유세대를 조직하였다(『동아일보』 1946. 5. 27; 『서울신문』 1946. 6. 8).

정계의 이러한 비판적 반응도 문제였지만, 이승만에게 더 중요한 것은 점령당국의 반응이었다. 그런데 미소공위 결렬 후 미국정부는 ‘이승만과 김구’를 배제하는 새로운 대한정책을 입안하여 좌우합작을 통한 자문입법기구 창설을 확정하고 있었다. 이러한 미묘한 시점에서 항간의 추측처럼 새로운 입법자문기구와 남한단독정부수립설이 결합되는 것은 결코 바람직한 것이 아니었다. 따라서 점령당국도 5월 말부터 이승만의 남한단정론에 대해 비판적 입장을 가지고 있었다(도진순 1993).

6월 5일 이승만은 전주에서 단정론을 다시 표명한 직후 하지 사령관과 통화하였다. 하지는 이승만의 발언을 비판하였고, 이승만은 기자회견에서 단정론은 일반민중의 주장이고 자신은 오히려 이를 만류하고 있다고 해명하였다.

일반민중이 초조해서 지금은 남조선만이라도 정부가 수립되기를 고대하는 중이다. 나의 관찰로는 조만간 무엇이든지 될 것이니 아직 인내하고 기다려서 경거망동이 없기를 바란다. (『현대일보』; 『대동신문』 1946. 6. 8)

그러나 이승만의 변명으로도 남한단정론이 진화되지 않자 6월 중순부터 점령당국은 직접 진화작업에 나섰다. 미군정 당국자 또한 종래의 암묵적 지지와는 달리 분명한 반대입장을 표명하였다. 하지는 “항간에 유포되고 있는 억측"을 부인하는 성명을 발표하였으며, 러치 군정장관은 "남조선 단독정부 수립에 절대 반대"한다며 "이 문제는 이박사에게 물어보라"고 강경한 입장을 밝혔다(『중앙신문』 1946. 6. 10; 『서울신문』 1946. 6. 11; 『동아일보』; 『현대일보』 1946. 6. 12).

이에 이승만은 6월 10일 독립촉성국민회 창립대회에 불참함으로써 하지에게 자중하는 모습을 보여주었으며, 6월 12일에는 단정설을 공식적으로 부인하고 임시정부의 '자율정부론'으로 도피한다.[19] 이리하여 남한단정론은 포위망에서 벗어나 좌우익의 계급적 대립이라는 구도 속으로 다시 잠복한다. 그러나 남한단정론은 소멸된 것이 아니라 잠복하였을 따름이며, 1947년 이후 다시 만개하게 된다.

5. 맺음말

1945년 10월의 도쿄회동에서 거론된 애치슨의 한국민행정위원회나 하지의 통합자문단을 통한 임시행정부, 11월 랭던의 정무위원회 안의 핵심은 다름아니라 남한 단독의 과도정부 수립안이다. 당시로서는 미 국무부와 이견, 소련과 협상, 한국민중의 반응 등을 고려하여 공공연하게 표방할 수 없었지만, 그 내용의 핵심은 남한만의 정부를 우선 건설하는 것이었다.

이러한 정부수립 방안은 같은 계보로 파악할 수 있는 뚜렷한 공통점을 지니고 있다. 그것은 미소합의에 의한 통일정부보다는 남한지역만의 단독 조치가 선행하며, 38선의 철폐, 즉 북한지역으로의 확대는 오로지 부수적인 문제였다. 시기적으로 후차적인 문제였고, 정치적 주권이 아닌 행정·경제 우선의 '국토개방' 차원이었던 것이다.

이렇게 파악할 때 우리는 남한단정론의 연원을 1945년 10월 중순의 도쿄회동으로 거슬러 올릴 수 있으며, 이승만은 귀국과 동시에 그 모체를 조직하기 시작하였다. 이 조직적 모체에서 좌익은 부수적으로 필요한 조건이었고, 우익 헤게모니를 위한 이승만과 김구의 단합은 충분조건이었다. 이 점에서 독촉중협의 일차적 시도는 임정과의 대립으로 실패하였다.

남한 과도정부를 위한 2단계의 조직이 일종의 어사 사명을 띤 굿펠로의 공작에 의한 남조선대한국민대표민주의원이었다. 굿펠로는 점령당국의 긴밀한 보조 아래 이승만과 김구의 통합을 '비상한 방법'으로 성사시켰다. 민주의원은 미소공위 시기 미국식 정부건설의 전형이었고, 미소공위가 지연되거나 결렬되었을 때 남한단정론의 진원지가 되었다.

남한단정론의 연원과 계보를 이렇게 정리할 때 우리는 다음 몇 가지로 논의를 확장할 수 있다.

첫째, 남한단정론은 좌우대립이나 미소공동위원회의 결렬의 결과라기보다는 오히려 그 원인에 가깝다. 그것은 소련과의 협상이 본격적으로 시작되기 이전인 1945년 10월경부터 배태되었으며 그 조직적 기반은 1946년 2월에 성립된 민주의원이었다.

둘째, 남한단정론이란 봉쇄정책이 워싱턴까지 확대되고 공공연하게 주장된 것은 1947년 이후이지만 남한 현지의 기초작업은 점령 직후부터 이루어졌다. 이러한 남한단정론의 원동력은 한국의 혁명적 상황에 대한 주한미군과 미군정의 대응과정에서 비롯되었으며, 도쿄의 맥아더사령부는 이를 적극 지지하였다. 즉 남한단정론은 외생적인 족보를 지니고 있으며 한국인들의 좌우대립은 단지 그 촉매에 지나지 않았다.

셋째, 남한단정론을 남한정계에서 공공연하게 표방한 사람은 이승만이었지만 그 뿌리는 워싱턴-도쿄-서울의 국제적인 공조 틀에 연결되어 있었다. 남한단정론은 남한의 특정 정치인의 선택을 넘어서는, 대소 강경파와 봉쇄주의자들의 국제적 결합물이었던 것이다. 따라서 남한단정론은 집권자의 독재체제보다 훨씬 넓은 토대와 긴 생명력을 지니고 있으며, 통일의 방정식 또한 이와 관련되어 있을 것이다.

〈『한국 근현대의 민족문제와 신국가건설』, 지식산업사, 1997〉

주

1) 이것은 좋게 말하면 미국식 점진주의 또는 기능주의적 국가건설론이라고 할 수 있다.
2) 이승만의 귀국과정에 대해서는 우남실록편찬위 편(1976, 56~58쪽); 커밍스(1986, 314~15쪽); 강준식(1989); 정병준(1996); 『자유신문』; 『신조선보』(1945. 10. 19) 참조.
3) 랭던은 한국에 대한 신탁통치 기안자의 한 사람이었는데 한국에 부임한 이후 반대자로 바뀌었으며, 국무부의 베닝호프 역시 군부인사 못지않게 신탁통치를 반대하였다. 이것은 국무부에서 국제주의의 대변자 격인 빈센트가 그후 봉쇄정책에 쉽사리 타협한 사실과 맥락을 같이한다. 이 점에서 이른바 '국무부(국제주의)-군부(민족주의)'라는 관료정치적 대립도식은 한국의 혁명적 상황에 대응한 미국의 이익 수호라는 '미국 총자본'의 이해관계에 종속되는 부차적인 것임을 의미한다(Cumings 1981, pp. 437~39; 이삼성 1993, 138~40쪽).
4) 한국민행정위원회에서는 이승만을 수반으로 고려하였던 데 비해, 정무위원회는 김구를 강조하였다는 점에서 약간의 차이가 있다.
5) 북한정치인을 포함한다는 것은 명백하게 비현실적이기 때문에 곧 취소되었다 (*FRUS 1946* vol. 8, pp. 627~28).
6) 『조선일보』 1946. 2. 14; 『서울신문』 1946. 2. 15; *HUSAFIK*, part 2, ch. 2, p. 78; "G-2 Weekly Summary" no. 23, 1946. 2. 19, pp. 9~10.
7) memo G-2 to C/S(1946. 1. 15), G-2file 2-21 Provisional Government; *HUSAFIK*, part 2, ch. 2, p. 89.
8) 같은 자료.
9) item 6. C/S to Military Governor, Gerneral Lerch(1946. 1. 18); *HUSAFIK*, part 2, ch. 2, pp. 90~91.

10) 비상국민회의 탈퇴에 대한 3인의 공동성명서는『조선일보』(1946. 2. 24) 참조.

11) 비상국민회의 결성식 모습은『조선일보』(1946. 2. 2; 2. 3); 송남헌(1985, 273~75 쪽); "G-2 Weekly Summary"(no. 21, 1946. 2. 6, incl #2) 참조.

12) 당시 한 신문은 민주의원의 성립으로 남북통일에 대한 미군정의 방식을 ① 북한의 대표기관과 통합 ② 민주의원을 확대하여 북한의 좌익을 포함하는 것, 두 가지로 추측하고 있다(『중앙신문』1946. 2. 16).

13) 「샌프란시스코발 1946. 4. 6. AP」,『서울신문』1946. 4. 7. 아마도 이 정보의 제공자는 굿펠로인 듯하다.

14)『현대일보』1946. 5. 15;『중앙신문』1946. 5. 14; "G-2 Periodic Report" no. 226, 1946. 5. 13; "G-2 Weekly Summary" no. 36, 1946. 5. 22.

15) 김준연 1984, 126쪽. 아마도 미국측 대표는 굿펠로일 가능성이 크다.

16) 이승만의 정읍 발언의 요지는 크게 두 가지로 나눌 수 있다. 하나는 미소공위의 결렬에 따라 남한 단독정부를 제기한 것이고, 다른 하나는 당시 새롭게 제기된 좌우합작에 대한 대응으로 민족통일기관의 창설을 주창한 것이다. 민족통일기관은 그 후 민족통일총본부로 현실화되었다.

17) 중앙일보 현대사연구소 편 1996. 재미있는 이 문건은 제1차 미소공위가 결렬된 직후 작성된 것으로서 작성자는 알 수 없다. 다만 이승만계의 문건인 것은 확실하며 미군정에서 참고를 위해 영역하였다.

18) "G-2 Weekly Summary" no. 41; "G-2 Periodic Report" no. 260; "Political Trends" no. 37, 1946. 6. 25; "Opinion Trends" no. 16, 1946. 6. 22;『현대일보』1946. 6. 6.

19)『중앙신문』;『현대일보』1946. 6. 11, 6. 12. 당시 김구의 임정계는 이승만의 단독정부 주장에 동조하지 않고 비상국민회의의 확대·강화를 통한 '자율적 통일정부' 수립을 모색하였다(『동아일보』;『서울신문』1946. 4. 14;『조선일보』1946. 6. 6).

참고문헌

「독립촉성중앙협의회록」(1945. 12. 15), 중앙일보 통일문화연구소 소장.

강만길 편 (1984),『조소앙』, 한길사.

강준식 (1989),「해방정국 미군정의 이승만 옹립 드라마」상,『신동아』, 1월호.

김성숙 (1968),「오호! 임정 30년 만에 해산하다」,『월간 중앙』8월호.

김종범·김동운 (1945),『해방 전후의 조선 진상』, 삼중당. (번각본: 돌베개, 1984).

김준연 (1984),「이박사 노선과 남북동포의 염원」,『독립노선』, 돌베개.

도진순 (1993), 「1945~48년 우익의 동향과 민족통일정부수립운동」, 서울대 국사학과 박사학위논문. (도진순, 『한국민족주의와 남북관계』, 서울대출판부, 1997로 출판.)

박찬표 (1995), 「한국의 국가형성: 반공체제의 형성과 자유민주주의의 제도화, 1945~48년」, 고려대 정외과박사학위논문.

샤브쉬나 (1996), 『1945년 남한에서』, 김명호 옮김, 한울.

서중석 (1991), 『한국현대민족운동연구』, 역사비평사.

송남헌 (1985), 『해방3년사』 1, 까치.

우남실록편찬위 편 (1976), 『우남실록』, 열화당.

이기하 (1961), 『한국정당발달사』, 의회정치사.

이삼성 (1993), 『현대 미국외교와 국제정치』, 한길사.

정병준 (1996), 「해방 직후 이승만의 귀국과정과 동경회합」, 제39회 전국역사학대회 발표요지.

조소앙 (1946), 「민주의원은 도불지(都不知)」, 『중앙신문』 2. 15.

중앙일보 현대사연구소 편 (1996), 『미군 CIC 정보보고서』 1, 선인문화사.

커밍스 (1986), 『한국전쟁의 기원』 상, 김주환 옮김, 청사.

Cumings B. (1981), *The Orgins of the Korean War*, Princeton: Princeton Univerity Press.

FRUS(Foreign Relations of the United States) by Department of State, U. S. Washington, D. C.

"G-2 Periodic Report" by United States Armed Forces in Korea, Federal Records Center Annex, Suitland, M. D., U. S. A.

"G-2 Weekly Summary" by United States Armed Forces in Korea, Federal Records Center Annex, Suitland, M. D., U. S. A.

HUSAFIK(History of the United States Armed Forces in Korea) by United States Armed Forces in Korea, Manuscript in Office of the Chief of the Military History, Washington, D. C.

"Opinion Trends" by Department of Public Info., United States Armed Forces in Korea, Federal Records Center Annex, Suitland, M. D., U. S. A.

"Political Trends" by Department of Public Info., United States Armed Forces in Korea, Federal Records Center Annex, Suitland, M. D., U. S. A.

분단 전후 김구 · 김규식의
국가건설론과 통일로의 귀결

1. 머리말

해방 직후 남한에서는 미국, 우익, 좌익이 혼재하는 속에서 복잡한 정치정세가 전개되었으며 다양한 국가건설론이 대두하였다. 좌익은 1945년에 인민공화국, 1946~47년에는 미소공동위원회(이하 미소공위)에 의한 통일정부 수립을, 이에 맞서 우익은 대한민국임시정부(이하 임시정부) 봉대론, 자율정부론, 남한단정론 등을 제기하였다. 이러한 국가건설론의 충돌과정에서 1945~48년 한국의 정치지형은 분단정부 수립으로 귀결되며, 이에 따라 해방 후 민족운동은 통일운동으로 다시 출발하게 되었다.

한국의 분단에 대해서는 여러 가지 논쟁이 있지만, 일반적으로 분단에 내재된 정치적 성격은 체제적 대립과 민족적 문제, 두 가지로 정리할 수 있다.

〈표 1〉 분단체제의 성격과 대립구도

성격	내용	국제적 양상	국내적 양상
체제적 대립	자본주의와 사회주의	미국과 소련	남북 · 좌우 대립
민족적 대립	강대국과 약소국	미국 · 소련 · 일본과 남북한	친미 · 친일 · 친소파와 좌우의 민족진영

이 글에서는 해방 직후 복잡한 정치정세를 유념하면서 임시정부를 대표하는 김구의 국가건설론과 중간우파를 대표하는 김규식의 국가건설론을 대비하면서 검토하고, 나아가 두 지도자가 북측과의 합작을 통해 통일정부 수립이라는 합의로 귀결되는 과정과 그 의미를 살펴보고자 한다.

이 글은 국가건설론 연구에서 흔히 동원되는 정강 · 정책 등을 검토하는 방법을 채택하지 않았다. 그것은 "토지개혁과 주요 기업의 국유를 주장하는 것이 좌익이라면 조선사람 전부가 좌익이요, 민족해방과 완전독립을 갈망하는 것이 우익이라면 조선사람 전부가 우익"(김동리 1946, 21쪽)이라는 한 지식인의 토로와 같이, 이 시기 정강 · 정책은 대중의 혁명적 요구에 당면하여 적지 않은 상투성과 허위성이 개입되어 유의미한 차별성을 간취할 수 없기 때문이다. 따라서 이러한 상황을 직시한다면, 정강 · 정책보다는 실제의 정치 역학관계와 정치행위 속에서 국가건설론의 내용과 성격을 검출하는 것이 타당하다고 본다.

또한 이 글에서는 해방 직후 격동기에 우익진영의 정치가 지도자를 중심으로 수행되었던 만큼, 지도자 개인의 성장과정과 독립운동선상에서 보이는 특성을 필요한 만큼 분석할 것이다. 김구와 김규식에 관해서는 이미 몇 가지 전기류의 업적이 있기 때문에 여기서는 국가건설론 · 통일론의 쟁점과 관련되는 사실을 추가하면서 주로 전체적인 해석(interpretation)의 문제에 집중하고자 한다.

2. 개인적 특성과 독립운동의 경험

김구와 임시정부

김구는 병자수호조약이 체결되는 1876년 태어나 1919년 중국으로 망명하여 본격적인 독립운동을 하기 이전에 이미 파란만장한 방황과 기구한 운명을 경험하였다.

어린 시절(12세) 서당에서 한학을 공부하였으나, 17세 때(1892) 과거에 응시하여 낙방하였다. 그후 방황으로 풍수와 관상을 공부하다, 18세 때 동학에 입문하면서 김창수(金昌洙)로 개명할 정도로 새로운 세계관으로 다시 태어나고자 하였다. 그러나 이듬해 동학군 선봉장으로 갑오농민전쟁에 참여, 황해도 해주성 공략을 주도하였으나 실패했다.

역설적이게도 그의 농민군은 같은 동학군 이동엽부대에 의해 해체되고, 그는 적장(敵將)인 안중근의 아버지 안태훈에게 몸을 의탁하였다. 적장과의 동거를 통해 청년 김창수는 점차 동학군에서 의병으로 변모하였다. 안태훈의 집에서 거유(巨儒) 고능선(高能善)의 지도로 위정척사계 화서학통(華西學統)의 유학을 배우며 동지 김형진을 만나 의기투합, 청나라를 살펴보는 긴 여정에 올랐다가 돌아오는 길에 김이언(金利彦) 의병단에 참여하나 실패하였다. 그해 말 황해도 지역의 산포수를 중심으로 다시 의병봉기를 기도하지만 역시 실패하고, 청년 김창수는 수배의 위기에 처하게 되었다. 이러한 와중에 청년 김창수(21세, 1896)는 안악군 치하포에서 '국모의 원한'을 갚기 위해 일본군 쓰치타(土田讓亮)를 살해하고, 그 사건으로 투옥되어 결국 사형이 품신되었다. 그러나 고종의 배려로 미결수로 감옥생활을 하던 중 1898년 탈옥에 성공하였다(도진순 1997b).

23세의 파란만장한 청년 김창수는 도피중에 공주 마곡사에서 원종

(圓宗)이라는 법명으로 스님이 되었다. 그러나 이듬해 평양 영천암에서 스님생활을 하던 중 환속하고, 다시 방랑기를 거쳐 27세 때 기독교에 입문하면서 애국계몽운동에 참가하였다. 이처럼 그는 서당, 관상, 풍수, 동학, 의병, 불교, 기독교 등을 편력하였으며, 그의 결혼 역시 상당한 편력 이후에 가능했다. 아버지의 혼약으로 어린 시절의 약혼자가 있었으나 스스로 거부하였고, 청계동 시절 스승 고능선의 손녀사위로 지목되었으나 파혼하였다. 그후 기독교 입문을 전후하여 여옥(如玉)이라는 여인과 약혼하지만 결혼도 하기 전에 그녀가 사망하였고, 얼마 후 애국계몽운동의 동지이자 안창호의 동생인 안신호와 혼약하였으나 성공하지 못하였다. 이러한 곡절을 거쳐 29세 때 김창수는 주변의 반대 속에서 겨우 최준례와 결혼하였다.

김구의 삶에서 이 같은 파란은 30대에 들어와서도 계속되었다. 1905년(30세) 이후에 김구는 주로 애국계몽적인 교육운동과 비밀결사 신민회에 참여하지만 안명근사건에 연루되어 또다시 투옥, 17년형을 언도받았다. 그가 비교적 조용한 휴지기를 가지게 되는 것은 1914년 가출옥한 후 동산평농장의 관리인 생활을 할 때였다.[1]

이상의 김구 성장기 및 초기 국내 독립운동의 경험에서는 다음과 같은 특성을 찾아볼 수 있다. 그 시기 대부분의 사람들이 그러했듯이, 김구는 안정적인 제도교육의 혜택을 거의 받지 못하였으며 유학·동학·불교·기독교 등을 두루 편력하는 사상적 방황을 경험하였다. 이런 연유로 김구는 이데올로기에 대한 자기정체감이 비교적 결여되어, 한편으로는 이데올로기에 대한 교조적 집착이 없으면서도 다른 한편으로는 사상적·이론적 전망이 부족하였다고 할 수 있다. 또한 당시 정치지도자들에게 흔치 않은 서민적인 소박함을 지닌 한편으로, 근대적 가치관과 서구적 생활을 경험한 지도자들과 달리 전통적 가치인 유학적 또는 의병적 신의를 중시하는[2] 완고함을 지닌 행동지향형의 인물이었다고 할 수 있다.

김구의 본격적인 독립운동은 1919년 중국망명 이후에 시작되며, 그것은 주지하다시피 임시정부와 분리할 수 없는 밀접한 관계를 가지고 있다. 그런데 김구의 독립운동을 논의하기 위해선 그간 간과되어 온 임시정부의 조직노선 자체의 특성에 주목할 필요가 있다. 정당조직과 달리 정부는 그 나라 국민의 '유일 대표성'을 필수불가결한 전제로 하며, '임시정부' 또한 이러한 유일 대표성을 생명으로 한다. 하지만 임시정부는 흔히 다른 나라에서 설립되어 국민적 대의성을 직접 확인하는 데 문제가 있기 때문에, 대체로 전쟁 등 비상시기에 조속한 독립을 예견하면서 수립되고, 또한 대의성(代議性)의 문제 때문에 외국으로부터의 승인과 인정을 기본 요건으로 한다. 따라서 임시정부가 장기간 존재하면서 외국으로부터 승인을 받지 못하면 난관에 봉착하기 쉽다.

대한민국임시정부는 1919년 낙관적 정세 아래 출발하였으나, 즉각 독립이 실패하고 임정이 장기화되면서 여러 가지 문제가 발생하였다. 임정은 국민적 대의성을 독립운동단체의 대표성으로 해결하고자 했지만 일부 독립운동단체들은 통합을 위해 오히려 임정의 해산을 요구하였으며 '이당치국'(以黨治國)의 유일당(唯一黨)운동이 제기되기도 하였다(추헌수 1989; 호춘혜 1987).

중국망명 이후 김구의 독립운동은 한마디로 '임정의 고수와 승인 정책'으로 요약할 수 있다. 김구는 1923년 국민대표대회에서 임정이 무력화되자 내무부장으로서 국민대표대회를 해체시켰으며, 1926년 인물난으로 내각조직이 어려워 임정이 정체상태에 빠지자 국무령(國務領)을 맡아 체제를 정비하였는가 하면, 20년대 말에 독립운동 지도자들이 떠나 임정이 명목만 남았을 때도 끝까지 임정을 지켰다.[3] 물론 김구는

임정을 유지하면서 몇 가지 의미 있는 활동 —— 대표적으로 이봉창 의
사의 일본천왕 암살기도 사건, 윤봉길 의사의 홍구공원 의거 같은 특
별 활동 —— 을 주도하고 한국국민당, 한국독립당 등 임정산하 정당조
직의 조직 및 강화, 광복군 등 군사조직의 결성을 주도하였다.

   대부분의 경우 김구의 이러한 활동을 이승만의 외교노선과 극단적
으로 대비하기도 한다.[4] 물론 김구의 활동이 미국 일변도 외교를 중시
한 이승만의 노선과 구별될 필요가 있지만, 그것 역시 중국 등 관련국
가들 또는 한국 독립운동단체로부터 임정의 대표성을 인정받는 것과
밀접한 관련이 있다는 사실에 주목할 필요가 있다. 앞서 언급했듯이
임정의 인정은 임정노선이 본원적으로 요구하는 것이었다. 김구는 보
다 적극적인 활동을 통해 임정의 인정을 추구하였고, 태평양전쟁 발발
후에는 임정의 외교적 인정을 위해 직접 노력하였다. 또 만주사변이
일어난 뒤에는 중국 국민당정부와 교섭을 시도하였으며, 태평양전쟁
때는 중국 및 미국 정부와 교섭을 하였다. 해방 직후의 이른바 '임정법
통론'은 이러한 과정에서 이미 잉태되어 있었다.

김규식과 정계통합

   김규식은 김구보다 5년 아래로 1881년 경남 동래에서 태어났다. 여
섯 살 때 미국인 선교사 언더우드 목사댁에 입양되었으며, 아홉 살에
부친이 사망함으로써 완전 고아가 되었다. 그후 1897년에 미국으로 건
너가 버지니아주의 로녹 칼리지(Roanoke College)에서 공부하였고,
1904년(24세) 귀국한 이후 언더우드 목사의 비서로 사회생활을 시작하
여 YMCA학교 교사 및 경신학교 학감, 새문안교회 장로 등을 지냈다.
1913년 중국으로 망명하여 상업에 종사하다, 1919년 파리강화회의를
전후해서 본격적으로 독립운동과 연결되었다(이정식 1974; 류근일 1981).

성장과정이나 유예기의 경험 면에서 김규식과 김구는 여러 가지로 대비되며 독립운동의 경험 또한 그러하였다.[5] 먼저 50대까지 어머니로부터 '사랑의 매'를 맞은 김구(김구 1997, 367쪽)와 달리, 김규식은 어려서 고아가 되고 외국인 선교사집에 입양되었다. 이처럼 김규식은 가족, 집안, 씨족, 파벌 등과 같은 한국의 토착적 기반과 일찍부터 유리되었으며, 이것은 그가 평소 정치적 파벌과 일정한 거리를 두면서 합작에 노력하는 하나의 배경이 되었다.

둘째로, 김규식은 미국인 가정에서 자라고 미국에서 제도교육과 명예박사학위를 받았다. 그리하여 '영어에는 문맹'인 김구[6]와 달리 영어에 능통하였으며, 이후 독립운동에서 외교부문의 전문가가 되었다. 김규식은 1919년 파리강화회의 참여를 준비하면서 본격적인 독립운동에 뛰어들었고, 파리강화회의의 베르사유체제에 실망하고 난 이후 1923년 여운형 등과 함께 모스크바 동방혁명가대회에 참여하여 대표로 선출되었다. 즉 김규식은 미국과 더불어 소련을 경험하였고, 소련에도 우호적인 입장을 지닌 적이 있었다. 그러나 김규식은 모스크바로 가는 길에 소련에 의한 독립운동사의 수난인 '자유시참변'을 목격하였다. 또한 김규식이 임정의 해체를 주장하는 창조파의 영수가 되어 다시 소련으로 들어갔을 때 소련은 일본과의 밀약에 의해 김규식을 비롯한 한국 민족주의자들을 추방하였다.[7] 이로써 김규식의 소련에 대한 기대는 무너졌다. 따라서 김규식의 외세에 대한 입장은 전반적으로 시시비비주의에 입각한 가변적인 성격을 지니고 있었다.

셋째로, 비록 임시정부의 부주석으로 귀국하였지만 김규식은 임시정부에 대해 매우 소극적이거나 비판적인 입장이었다. 그는 임정에 세 번 참여했으나, 그때마다 임정의 확대 내지 해산을 주장하였다. 1919년 임시정부가 수립되면서 김규식은 외무총장·학무총장으로 피선되었다. 그러나 그후 임정이 창조파와 개조파의 대립으로 혼란에 빠지자, 그는 총장직을 사임하고 임정의 해산을 주장하는 창조파의 영수로서 임정에 맞서는 한국정부의 수반으로 추대되었다. 이때 김구는 내무총장으로서 창조파의 활동을 '모반'으로 규정하고 '즉시해산'을 명령하였다. 1932년 만주사변이 발발하고 난 뒤, 김규식은 다시 임정 국무위원으로 피선되어 1935년 10월까지 재직하였다. 하지만 이때도 그는 임정에는 참여도 잘하지 않는 '부도원의원'(不到院議員)이었으며 임정보다는 '한국대일전선통일동맹'(韓國對日戰線統一同盟), '민족혁명당'에 주력하였다. 1941년 민족혁명당이 임정 참여를 결정하면서 김규식은 마지막으로 임정에 참여하여 1942년 국무위원(선전부장), 1944년 부주석으로 피선되었지만, 그의 임정활동은 여전히 소극적이고 김구진영과 대립하며 해방 직후에는 임정의 해산을 주장하였다.

넷째로, 김규식은 임정의 틀을 넘는 합작과 통일을 주장하였고 사회주의자들에 대해서도 매우 개방적인 태도를 지니고 있었다. 그는 임정활동의 공백기마다 이러한 활동을 하여, 여운형과 함께 동방혁명가대회에 참여하였고 김원봉의 민족혁명당에도 관여하였다. 그럼에도 불구하고 그는 기본적으로는 기독교적이며 우익 성향의 정치인이었다.

다섯째, 김규식은 어학뿐 아니라 문학과 학문에도 깊은 소양이 있었다. 그래서 그는 정치적 휴지기마다 상하이 복단대학(復旦大學), 베이징 북양대학(北洋大學), 청두(成都)의 사천대학(四川大學) 등 여러 곳에서 교편생활을 하였다. 김규식은 이처럼 총 20년 정도 교편생활을 하고 몇 가지 저작까지 있는 학자형의 정치인이었다. 이것은 다른 한편으로 정치적 조직력과 패권의식이 약한 소극적인 정치인이었다고도 할 수 있다.

3. 좌우문제와 국가건설론

김구의 임정법통론

해방 직후 김구의 국가건설론은 '임정법통론'(臨政法統論)으로 요약
되며, 그것은 1945년 9월 3일 발표된 「임시정부의 당면정책」에 정리되
어 있는 바와 같이 ① 임시정부의 정권접수 ② 임시정부 주도 아래 각
계각층의 민족영수회의를 통한 과도정부 수립 ③ 과도정부 주도의 전
국적 보통선거에 의한 정식정부 수립의 세 단계로 구성되어 있다(국사
편찬위원회 편 1968, 46~48쪽; 도진순 1997a, 52쪽).

김구는 임정법통론의 1단계를 위해 1945년 8월 18일~8월 22일 임
정 의정원회의에서 민족혁명당, 신한민족당, 해방동맹에 맞서 의정원
의 해산과 국무위원의 총사퇴를 단호히 반대하였으며, 이어서 중국전
구 미군총사령관 웨드마이어에게 임정의 국내 치안담당 등 4개조 조
건의 수락과 정부 자격으로 임정의 귀국을 요청하였고, 귀국 후 1945
년 말에는 이른바 '반탁쿠데타'를 통해 정권의 접수를 선언하였다. 그
리고 임정법통론의 1단계 작업이 좌절된 후에도, 김구는 임정이 '사실
상의 정부'라는 전제에서 1946년 초 비상국민회의 창설, 1947년 초 국
민의회 수립 등을 통해 임정법통론의 2단계 작업을 계속 추진하였다
(도진순 1997a, 63~68, 143~51쪽).

이러한 임정법통론의 정치적 성격을 규명하기 위해서는 임정법통론
과 남한의 여타 정치세력, 북한, 미국, 소련 등과의 관계를 검토할 필요
가 있다. 먼저 임정법통론은 임시정부 주도의 정부수립론이므로 당연
히 좌익 또는 다른 정치단체에 대해 배타성 혹은 군림성을 지니고 있
었다. 이것은 귀국 후 인민공화국과의 합작과정이나 4당 · 5당 회합과
정에서, 임정이 보여준 태도에서 확인된다.

다음으로 검토할 것은 임정법통론의 대북정책이다. 반탁운동이 위력을 발휘하고 있던 1946년 전반 백의사(白衣社)를 비롯한 임정계 반탁운동원들은 북한지역에 침투하여 김일성·김책·최용건·강양욱 등에 대한 암살·테러를 시도하는 한편, 반탁운동을 선동하고 임정의 정권접수를 선포하였다.[8] 임정의 대북 타격정책에서 우리가 간취할 수 있는 것은 당시 임정계가 '북한=친소·찬탁=사회주의' '남한=임정·반탁=자유주의'라는 대비, 다시 말해 남북관계를 미소 또는 좌우의 체제대립을 기본으로 하여 파악하고 있었다는 사실이다.

임정법통론의 대북 타격정책은 명목상 임정법통론의 전국적 확대, 즉 전국적인 임정추대운동의 일환이었지만, 소련군과 북한의 실질적 타도보다는 남한에서 임정의 대표성을 인정받는 데 필요한 보조적 활동이라 할 수 있다. 이처럼 남북의 대립을 좌우의 체제적 대립으로 파악할 경우, 임정법통론은 주도권의 문제만 해결된다면 남한단정론과 공서(共棲)의 가능성이 열려 있는 것이었다. 김구가 비판적인 입장을 지니면서도 미군정의 '남조선대표민주의원'에 참여한 것, 이승만의 남한 단독정부 수립을 위한 방미외교에 일정한 수준의 협조를 한 점, 1947년 11월 30일 남한 단독정부 수립에 대한 지지 등은 임정법통론과 남한단정론의 결합을 보여주는 구체적 징표들이다(같은 책, 68~72, 143~48, 158쪽 참조).

그러나 임정법통론은 이승만·한국민주당의 남한단정론과 차이점 또한 지니고 있었는데, 그것은 주로 체제적 문제가 아니라 민족문제였으며 구체적으로는 미국과 친일파와의 관계였다. 당시 미국의 동북아 정책은 '일본과의 결합을 통한 소련에 대한 견제'였고, 남한에서는 미군정과 친일파의 결합으로 나타났다. 임정법통론에서 체제적 대립에 비해 부차적이라 생각했던 민족문제는 시간이 흐를수록 전면에 부각하고 있었다.

미국은 임정요인을 좌익의 공세에 대처하고 남한 정계통합을 위해 과도적으로 활용하였을 뿐이며, 임정을 정부로서 인정하지 않았을 뿐 아니라 지속적으로 '임정 해체작업'을 수행하였다. 1945년 국무부·주한미군의 임정 불승인정책, 1946년 반탁쿠데타에 대한 하지의 경고, 비상국민회의에 대한 굿펠로의 공작과 남조선대한국민대표민주의원(이하 민주의원)으로의 전환, 미군정의 임정에 대한 '바람빼기 작전'과 임정 요인의 분산 유도 등이 그것이다(같은 책, 63~64, 68~72쪽). 이러한 과정을 통해 친일파, 독립촉성국민회, 한국민주당 등은 임정을 봉대하고 따라오는 '꼬리'가 아니라, 경찰 등 미군정 기구를 통해 임정마저 뒤흔드는 '몸통'이 되었다. 여기서 임정법통론의 좌절과 전환의 계기가 마련되는 것이다.

요컨대 임정법통론은 좌우의 체제대립적 측면에서 남한단정론과 근친성을 지니는 한편, 미국·친일파 등과 민족문제에서 차별성을 지니는 것이었다. 김구·임정계는 해방 직후 좌익과 북한 등과의 체제 대립적 측면에 경사되어 민족문제의 약한 고리인, 친일파를 비롯한 인적·물적 식민잔재의 청산에 주력하지 못하였고, 그 결과 민족적 과제는 체제적 대립에 용해·유실되었다. 그러나 시간이 지나가면서 김구·임정계는 민족분단에 내재된 민족적 성격에 보다 주목하게 되었다. 1948년 초 김구의 한민당과 경찰에 대한 격렬한 공격, 남한 단독선거에 대한 비판은 이러한 문제의식의 소산이었다.

김규식의 좌우합작론

일제하 독립운동에서 그러하였듯이, 김규식은 해방이 되자마자 보다 확대된 정계통합에 의한 정부수립을 위해 임정의 해산을 주장하였다. 따라서 김규식은 임정의 부주석으로 귀국하였지만 주석 김구의 임정법통론과는 다른 국가건설 방안을 구상하고 있었다. 임정과는 무관한 새로운 정계통합이라는 김규식의 의도는 표면적으로는 당시 미국의 남한정계통합과 일맥상통하는 것이었다. 이러한 맥락에서 김규식은 1946년 초 굿펠로가 주도한 민주의원, 1946년 후반 버치가 주선한 좌우합작에 참여하였으며 하지의 지원에 의해 남조선과도입법의원 의장이 되었다(같은 책, 68~76, 91~98쪽).

이러한 김규식의 활동 중 그가 가장 열성적으로 추진한 것은 좌우합작이었다. 그런데 2차에 걸친 중국의 국공합작, 베트남과 칠레의 인민전선 등 세계사의 경험에서 볼 수 있듯이, 또한 20년대 신간회운동, 30년대 민족유일당운동, 40년대 임시정부하의 좌우합작 등 한국 근현대사의 경험에서 볼 수 있듯이, 역사상 좌우합작의 경험은 실로 다양하다. 때문에 좌우합작 또는 통일전선이야말로 동일한 이름 아래 각양각색의 실체와 행로를 지닌 것으로, 이에 대한 연구는 뚜렷한 기준에 의한 예리한 분간이 필요하다.

일반적으로 좌우합작 또는 통일전선의 성격을 규명하는 데서 중요한 기준은 합작주체들의 과제와 목표, 공통적인 혁명의 대상과 동력의 범위, 동력구성에서 주동력과 이니셔티브 문제, 합작의 결과에 대한 검토 등이다.

1946~47년에 시도된 좌우합작의 성격을 규명하기 위해서는 먼저 참여주체의 단계별 구성을 살펴볼 필요가 있다. 좌우합작 초기에는 미국의 강력한 의지표명으로 우익, 온건우익, 온건좌익, 좌익의 네 분파가 참여하였으나, 곧바로 좌익과 우익의 본류가 좌우합작위원회에서 이탈하였다. 따라서 일정한 지속성을 지니며 좌우합작에 적극적 의지가 있는 주체는 좌우합작을 기획·집행한 미국과 김규식으로 대표되

는 온건우익이라 할 수 있었다.

　우선 좌우합작을 처음부터 끝까지 주도한 미국은 1946년 5월 말 '남한에서 선거에 의한 자문입법기구 구성'을 미리 상정해 놓고, 그것으로 나아가는 통로로 '좌우합작의 일정한 정계통합'을 의도하였다. 미국이 좌우합작위원회에 일단 좌 · 우익을 견인한 이유도 입법의원선거로 유인하기 위한 모양 갖추기였으며, 우익의 이탈을 적극적으로 막지 않은 이유도 선거를 통해 보완할 수 있었기 때문이며, 중간파의 친일파 배제, 경찰개혁의 요구를 유보한 이유도 '좌우합작의 모양'보다 '선거의 결과'를 중시했기 때문이었다. 좌익 본류의 이탈에 소극적으로 대응했던 이유는 미국의 좌우합작 · 입법의원의 구도에서 좌익은 오로지 '부분적으로 필요'하였기 때문이었다. 결국 미국은 좌우합작의 과정에서 우익의 확보에 부분적으로 실패하더라도 입법의원 선거로 보완할 수 있었으며, 대신 좌익의 경우 좌우합작과 선거참여 문제를 통해 분열을 유도 · 초래할 수 있었다. 즉 미국에게 좌우합작은 "성공하면 좋고 실패하더라도 잃을 것이 별로 없는 꽃놀이 패"에 해당하는 것이었다. 따라서 진정한 자주적 좌우합작으로 나아가기 위해서는 합작의 기준으로 친일파를 배제하고 합작의 결과가 입법의원으로 이어지는 연결고리를 차단하는 것이 관건이었다고 할 수 있다(같은 책, 91~98쪽).

　그리고 김규식으로 대표되는 중간우파는 좌우합작위원회를 주도하면서, 친일파 배제 등을 조건으로 입법의원 구성을 지지하였다. 그러나 미 당국의 미온적인 조치로 개혁 없이 실시된 선거 결과는 독립촉성국민회 · 한국민주당의 압도적인 우세였다. 김규식은 이러한 선거결과를 무효화할 것을 주장하였으나, 여운형 등의 중간좌파와는 달리 관선의원을 매개로 입법의원에 참가하였다. 즉 이들은 친일파 배제를 선차적으로 해결하는 데 실패하였지만 점차적으로 처리할 수 있다고 보고 입법의원에 참여하였던 것이다.

그러나 관선까지 포함한 입법의원에서 다수파는 의연히 독촉·한민계였고, 이들과 중간우파의 대립은 '보통선거법'과 '민족반역자처단법'의 대결로 모아졌다. 이 대립은 미국의 지지와 입법의원 내 다수의석을 기반으로 독촉·한민당계의 승리로 귀결되었다. 결국 당시 세간에서는 김규식과 안재홍을 '미군정의 들러리'로 평가할 정도로 중간우파는 미국의 대한정책에 협조하였으나, 미국의 이들에 대한 지원은 지극히 표면적이었던 데 반해 친일세력에 대한 지원은 근원적인 것이었다(같은 책, 111~17쪽).

다음으로, 좌우합작의 전국적 의미를 가늠하기 위해 당시 김규식의 남북문제에 대한 인식을 살펴볼 필요가 있다. 입법의원에 참여한 김규식의 남북문제 인식은 이른바 '김박사의 계획'(Dr. Kim's Plan)이라는 남북회담론으로 대표되는바, 그 구상의 요체는 남조선과도입법의원과 북한의 인민회의가 교섭을 통해 인구비례에 의한 남북한 총선거로 통일정부를 수립하자는 것이었다. 김규식의 이러한 구상은 북한지역의 선거와 권력기관을 인정한다는 점에서 한국민주당 등의 우익과 다르고, 또 남한의 과도입법의원을 주체로 설정한 데서 남로당 등 좌익과 다르며, 한국인의 직접적인 남북협상을 주장하는 측면에서 미·소와 다른 특징을 지니고 있다(도진순 1993, 89~92쪽).

그럼에도 불구하고 김규식의 구상은 2:1의 남북 인구비례를 기본원칙으로 한다는 점에서 남한·우익 주도의 통일정부수립 방안이었으며, 따라서 미국의 통일정부 방안과 결합될 공간이 열려 있었다. 실제로 미국은 협의대상 문제로 제2차 미소공위가 교착되었을 때 김규식의 방안과 유사한 대안을 모색하였으며, 미소공위 결렬 후 4개국회담을 제의한 러베트(R. Lovett) 서신의 기본 취지도 이와 유사하다고 할 수 있었다(*FRUS 1947* vol. 6, pp. 671~73, 675~76, 771~74). 따라서 전반적으로 볼 때 김규식의 계획은 좌익과 북한의 참여 아래 남북통일정권을 수립하되, 주도권은 남한·우익이 장악한다는 것이었다.

그렇기 때문에 1946년 김규식의 좌우·남북 합작론도 '남한단정론'과 만리장성의 장벽이 있는 것은 결코 아니었다. 김규식이 이승만과 더불어 민주의원에 적극적으로 참여하여 부의장과 의장대리를 수행한 것이 그 간접적 증좌이며, 보다 직접적으로는 1946년 5월 6일 제1차 미소공위가 결렬되기 이틀 전부터 미소공위 미국대표는 "남부조선만에서라도 정부를 조직하자"고 이승만·김규식에게 권유하였으며 이에 김규식이 5월 12일 서울운동장에서 열린 '독립전취국민대회'에서 "제주도만이라도 우선 정부를 수립하자"는 요지의 단정발언을 하였다(김준연 1947; 1984, 126쪽;『동아일보』1946. 5. 13, 5. 17;『조선일보』1946. 5. 13;『서울신문』1946. 5. 14;『중앙신문』1946. 5. 15). 또한 남한 단독정부 수립이 결정된 1947년 후반 이후 경찰개혁 등을 조건으로 조심스럽게 단독선거에의 참여를 모색한 것("G-2 Weekly Summary" no. 121, 1948. 1. 12)도 그 징표이다. 요컨대 해방 직후 김규식은 임정의 틀을 넘어서는 폭넓은 정계통합과 대북 타격이 아닌 협상을 중시하였다. 그러나 김규식의 좌우·남북 합작 역시 체제 대립적 측면이 일차적 기준이었고 한미관계, 친일파 처리 등 민족문제는 부차적으로 취급하고 있었다.

이런 연유로 그의 좌우합작은 임정의 틀을 넘는 듯하였지만 실질적인 주도권은 의연히 미국과 친일파에 있었다. 김규식은 이를 최종적으로 확인하였을 때 곤혹스러워면서 "미국에게 더 이상 바랄 것이 없다" "나 자신이 미국의 이용물이 되었다"고 개탄하였다. 마침내 그는 입법의원 의장직을 사퇴하고 1948년 4월 남북연석회의에 참가하여 "좌우합작으로 미국사람의 장단에 춤추었는지 모르지만" 이제 "우리 장단에 춤을 춰야 하겠다"고 주장하였다(『독립신보』; 『서울신문』; 『조선일보』 1948.
4. 28; 박광 편 1948, 69쪽).

결국 1946~47년 김규식 주도의 좌우·남북 합작은 좌우의 문제가
주도적인 축으로 부상함에 따라 친일파 문제 등 합작의 민족적 기준이
유실되었으며, 가장 적극적이었던 김규식마저 합작을 '실패' 또는 '반
대의 방향'으로 규정하게 되었다.

4. 전환: 민족문제와 통일정부론

1948년 2월 김구와 김규식은 미국의 반대에도 불구하고 유엔한국임
시위원단과 협의하면서 서신을 통해 '남북지도자회담'을 제의하였다
(도진순 1997a, 201~10쪽). 해방 직후 두 사람의 국가건설론이 지니는
정치적 의미를 고려할 때 이러한 제의는 여러 가지로 의미 있는 것이
었다.

앞서 살펴보았듯이 김규식은 1946년 좌우·남북 합작을 주장한 바
있다. 따라서 1948년 김규식의 남북회담 제의와 추진은 일견 자연스러
운 것처럼 보인다(송남헌 1983; 1985; 이정식 1980). 그러나 좀더 면밀하
게 관찰하면 1946년 김규식의 남북회담 구상과 1948년 김구·김규식
이 추진한 남북회담은 적지 않은 차이가 있다. 그 대표적인 차이는 점
령당국의 태도이다. 1946년 남북회담 제의에 대해 미국은 일정한 관심
을 표명하며 소극적으로 저지하는 데 그쳤지만, 1948년의 경우에는 적
극적으로 반대하였다. 그리고 미국과 관계가 악화된 김구는 1948년 남
북회담을 적극 추진하였지만, 김규식은 두드러지게 소극적으로 되었
다. 1948년 김규식의 남북회담 참여는 민족자주연맹 내 홍명희 등의
적극적인 권유에 의한 '밑으로부터의 요구'에 부응하는 측면이 많았다.

274

김규식은 북행길에 오르면서도 "북조선을 반대하기 위해" 연석회의에 참여한다고 밝혔다(도진순 1997a, 247~48, 257~59쪽).

역설적이지만 흔히 극우로 분류되었던 김구가 1948년 남북회담의 적극적인 추진자가 되었다. 김구의 이러한 입장은 1946년 대북 타격정책에서 보면 명백한 전환이었다(*Summation* no. 29, 1948. 2).

김구를 비롯한 민족주의자들의 이러한 전환의 배경 및 원인으로는 여러 가지를 지적할 수 있지만, 우선 검토할 문제는 같은 계급진영, 즉 우익진영 자체의 적대화 과정이다. 해방 직후 막강한 권위를 자랑하던 임시정부는 점차 위축되기 시작하여, 1947년 말 장덕수 암살사건으로 해체와 분산의 위기에 처하게 되었다. 여기서 주목할 것은 일반적으로 임정의 해체와 분산의 원인으로 좌우대립이 지적되고 있으나 사실은 그 반대에 가깝다는 점이다. 임정은 좌우대립의 시기 오히려 우익의 대표로서 활약하였지만, 좌익의 퇴조와 더불어 위기에 빠졌다. 달리 표현하면 점령당국은 좌익에 맞서는 카드로 임정을 활용하였지만, 좌익이 퇴조함에 따라 자신이 선호하는 정치세력을 점차 확실히 하였다. 김구와 민족주의자들은 이러한 과정을 거쳐 단정수립시 이승만과 한국민주당이 주도하는 권력의 향방과 성격을 예감하였으며, 다른 한편으로 이를 극복할 수 있는 길로 남북회담을 추진하게 되었다.

김구와 민족주의자들이 남북회담을 추진한 것은 이승만·한국민주당과의 적대적 대립도 중요한 하나의 원인이지만, 이것만으로는 일반적 권력투쟁과 준별되지 않는다. 때문에 보다 폭넓은 관점, 즉 대중적 입장에서 현실에 대한 이해, 민족적 관점에서 분단구조에 대한 민족주의자들의 이해를 검토할 필요가 있다.

김구는 남북회담을 추진하던 시기(1948. 3. 10) '도산 안창호 10주년 추도문'에서 미군정 3년의 남한정세 전반에 대해 "늘어가는 것은 실업

자뿐" "모리배와 탐관오리의 결탁" 등으로 격렬하게 비판하였다(엄항
섭 편 1949, 14~21쪽; 『경향신문』; 『조선일보』 1948. 3. 12). 이러한 현실비판
과 아울러 그는 해방과 분단 문제에 대한 민족적 관점을 강화하였다.
김구의 이런 입장은 임정 요인들이 주도한 1948년 3월의 '7거두성명'
에서 분단정권의 수립을 "민족적 견지는 불고(不顧)하고 미소의 견지
를 추수(追隨)"하는 것이라고 비판한 데서도 보이지만, 그는 프랑스
지배하의 베트남에 비유하면서 더욱 노골적으로 비판하였다.

> 그들(단정론자들—인용자)은 당장에 독립이나 되는 듯이 대통령도 내
> 고 조각도 하느라고 분주하지마는 불국(佛國) 안남(安南) 총독 밑에 안
> 남(安南) 황제가 있다는 것을 알면 그토록 흥이 날 것이 없는 것이다.
> (김구, 「조국 흥망의 關頭에서 남하한 이북동포에게 寄함」(1948. 3. 21). 엄항
> 섭 편 1949에서 재인용)

분단에 대한 이러한 민족적 인식은 체제대립의 시발점이 되었던 해
방 자체에 대한 재인식으로 나아갔다. 즉 사회주의와 자본주의, 좌익
과 우익의 대립이라는 체제 중심의 잘못된 인식에서 벗어나, 해방정국
을 강대국과 약소국, 식민잔재와 친일파 등 민족문제를 중심으로 다시
독해하게 된 것이다.

> 우리 조국이 해방된 것을 10분으로 보면 그중 7분은 우리의 애국적
> 선열·선현들의 혈(血)일 것이요 … 불행히 최후의 3분이 우리의 힘으
> 로 되지 못한 까닭에 우리의 해방은 사전(辭典)상에 새 해석을 올리지
> 아니하면 아니 될 기괴한 내용을 포함하고 있습니다. … 그중에도 가장
> 큰 결함은 과거에 왜적에게 가장 충실했던 주구배, 부호배 등 특수계층

의 등용입니다. 그들은 수년간에 벌써 군정에 반근착절(盤根錯節)하여 가장 견고한 세력을 형성하였으므로 이제는 군정당국이 그들을 좌우하기보다 그들이 군정당국을 좌우하게 되었으므로 …. (엄항섭 편 1949, 14~21쪽;『경향신문』;『조선일보』1948. 3. 12)

때문에 김구는 "혁명세력은 탁류(濁流)라도 정화시킬 수 있는 것"이라는 믿음에서 해방 직후 친일파, 한국민주당 등과 합작을 추진한 것이 결과적으로는 "범의 새끼를 기른 것"이 되었다고 개탄하였다(「혁명운동 재출발의 신결심: 신민일보 사장과 회담기」(1948. 3. 21), 엄항섭 편 1949에서 재인용). 나아가 그는 친일파를 매개로 우익이라는 계급적 개념을 재검토하고, 당시의 정치지형을 좌우가 아닌 민족을 축으로 '혁명세력'과 '반혁명세력'으로 해석하게 되었다.

그러므로 우리가 자칭 우익이라고 하는 말부터 재검토하여야 합니다. 그런데 보통 이 땅의 소위 우익 중에는 왕왕히 친일파 반역자의 집단까지 포함하는 것이 큰 문제입니다. 그것들은 우익을 더럽히는 군더더기 집단입니다. 군더더기들이 정당이니 단체이니 하고 혁명세력에 붙어 거불거린 것입니다. 혁명세력과 반역집단이 합작할 수는 없는 것입니다. 오늘 내가 반성하는 것은 이 점입니다. 혁명세력끼리의 합작이나 협상이라면 성립되지 않을 하등의 이유도 없는 것입니다. (엄항섭 편 1949, 14~21쪽;『경향신문』;『조선일보』1948. 3. 12)

이러한 인식의 진전은 유엔한국위원회에 대한 평가에서도 나타난다. 김구, 김규식 등 임정요인들은 남북회담을 유엔한국위원회와의 공조관계 아래 추진하였다. 김구는 유엔한국위원회에 기대하면서 김포

비행장까지 출영나갔고, '유엔감시하 남북총선거'를 실시한다는 약속을 믿고 '감사의 악수'를 하였다. 그러나 1948년 2월 유엔 소총회에서 단선을 확정하자, 김구는 미국의 정치적 책략에 유엔이 속았다며 규탄하였다(같은 곳).

김구나 민족주의자들은 좌익진영과는 달리 유엔에 대해 전면적으로 비판하지 않았지만,[9] 민족분단을 막기 위해서 유엔 등 국제세력보다 민족의 자주적 노력이 더욱 중요하다는 인식으로 전환되고 있었다. 김구 · 임시정부 · 민족주의자들의 통일운동은 "통일 없이 독립 없다"는 구호로 요약되듯, 우익 내의 적대적 분열에 의한 정치투쟁의 형태를 넘어서 민족운동의 맥락에 자리잡게 된 것이다.

김구 등 남한 민족주의자들이 남북회담과 통일운동을 추진한 배경으로 또 하나 지적할 수 있는 것은 좌우 · 남북 합작의 경험이다. 먼저 1948년 2월 16일 김구 · 김규식이 남북회담을 제의한 '2월서신'[10]에는 해방 직전 임시정부의 좌우합작 시도가 상당히 자세하게 언급되어 있다.

1944년 10월 16일 연안서 주신 혜찰(惠札)(a)을 배독(拜讀)한 이후 미구에 인형(仁兄)은 압록을 건느고 제(弟)는 황해를 건너서 각각 그립든 고국을 차저오게 되었나이다. 그때에 있어서야 누가 한 나라 한 울 밑에서 3, 4년의 긴 세월을 경과하면서도 서로 대면하지 못할 것을 뜻하였으렸가. 아아 이것이 우리에게는 해방이라 합니다 ….

인형(仁兄)이여 이것을 엇지하면 좋겟슴니가. 제(弟)는 가슴이 답답하고 인형이 보고 싶은 때마다 때묻은 보따리를 헤치고 일즉이 중경에서 받었든 혜찰(a)을 재삼 읽고 있읍니다. 그중에는 나에게 보냈다는 이러한 전문(b)도 기록되어 있읍니다. "今年三月 先生給學武君的貴函(c) 今十月初才收

到"〔금년(1944년) 3월 (백범)선생이 (김)학무군 편에 보낸 편지는 10월초에야 겨우 받았습니다〕"我們今日一切 以民族利益爲基準 不應有些毫成見, 我們對先生來延 一次的意向 無任歡迎"(d)〔우리들은 오늘날 모든 것을 겨레의 이익을 기준으로 하며 조그만 자기의 주견도 있을 수가 없습니다. 우리는 선생이 연안에 오신다는 의향을 환영해 마지않습니다〕. 또 나와 각 단체로 보냈다는 이러한 전문(e)도 기록되어 있읍니다. "我們不問 地域南北 派別異同 誠心團結 實事連絡 如能促進會師鴨綠之實現, 諸位若能同意, 淵可以從中斡旋"(f)〔우리들은 지역의 남북과 파벌의 다름을 묻지 말고, 성심으로 단결하고 참되게 연락하여, 압록강에 군대를 결집시키는 것을 촉진·실현시키는 일에 여러분들이 동의한다면 저(김두봉)는 중간에서 알선해 드리겠습니다〕. 또 이러한 것이 기록되여 있습니다. "선생금차신중(今次信中) '연락과 통일을 위하야 노신(老身)이 일차 부연(赴延)하면 중한(中韓) 양 방면이 환영할 가망이 있겠는지?(g)〔(백범)선생의 이번 편지에 "연락과 통일을 위하여 노신(老身, 백범)이 일차 연안에 가면 한인과 중국인 양 방면이 환영할 가망이 있겠는지?" 물으셨는데〕, 여긔 대하여 우리가 성심으로 환영할 뿐 아니라, 중 방면에서도 물론 환영합니다."(h)[11] (강조와 부호, 〔 〕 속의 번역은 인용자)

이에 의하면, 1944년 3월 중경 임시정부의 김구는 김학무를 통해서 연안 독립동맹의 김두봉에게 '연락과 통일'을 위해 자신이 연안을 방문할 의사를 밝히는 편지를 보냈다(c, g). 당시 통신의 어려움 때문에 김두봉은 10월 초(c)에야 겨우 김구의 편지를 받았으며, 같은 달 16일 민족적 입장에서 사소한 의견을 버리고 김구의 연안행을 환영한다는 답신(a, h)과 전문(b, d)을 보냈다. 또한 김두봉은 각 단체에도 전문(e)을 보내 "지역과 파벌을 묻지 않고 각 단체가 압록강에서 대회동하는 것을 주선할 용의가 있다"(f)는 의지를 피력하였다. 그러나 얼마 되지 않아 해방되어, 중경과 연안의 관계는 더 이상 진척되지 못하고 각각 남북으로 귀국하였다. 김구가 서신에서 해방 이전의 합작시도를 이처럼 자세하게 언급한 것은, 그 역사적 경험을 통일을 위한 남북합작에 활용하고자 한 것이었다.

그렇다면 김구와 김일성, 임시정부와 항일빨치산그룹 사이의 합작모색은 1948년의 '2월서신'에서 처음 시도된 것인가? 이것 역시 해방 이전의 전사(前史)가 있었다. 먼저 1942년에 집필한 것으로 추정되는 (도진순 1996, 155쪽)『백범일지』하권에서, 김구는 이미 김일성과 만주지역에 대해 언급하고 있다.

> 정세로 말하면 동삼성(東三省) 방면에 우리 독립군이 벌서 영절(影絶)되엿을 터이나, 30여 년(독립선언 이전에 근 10년 신흥학교 시대부터 무장대가 있엇다)인 금일까지 오히려 김일성(金一聲) 등 무장부대가 의연히 산악지대를 의거(依據)하고 압록 · 두만을 월(越)하여 왜병과 전쟁되는 데는, 중국 의용군과도 연합작전을 하며, 아국의 후원도 받아서 현상을 유지하는 정세이고, 관내 임시정부 방면과의 연락은 극히 곤난하게 되엿다. (김구 1995, 184~85쪽)

기존에 출간된 『백범일지』에 삭제되어 있거나 오독한 이 부분[12]은 분명히 김일성의 빨치산부대에 대한 언급이다. 김구는 임시정부의 주석으로 국내외 정치세력에 깊은 관심을 가지고 있었고, 김일성의 만주 빨치산세력에 대해서도 "관내 임시정부 방면과의 연락은 극히 곤난"한 것을 아쉬워하면서 주목하고 있었다. 그런데 1944년 김구는 연안과 마찬가지로 김일성과도 합작을 모색한 바 있다. 이러한 사실은 지금까지 전혀 알려지지 않았지만, 김구의 대외담당 비서로 남북연석회의를 적극 추진하였던 안우생(安偶生)은 1948년 4월 7일 남북연석회의를 위한 특사로 떠나는 오촌당숙 안경근(安敬根)을 배웅하면서 느낀 소감을 다음과 같이 회고하였다.

안경근을 바래우면서 나에게는 그때로부터 몇 해 전의 일이 떠올랐다. 1944년 말이었다. 일제의 패망이 완연해지던 때라 백범선생의 가슴 속에서는 조바심이 부쩍 일었다. 광복의 최후결전에 참가하여 당당하게 환국해야 하는데 … 백범선생은 이러한 실정에서 몇몇 측근들과 숙고한 끝에 김일성 장군께 사람을 파견하기로 했던 것이다. … 당시의 밀사파견은 주변 분위기를 고려하여 백범, 조완구, 나(안우생—인용자) 이렇게 몇 사람만 아는 비밀이었다. 백범선생의 신임장을 휴대하고 출발한 리충모는 산서성 태원까지 이르러 동북에로의 통로를 탐색하느라고 지체하여 중도에서 8·15를 맞게 된 것이었다. 그때 리충모가 이루지 못한 임무를 안경근이 수년이 지난 새로운 력사적 환경에서 수행하게 되었으니, 이 전후사정을 알고 있는 나로써는 이렇게 되는 것이 백범선생의 그 어떤 숙명처럼 감개무량하게 느껴졌다. (김종항·안우생 1986, 10~11쪽)

이처럼 40년대 김구는 임시정부의 주석으로서 항일독립운동의 확대와 연대를 위해 중국 관내(關內)지방의 김원봉·민족혁명당세력과 합작을 성사시키는 한편, 연안(延安)의 김두봉·독립동맹은 김학무를 통해, 만주의 김일성·빨치산부대는 이충모(李忠模)를 통해 합작을 시도하였다. 이러한 경험은 해방 직후 좌우·남북의 대결과 쟁패 정국에서는 고려대상에서 배제되었지만, 민족분단이 엄습하는 긴박한 정국에서는 서로 만나 합작할 수 있는 역사적 자산이 되었다.

1947년 후반 이후 분단이 현실의 과정으로 박두하자, 남북합작을 모색하는 예비적인 움직임들이 나타나기 시작하였다. 남한 민족주의 진영에서도 남북합작의 요구가 끊임없이 분출되었고, 북한도 이러한 요구에 주목하면서 사람을 파견하였다.[13] 안우생의 회고에 의하면 이러한 합작사업에서 핵심적인 역할을 한 사람은 중경 임시정부와 가까웠던 성시백(成始伯)이다.

> 당시 남조선에 있던 나(안우생―인용자)는 중경시절부터 교우관계를 갖고 있던 구면 친지인 성시백 선생을 재회하였다. 그는 나의 아우(안지생―인용자)를 대동하고 찾아와 남창동에 있던 우리집에 보름 가량 묵으면서 어지럽게 변천되는 시국관을 나누기도 했다. 우리들 사이에 의기 상통할 수 있었던 것은 아마 공통된 우국지심 때문이었을 것이다. 마침내 우리는 민족의 출로(出路)에 대한 일치된 결론에 도달할 수 있었다. 그것은 일체 외국군대를 철거시키며 단정·단선 음모를 저지·파탄시키기 위하여 북의 공산주의자들과도 제휴·합작해야 한다는 것이었다. 우리는 능동적으로 작용하기로 하였다. 제반 사정을 타산하여 성시백 선생은 홍명희와 협의하기로 했고, 나는 조완구 선생과 협의하기로 했다. 우사(尤史) 김규식 선생의 측근인 신기언과도 상통하여 우사 주변에 반발이 일지 않도록 대책을 세우기로 하였다. (같은 글, 7쪽)

이상에서 살펴본 바와 같이 김구와 민족주의자들이 통일운동에 나선 배경과 원인은 다음과 같이 요약할 수 있다. 첫째 점령당국의 정책과 관련하여 우익진영의 분열과 적대화 과정으로 민족주의 진영이 단독선거 진영에서 이탈하였고, 둘째 이러한 정치역정을 거치면서 해방과 분단에 대한 민족자주적 인식을 강화하게 되었으며, 셋째 아울러 식민지시기와 1947년 이후 합작의 경험과 예비접촉을 기반으로 남북회담을 제의하게 되었고, 넷째 북측 역시 합작을 위해 사람들을 파견하였다.

5. 남북공동성명서와 역사적 유산

1948년 김구·김규식이 남북회담을 제의하였지만, 여전히 북측과는 적지 않은 입장차이가 있었다. 1948년 3월 북한은 답신을 통해서 김구·김규식이 제안한 '남북지도자회담'을 예비회담으로 축소하고, 본 회담은 '정당·사회단체 대표자회담'으로 하자고 제안하였다. 즉 북한은 남북연석회의에 두 종류의 남북회담을 모두 포함하되, 정당·사회단체 대표자회담을 기본으로 할 것을 주장하였던 것이다. 이 점이 김구·김규식으로 하여금 "준비된 잔치에 참례만 하라는 것"이 아닌가 우려케 하는 기본 사유였다.

그러나 남북연석회의의 실제 진행과정에서 이러한 남북회담의 형식적·내용적 차이는 상당 부분 조정되었다(도진순 1997a, 263~81쪽). 즉 대표자연석회의(4. 19, 21~23)와 지도자협의회(4. 26~30)가 거의 대등한 비중을 차지하게 되었고, 비공식적인 의의는 오히려 후자가 중요시되었다. 몇 차례의 4김회담(四金會談)이 열리고 그 성과를 기반으로 4월 30일 '남북조선 정당·사회단체 지도자협의회' 명의로 4개항의 '공동성명서'를 발표하였다.[14]

공동성명서의 핵심 내용과 기저의 원칙을 정리하면 ①항은 미소 양군 철수를 주장한 민족자주의 원칙, ②항은 북한의 남침에 대한 우려를 불식하는 평화와 민족대단결의 원칙, ③항은 전국 총선에 의한 통일국가 수립 경로를 밝힌 민주의 원칙, ④항은 단선·단정을 반대하는 통일의 원칙으로 요약할 수 있다. 공동성명서의 내용은 1947년 이후

남한 민족주의자들이 누차 주장한 바 있는 내용과 크게 다르지 않으
며, 실제 공동성명서의 채택과정에서도 남한 민족주의자들은 적극적
인 역할을 하였다(같은 책, 271~81쪽 참조).

　김구는 1946년 대북 타격정책과 관련되었으며, 김규식은 1948년
"북조선을 반대하기 위해" 북행하였다고 한다. 또한 북한은 한때 김
구 · 김규식을 타도대상으로 설정하고 있었다. 따라서 김구 · 김규식과
북한의 합작은 "도저히 합작할 수 없는 빙탄(氷炭)의 것"으로 보였고,
그만큼 이들의 합작에 대해 "내외인사들도 놀라움을 금치 못하였
다"(온낙중 1948, 92~95쪽).

　그러나 일부에서는 1948년 당시의 남북회담이 현실적으로 분단을
막지 못했다면서 '실패론' 등을 주장하기도 한다. 이러한 기조는 당시
부터 미군정과 분단세력의 주된 평가기조였는데(도진순 1997a, 282~89
쪽), 지금도 여전히 모습을 달리하며 남아 있다. 그러나 다른 민족운동
사가 그러하듯, 당시의 남북회담은 현세의 정치현실이란 협애하고 단
기적 차원이 아니라 보다 장기적인 민족운동의 안목에서 자리매김하
는 것이 타당할 것이다. 이럴 경우 초점은 그것이 당시 통일을 실현시
켰는가가 아니라, 그들이 남긴 유산은 무엇이며 어떻게 계승 · 발전되
는가 하는 것을 점검하는 것으로 모아진다.

　1948년 분단 전후 남한 민족주의자들의 자주평화통일운동을 본질적
으로 계승하는 것은 역시 민간의 통일운동이라 할 수 있다. 그것의 뚜
렷한 계승관계는 우선 통일운동의 원칙과 이념 면에서 지적할 수 있
다. 분단과 전쟁 이후 민간통일운동에는 민족의 자주역량을 우선하는
조류와, 국제협조를 강조하는 흐름 등 적지 않은 차이와 분파가 있었
다. 그러나 주류적 흐름은 민족의 자주적 역량을 바탕으로, 전쟁이 아
닌 평화적 수단으로, 체제와 이념을 넘어선 민족대단결의 원칙을 표방

하여 왔다. 또한 이러한 원칙은 아직도 엄연하게 계승되고 있다.

나아가 남북연석회의와 전쟁 이후 통일운동 사이에는 정신, 이념, 원칙뿐 아니라 인맥과 조직 차원에서도 깊은 관련이 있다. 세계사에서 유례 없는 치열한 전쟁이었던 한국전쟁중에 제기된 평화통일운동, 이후 1960년 4·19 전후로 제기된 진보적 평화통일운동을 이끈 주체들은 대체로 남북연석회의에 참여한 민족주의자그룹과 밀접한 연관을 갖고 있다(홍석률 1997). 80년대 중반 이후의 통일운동 또한 그 원형은 분단전후기의 통일운동에 닿아 있는 것이다.

이처럼 1948년 분단 전후 남북연석회의와 공동성명서는 그후 민간 통일운동의 역사적 원형이 되었을 뿐만 아니라, 그 외연을 확장하여 남북정권 사이의 합의문에도 반영되고 있다. 이것은 1948년 남북지도 자협의회의 공동성명서, 1972년의 남북공동성명서(이하 7·4공동성명서), 1991년의 '남북 사이의 불가침 및 교류·협력에 관한 합의서'(이하 남북기본합의서) 등을 비교한 〈표 2〉를 보면 쉽게 알 수 있다.[15]

〈표 2〉에 따르면 이 세 문서는 무엇보다 자주, 평화, 민족대단결 등 통일의 대원칙에서 분명한 계승관계에 있음을 확인할 수 있다. 그렇다면 세 문서는 '직선적 계승관계'에 있는가. 이에 답하기 위해서는 좀더 세심한 분석이 필요하다. 7·4공동성명서 및 남북기본합의서는 1948년의 공동성명서에 없는 구체적 실천조항들을 다수 포함하고 있지만, 자주의 원칙에 상응하는 구체적인 조치들이 거의 없으며 통일의 경로 또한 명시하지 못하였다. 이러한 차이는 한편으로는 분단 이전과 두 정부가 수립된 이후라는 '시간의 차이'가 가져온 현실의 변화 때문이지만, 보다 중요한 원인은 정당·사회단체의 지도자들과 정부의 대표라는, 합의주체의 차이에 있다.

1948년의 공동성명서는 통일의 원칙을 강령적으로 균형 있게 언급

〈표 2〉 공동성명서, 7·4공동성명서, 남북기본합의서 비교

	① 공동성명서 (1948. 4. 30)	②7·4공동성명서(1972. 7. 4)	③ 남북기본합의서 (1991. 12. 13)	비고
구성	전문, 4개항	전문, 7개항	전문, 3장 25조	남북기본합의서가 가장 많은 내용을 포괄
통일의 원칙	1항: 미소 양군 철수	1항: 자주	전문: 자주	①은 원칙을 기본적인 요구사항으로 표현
	2항: 남북 내전 반대	1항: 평화	전문: 평화	②는 1항에서 '조국통일의 원칙'으로 세 가지 명시
		1항: 민족대단결	전문: 민족대단결	③은 전문에서 "7·4 남북공동성명서에서 확인된 조국통일의 3 대원칙을 재확인하고"라 표현
통일의 경로	3항: 민주주의적 전국총선에 의한 통일국가 수립	합의 없음	합의 없음	②와 ③에서는 남북 정부의 통일경로에 대한 입장 차이 때문에 명시하지 못함
쌍방 정권 규정	4항: 단선단정에 대한 반대	특별한 언급 없음	남북 사이의 관계는 나라와 나라 사이의 관계가 아닌 통일을 지향하는 과정에서 잠정적으로 형성되는 특수관계로 규정	쌍방 정권을 부인하던 입장에서 제한적 인정(특수관계)로 변함
구체적 조치	위의 원칙적 요구 이외 특별한 언급 없음	2~7항: 주로 평화와 민족대단결을 위한 조치	제1장 남북화해(1~8조), 제2장 남북불가침(9~14조), 제3장 남북의 교류협력(제15~23조)에 대한 조치	구체적 조치는 ③이 가장 체계적이며 풍부, 그러나 ②와 ③에는 자주의 원칙에 상응하는 조치는 없음
서명 주체	남북지도자협의회	상부의 뜻을 받들어 이후락·김영주	대한민국 국무총리 정원식, 조선민주주의인민공화국 정무원 총리 연형묵	
문서의 성격	남북 정당·사회단체 지도자 협의회	남북 정부의 비밀 특사의 합의서명	남북 정부의 합의문서	
전반적인 특징	①은 정당·사회단체의 합의이기 때문에 주로 원칙적 요구들이 중심이며 구체적 조치는 미비. 반면 ②와 ③은 쌍방 정부간의 합의이기 때문에 구체적 조치를 많이 포함하고 있지만, 제1의 원칙인 자주에 대한 구체적 조치는 미비			

하고 있으나, 7·4공동성명서와 남북기본합의서는 이러한 강령적 원칙을 존중하면서도, 쌍방 남북 정부측에서 조정할 수 있는 문제를 중심으로 구체화한 것이다.

6. 맺음말

이상에서 살펴보았듯이 김구와 김규식은 개인적 특성의 거의 모든 면에서 서로 대비되는 인물들이다. 그러나 이들은 해방정국을 좌우의 체제적 기준을 바탕으로 하고 있다는 근원적인 정세인식에서 공통성이 있었으며, 나아가 민족분단이 단순히 체제간의 대립이 아닌 민족문제의 일환이라는 사실을 다시 확인하였다는 점에서 공통성을 가진다. 이러한 인식으로 그들은 해방정국에서 일정한 전환과 더불어 공통의 귀결점에 도달하였으며, 그것은 다름 아닌 통일정부 수립이었다. 그들이 민족적 과제를 '통일·독립'이라 표현한 바와 같이, 그들에게 민족통일은 '제2의 독립운동'과 결합되는 것이었다.

김구·김규식에 관한 대부분의 연구는 엄격한 평가의 기준에 대한 고민이 없이 전기적 수준에서 막연하게 높이 평가하는 경우가 많다. 그런데 독립운동이나 해방 직후 반탁운동기 또는 좌우합작의 경우, 두 사람의 활동과 평가는 서로 어긋나야 한다는 간과할 수 없는 문제가 있다. 즉 일제하 임정을 높이 평가하면 김규식의 활동은 문제가 있으며, 해방 직후 좌우합작과 미소공위 지지가 높이 평가되면 김구의 반탁운동과 임정법통론은 심각한 문제를 지니는 것으로 평가되어야 논리적 일관성을 가진다. 서로 상반되는 두 지도자의 활동을 모두 높게 평가하는 이러한 모순은 개인사에 관한 안이한 전기적 접근과 더불어, 연구자 자신이 의식적으로든 무의식적으로든 좌우와 남북의 체제 대립적 측면을 벗어나지 못하고 있기 때문일 것이다.

여기서 우리는 김구·김규식의 정치활동과 국가건설론이 지니는 함의를 다시 한 번 정리할 필요가 있다. 해방 직후 두 지도자의 국가건설론인 임정법통론이나 좌우합작은 모두 체제적 기준을 일차적 기준으로 하였고 이로써 민족문제가 일시 유보되었으며, 그 민족적 과제를 청산하지 못한 결과 그들 주도의 국가건설론은 좌절되었다. 이를 통해 두 지도자는 해방 직후의 민족문제의 관건적 의의를 다시 발견하였으며, 그 과제로 '통일·독립'을 주장하였다.

따라서 통일정부 수립은 두 지도자의 오랜 정치활동의 총괄적 귀결이며, 개인적 특성과 독립·정치 운동에서 드러난 서로의 차이와 공통의 한계점을 극복하는 바탕이 되었다. 그럼에도 불구하고 우리는 아직 두 지도자들의 시야를 제한하고 있던 바를 높이 평가하고, 극복하고 나아간 바를 폄하·축소하는 '물구나무 선 전도현상'(顚倒現狀)을 곳곳에서 발견할 수 있다.

이제 바야흐로 21세기, 세계의 마지막 냉전지대인 한반도도 반세기 간의 완고한 냉전적 대립에서 벗어나 새로운 질서를 준비하고 있다. 이러한 문명사적 대전환에 능동적으로 대처하기 위해 한국 현대사는 무엇보다 민족분단을 청산하고 평화통일의 길로 나아갈 것을 요구하고 있다. 시대적 당위와 민족의 역사적 안목에서 볼 때 1948년 4월 남북연석회의와 남한 민족주의자들의 활동은 소중한 경험이라고 할 수 있다.

물론 "같은 강물에 두 번 발을 담글 수 없다"는 말이 있듯이, 엄밀한 의미에서 볼 때 '역사적 사건'은 일회성에서 벗어나 그대로 반복될 수 없다. 분단과 통일의 갈림길에서 핵심적 변수인 남한·북한·미국의 삼각관계도 지금은 분단 전후기와 엄연한 차이가 있다. 당시 세계는 냉전의 시초기였는데 지금은 최종기에 와 있으며, 동북아 정세 역시 당시는 중국으로 대표되는 사회주의의 확장과정이었지만 지금은 소련이 해체되어 사뭇 다른 정세이다. 소련-북한, 미국-남한의 결합관계에서 전자는 이미 상당 부분 해체되었으며, 한미관계 역시 상당한 지각변동을 예고하고 있다. 남북관계 또한 당시는 정부수립 이전이었지만 지금은 두 개의 정부가 유엔에서 인정받고 있는 실정이다. 때문에 반세기간의 변화를 무시하고 여전히 분단 전후와 같은 정세관과 통일관을 주장하는 것은 시대에 뒤떨어진 것이라 할 수 있다.

그러나 인간의 역사는 계승·축적되며, 오늘 또한 어제로부터 자유로울 수 없다. 자주·평화·민족대단결의 원칙으로 통일의 길을 열어야 하는 본질적 측면에서 볼 때 어제와 오늘은 동일한 맥락에 있는 것이다. 분단 전후 남한 민족주의자들의 통일운동은 그 노선의 소소한 차이에도 불구하고, 민족운동의 역사적 관점에서 현재적 분단을 해소하고자 하였다는 점에서, 남북대립이란 협애한 공간을 넘어서 세계 속에서 민족자주의 길을 모색하였다는 점에서, 먹고 먹히는 적대적 전쟁을 반대하고 민족대단결의 평화적 관점에서 통일을 조명하고 있다는 점에서, 장기 지속의 생명력을 지니고 있다.

최근 남북간의 화해가 일정하게 추진되면서, 그간 외면하였던 김구와 임정 요인들의 통일운동을 주목하게 된 것은 지극히 바람직한 일이다. 그러나 세계화의 거센 풍랑 속에서 민족자주의 원칙은 소홀하게 취급될 위험이 있다. 분단 전후 통일운동에서 동전의 양면처럼 짝을 이루었던 '민족의 자주와 남북의 화해'는, 어느 하나 없이 다른 하나가 성공적으로 추진될 수 없다. 이 점에서 우리는 아직 민족주의자들이 남긴 통일운동의 유산을 온전하게 계승하지 못하고 있으며, 때문에 분단전후 통일운동의 경험은 단지 '과거의 역사'가 아니라 '미래의 지표'

로서 여전히 자리하고 있는 것이다.

〈「해방 직후 김구 · 김규식의 국가건설론과 정치적 의미」(한국사연구회 편, 『근대 국민 국가와 민족문제』, 지식산업사, 1995); 「분단 전후 임시정부계열 민족주의자의 통일운 동」(한국근현대사학회 편, 『대한민국임시정부 수립 80주년 기념논문집』하, 국가보훈 처, 1999) 수정 · 보완〉

주

1) 이상 김구의 생애에 관해서는 백범전기편찬위원회 편(1982); 김구(1997); 도진순 (1997b) 참조.
2) "의심하는 사람이어든 쓰지를 말고, 쓰는 사람이어든 의심을 말라"는 김구의 신조 가 신의를 중요시하는 단적인 예가 될 것이다(김구 1997, 307쪽).
3) 김구의 임정활동은 백범전기편찬위원회 편(1982, 107~346쪽) 참조.
4) 이러한 경향은 상당히 광범위하지만, 예컨대 손세일(1970)을 들 수 있다.
5) 김구 · 김규식의 독립운동에 관한 정리는 백범전기편찬위원회 편(1982, 107~346 쪽); 이정식(1974, 43~123쪽); 류근일(1981, 61~219쪽) 참조.
6) 김구는 "영어에는 문맹이라 편지 겉봉도 쓸 수 없다"고 고백한 바 있다(김구 1997, 320쪽).
7) 당시 '일소밀약'은 소련 외상 카라얀과 일본외상 요시자와(芳澤)가 체결하였다(이 정식 1974, 85~91쪽; 류근일 1981, 136~40쪽 참조).
8) 북한은 1946년 3월 1일 평양역 앞에서 3 · 1운동 기념식을 개최하였고 이 자리에서 김일성이 연설하였다. 백의사 대원이 김일성에게 수류탄을 던졌으나, 소련군 장교 노비첸코(Novichenko)가 이를 걷어내었다. 노비첸코는 팔에 부상을 입어 병원에 입원하였고, 김일성이 그를 위문하였다. 훗날 북한과 소련은 이 사건을 소재로 〈영 원한 전우〉라는 이름의 합작영화를 만들었다. 한편 백의사 대원의 일부는 계속 김 책, 최용건 등을 암살할 목적으로 활동했으나 달성하지 못하고, 강양욱의 집을 습격 하여 그의 아들을 죽였다. 1948년 5월 평양에서 백범은 장대재 교회에서 강양욱과 같이 예배에 참석하였다. 이상의 사건에 관해서는 도진순(1997a, 76~79쪽) 참조.
9) "유엔위원단은 한국인도 그렇게 우둔하지 아니한데 특별히 유의하였음인지 수단과 기술이 고명함인지 우리를 기만하는데 우리로 하여금 얼른 깨닫지 못하게 하고 있 읍니다. 그러나 이것은 결코 유엔의 본의는 아닐 것입니다."(「대한독립촉성국민회 전국대표자대회에 보낸 글월」(1948. 3. 18), 엄항섭 편 1949에서 재인용)
10) 이 글에서는 이 서신을 '2월서신', 3월 북한에서 보낸 답신을 '3월서신'이라 칭한다. 그런데 북한은 '2월서신'보다 앞서 1월 13일 김일성의 지시에 의해 남북연석회의를

제안하는 편지를 작성하여 남한측 인사들에게 보냈다고 주장한다(김종항·안우생 1986, 6~8쪽; 정리근 1988, 30~32쪽). 만약 그것이 사실이라면 '2월서신'은 '1월서신'의 답신에 해당하지만, 현재로서는 '1월서신'의 존재 여부를 확인할 수 없다.

11) 2월서신의 원문은 도진순(1997a, 361~62쪽, 자료 1) 참조.
12) 국사원(1947)과 교문사(1979)에서 나온『백범일지』에는 이 부분이 누락되어 있고, 서문당(1989)의『백범일지』(276쪽)에서는 '김일성'(金一聲)을 '김일정'(金一靜)이라 오독하고 있다. 자세한 것은 도진순(1996, 180쪽) 참조.
13) 고준석(1987); 유영구(1992); 중앙일보 특별취재반(「남북연석회의」3,『중앙일보』1992. 10. 26) 참조. 김일성도 조선로동당 제3차대회에서 남북연석회의 문제로 "북반부에서 직접 사람을 파견하여 공작하였읍니다"라고 인정한 바 있다(국토통일원 편 1998, 347쪽).
14)「남북 조선 제정당사회단체 대표자 연석회의 자료」, 61~62쪽;『전조선정당사회단체 대표자 연석회의 보고문 及 결정서』, 54~55쪽; 도진순(1997a, 272쪽 표 13, 389~390쪽의 자료 10-4) 참조.
15) 7·4공동성명서는 국토통일원(1985), 남북기본합의서는 통일원(1992) 참조.

참고문헌

고준석 (1987),『해방정국의 증언: 어느 혁명가의 수기』, 편집부 옮김, 사계절.
국사편찬위원회 편 (1968),『자료대한민국사』1권.
국토통일원 (1985),『남북한 통일제의자료총람』3권.
국토통일원 편 (1998),『조선노동당대회자료집』제1집.
김구 (1995),『백범일지』(영인본), 집문당.
______ (1997),『백범일지』, 도진순 주해, 돌베개.
김동리 (1946),「좌우간의 좌우」,『백민』11월호.
김종항·안우생 (1986),「민족대단합의 위대한 경륜: 남북련석회의와 백범 김구 선생을 회고하여」,『인민들 속에서』39, 평양: 조선로동당출판사.
김준연 (1947),『신태평양』5. 3.
______ (1984),『독립노선』(1947년판의 복각본), 돌베개.
도진순 (1993)「1945~48년 우익의 동향과 민족통일정부수립운동」, 서울대 국사학과박사학위논문.
______ (1994),「휘호(揮毫)로 본 백범, 그 삶의 궤적과 진수(眞髓)」,『월간 말』7월호.
______ (1996),「백범일지의 원본·필사본·출간본 비교연구」,『한국사연구』, 한국사연

구회.

______ (1997a), 『한국민족주의와 남북관계: 이승만·김구 시대의 정치사』, 서울대출판부.

______ (1997b), 「1895∼96년 김구의 연중의병(聯中義兵)과 치하포사건」, 『한국사론』 38, 서울대 국사학과.

류근일 (1981), 『이성의 한국인 김규식』, 동서문화사.

박광 편 (1948), 『진통의 기록』.

백범전기편찬위원회 편 (1982), 『백범 김구: 생애와 사상』, 교문사.

손세일 (1970), 『이승만과 김구』, 일조각.

송남헌 (1983), 「김구·김규식은 왜 38선을 넘었나」, 『신동아』 9월호.

______ (1985), 『해방3년사』 2, 까치.

엄항섭 편 (1949), 『김구선생 최근 언론집』, 삼일출판사.

온낙중 (1948), 『북조선기행』, 조선중앙일보사.

유영구 (1992), 「성시백 프로젝트」 상·하, 『월간중앙』 6월호, 7월호.

이정식 (1974), 『김규식의 생애』, 신구문화사.

______ (1980), 「1948년의 남북협상」, 『신동아』 3월호.

정리근 (1988), 『력사적인 4월남북련석회의』, 평양: 과학백과사전종합출판사.

추헌수 (1989), 『대한민국임시정부사』, 독립기념관 한국독립운동사연구소.

통일원 (1992), 『남북기본합의서 해설』.

호춘혜 (1987), 『중국 안의 한국인독립운동』, 신승하 옮김, 단대출판부.

홍석률 (1997), 「1953∼61년 통일논의의 전개와 성격」, 서울대 국사학과 박사학위논문.

FRUS(*Foreign Relations of the United States*) by Department of State, U. S. Washington, D. C.

"G-2 Weekly Summary" by United States Armed Forces in Korea, Federal Records Center Annex, Suitland, M. D., U. S. A.

Summation(*Summation of South Korean Interim Government Activities*) by U. S. Military Government in Korea, Tokyo: Eighth U. S. Army Printing Plant.

백남운의 지적 성숙과정과 연합성 민주주의

1. 머리말

분단 50년의 한국 현대사는 이제 21세기와 민족통일을 앞두고 있다. 분단 반세기의 과제를 청산해야 할 21세기와 민족통일은 남북의 사상 · 이념 · 제도적 대립을 넘어서는 포용과 다양성을 필요로 하고 있다. 해방 직후 표출된 다양한 국가건설론을 살펴보는 것이 역사를 온전하게 복원하는 이상의 의미를 지니는 것도 바로 이 때문일 것이다.

두루 아는 바와 같이 일제의 식민압제로부터의 해방은 그간 누적되어 온 다양한 이념적 대안을 분출케 하였다. 각종의 좌익이론과 이에 맞선 우익의 주장 그리고 신민주주의, 연합성 민주주의 등 중간파이론이 주창되었다. 미소의 냉전적 대립과 외세의 원심력이 없었다면, 이러한 이념적 대안들은 민주적 통일국가 건설이란 현실의 경험을 통해 주체적 민족주의로 통합될 성질의 것이었다.

이 글은 해방 직후 분출된 다양한 이념적 대안 중 백남운의 '연합성 민주주의'를 살펴보고자 한다.[1] 이 글에서는 먼저 백남운에 대한 인물 소개가 필요하다고 생각되어 연합성 민주주의론을 제창하기까지 그의 생애와 사상을 연대기적 궤적을 중심으로 정리한 다음, 이 글의 중심 소재인 해방 직후의 국가건설론을 독립된 각각의 절에서 좀더 집약적으로 분석·소개하고자 한다. 이 글은 분야별 강령과 정책을 분석·정리하는, 국가건설론의 정태적 분석틀을 취하지 않을 것이다. 왜냐하면 해방정국에서는 대중의 폭발적 요구가 상당한 공통성을 지니고 있으며, 이에 당면하여 좌우를 불문하고 정책과 강령이 비슷한 경우가 많기 때문이다. 따라서 정강·정책에 대한 정태적 분석으로는 해방정국의 국가건설론이 함의하고 있는 진수를 파악할 수 없다.

　마지막으로, 이 글의 방법론 중에서 가장 유념하고자 하는 것은 학문·사상의 성장과정에서 이론과 실천의 변증 문제이다. 학문과 사상이 진정 의미 있는 무엇이 되기 위해서는 선진 이론을 섭취하는 것 이상의 현실화·주체화 과정이 필연적으로 수반된다. 즉 학문과 사상은 이론과 현실 사이를 진동하면서 비선형적(non-lineal)으로 발전하는 것이다. 비유컨대 최치원의 학문은 당나라의 선진 사상을 흡수하였다는 점과 아울러 후진 신라의 현실과 결합함으로써 비로소 비판이론의 의의를 지니며, 연경학예파(燕京學藝派)의 선진적 문예를 받아들인 김정희는 제주도 유배라는 토착화의 시련을 겪음으로써 추사체를 완성하였다. 백남운의 학문과 사상에 대해서도 책·연구실·이론 이상의 무엇, 즉 현실에 대한 감정이 필요한 것이다.

2. 3·1운동과 관동대지진 시기의 도쿄유학

　52세로 해방을 맞이하기까지 백남운의 생애는 크게 다섯 시기, 즉

1894~1911년(1~18세) 전북 고창의 성장기, 1912~18년(19~25세) 20 대 전반기 수원농림학교 유학과 강화의 교원 시절, 1919~25년(26~32 세) 동경고등상업학교 유학시절, 1925~37년(32~44세) 연희전문 교수 시절, 1938~45년(45~52세) 은둔과 친일의 수모를 당한 시기로 나눌 수 있다.[2]

백남운은 1894년 고창군 아산면 반암리에서 출생하였다. 당시 수원 백씨(白氏)는 이 지역 유력가 집안의 하나였으며, 문중에서는 일제 식민지 후 이미 근대문물에 대해 개방적인 계몽주의적 변화가 있었던 것으로 보인다.[3] 이러한 문중과 집안의 안정적인 기반은 민족운동보다 학문을 선호하는 본원적 토대가 되었다.

1912년(19세)에 3년제 수원농림학교에 입학한 백남운에게 제2의 고향이 된 수원 유학생활은 그의 지식갈구를 충족시키며, 봉건적 향촌과는 다른 근대적 새 세계에 대한 안목을 열어주는 계기가 되었다. 그의 농림학교 생활은 대체로 계몽주의 우파적 성향이 짙은 것이었고, 1915년(22세) 농림학교 졸업 후에도 식민체제에 대한 본격적인 고민 없이 강화(江華)공립보통학교에서 교원생활을 시작하였다.

그러던 백남운은 교원생활 3년 만에 사임하고 일본유학을 준비하여, 3·1운동이 일어난 1919년(26세) 동경으로 유학하였다. 동경고등상업학교(東京高等商業學校)[4]에서 6년의 유학생활은 백남운의 학문과 사상을 정초짓는 각별한 의미를 지니고 있다. 그의 동경 유학생활은 몇 가지 점에서 특징을 가진다.

첫째, 백남운이 유학한 20년대는 일본과 조선을 막론하고 민족·사상 운동이 분출하는 격동의 시기였다. 그런데 이 시기 백남운은 민족운동과 사건·조직적으로 연계되지 않고 일정한 거리를 두면서 학문에 몰입하였다. 그는 3·1운동이 일어나던 1919년 총독부 관비장학생으로 선발되어 동경으로 유학하였으며, 유학생활중에도 조선유학생의 운동 단체나 서클에 별달리 연계된 바 없었다. 20년대 일본공산당이 활발하게 활동하던 시기에도 가와가미(河上肇), 야마가와(山川均), 오스키(大杉榮) 등 좌익이론가의 출판물에는 관심을 두었을 터이나 조직에는 전혀 관여하지 않았고,[5] 또한 1923년 관동대지진의 민족적 참상을 목격하였지만 별다른 활동은 없었다.

둘째로, 백남운의 동경유학이 가이조샤(改造社) 창립자인 야마모토(山本實彦)와 밀접한 관계가 있었다는 점이다. 백남운은 야마모토와의 인연으로 동경유학을 결정한 듯하며 야마모토의 집에서 동경생활을 처음 시작하였고, 다른 곳으로 옮긴 뒤에도 그와 지속적으로 관계를 유지하였다. 이런 인연의 연속선에서 백남운은 1933년 『조선사회경제사』의 출판을 야마모토에게 의뢰하였다.[6]

셋째, 동경고등상업학교에서 6년간 유학하였다는 점이다. 당시 동경고상의 교수진용은 후쿠다(福田德三), 우치다(內田銀藏), 미우라(三浦周行), 다키모토(瀧本誠一), 다카다(高田保馬), 우에다(上田貞次郎) 등으로, 역사학파 경제학이 주류를 이루고 있었지만 마르크스주의에 접근할 수 있는 기초도 제공하였다. 백남운은 동경고상에서 마르크스주의 경제학을 받아들이는 한편, 역사학파 경제학 교수들의 특수성, 즉 일본 민족주의적 성향에 대한 비판을 모색하였다. 특수성에 대한 백남운의 비판무기는 당시 그가 입문하였던 마르크스주의의 보편주의적 기준이었다.[7]

두번째와 세번째 특성과 관련해서는 약간의 부연설명이 필요할 것 같다. 일본과 조선은 현해탄을 사이에 둔 일의대수(一衣帶水)의 가까운 지역이지만, 양국의 실질적 관계는 공생적인 것이 아니라 제국과 식민지의 그것이었다. 백남운의 보편적 유물사관은 일본제국주의를

비판하는 민족적 의욕을 지니고 있었지만, 다이쇼(大正) 민주주의
(democracy)의 여유를 배경으로 하는 일본 좌파이론을 경유하는 과
도기에 놓여 있는 것이었다. 또한 당시 동년배의 '선지자들'과 비교해
보면, 백남운은 수학 · 생활 과정에서 미묘한 차이가 있다. 정인보 등
이 겪은 전통적 수학과정과 달리, 그는 근대의 정규 제도교육을 통해
서 학자로 성장하였다. 또한 제국에 유학한 식민지 지식인 특유의 방
황——예컨대 홍명희의 중국 · 남태평양 방황, 이광수의 중국 · 시베리
아 방황——을 찾아보기 힘들다.

　요컨대 수학기의 백남운은 현실의 민족운동보다는 학문의 길을, 조
선의 구체성보다는 동경을 경유한 마크크스주의의 보편적 토대를, 전
통적 또는 비정규적 수학이 아니라 동경유학을 통하여 학자로 성장하
였다. 그리고 일본유학에서 수원 · 강화 시절의 계몽주의 우파의 성향
을 극복하고 새로운 이념세계, 즉 좌파적 · 마르크스주의적 경제사관
의 토대를 닦았다. 그러나 이것은 아직 식민지 조선의 특질이 체화되
지 않은, 보편적 교리를 소화하는 입문의 단계라고 할 수 있었다.

3. 식민지 조선의 경제학교수 그리고 투옥

　1925년 백남운은 32세의 패기만만한 학자로, 마르크스주의의 보편
적 척도를 가지고 연희전문학교 상과 전임으로 부임하였다. 그의 귀국
생활은 대학이라는 울타리의 안정성은 있었지만 조선의 현실과 부대
껴야 했다. 이러한 경험은 한편으로 그의 인식에 현실적 토대, 조선의
구체성을 부여하였으며, 다른 한편으로는 식민지적 좌절, 즉 투옥과
친일의 족적을 남기게 했다.

　백남운은 연희전문 부임 후 동경 유학생활을 통해 준비된 학문적 토

대와 안정된 생활을 기반으로 해서 저술활동과 교육 및 학회 활동을 활발하게 해나갔다. 특히 그의 저술활동은 마르크스주의, 경제사, 경제현실을 두루 포함하는, 매우 의욕적인 것이었다.[8] 백남운의 저술활동에서 먼저 지적할 것은 1927년(34세)에 쓴 「조선 자치운동에 대한 사회학적 고찰」이다. 이 글은 민원식(閔元植)의 자치론, 이광수(李光洙)의 민족적 경륜(民族的 經綸)을 차례로 비판한 글이면서, 또한 1926년 가을 민족개량주의 단체인 연정회(研政會)의 결성 움직임이 보이자 이를 공격하고 좌우합작의 민족주의 단체인 신간회 창립을 변론한 글이다. 그런데 이찬(李燦), 이동진(李東進) 등 민족개량주의자들은 이 글에 대한 극렬한 반론으로 인신공격까지 하였고, 이런 격렬한 공격을 받은 후 백남운은 다시 사회운동과 일정한 거리를 두고 학문 천착에 몰두하였다.

저술활동에서 보이는 또 다른 특징으로는, 백남운이 진보적인 이론과 사관을 지니고 있었지만 그의 교우관계는 민족주의 인사들이 많으며 우익적 매체나 인사들과의 연결을 소홀히 하지 않았다는 점이다. 그가 백관수(白寬洙)가 펴낸 『동방평론』(東方評論)에 세 편의 논문을 게재한 사실이나, 객원필자로서 『동아일보』에 기고한 것은 이러한 면모를 보여준다고 하겠다.

백남운의 저술활동에서 가장 중요한 것은 역시 『조선사회경제사』(朝鮮社會經濟史, 1993), 『조선봉건사회경제사』(朝鮮封建社會經濟史 상, 1937)를 가이조샤에서 출간한 것이다. 이 책으로 백남운은 조선 경제사학의 1인자로 발돋움하게 되었다.[9] 그런데 주목할 점은 이 책은 이미 동경고상 유학시절에 구상된 것으로, 당시 동경의 지적 분위기를 자산으로 하고 있다는 점이다. 특히 총론 격이라 할 수 있는 『조선사회경제사』 서문은 하니고로(羽仁五郎)의 『전형기의 역사학』(轉形期の歷

史學, 鐵塔書院, 1929)의 주요 부분에 거의 의존하고 있다는 사실은 대단히 중요하다. 이는 30년대 초 백남운의 마르크스주의 사관이 일본을 경유한 번안적(飜案的) 수준임을 보여주는 것이다.

그 결과 백남운의 당대(일제시대) 사회구성에 대한 이해는 '민족적 대립'을 '자본주의적 대립'과 일치시키는 마르크스주의 수입 초기의 한계를 그대로 보여주고 있으며, 또한 '제국주의 식민사학'과 '근대부르주아 사학'을 등치시키는 좌편향성을 보인다. 요컨대 백남운의 사학은 일본 좌익사학계의 영향 아래 보편성에 치우친 것, 따라서 민족·식민지 문제에 대한 과학적 이해나 조선의 구체성에는 취약함을 지니고 있었다. 『조선사회경제사』에 대한 김광진(金洸鎭), 이청원(李淸源), 한흥수(韓興洙)의 비판이 공식주의·기계주의에 관한 것이었음은 우연이 아니었다.

백남운의 이러한 강단주의적 성향의 한 이면으로서 공식주의적 좌경화는 식민지 민족문제의 모순이 본격화되고 이에 따라 좌익진영에서 민족문제 논의가 심화되면서, 또 자신의 학회활동 및 조선학운동에 대한 연결이 강화되면서 점차 해소되어 갔다. 여기서 백남운 개인 활동과 직접 관련되는 부분은 마지막의 학회활동이다.

백남운은 1925년(32세) 연희전문 부임 직후부터 조선사정조사연구회(朝鮮事情調査硏究會), 태평양문제연구회(太平洋問題硏究會), 경제연구회(經濟硏究會) 등에 참여하였다. 또한 1933년 『조선사회경제사』 출간 이후 경제학 연구자 좌·우파를 총망라하여 조선경제학회(朝鮮經濟學會)를 결성하였으며, 이러한 학회활동의 연장선에서 1936년 신년사로 '중앙아카데미' 창설을 제창하였다(『동아일보』 1936. 1. 1).

백남운의 학회활동에서 주목할 부분은 조선학운동과의 관련성이다. 조선학운동이 전개되면서 1935년에는 다산(茶山) 서거 99주년 기념으로 『여유당전서』(與猶堂全書)를 간행하여 배포하고 강연회가 개최되었다. 이때 정인보·안재홍 등의 적극적인 활동[10]과 달리, 백남운은 아직 조선학운동과 다산연구에 적극적이지 않았다. 그러나 이듬해 '다산 100년제 사업'에서는 「다산 백년제(百年際)의 역사적 의의」를 발표하며, 다산을 '경세가적(經世家的) 형안(炯眼)의 소유자' '근세적 자유주의의 소유자' '실학파의 명성(明星)'으로 높이 평가하였다. 그는 정인보, 안재홍 등과 함께 조선학운동에 참여하였던 것이다.[11]

이처럼 백남운은 마르크스-레닌주의 방법론과 사관을 지니고 있었지만, 그의 교우관계와 학회활동은 대체로 비타협적 민족주의 운동의 성향이며, 이를 계기로 조선의 특성에 주목해 왔다. 하지만 이러한 백남운의 학문은 순조롭게 발전하지 못하고 시련에 봉착하였다. 30년대 중반 식민지 압제가 극심해지면서 백남운이 관계한 조선경제학회와 조선학운동은 쇠퇴하기 시작하였고, 급기야 1938년에는 경제연구회 사건으로 동료교수 이순탁·노동규 등 60여 명과 함께 서대문형무소에 투옥되었다. 그는 2년 남짓의 옥고를 겪고 1940년 7월 출옥하였다. 식민지에서 투옥의 경험은 중요한 전환의 계기가 되곤 하는데, 1941년(48세) 백남운은 대화숙(大和塾)에서 "통제경제의 윤리성"이란 제목으로 일제의 식민통치에 협조하는 강연도 하였다.[12]

4. 연합성 민주주의론

해방 후 백남운은 학술·교육 활동과 정치활동을 병행하였으며,[13] 무게중심은 점차 전자에서 후자로 옮아갔다. 1945년에 백남운이 정치활동을 한 것이 있다면, 해방 직후 전국비정치단체대표회의를 개최하여 극좌와 극우의 대립을 조정하고자 한 것이나, 12월 모스크바3상회

담 이후 신탁통치 반대를 성명하고[14] 초당파적 대동단결을 호소한 정
도였다.

해방 후 그가 처음 한 것은 8월 16일 조선학술원(朝鮮學術院)을 창
립하는 데 관여한 것이다. 이것은 1936년 그가 제창한 중앙아카데미의
실현이라고도 할 수 있는바, 해방 후 신국가건설을 학문적으로 지원하
는 것이었다. 그는 12월 말 학술원 위원장에 취임하였으며, 경성대학
교직원으로서 「교육임시조치요강안」을 미 군정청에 제출하는 등 경성
대학 재건작업에도 적극적으로 관여하였다.

이처럼 1945년 당시 백남운은 진보적 학자·교육자의 모습이 우선
이었고, 정치활동은 2차적이었다. 그러나 1946년에 들어서면서 백남
운의 이러한 활동은 역전되었다. 조선학술원에서의 본격적인 활동 대
신 개인적인 '민족문화연구소'를 창립하였고, 또한 '국대안'(國大案) 처
리과정과 관련하여 경성대학 교수직을 사임하였다. 이렇게 해서 그의
학술·교육 활동은 급격하게 위축되었다. 반면 1946년 2월 백남운은
조선독립동맹 경성특별위원회[15] 위원장에 취임하였고, 여운형·허
헌·박헌영·김원봉 등과 더불어 좌익의 민주주의민족전선[16] 공동의
장에 추대되었다. 이로써 백남운은 좌우대립이 본격화되는 정치판의
한가운데 들어갔다. 그간 백남운의 삶이 기본적으로 대학과 학계의 울
타리 안에 있었다는 점을 고려한다면, 이러한 정치적 선택은 승패와
귀추가 주목되는 바였다.

백남운이 선택한 조선신민당은 중산층 중심의, 다분히 민족주의적
성향의 조직으로서, 백남운의 인맥 또는 지적 성향과 어울리는 것이라
할 수 있었다. 진보적 학자인 백남운은 자신과 신민당의 건국노선으로
「조선민족의 진로」(『서울신문』 1946. 4. 1)를 발표하였다. 「조선민족의 진
로」를 평가하기 위해서는, 먼저 해방정국을 맞은 백남운의 사상 및 정

신세계를 살펴볼 필요가 있다. 당시 백남운의 의식세계는 세계사적 보편성과 조선적 특수성, 자본주의와 식민지, 계급과 민족 등의 두 가지 차원이 혼재하고 있었다. 백남운이 「조선민족의 진로」에서 "특수성을 무시한 일반적 규정은 공식론에 빠지기 쉬운 것이고, 세계사적 발전법칙을 떠난 특수적 규정은 배타적 국수주의로 치우칠 뿐"이라고 한 주장은 이러한 고민의 일단을 반영하는 것이라 할 수 있다.

그런데 '보편성과 특수성의 조화'란 언제나 통용되어야 하는 지선 명제라 할 수 있지만, 구체적 여건에서는 보다 강조되어야 할 무게중심이 있는 법이며, 해방 직후 백남운의 언급 또한 그러하다. 백남운이 마르크스주의에 편입되면서 초기 과도기적 현상으로 세계사적 보편성, 자본주의, 계급 문제에 경도되었던 편향을 의식한다면, 식민지 현실에서 백남운이 비판받고 체득한 것은 구체성, 민족·식민지 문제였다. 즉 백남운의 시야에는 이제 자본주의 일반의 계급적 대립을 넘어서 제국주의와 식민지 문제, 식민지의 다양한 민족과 그 특성들이 들어온 것이다.

그가 「조선민족의 진로」의 첫머리에서 우리 민족의 역사적 특성을 "문화적 전통과 언어와 역사적 혈연과 정치적 공동운명 등등의 역사적 조건으로 보아서 세계사상 희귀한 단일민족"으로 규정한 것이 그 단적인 예이다. 그는 또한 자본주의 독립국가들이 일반적으로 '사회혁명'의 단일 과업을 지니는 반면, 식민지를 경험한 "조선민족에게 부과된 정치적 사명"은 '민족해방'과 '사회해방'이란 '2중의 혁명대상'을 지닌다고 주장했다.

자본주의 일반과 식민지의 분리로 비롯된 백남운의 구체성 인식은 각국의 역사와 민주주의를 비교하여 조선에 합당한 것을 모색하는 것으로 나아갔다. 그는 프랑스와 미국의 자유민주주의, 독일의 사회민주

주의, 러시아의 프롤레타리아트민주주의, 중국의 신민주주의 등을 비교하면서 '조선민족의 진로'를 연합성 민주주의로 규정한다.

민주주의의 제1유형이었던 자유민주주의의 현대적 대표국가인 미국의 민주형태는 산업 급(及) 금융자본의 주체적 형태인 만큼 우리에게는 구형에 속한 것이며, 제1차 세계대전 전의 독일의 사회민주주의도 금일의 조선에 적응할 만한 조건을 가지지 못한 것이며, 민주주의의 제3유형인 소련식의 민주형태는 정치의 세계사적 범주로서 전후의 구주 제국에서는 인민정치의 형태로 진전되는 중이다.

그러나 조선정치의 현단계는 그와도 다소 구별되는 것이며, 모택동씨의 신민주주의는 대외적인 반제전쟁과 대내적인 반봉건 군벌관료 투쟁의 규정에서 항일통일전선을 결성하자는 연립정권 구성의 기본 형태를 주장한 것이나, 조선정치의 목표는 당시의 중국과도 달라서 군사적 항쟁의 적이 없어졌다. 일제가 타도된 순간에 민족혁명의 대적(對敵)이 해소되었고, 대내적으로 관료국가 타도는 고사하고 이제야 겨우 자주독립의 준비형태로서 임시정권 수립조차 자율적이 못 되고 있는 형편이다.

이상에서 알 수 있듯이 그에게서 해방 직후 건국의 모델은 미국식도 소련식도 아닌 것이었다. 가장 근사한 경험은 중국의 신민주주의였지만, 그것과도 두 가지 점에서 차이를 규정하였다. 하나는 적 일본제국주의가 이미 타도되었다는 것이며, 또 하나는 근대국가 건설의 경험이 중국보다 일천하다는 것이었다. 이러한 정세인식은 조선 내부의 민족운동의 수준을 규정하는 데는 타당하지만, '대적이 해소'되었다는 낙관적인 인식은 해방정국을 낙관적으로 바라보는 기조를 단적으로 보여주며 아울러 일정한 우경화의 위험성을 내포하고 있었다. 아무튼 그는 이러한 정세인식을 토대로 그는 '연합성 신민주주의적 정치·경제·문화의 건설'을 국가의 당면목표로 설정하고, 이를 위해 '민족주의와 공산주의와의 공통적·연합성 요소'에 주목하여 범민족적인 통일과 단결을 주장하였다.

'연합성 민주주의'의 정치형태로서 아직도 혁명성인 유산자는 자금을, 인테리는 지식을, 과학자는 기술을, 무산자는 노동력을 제공함으로써 건국을 위한 연합활동을 제창하는 동시에, 민주경제를 수립할 연합민주 정권을 구성할 것을 주장하는 것이다.

물론 연합성 민주주의로 표명된 민족문제에 대한 천착은 전적으로 백남운의 독창에서 비롯된 것은 아니다. 사상·이론적 동향에 민감한 학자인 백남운은 식민지 민족운동의 비약적인 발전, 특히 중국에서 마오쩌뚱(毛澤東)의 신민주주의론(新民主主義論)에 주목하고 있었다. 앞서 언급한 바와 같이 그는 자신의 연합성 민주주의론과 마오쩌뚱의 신민주주의의 차이점도 피력하였지만 그것은 대체로 부수적인 차원의 것이고, 근본 기조에서는 서로 맥락을 같이하는 것이라 할 수 있다.

두루 아는 바와 같이 마오쩌뚱은 중국혁명의 단계를 '부르주아민주주의 혁명 단계'로 규정하고, 그 단계에 적합한 이념으로 '신민주주의'를, 그리고 이를 실현하기 위한 방안으로 '연합정부론'을 제창하였다(모택동 1941; 1945). 마오쩌뚱의 이론에 가장 민감한 것은 연안 독립동맹 출신의 최창익이었는데, 그는 북한에서 신민당의 이념으로 '자산계급성(資産階級性) 신민주주의'를 제창하였다(최창익 1946). 신민당 남조선위원장인 백남운 역시 마오쩌뚱의 신민주주의론과 연합정부론의 강력한 영향 아래 '연합성 신민주주의'를 제시하였다(백남운 1946).

백남운이 동경 유학시절을 통하여 마르크스주의의 보편적 토대에 입문하였다면, 식민지 조선에서의 경험과 반(半)식민지 중국의 신민주주의론을 흡수함으로써 동경시절보다 한 단계 진전된 연합성 민주주의론을 제시하였던 것이다.

5. 좌익의 분열과 월북

해방 직후 민족통일정부 수립을 위해서 절실하게 필요한 것이 좌우연합이었음을 고려할 때, 백남운의 연합성 민주주의론은 대체로 적절한 것이라 할 수 있다. 그런데 이러한 국가건설론은 좌우합작을 가져오기는커녕 좌익진영 내 치열한 노선대립으로 이어졌다. 이러한 아이러니의 원인은 양측 모두에서 찾아볼 수 있다.

먼저 백남운은 자신의 신민주주의는 조선공산당계의 '진보적 민주주의'와는 다른 것으로 "조선 경제사회에 가장 적응한 조선적 민주주의"라 제시하고, 좌익진영의 극좌적인 경향은 반성해야 한다고 주장하였다(『동아일보』1946. 3. 8). 그런데 백남운의 신민주주의론은 이론 면에서 몇 가지 문제를 지니고 있었다. 그 대표적인 것을 지적하면, 그는 마오쩌뚱의 신민주주의론을 따르면서도 그 핵심인 좌익 주도를 애매하게 처리하여 좌익진영의 진보적 민주주의와의 공통적인 토대를 흐리게 한 점이다. 또한 아직 민족문제와 계급문제에 대한 변증법적 이해가 완벽한 수준을 보이지 못하고 곳곳에서 혼동의 잔재를 남기고 있다. 예컨대 민족통일전선을 강조하기 위해 지주를 자본가 범주에 포함시키는 경우가 대표적이다. 이러한 위험성은 그가 중국의 신민주주의론과의 차이를 규정할 때 어느 정도 예상되었던 취약점이기도 하다.

그러나 좌익진영 내 대립에 보다 주도적 원인을 제공한 것은 공산당

계열이었다. 당시 공산당의 입장을 대변한 사람은 조선과학자동맹의 이기수(李基洙)와 조선문학가동맹의 김남천(金南天)이었다(이기수 1946; 김남천 1946). 이기수는 서로 배치되는 좌·우익이 동등한 권리를 갖고 정권에 참여하는 것은 모순된 논리라고 주장하면서, 백남운을 '정치적 기회주의자'로 비판하였고, 김남천도 백남운의 연합성 민주주의를 '망명정치인의 겸손치 못한 심경'이거나 '주변으로 밀려난 불평 정객의 대변'에 불과한 것이라고 무시하였다. 요컨대 공산당계열의 비판은 동료나 향도 차원에서의 비판이라기보다 폭로와 제거의 성격이 짙은 비판이었던 것이다. 이로써 민족주의 진영과의 연대 이전에 좌익진영의 단결마저 무너져 내렸다.

이러한 노선대립과 아울러 1946년 중반 조선공산당·인민당·신민당의 좌익 3당통합과 좌우합작 문제가 발생하였다. 당시의 좌우합작은 민족통일전선으로의 자기필연성을 가진 '운동적 측면'과 미군정의 입법자문기구 구성을 위한 들러리로서의 '정책적 측면'이 병존하고 있었다. 백남운은 『조선민족의 진로』(1946)에서 밝힌바 '연합성 민주주의'의 입장에 따라 좌우합작운동을 추진하고자 하였으나, 조선공산당측이 좌우합작을 깨기 위해 이른바 '민전(民戰) 5원칙'[17]을 제시하자 자신의 소신과는 달리 이에 찬동하는 모순된 모습을 보이기도 하였다.

백남운은 좌우합작의 소용돌이에서는 일찍 발을 뺐지만, 신민당 위원장으로서 좌익 3당의 통합에서는 적극 관여하지 않을 수 없었다. 3당통합의 과정에서 그는 여운형과 함께 박헌영의 자파 중심주의에 대항하였으며, 1946년 10월 남조선노동당과는 별도로 사회노동당을 창설하고 부위원장에 취임하였다. 그후 그는 좌우합작과 3당통합에 관해 협의하기 위해서 월북하였지만, 북측은 사회노동당을 창당한 것을 문책하였다. 결국 12월 4일 여운형은 「자기비판의 서(書)」(『독립신보』

1946. 12. 5)를, 사흘 후 백남운은 '서재(書齋)의 본업'으로 돌아간다는 정계은퇴를 선언하였다(『서울신문』 1946. 12. 8). 이리하여 1946년 초 백남운의 정계입문은 그해가 가기 전에 일단 실패로 끝났다.

1947년 들어와 백남운은 여운형과 함께 북한측과의 일정한 협의를 바탕으로 근로인민당을 창당하며 다시 정계에 진출하였다. 그는 정치 재개의 변으로 「조선민족의 진로 재론」을 발표하였고, 근로인민당의 부위원장에 취임하였다. 근로인민당은 결성 초기부터 북한측과의 일정한 협의가 있었다는 사실, 남조선노동당에 참여하지 못한 세력과 구 사회노동당 잔존세력을 기반으로 한 중간파 정당이라는 점, 통일정부 수립을 위한 남북의 공동협의체 건설을 강력히 주장하였다는 점에서 특징적이다.[18] 제2차 미소공동위원회를 앞두고 근로인민당은 본격적인 준비를 시작하였다.

그러나 1947년 7월 19일 당의 핵심인 여운형 위원장이 암살되었다. 여운형의 암살은 남한정계 전반에 심각한 영향을 주었지만, 특히 그의 지도력에 거의 전적으로 의존하던 근로인민당은 직접적인 피해를 입었다. 여운형의 지도력이 사라지자 근로인민당은 장례식 조의금 처리에서부터 분열하기 시작하여, 부위원장 장건상 · 백남운 · 이영이 각각 계파를 이끌었다. 이제 근로인민당은 마치 '부모 없는 가족'처럼 사분오열되어 '껍질만의 당'으로 전락하였다(도진순 1993).

그해 가을 백남운은 월북하였고, 그가 다시 공식석상에 모습을 보인 것은 1948년 4월 21일 '남북 제정당 · 사회단체 대표자 연석회의' 이틀째 회의석상이었다. 회의에서 백남운은 남조선노동당을 대표하는 박헌영과 더불어 「남조선 정세보고」를 하였다. 이 보고에서, 그는 남조선의 당면과업으로 친일파 · 민족반역자 숙청, 봉건적 토지소유제의 개혁, 중요 산업의 국유화, 근로인민의 국가적 보호와 남녀평등, 민주적 교육제도와 민족문화의 발전 보장 등 다섯 가지를 제시하였다. 그리고 이 강령들이 북한에서는 이미 '민주개혁'으로 실천에 옮겨졌다고 주장하였다.[19] 백남운은 북한에서 이른바 '인민민주주의 혁명의 국가건설 과정'에 참여함으로써 또 한 번의 변화를 겪게 된 것이다.

6. 맺음말

한국 근현대사의 그 파란만장한 굴곡을 고려한다면, 지도급 인사들의 사상·종교·이념이 다양한 단계의 진동과 변화를 보인다는 것은 이상한 일이 아니다. 우리는 이러한 격동의 삶에서 불변하는 토대와 변화의 차원을 적절히 분간해 내는 것이 필요할 것이다.

백남운의 경우 비교적 안정된 삶을 살았지만, 그 역시 우파 계몽주의자에서 좌익적 이론가로 변화하였다. 그의 좌익적 성향을 다시 면밀히 살펴보면 당시 식민지 좌파지식인의 일정한 경향성을 감지할 수 있다. 백남운의 좌파이력은 일본이론에서 마르크스주의의 보편적 토대를 번안하는 수준의 초기·단계에서, 마오쩌뚱의 신민주주의론의 영향권 아래 식민지 민족문제를 강조하던 시기로, 그리고 마지막으로 북한의 인민민주주의적 현실에 적응해 나간 시기로 나눌 수 있다.

그러나 백남운의 인생에서 변하지 않은 토대는 우선 그가 민족운동이나 정치보다는 강단에 어울리는 학자였다는 사실이다. 그는 해방 직후 정치적 과도기에 일시적으로 정치에 참여하지만 만족스러운 결과를 가져온 것은 아니었다. 월북한 뒤 그는 점차 교육자·학자의 길로 돌아갔다. 요컨대 백남운은 민족운동과 정치현실 또는 이를 반영하는 사상·이념의 발전에 민감하게 귀기울이는 선진적 학자였다.

그의 『조선민족의 진로』에 나타나는 연합성 민주주의론은 그의 좌파적 성향과 민족적 성향을 동시에 보여주는 국가건설론이라 할 수 있다. 백남운의 연합성 민주주의론은 국가건설의 구체적 방략으로서는 소략하며, 반세기가 지난 오늘날에 적합치 않은 것도 적지 않다. 그러나 민족통일과 좌우합작을 우선시하는 백남운의 사상·이론적 기저는 여전히 가치 있는 것이며, 그 여백들을 메울 근거를 마련하고 있다.

〈『한국사시민강좌』 17, 1995〉

주

1) 이 글을 집필하는 데 심지연(1988; 1991), 조동걸(1991), 방기중(1992) 등을 참고하였다.
2) 조동걸(1991)은 백남운의 생애를 다음 여섯 시기로 정리한다. 제1기: 성장기, 1~18세(1894~1911) 제2기: 수학 수련기, 19~31세(1912~24) 제3기: 교단저술기, 32~44세(1925~37) 제4기: 은둔기〔受罵期〕, 45~52세(1938~45) 제5기: 광복활동기, 52~54세(1945~47) 제6기: 재북기(在北期), 55~85세(1945~79)
3) 조동걸(1991)은 1910년대 초 수원 백씨 문중에서 백남규, 백관수, 백남운 등 고등교육 진학자가 많은 것으로 봐서 문중에 계몽주의적 변화가 있었던 것으로 추정하고 있다.
4) 당시 동경고상(東京高商)은 4년제에서 6년제로 승격되었다.
5) 1921년 4월 일본공산당 준비회가 결성되어 1922년 7월 일본공산당이 창립하였으며, 1924년 봄 해산되었다. 이 시기는 대체로 백남운의 유학시기와 겹친다.
6) 아마 동경유학도 야마모토와의 인연에서 비롯된 듯하며, 1931년 야마모토가 서울에 체류할 때 백남운은 부친과 함께 영접하였다.
7) 당시 그의 문제의식은 ① 계급투쟁사로서 조선사 ② 조선역사의 기점 문제와 일선동조론 반격 ③ 신채호·최남선 등의 문화사관 비판이라고 회고한 바 있다(조동걸 1991).
8) 연희전문 시절 백남운의 논저를 정리하면 다음과 같다. 「부정원리에 대한 고찰」(『연희』 5, 1925); 「조선사회의 동적 고찰」(『조선일보』 1926. 1. 3); 「조선자치운동에 대한 사회학적 고찰」(『현대평론』 1, 1927. 1); 「조선계(契)에 대한 사회사적 고찰」(『현대평론』 6/7, 1927. 7/8); 「이노야(猪谷)교수의 『조선에서 산업혁명』을 읽

고」(『기업과 사회』, 1928. 2); 「『조선경제연구』의 유감」(『조선지광』 89, 1930. 1);
「사회학 성립 유래와 임무」(『조선일보』 1930. 8. 19~23. 5회 연재); 「향약의 부활에
대하여」(『청년』 12-1, 1932. 1); 『朝鮮社會經濟史』(東京: 改造社, 1933); 「조선경제
의 현단계」(『개조』 16-5, 1934. 4); 「조선 특유의 사회제도」(『동아일보』 1934. 10.
20~28. 8회 연재); 「이론경제학의 재건」(『중앙』 1934. 10); 「다산 백년제(百年際)
의 역사적 의의」(『신조선』 12, 1935. 8); 『朝鮮封建社會經濟史』(上, 東京: 改造社,
1937).

9) 이인이 1936년 『신동아』 4월호에 신입생에 대한 권장도서로서 『조선사회경제사』를
추천할 정도로 백남운은 세인의 주목을 받았다(조동걸 1991).

10) 당시 정인보가 「조선학에서 정다산의 지위」로 강연하였으며, 안재홍은 조선학을 변
론하며 다산을 '민주사회주의자'로 규정하면서 '실학파'를 강조하였다.

11) 이 시기 백남운의 정인보와 특별한 친분에 관해서는 조동걸(1991) 참조. 이에 의하
면 두 분의 친분은 같은 학교에 근무하는 친근과 높은 인격 그리고 민족주의 성향
의 공통성 때문이겠지만, 백남운에게 정인보는 고대사나 고려사 연구의 사료해석
에 없어서는 안 될 벗이었을 것이고, 또한 정인보가 집중 개발하고 있던 실학파의
고전연구는 백남운의 자본주의 발생연구에 필요했을 것이다. 아마도 정인보가 함
께 없었다면 백남운의 연구는 제한된 성과에 머물렀을 것이다. 그래서인지 백남운
은 북에서 쓴 어느 글에도 직접적으로 정인보를 거론하여 비판하지 않았다.

12) 『동양지광』 4-6, 1942년 6월호. 백남운이 1942년(49세)부터 해방 전까지 종로에 있
던 '신용금고회사'의 상무로 있었다는 증언이 있지만(윤기중 설), 확실한 것은 알 수
없다.

13) 해방 후 백남운의 활동을 방기중(1992)은 제1분기(1945. 8. 15~46. 2. 4) 민족문화
건설운동, 제2분기(1946. 2. 5~46. 12. 6) 정당활동 · 민족통일전선운동, 제3분기
(1946. 12. 7~47. 5. 7) 정계은퇴 · 문화운동, 제4분기(1947. 5. 8~47년 말) 근로인
민당 활동, 제5분기(1947년 말~79. 6. 12) 재북활동으로 분류하였다.

14) 1946년에 들어가면 그는 '모스크바3상회담에 대한 지지'로 입장을 바꾸게 된다.

15) 1946년 4월 조선신민당 경성특별위원회는 남조선신민당으로 개편되었다.

16) 좌익의 통일전선조직으로서, 이승만 · 김구 등 우익의 비상국민회의 · 남조선대한
국민대표민주의원과 대립하였다.

17) 민전 5원칙과 좌익의 신전술에 관해서는 서중석(1991, 411~23쪽) 참조.

18) 근로인민당의 창당과정과 그 의미에 관해서는 도진순(1993, 139~44쪽) 참조.

19) 남북연석회의에서 백남운의 보고에 관해서는 같은 글(218~27쪽) 참조.

참고문헌

김남천 (1946), 「백남운씨의『조선민족의 진로』비판」,『조선인민보』5월.

도진순 (1993), 「1945~48년 우익의 동향과 민족통일정부수립운동」, 서울대 국사학과 박사학위논문.

모택동 (1941), 「신민주주의론」.

______ (1945), 「연합정부에 대하여」.

방기중 (1992),『한국 근현대사상사 연구: 1930 · 40년대 백남운의 학문과 정치경제 사상』

백남운 (1925), 「부정원리에 대한 고찰」,『연희』5.

______ (1926), 「조선사회의 동적 고찰」『조선일보』1. 3.

______ (1927a), 「조선 자치운동에 대한 사회학적 고찰」,『현대평론』1, 1월호.

______ (1927b), 「조선계(契)에 대한 사회사적 고찰」,『현대평론』6/7, 7/8월호.

______ (1928), 「이노야(猪谷)교수의『조선에서 산업혁명』을 읽고」,『기업과 사회』2월호.

______ (1930), 「『조선경제연구』의 유감」,『조선지광』89, 1월호.

______ (1930), 「사회학 성립 유래와 임무」,『조선일보』8. 19~23(5회 연재).

______ (1932), 「향약의 부활에 대하여」,『청년』12-1, 1월호.

______ (1934a), 「조선경제의 현단계」,『개조』16-5, 4월호.

______ (1934b), 「조선 특유의 사회제도」,『동아일보』10. 20~28(8회 연재).

______ (1934c), 「이론경제학의 재건」,『중앙』10월호.

______ (1935), 「다산 백년제(百年際)의 역사적 의의」,『신조선』12, 8월호.

______ (1946),『조선민족의 진로』, 신건사.

서중석 (1991),『현대민족운동사연구』, 역사비평사.

심지연 (1988),『조선신민당 연구』, 동녘.

______ (1991),『인민당 연구』, 경남대 극동문제연구소.

이기수 (1946), 「백남운씨의 '연합성 신민주주의'를 박(駁)함」,『신천지』제1권 제5호.

조동걸 (1991), 「년보를 통해서 본 정인보와 백남운」,『한국독립운동사연구』5, 독립기념관 한국독립운동사연구소.

최창익 (1946), 「민주적 민족통일전선의 역사성에 대하여 ③」,『독립신보』6. 21.

白南雲 (1933),『朝鮮社會經濟史』, 東京: 改造社.

______ (1937),『朝鮮封建社會經濟史』(上), 東京: 改造社.

용과 위기 사이: 박정희시대에 대한 서설

1. 머리말

박정희에 대해서는 영웅과 위인이라는 칭송과 독재자·파시스트라는 비판이 꽤 오랜 시간 대립하였으며(한국정치연구회 편 1998), 이것은 우리 시대 또 하나의 자화상이라 할 수 있다.

그에 대한 평가의 궤적을 보면, 암살 직후에는 민주화 분위기와 결합하여 비판적 여론이 압도하였다. 그러나 유신잔재는 제대로 청산되지 않고 '유신본당'이라고 자처하는 사람들도 정치권으로 복귀하여 여당의 한 부분이 되었다. 1992년 14대 대통령선거에서 이른바 '무주공산'이라는 경북지역의 득표를 위해 대통령후보들이 박정희를 이용하였고, 김영삼정부의 개혁실패와 경제적 파국으로 박정희 향수는 급부상하였다. 아마도 그 최고조는 1997년 대통령선거였을 터인데, 이는

IMF위기 이후에도 쉽게 사라지지 않고 있으며 내년(2000)의 총선을 앞두고 다시 부상할 수 있다.

이러한 '박정희옹호론'의 부상 그 저변에는 지역감정이나 정치적 이해관계 나아가 출세주의가 도사리고 있는 경우가 적지 않다(진중권 1997; 강준만 1997; 박홍규 1997). 그렇다면 '박정희 향수'는 정치의 계절이 끝나면 자연소멸할 것인가. 그러나 박정희옹호론에는 단순히 '유령' 혹은 '신드롬'으로만 볼 수 없는 만만찮은 상황들이 개입되어 있다. 미국을 비롯한 해외에서 박정희식 경제발전에 대한 옹호론적 연구가 풍미하였으며, 대중적 지지기반 역시 남아 있다. 필자가 주목하고자 하는 문제의식은 바로 여기에 있다. 따라서 우리는 박정희 문제가 지니는 장기성과 대중적 지지의 근원이 어떤 구조와 연결되어 있는지 주목할 필요가 있다.

한편 박정희와 그의 시대에 대한 평가는 5·16쿠데타와 집권과정, 제3공화국, 자주국방론과 핵개발, 유신 등 시기와 주제에 따라 달라지고 있다.[1] 두말할 것도 없이 가장 높은 평가를 받는 것은 경제, 즉 근대화정책이다. 그간 알려지지 않았던 비사(秘史) ── 만주군대의 경력, 좌익경험과 여순사태 당시의 배반, 한국전쟁 도중의 쿠데타 시도, 권력장악 이후의 독재와 여성편력 등 ── 가 공개되면서[2] 박정희의 부정적 인생편력도 상당 부분 드러났다. 이러한 부정적 측면은 공개 당시 폭발적인 관심을 끌었지만, 이제는 그것도 "사흘 굶어 도둑질 안 할 사람 없다"는 경제우선론을 넘어서지 못하는 실정이다. 아무튼 근대화와 경제발전은 박정희 평가에서 피할 수 없는 핵심이 되어 있다.

이상의 문제의식을 바탕으로 이 글에서는 한반도의 현실구조와 관련하여 경제문제를 살펴보고자 한다. 전후 맥락이라는 시간의 연장과 아시아 국가들과의 비교라는 공간적 확대를 통해서, 한반도의 현실구조는 더욱 명료해질 수 있을 것이다. 이러한 작업이 '박정희옹호론'의 대중적 근거에 대해서도 약간의 시사를 줄 것으로 기대한다.

2. 권위주의 체제와 경제발전의 '선택적 친화력'?

발전국가론의 친구와 교리

그간 박정희정권의 경제발전에 대한 연구와 비판도 적지 않았다. 여기서는 다양한 평가를 두루 소개하기보다는 '제도주의적 관점의 발전국가론'에서 출발하고자 한다. 그 이유는 이 이론이 나름의 논리를 가지면서 현실을 비교적 잘 설명하고[3] 국제적 족보를 가지는 영향력 또한 적지 않기 때문이다.

발전국가론(developmental state)은 80년대 후반부터 90년대 전반기에 주로 풍미하였는데, 비슷한 시기의 대표적인 친구들로는 '식민지근대화론' '유교자본주의론' 등이 있다. 식민지근대화론과 유교자본주의론은 경제발전의 근거를 근대적 식민지에 두는가 전통적 유교에 두는가 하는 점에서는 다르지만, 아시아의 경제발전을 높이 평가하면서 나타난 이론이라는 공통성이 있다. 그러나 유교자본주의론에서 중요한 이론적 주춧돌은 일본인데, 정작 일본에서는 유교가 과거제도 등을 통해서 지배이데올로기로 작동한 적이 한 번도 없다.[4] 이 이론에서는 일본 자체의 역사에서 볼 때 비유교적인 것까지 서구적인 관점에서 유교적인 것으로 독해하고 있을 따름이다. 이런 면에서 유교자본주의론은 아시아의 승리를 찬미하는 것 같지만, 실상은 서구적 편견이 묻어 있는 오리엔탈리즘적 요소가 적지 않다.

90년대 들어와서 식민지근대화론이 본격적으로 부상하는 배경도 사회주의 및 동유럽권의 붕괴로 인한 냉전에서의 승리감과 아울러, 동북아, 즉 일본의 식민지였던 한국과 대만의 경제적 약진을 배경으로 하고 있다.

그러나 IMF 경제위기 이후에는 같은 식민지근대화론을 배경으로 하더라도 이른바 '일본식 모델'보다는 홍콩과 싱가포르 등의 '앵글로색슨 모델'의 식민지근대화를 더 높게 평가하는 경우도 있다.[5] 이처럼 식민지근대화론이 부상하는 배경에는 현실자본주의의 성쇠가 일정하게 작용하고 있으며, 한국사에 대한 식민지근대화론은 식민지근대화론 중에서도 IMF 경제위기 이전 90년대 중반 전후의 일정한 경향을 대변한다고 할 수 있다.

식민지에서 근대화가 추진(촉진)되었다는 것은 역사적 사실이다. 우리나라에서도 토지개혁 이후 자본의 원시적 축적이 촉진되었으며 만주사변 이후 30년대 초반에도 상당한 경제적 발전이 있었다. 또한 일제시대의 경험이 해방 이후 경제발전에 기반이 된 것도 적지 않다. 그러나 문제는 변수의 선차성(priority)이다. 예컨대 20년대 인도의 자본주의적 발전을 두고 코민테른 4차대회에서는 격렬한 토론이 있었다. 여기서는 식민지 인도에서 자본주의적 경제발전이 있었다는 것을 인정하면서도 그 선차적 동력은 식민경제 내부가 아니라 외부의 식민모국이라는 것, 따라서 '자본주의적 발전'보다 '제국주의적 억압'에 주목하는 것으로 결론이 모아졌다(도진순 1988).

우리의 경우도 30년대 초의 '경제적 약진'은 내부의 자생력을 확보하지 못하여 40년대 들어와서 '송진을 먹어야 하는 자연경제'로 추락하였다. 이러한 변동은 자본주의의 일반적 경기순환과는 분명 다른 것이다. 요컨대 식민지도 '근대화되었지만', 근대화되어도 '식민지'라는 것이 진실에 가깝다.

또한 식민지근대화론의 동력은 해방 이후 이승만정권기를 전후로 해서 15년간 거의 작동하지 않다가, 60년대부터 본격적으로 가동되기 시작했다. 이것은 식민지근대화의 동력이 주동적으로 행사하지 못하고, 60년대의 어떠한 변수와 결합되면서 생명력을 얻었다는 것이다. 즉 종속적 변수였다는 의미이다. 다시 말해 30년대의 자본주의적 발전이 60년대를 추동한 것이 아니라, 60년대의 어떠한 동력이 30년대를 재생시켰다는 것이다. 따라서 우리는 식민지근대화론을 이야기하기 이전에 그것에 동력을 부여한 주동적인 변수가 무엇인가를 검토해 보아야 하는 것이다.

이러한 문제의식들은 박정희정권의 근대화를 분석하는 것과 무관하지 않다. 사실 식민지근대화론도 그의 근대화에서 선차적 동력은 무엇인가. 외부인가, 내부인가. '독재였지만 근대화시켰다'인가 아니면 '근대화시켰지만 독재였다'인가. 박정희의 의사(擬似)민족주의적 담론은 주체성인가, 봉건성인가. 경제발전의 동력이었는가, 독재적 동원의 논리였는가.

박정희정권의 근대화에 대해 현실적 근접성을 지니고 분석한 것으로는, 미국 일부에서 제기되어 풍미한 제도론적 관점의 '발전국가론'이 있다. 이 이론의 교리는 다음과 같이 정리할 수 있다(김일영 1995).

첫째, 후발국가에서 '민주주의와 산업화의 병행발전' 또는 '선민주화 후산업화'의 길은 경험적으로 불가능하다. 둘째, '민주화'와 '산업화' 중 하나를 선택할 경우 생존의 문제인 산업화를 선택하는 것이 불가피하고 온당하다. 따라서 산업화와 권위주의 정권은 '선택적 친화력'이 있다. 셋째, 라틴아메리카 등에서 볼 수 있듯이 권위주의 정권이 모두 산업화에 성공한 것은 아니며 '발전지향형 국가'인 경우에만 가능하였다. 넷째, 발전지향적 권위주의 국가 중에서도 전통적 지배계급이 아니라 이들이 약화된 토대 위에 성립된 '국가엘리트에 의한 발전국가'가 경제발전에 크게 기여하였다. 다섯째, 박정희정권은 대표적인 '국가엘리트에 의한 발전지향적 국가'이다.

발전국가론의 공헌과 문제점

한마디로 이 이론은 "적어도 산업화 초기단계에서 발전국가적 권위주의 체제와 산업화는 선택적 친화력(elective affinity)을 지닌다"는 것이다. 결론만 보면 박정희정권 불가피론 또는 옹호론을 펼치는 여느 주장들과 별로 다를 바 없지만, 그럼에도 몇 가지 면에서 숙고해 볼 가치가 있다.

이 이론은 국가가 세계체제의 헤게모니적 구조, 국내의 사회계급 사이에서 능동적으로 개입하는 것을 이론적 지침으로 하고 있다. 또한 전통적 지배계급의 청산 여부에 따른 국가의 상대적 자율성, 강성(권위주의)과 약성(민주주의)에 따른 국가의 강도, 정책지배 능력인 국가의 능력 등으로 세분화하여 국가의 형태를 분류한다. 계급이나 시장이 아닌 국가에 주목하여 박정희정권의 실상을 보다 구체적으로 설명하는 것이 이 이론의 공헌이다.

사실 '내부계급으로부터의 국가의 자율성'은 우리나라 근현대사의 중요한 특성 가운데 하나이다. 식민지시기 식민국가의 동반계급은 구래의 양반이 아니라 새로운 '경제적 지주'였으며, 총독부 권력은 지주로부터도 상당한 자율성을 가지고 있었다. 현대에 와서도 사회에 대한 국가의 우위는 두드러져 '과도성장국가'로 운위되기도 한다. 여당인 자유당보다 야당인 민주당의 계급기반이 지주층에 더 의존적이라든지, 경제(시장)에 대한 정치의 우위 등과 같은 특징은 국가권력이 비교적 사회계급관계에 조응하는 선진국과 상당히 다른 모습이다.

사회과학적 비판담론에서 취약했던 부분도 바로 이러한 문제였다.

특히 정치경제학의 원론적 비판이 한국적 현실에서 더 많이 괴리되었던 원인은 바로 사회와 국가의 부조응관계 때문이라 할 수 있다.

그렇다면 발전국가론의 문제점은 무엇인가. 그것 역시 이른바 '국가의 상대적 자율성'에 있다. 제도주의에서는 국가의 상대적 자율성과 세계·지역 체제의 헤게모니를 결합하여 후발국가의 산업화가 지니는 특징들을 분석한다. 하지만 이 이론은 양자의 관계가 과연 자율적이었는지를 핵심적으로 분석하기보다는 선험적으로 예정하는 허점을 지니고 있다. 예컨대 식민지의 국가권력은 사회와 계급으로부터 매우 자율적이었지만 식민모국에 대해서는 대단히 의존적이었다. 정확히 말하면 식민모국에 의존적이기 때문에 식민지사회에 자율적인 권력을 행사할 수 있었고, 따라서 그것은 자율성이 아니라 군림성 또는 억압성이었다.

물론 박정희정권이나 해방 이후의 정권은 그것과는 차이가 있을 것이다. 그러나 국가발전론이 세계체제와의 관련성에서 자율과 타율을 엄격하게 구분하지 않은 것은 분명한 사실이다. 또한 제3세계 국가 일반과 냉전적 한반도의 분단국가 사이에는 중요한 차이가 있는데(도진순 1999a), 이 역시 진지하게 논구되고 있지 않다.

발전국가론의 더 큰 문제점은 권위주의 체제와 경제발전의 '선택적 친화력'이란 교리를 끌어내는 전제에 있다. "민주주의와 산업화는 병행발전할 수 없으며, 산업화가 우선시되는 것이 불가피하다"는 전제는 과연 옳은가. 발전국가론에서는 선진국 영국조차 엄격하게 분석하면 '선산업화, 후민주화'의 과정을 밟은 것이라고 주장하지만, 그런 분석은 "생산력의 발전이 역사의 동력이 되었다"는 근본 교리와 마찬가지로 특정 시기의 특정 문제를 분석하기에는 지나치게 일반적이다.

1945년 2차대전의 종결 이후 이른바 후발국가의 역사를 보면, 일반적으로 민주화가 선차적인 과제로 제기되었다. 예컨대 식민지에서 해방된 경우 대개 대중의 열화와 같은 선차적 과제는 매판세력의 제거를 통한 민주화였으며 그 다음이 산업화, 다시 이것의 불평등을 제거하는 민주화가 우선되었다. 즉 ①민주화→②산업화→①′민주화→②′산업화로 진행되는 과정에서 '②산업화→①′민주화'의 과정만 잘라내어 일반화할 수는 없는 것이다. 물론 '초기산업화'라는 표현으로 조건의 유효기간을 한정하고 있지만, 이것은 남한과 한반도 주변에조차 적용할 수 없는 한정성을 지니고 있다.

예컨대 50년대 이승만체제와 60년대 박정희체제는 동일한 '국가엘리트에 의한 권위주의 체제'이지만, 후자만 경제적 발전을 이루어 '발전지향적'이라고 한다. 그렇다면 이런 차이는 어디에서 비롯되는가. 박정희와 이승만의 차이인가, 아니면 50년대와 60년대의 차이인가. 그리고 그 원인은 무엇인가. 바로 이러한 점들이 발전국가론에서는 불분명하다.

더욱이 사회주의권으로 범주를 확대하면 더욱 곤란해진다. 중국은 50년대 이후 전통적 지배계급을 청산한 권위주의 정권의 시기였지만 경제적으로 파산하였고, 80년대 이후 공산당 유일독재가 계속되는 권위주의 정권은 경제발전을 추진하였다. 북한의 경우 5, 60년대는 남한보다 잘살 정도로 발전하였는데, 권위주의가 더 강화되는 그 이후 시기에는 경제적인 어려움에 봉착하였다. 따라서 발전국가론의 유일한 탈출구는 자본주의에만 적용된다는 것이다. 그렇다면 자본주의와 사회주의를 선택할 수 없는 '선택적 친화력'은 이미 정치경제적 특성을 지니는 것이다.

이상의 의문을 종합해 볼 때 선택적 친화력은 보편적 원칙에서 박정희정권의 경제적 발전을 분석한 것이라기보다 박정희정권의 경제발전을 설명하기 위해 원칙을 조합하고 확장한 혐의가 짙다. 아무튼 중요한 것은 선택적 친화력이라는 개념은 '어떠한 시기 어떠한 성격의 산업화였는가' 하는 정치경제적 성격과 불가분의 관계에 있다는 사실이다. 이런 선택적 친화력과 경제발전의 정치경제학적 특성을 밝히기 위해, 가까운 아시아 몇 나라의 경험을 살펴보기로 하겠다.

3. 네 마리 용과 IMF위기

한국은 대만, 싱가포르, 홍콩과 더불어 아시아의 네 마리 용으로 일컬어졌으며 또 한편으로는 필리핀, 태국, 인도네시아 등과 함께 IMF 경제파산을 경험하였다. 근대화 또는 중공업화로 표현되는 박정희정권의 경제적 성적표는 아마 '네 마리 용'이라는 기적과 'IMF위기', 그 중간 어디쯤에 위치지어질 것이다.[6]

동아시아 3국의 IMF위기

필리핀: 필리핀은 정치적 격변기마다 미국이 개입하였다. 미국은 1965년 북베트남 폭격을 시작으로 해서 베트남전쟁에 대대적으로 개입하였고 그해 12월 필리핀에서는 마르코스가 대통령에 취임하였다. 필리핀의 수빅만 해군기지, 클라크 공군기지는 미국의 핵심 기지였으며 필리핀은 미국으로부터 막대한 임대료를 받았다. 또 마르코스는 베트남전에 군대를 파견하였으며, 미국은 이에 대한 보상으로 필리핀을 정치 · 경제적으로 지원하였다.

70년대 들어와 베트남전쟁이 종결되어 가고 미 · 중관계가 정상화되면서, 필리핀의 지경학적(地經學的) 가치는 현저히 떨어졌으며, 따라서 미국의 필리핀에 대한 지원은 줄어들었다. 그러나 마르코스는 여전히 권좌에서 독재를 강화하였고 그와 더불어 중산층의 반대운동과 공산주의자들의 투쟁 또한 거세어졌다.

80년대 초 레이건정부는 마르코스정권의 유용성을 검토하였고 이어서 CIA 등이 필리핀의 정치적 전환에 개입하였다. 1982년 아키노가 대통령이 되고 난 이후 필리핀은 민주화정책을 추진하였고, 쿠데타 시도는 미국에 의해 무력화되었다. 이후 필리핀 내에서 냉전체제는 해체되기 시작하면서 공산주의 분파도 분산되었다. 민주화와 더불어 개방적 경제발전을 추진하던 중 필리핀은 1986년 경제적 파산을 맞이하였다. 그후 90년대 필리핀은 정치적으로 냉전 체제에서 벗어나게 되었지만, 경제적으로는 혼미상태를 완전히 벗어나지 못하였다.

태국: 30년대 말에 일본의 동맹국으로 태평양전쟁을 치렀던 태국은, 그후 동남아에서 미국의 대표적인 전선국가(frontline state)가 되었다. 1947년 쿠데타로 집권한 군부는 미국과 결합하였으며, 미국 또한 초대 대사로 OSS국장을 지낸 전설적 인물 '와일드 빌 도노반'(Wild Bill Donovan)을 파견하였다. 이렇게 해서 태국에서도 미국의 영향력은 계속 유지되었지만, 그것이 정점을 이룬 것은 베트남전쟁 시기였다. 당시 태국에는 5만의 미군이 주둔하였으며 많은 기지들이 있었다. 그리고 미국으로부터 거액의 자금이 투입되었고, 60년대 들어와서는 옛 동맹국이었던 일본도 대대적으로 투자하였다.

이러한 경제발전에 힘입어 70년대 중반부터 태국에서는 중산층이 성장하였다. 그리고 동남아의 냉전전선의 변화(베트남전의 종식과 미·중관계 개선)에 따라, 1973년 10월 방콕에서는 중산층과 학생들을 중심으로 반독재와 미국개입 반대를 주장하는 대중운동이 일어났고, 국왕마저 수상을 불신임함으로써 군부독재자를 축출하였다. 이후 새로운 헌법을 채택하고 선거를 실시하여 일정하게 민주화가 진척되었으나, 정치적 혼미상태도 계속되었다. 1976년 10월에 군사쿠데타가 일어나자 이에 반대하는 학생과 진보주의자들은 좌경화되면서 위기가 고조되었으나, 이듬해 다시 쿠데타가 일어나 사면조치 등 유연화정책을 실시함으로써 1978~79년 중국·캄보디아·베트남 전쟁의 시기에도 비교적 안정적인 편이었다. 한마디로 70년대 태국은 쿠데타와 민주화가 점철되는 과도기였다.

80년대 들어와서는 대내외적으로 냉전에서 벗어나는 한편 경제적인 부흥도 이어졌다. 그러나 이 과정에서 군인과 관리 등을 대신하여 대기업과 지역귀족들의 정치적 영향력이 강화되었다. 1991년 군부가 재집권하였지만 1992년 '피의 5월' 중산층 중심의 대중봉기로 축출되었다. 이후 세계화와 특권층과 관료의 권한을 줄이는 개혁이 시작되었으나, 1997년 바트화의 붕괴로 태국은 경제적 위기에 직면하였다. 하지만 태국에서는 이러한 경제적 위기가 정치적 격변으로 연결되지는 않았다.

이상과 같이 태국은 냉전적 군부독재하의 경제발전을 한때 경험한 바 있으며, 그후 탈냉전적 민주화와 경제위기를 겪었으며, 현재 개방적 경제발전을 점진적으로 경험하고 있다고 할 수 있다. 태국에서 정치·경제적 변화가 극단보다는 점진적인 모습을 띠는 것은 아무래도 국왕체제의 구심적 역할과 무관하지 않을 것이다.

인도네시아: 제2차 세계대전 이후 인도네시아는 진보적 인민주의자 수카르노가 집권하였지만, 1964~65년 인플레이션으로 경제적 붕괴에 봉착했다. 이에 수하르토 장군은 수카르노를 제거하고, 1965년 10월~66년 1월 무려 50만에 이르는 공산주의자를 대대적으로 학살하였으며

미국지지를 선언하였다. 이리하여 1966년 봄, 인도네시아에서는 냉전적 군사독재권력이 탄생하였다.

수하르토는 미국의 정책에 충실히 호응하였고, 미국의 신고전주의 경제학자들은 인도네시아 경제를 재건하였다. 미국과 인도네시아는 소련의 인공위성을 피해 미국의 핵잠수함들이 말라카해협을 지나가는 것을 묵인하는 비밀협약을 체결하였으며, 그 대가로 워싱턴은 미국·일본·유럽 선진국들을 포함하는 컨소시엄 형태로 '인도네시아를 위한 정부간 조직'(Intergovernmental Group for Indonesia, IGGI)을 결성하여 인도네시아에 꾸준히 투자하였다. 이것이 70~90년대 인도네시아 경제적 기적의 원동력이 되었다.

인도네시아에서의 냉전과 이에 대한 지원은 베트남전쟁 이후에도 계속되었다. 특히 1975년 12월 수하르토가 동티모르 침공을 결정하였을 때, 미국의 포드·카터 행정부는 이를 묵인하였을 뿐 아니라 국제사회에서 인도네시아를 변호하였으며, 나아가 베트남전에 사용한 살상무기들을 공급하였다. 1975~97년 동티모르에서는 인구의 1/3인 20만 명이 죽었다.

수하르토의 권력은 미국의 지원을 바탕으로 하는 군부독재정권이었고, 정통성의 부재를 경제발전으로 대체하였다. 이리하여 인도네시아에서 항공산업에까지 진출하고자 했던 수하르토는 '근대화의 아버지'라 불리었다. 하지만 소련과 동유럽의 붕괴로 냉전적 보호와 지원이 해체되면서, 인도네시아는 경제적 위기에 빠졌으며 학생과 군부의 대립으로 대표되는 민주화위기가 고조되었다. 아울러 화교 등의 민족문제, 동티모르 문제 등이 결합되면서 인도네시아는 거대한 격동에 휩싸여 아직도 미래가 불투명한 실정이다.

이상과 같이 필리핀, 태국, 인도네시아는 대체로 소련, 중국, 베트남과 인접해 있거나 관련되어 있는 이른바 미국의 '초생달 방어선' 또는 '냉전의 호(弧)'에 속하는 나라들이다. 특히 60년대 이 지역에서는 다른 어떤 지역보다 냉전이 '뜨겁게' 진행되었으며, 미국은 반공독재정권을 창출 또는 유지하기 위해 대대적인 정치·경제·군사적 지원을 하였고, 그것이 필리핀의 마르코스정권과 태국의 군부정권, 인도네시아의 수하르토정권이었다.

그리고 이들 국가의 경제성장에서 또 하나의 변수는 일본과 중국이었다. 일본은 한국전쟁, 베트남전쟁 등 냉전시기 아시아의 열전을 배경으로 경제대국으로 성장하였으며, 이를 다시 냉전지대의 경제건설에 대대적으로 투자하였다. 미국은 이것을 방해하기는커녕 적극 권유하여, 동아시아에는 세계에서 가장 강력한 두 개의 자본주의 국가가 협조적으로 개입하게 되었으며(이른바 이중헤게모니), 오랜 시기 동안 선진적 세계시장으로부터 특별히 보호받게 되었다. 또한 세계 최대의 인구를 가지고 있고 동아시아 각국의 유력한 인접 대국인 중국은 미국의 봉쇄정책으로 시장에 접근하지 못하였으며 경쟁에서 제외되었다.

하지만 70년대에 베트남전쟁이 종결되고 미국과 중국이 수교하면서 이 지역은 단계적으로 냉전해체에 들어갔다. 태국과 필리핀은 70년대의 과도기를 거쳐 80년대에 민주화를 추진하였고, 인도네시아는 90년대 들어와서 냉전이 해체되기 시작했다. 냉전해체로 인한 과도기 동안 동아시아는 민주화 이외에도 몇 가지 변화를 겪게 되었다. 먼저 '미국=정치·군사, 일본=경제'라는 미일 이중헤게모니의 분업적 성격이 해체되면서 아시아 경제·시장에서 서로 충돌하기 시작하였고, 40년간 보호되던 시장의 장벽도 무너지기 시작하였다. 80년대 중반 이후 미일간의 경제적 갈등으로 미국의 제재를 피한 일본자본이 아시아에

투자하여 아시아의 경제발전은 냉전 이후에도 계속되는 듯하였다. 그러나 90년대 탈냉전 이후 미국의 경제적 공세와 개방화전략을 맞이하여, 아시아에서는 시장과 경쟁의 원리가 강화되고 국가 주도의 낙후된 금융시장은 국제자본과 만나면서 마침내 경제위기에 직면하였다.

기적과 붕괴 사이

이 같은 세 나라의 간략한 역사는 우리에게 매우 익숙하거니와 중요한 몇몇 특징은 박정희정권도 공유하는 것이다. 박정희는 4·19가 통일운동으로 나아가고 북한이 이에 호응하는 시기에 쿠데타를 단행하였다(정창현 1993). 흔히 그가 공약의 최우선 순위로 제시한 반공국시를 의례적인 것으로 보는 견해가 많지만, 이것은 분단 한반도가 지닌 정치·군사적 가치를 과소평가한 것이다. 박정희가 말 첫머리에 즐겨 사용하던 "우리는 냉전의 최첨단에 위치한 분단국가로서"는 결코 의례적인 문구가 아니었다. 박정권은 일본과 수교하였고 베트남에 파병하였다. 미국은 60년대 로스토우의 근대화노선으로 대표되는 제3세계 개입정책을 적극 추진하였고, 박정희정권의 근대화노선에 대해서도 대대적으로 지원하였다.

70년대 미중관계 정상화 조짐과 베트남전쟁의 종결 분위기로 아시아에서 냉전이 해체되기 시작하던 시기에 박정희는 7·4공동성명과 아울러 유신을 선택하였다. 그러나 5·16쿠데타와 마찬가지로, 냉전적 분단이 유신을 결정하는 데 주요한 원인이었다는 것은 흔히 무시되어 왔다.[7] 60년대 권력장악 후 근대화를 추진하였듯이, 70년대 유신으로 권력을 집중화한 그는 중공업화를 추진하였다.[8] 그가 "온갖 어려움을 무릅쓰고 경제의 고도성장을 추구해야 하는 보다 중요한 이유는 우리가 북한과의 대결에서 우리의 압도적 우위를 확보해야 한다는 데 있다”(박정희 1978, 130쪽)고 주장한 바 있듯이, 그의 근대화나 중공업화는 반공과 냉전에 의해 초청된 것이었다.

글머리에 인용한 고백에서 알 수 있듯이, 박정희의 고민은 한국 현대사의 진면목에 근접하는 것이었다. 그의 고민은 북한을 이기기 위해서는 미국과 강대국에 의존해야 한다는 것, 강대국에 의존하지 않기 위해서는 북한과 화해해야 한다는 것이었다. 그가 미국에도 의존하지 않고 북한에도 이기는 방법을 독자적으로 추진한 유신 말기는 극심한 독재에 대한 반발과 자신의 암살을 초래하였다.

박정희정권은 형태적으로 볼 때 인도네시아의 수하르토정권과 매우 흡사하다. 즉 사회민족주의가 풍미하거나 조짐을 보일 때 군부를 통해 등장하였다는 점, 수하르토의 25년과 박정희의 18년 등 장기집권이라는 점, 의존적 근대화를 축으로 민족주의를 보조이데올로기로 활용하였다는 점, 베트남전쟁 이후 냉전체제를 더욱 강화하여 노골적인 폭력을 휘둘렀다는 점, 대통령간선제를 통해 장기집권하였다는 점, 군부와 관료의 권력화와 이에 대한 학생과 시민의 민주화요구를 동반하였다는 측면에서 그러하다.

물론 인도네시아를 비롯하여 앞에서 언급한 세 나라와 한국은 전통과 내부적인 기반 등의 면에서 다르며, 인간 박정희와 정권의 리더십 또한 다른 나라 지도자들과 차이가 없을 수 없다. 한국은 남북분단으로 북한과 끊임없이 체제경쟁을 하였으며, 토지개혁과 한국전쟁 등으로 전통적 지배계급은 태국이나 필리핀에 비해 크게 약화되었다. 국민들의 높은 교육열과 의식수준, 문자해독률 등은 이 나라들보다 크게 앞서고, 또 박정희 개인의 지도력이나 청렴성, 정권의 경제적 능력과 성취도 상대적으로 뛰어났다고 할 수 있다. 즉 박정희를 비롯한 정치지도력의 구성이나 능력, 그 저변의 대중적 수준과 준비 정도도 많은 차이가 있다. 그러나 아무래도 지도력 수준의 차이보다는 대중 차원의 차이가 훨씬 더 두드러질 것이다.

아시아의 네 마리 용인 대만, 싱가포르, 홍콩과 비교해 보면 이 점은 더 분명해진다. 이 나라들은 국내시장이 작기 때문에 대외지향적인 개발을 추진하였으며, 그에 따라 기업의 해외차입이 자유롭고 정부의 경제개입 또한 우리보다 제한되었다. 요컨대 시장의 자율성이 우리보다 높을 뿐 아니라 재벌의 경제집중이나 정경유착 등 국가주도형 경제발전이 지니는 부작용도 적다. 물론 이들 역시 아시아의 독감(IMF위기)으로부터 안전하지는 못했지만 대체로 이겨내었다. 그렇다면 이것이 구조, 즉 한국과 한국인들이 이들보다 못하거나 낙후되어 있기 때문인가 아니면 정권과 지도력의 방향성 문제인가. 여기서 박정희정권의 경제적 지도력의 상한선을 짐작할 수 있다.

요컨대 박정권은 필리핀, 인도네시아 등과 비교하면 독재정권이라는 폭력성과 경제적 근대화 두 가지 면에서 다 앞선다고 할 수 있다. 그러나 경제적 유능성의 수준은 대만, 싱가포르, 홍콩보다 떨어진다고 하겠다. 또 하나 중요한 문제는 반공적 냉전체제에서 동전의 양면처럼 결합되어 있는 정치주권적 폭력성과 경제적 근대화의 '묘한 함수관계'이다. 즉 경제성장을 위해 독재적 폭력이 불가피하게 동원되었다기보다, 반공과 냉전의 독재에 대한 보상으로 또는 냉전적 승리의 담보로 경제적 성장이 지원되고 동원되었다. 50년대 제3세계의 약진과 좌경화 현상에 대처하기 위해, 60년대 들어와서 미국의 케네디정권은 근대화정책이라는 '빵'과, 사회주의의 선전력에 맞설 수 있는 '의사민족주의' 이념을 부여하였다. 냉전체제의 최전방에 있던 박정희정권은 바로 이 같은 정책의 대표적인 모델하우스에 속한다.

따라서 엄밀히 말하면 '선택적 친화력'이란 '선택된 친화력'에 가까우며, 개발독재(개발을 위한 독재) 개념 역시 '반공독재를 위한 개발'로 수정되어야 한다. 또한 이것은 메이지 유신 같은 '위로부터의 개혁'이나 계급적 균형관계에서 자율성을 활용하는 보나파르티즘 등과도 구별된다. 박정희의 등장, 그 경제적인 발전, 심지어 몰락도 자율적인 것만은 아니었다. 그는 미일의 이중헤게모니에 구속된 냉전의 전사였고, 경제적 발전 또한 냉전적 이익의 초청에 의한 것이었다. 따라서 경제발전은 민주적 경쟁을 통한 기술혁신이나 생산성 향상보다는 정경유착에 의한 자본의 집중, 억압에 의한 노동의 동원으로 이루어진 것이었다(Krugman 1994). 그리고 그것은 세계금융자본의 공세 앞에서 IMF 위기를 초래하였다. "자살률이 높고 많은 사람들이 정신병원을 찾는" 경험은 선진국이 아니라 마치 예언처럼 IMF 이후 우리에게 찾아왔다.

4. 맺음말: 냉전과 분단의 벽을 넘어서

박정희정권의 경제적 발전이 지니는 성격이 대체로 이러함에도 불구하고 대중들의 향수가 적지 않게 남아 있는 것은 무슨 연유인가. 강한 리더십에 대한 갈망, 과장된 청렴성에 대한 신봉, 정치적 이해관계나 지역감정에의 구속 등 요컨대 낙후와 몽매의 소산인가. 물론 이러한 점들이 없진 않겠지만 이로써 다 설명되지는 않을 것이다.

먼저 "김영삼정권의 경제적 실패가 죽은 박정희를 불러내었다"는 세간의 속설은 어느 정도 근거가 있다. 미래가 보이지 않을 때, 대중들은 자신이 경험한 과거를 통해 희망을 이야기한다. 그러나 세계화와 개혁을 잘하면 박정희 향수는 없어질 것이라는 진단 역시, 적어도 경제적 측면에서는 다소 경박성을 지녔다고 할 수 있겠다. 그것은 박정희정권 시절 노동과 땀으로 이룬 성과마저 세계화라는 구호 아래 청산주의로 무시하는 뉘앙스를 풍기기 때문이다.[9] 세계화의 와중에서 일어난 경제적 파산과 직장에서의 추방은 '현재는 박정희식 패러다임이 통하지 않는다'는 것만으로 보상되지 않는다. 예를 들어 말레이시아의 경우 세계 금융자본들이 시대에 뒤떨어졌다고 냉소하였지만, 독자적인 프로그램으로 성장과 안정을 유지하고 있다. 말레이시아가 결코 선진적인 모범은 아니지만, 적어도 과거의 성과를 청산주의적으로 무시하지 않고 세계화에 대처하고 있다는 점에 대해서만은 경청할 만하다(도진순 1998). 세계화가 박정희정권 시절 노동과 땀으로 이룩한 성과마저 까먹는 약탈성을 보일 때, 박정희에 대한 향수는 여전히 대중적 근거를 지니는 것이다.

다음으로, 정치와 민주주의 문제이다. 박정희 이후 대통령들의 행적은 국민들에게 선택의 여지를 없애버릴 정도였고, 흔히 말하는 3김도 어떤 의미에서는 박정희시대의 산물이다. 또한 "이제 민주 대 반민주의 구도는 지나갔고"로 시작되는 언설은 한반도에서 민주의 의미를 중도반단(中途半斷)시키고 있다. 한국에서 '민주'란 과연 무엇이며 이제 성취된 것인가 하는 본질적인 논의도 필요하지만, 아직까지 민주주의는 청와대나 의사당 주변에 머물고 대중적 삶의 사회경제적 현장과는 상당 부분 괴리되어 있다. "민주주의가 밥 먹여주느냐"는 냉소는 그것이 대중의 사회경제적 생활 속으로 일상화되지 못하였다는 것을 의미하며, 더욱이 독재의 뿌리였던 냉전적 분단에 대한 비판에 이르지 못하고 있다. 민주주의가 더 이상 확대된 세계관을 얻지 못하고 현실의 활력을 잃어버리자, 이에 대한 가치평가는 급속하게 하락하였다. 그리하여 정치에서는 희망을 잃어버리고 경제만 남게 되는 것이다.

따라서 우리의 민주주의가 대중의 생활선상에 통용되고 나아가 민족의 자주, 남북의 통일과 이어지는 생활력을 가질 때, 그것은 진정한 의미에서 박정희와 그의 시대를 극복할 수 있을 것이다. 즉 박정희 향수는 아직 한반도에서 냉전해체가 대중의 정치·경제적 일상 이슈로 부상되지 않았다는 한계의 일정한 반영이다. 주한 미국대사 보즈워스는 취임 직후 첫 연설(1998. 1)에서 한반도에서 미국의 이해관계를 첫째 안보, 둘째 경제, 셋째 민주주의로 정리한 바 있다.[10] 안보와 경제 사이의 간극은 많이 줄어들었지만 여전히 안보가 우위에 놓여 있으며, 안보는 아직 냉전과 결합되어 있다. 우리의 민주주의는 상당 부분 진척되었지만, 아직 분단과 안보라는 제약의 틀을 깨지 못하고 그 속에서 맴돌고 있다.

앞으로는 남한·북한·미국의 평화적 삼각관계가 모색되면서, 한반도에서 냉전은 해체과정에 돌입할 것이며(도진순 1999a) 한반도에 대한 미국의 이해관계는 변화할 수 있다. 태국에서도 필리핀에서도 그러한 변화는 일어났다. 이러한 근원적 구조의 변화는 21세기 우리 사회에 여러 가지 변화를 가져다줄 것이다. 여기서 중국과 대만의 관계는 약간의 시사점을 준다. 중국의 경우, 미국과 수교협상에 거의 10년, 자체 정비에 또 근 10년의 기간을 지나, 80년대 중반부터 비약적으로 경제가 발전하였다. 북한에서는 언제 이러한 발전적 변화가 일어날지 두고 볼 일이지만, 현재 북미간에 관계정상화가 도정에 올랐으며 북한경제가 바닥을 통과하였다는 것은 사실일 것이다.

1996년 중국과 대만의 양안간에 긴장이 고조되어, 중국의 군사훈련으로 국제자본들이 일제히 대만을 빠져나갈 때, 대만은 금융체계를 정비하여 자생력을 배양하는 계기로 삼았다. 어떤 사람은 일본식 모델에 익숙한 대만이 동아시아 경제위기를 피해 나갈 수 있었던 중요한 원인의 하나로 바로 이것을 지적하기도 한다. 같은 해 동해안 잠수함사건 때 남북간에 긴장은 고조되었지만, 미국의 군사적 중재하에 있는 우리

의 경제는 아무런 영향을 받지 않았다. 그리고 다음해 경제위기가 상
륙하였다.

앞으로도 1996년과 같은 남북관계의 긴장에도 불구하고 경제는 건
재할 것이라고 보장할 수 있겠는가. 그럴 경우 박정희가 우려한 자살
과 정신병원으로 가지 않으려면, 냉전적 보호경제에서 벗어나야 한다.

〈전국역사학자모임 주최 학술대토론회 발표논문, 1999. 10. 25〉

주

1) 대체로 유신과 독재 등 말기의 독재에 대한 평가가 가장 낮으며 이어서 새마을운동,
   5 · 16쿠데타와 집권과정, 자주국방론과 핵개발, 제3공화국과 경제개발 등의 순으
   로 높아지는 경향이 있다.
2) 이에 대해서는 몇 가지 추적과 연구들이 참고가 된다(정창현 1993; 오연호 1993a;
   1993b; 박세길 1993; 문명자 1997a; 1997b; 1997c).
3) 인식론적 관점에서 이 이론의 맹점은 바로 '현실정합적'이라는 데 있다. 즉 이 이론
   의 취지는 현실을 '개혁'하는 것이 아니라 '설명'하는 데 치중되어 사후적으로 합리
   화하는 측면이 적지 않다.
4) 일본의 근대화 과정, 그리고 유교에 대해서는 박영재 · 박충석 · 김용덕 (1996); 渡
   辺浩 (1985); Min(1997); 도진순(1999b) 참조.
5) 이러한 주장의 대표적인 논자 중의 하나가 전 싱가포르 수상 리콴유이다(『중앙일
   보』 1998. 3. 6).
6) 네 마리 용의 공통성은 다른 글들에서 이미 많이 논의되었기 때문에 여기서는 IMF
   위기를 겪은 세 나라의 경험을 주로 소개했다. 이 부분은 Anderson(1998)에 의존
   하는 바 크다.
7) "북한 공산주의 정권과 남북한 대화와 협상을 유리하게 끌어가려면 국내 결속이 필
   요하고 국내 결속을 다지기 위해서는 체제를 강화해야 한다는 체제개편의 필요성
   이 관계당국에 의해 제기되었다. 이중에서 박대통령은 중앙정보부의 건의에 대하
   여 찬의를 표했다"(김정렴 1997, 159~60쪽). 박정희 자신도 비슷한 언급을 하였다.
   "주변정세의 격동과 긴박한 안보의 위기에 직면하여 민족의 활로를 타개해 나갈 수
   있는 것은 바로 우리 자신뿐이다. 나는 우리가 전례 없는 비상사태에 처해 있음을

국민에게 알리는 한편, 국토를 수호하고 국민의 생명과 재산을 보호해야 할 일차적
책임을 지고 있는 대통령으로서, 두 가지 중요한 결단을 내리게 되었다. 그 하나는
남북한 대화의 문을 연 것이요. … 또 하나의 중요한 결단은 남북대화를 뒷받침하
고 국력배양을 가속화시키기 위한 국정 전반에 걸친 유신적 개혁이었다."(박정희
1978, 54~55쪽).
8) 유신체제가 중공업화에 도움을 주었지만, 중공업화를 추진하기 위해서 유신이 일어
난 것은 아니다는 지적(김일영, 1995)은 정당하다.
9) 중국에서 봉건제하 일체의 사물을 봉건적인 것으로 독해하는 범봉건론(泛封建論)이
청산주의로 심각한 폐해를 주었다고 비판받은 바 있다. 비슷하게 박정희 정권기의
모든 것이 박정희적인 것은 아니다.
10) "First, the Korea-U. S. security alliance…. The second element of our
relationship is economic…. The third element of our relationship is
philosophical-our shared commitment to democratic values and democratic
practice."(Bosworth 1998)

참고문헌

강준만 (1997), 「왜 박정희 유령이 떠도는가」, 『인물과 사상』 2.
김일영 (1995), 「박정희체제 18년, 어떻게 볼 것인가」, 『사상』 겨울호.
김정렴 (1997), 「아, 박정희」, 중앙M&A.
도진순 (1988) 「1920년대 코민테른에서 민족·식민지 문제에 대한 논쟁」, 『중국사회성
　　　격논쟁』, 창작과비평사.
______ (1998), 「신자유주의 세계화와 동아시아 그리고 한반도」, 『당대비평』 봄호.
______ (1999a), 「분단에 대한 연역과 통일의 전제」, 『당대비평』 봄호.
______ (1999b), 「세계화시대 한국사와 분단현실에 대한 이해」, 『국학의 세계화와 국제
　　　적 제휴』, 집문당.
문명자 (1997a), 「"이후락 명의의 스위스은행 비밀구좌는 박정희 것이었다": 이후락 아
　　　들 이동훈의 프레이즈위원회 비밀증언」, 『말』 8월호.
______ (1997b), 「박정희 비자금 떼먹은 미의회 로비스트 박동선, 김한조」, 『말』 9월호.
______ (1997c), 「박정희, 김종필의 좌익 전력」, 『말』 10월호.
박세길 (1993), 「인간 박정희, 변절과 권력욕의 화신」, 『역사비평』 여름호.
박영재·박충석·김용덕 (1996), 『19세기 일본의 근대화』, 서울대출판부.
박정희 (1978), 『민족중흥의 길』, 광명출판사.

박홍규 (1997), 「박정희 향수 조장하는 '먹물 패거리들'」, 『말』 8월호.

오연호 (1993a), 「미8군사령관의 반 이승만 쿠데타 작전계획서」, 『말』 6월호.

＿＿＿ (1993b), 「박정희의 미대사관저 침실쿠데타 5시간」, 『말』 7월호.

정창현 (1993), 「5·16쿠데타는 미국이 주도했다」, 『말』 4월호.

진중권 (1997), 「박정희와 악마주의」, 『문학동네』 겨울호.

한국정치연구회 편 (1998), 『박정희를 넘어서』, 푸른숲.

渡辺浩 (1985), 『近世日本社會と宋學』, 東京: 東京大出版部

Anderson, B. (1998), "South-East Asia: From Miracle to Crash," *London Review of Books*(www.lrs.co.uk) vol 20, no. 8.

Bosworth, S. (1998) "The Korean-American Relationship: Continuity and Change(98. 1. 23)," http://usembassy.state.gov/seoul/wwwhk1p2.html.

Krugman, P. (1994), "The Myth of Asia's Miracle," *Foreign Affairs* vol. 73, Nov/Dec.

Min, Tu-ki (1997), "The Identity and Prospects of East Asia: A Historical Approach," Seoul National University ed., *East Asia and the University in Twenty-first Century*, Seoul National University Press.

  젊은 학자가 자신의 이력에 대해서 언급한다는 것은 잘해도 밑지는 일이다. 자신의 과거에 대해 어떤 정형을 스스로 묘사한다는 것은 주관적일 수도 있거니와 다른 가능성과 가변성을 막을 수도 있기 때문이다. 그러나 당대 총서의 양식상 불가피하다는 제도의 억압(?)에 결국 순응하게 되었다.

  언젠가 고고학 발굴현장에 간 적이 있다. 한때의 바다 늪지가 농경지가 되고, 한때의 주거지가 무덤이 되어 있는 지층들을 보면서 시간의 경이로움에 대해 새삼 느끼게 되었다. 하루의 길이는 예나 지금이나 다름없을 것인데, 같은 시간의 축적 속에서도 뚜렷하게 나누어진 지층들을 보고 '하루가 같은 하루가 아니구나' 실감하였다. 프로이트가 고고학의 지층들을 보고 인간심리의 층위를 구분하였다는 주장은 참으로 그럴듯하다.

  이 단층들을 보면서 내가 아직 선명하게 구분하고 있지 못하지만, 우리 역사와 대중의 삶도, 또한 나 개인의 생활이나 의식의 세계도 저처럼 몇 가지 단층으로 구성되어 있을지도 모른다고 상념하였다. 개체(個體)는 유체(類體)의 역사를 반복한다고 하지 않던가. 나의 삶도 지표면 가까운 곳은 자본주의적 삶에 많이 물들어 있을 것이고, 좀더 깊숙한 곳에서는 유교적 교리들이 은근히 작동할 것이고, 술 마시거나 꿈속에서는 간혹 저 아득한 시대로 거슬러 원시적 농경사회나 유목적 몽골리안의 모습도 지니고 있을 터이다.

원색의 농경사회와 회색의 도시생활

나는 1958년 경북 청도 각북면 율정리라는 시골에서 태어났다. 우리 마을은 하루 몇 번 버스가 다니는 전형적인 농경사회였다. 우리 집은 당시로서는 드문 기와집이었으나, 많은 형제자매 중 막내인 내가 학교를 다닐 때에는 이미 불안하고 쪼들렸다. 나는 막내인 집보다는 인정받는 학교를 좋아했지만, 그 시절 시골 교육은 여느 곳이나 다름없이 교과서 이외 변변한 책 하나 없었던 것 같다. 자연히 우리 또래들은 농사일에 동원되는 것 이외는 거의 방목되는 수준이었다.

초등학교 시절 우리도 가끔 도시의 근대와 만나곤 하였다. 방학이면 마을로 찾아오는 이방인(도시학생)들의 하얀 피부와 멋진 표준말을 동경하기도 하였지만, 어린 우리들은 이내 농경사회의 익숙한 일상으로 되돌아왔다. 그외에도 도시로 한두 번 나가본 적이 있다. 초등 5학년 때 부산 금강공원으로 수학여행을 갔다가, 도착하자마자 친구들은 공원 입구의 야바위꾼에게 많은(?) 돈을 헌납하였고, 이튿날에는 수돗물에서 풍겨나는 소독약 냄새 때문에 정신이 혼미하였다. 비슷한 시기로 기억되는데 서울지역 중학교 무시험 평준화가 발표되자, 서울 명문 중학에 입학하겠다는 꿈이 무산된 나는 단신으로 서울 형님댁을 찾아 갔다. 8시간 정도 기차를 타고 내린 서울역, 간신히 찾아간 언덕배기의 다닥다닥 붙은 집들을 보고 느낀 첫인상은 고단함이었다.

모든 것이 음양이 있겠지만 시골생활도 한겨울의 이불 속만 파고드는 추운 새벽과 더불어 동치미를 꺼내먹는 긴 밤의 정감이 있고, 노동을 시작하는 흙바람 속에 아지랑이 묻어나는 봄나물의 향내가, 여름 모기떼의 극성과 더불어 강가의 물놀이가, 가을 힘든 추수노동과 더불어 결실의 풍성함이 있었다. 당시는 낙후되고 단조로운 생활에 싫증을 내곤 했지만, 농경사회의 경험은 이내 나의 원형질이 되었고 이후 일그러진 근대의 도시생활에 지칠 때마다 일종의 안식처가 되곤 하였다.

시골 '모범생'—지금도 중학동창들은 '공부선수'로 통했던 내가 술과 담배를 즐겨 한다는 사실을 잘 믿으려 하지 않는다—이 근대사회를 본격적으로 접하게 된 것은 고등학교 들어가서였다. 1974년 대구에서 마지막 고교입시라서 그런지 입시부정사건이 일어나는 과열 속에서 두 번이나 입학시험을 치르는 곤욕 끝에 경북고등학교에 진학했다. 시골 유학생에게 고교시절의 문화적 충격은 적지 않았다. 학교친구들은 대개 팝송 제목이나 외국배우 이름을 즐겨 외웠지만, 내가 아는 연예인은 이미자 정도였고 영화는 가설극장에서 본 것 정도였다. 그러나 돌이켜보면 문화적 충격은 있었지만 문화는 없었던 것 같다. 유신시절의 고교생활은 무미건조하였다. 시험을 보면 성적이 학급 게시판에 붙었고, 학내서클도 모두 해체되었다. 한창 사춘기인 그 시절 우리는 시험의 노예가 되어 독서실을 전전하였고, 문화생활이라는 것도 고작 단편소설과 시집 한두 권 읽어보는 정도였다.

나에게 초·중학 시절이 자연을 배경으로 원색의 컬러 시대라면, 고교시절은 우중충한 흑백으로 현상된다.

역사학에 입문

대학에 들어갈 당시는 문학을 하겠다고 생각했고 문학서클도 참여한 적 있지만, 계열별로 입학한 나는 1년 뒤 국사학과를 선택하였다. 고교시절 외우는 것이 지겨웠고, 초·중·고 비슷한 내용이 반복되어 가장 싫어하던 과목이 국사였는데, 대학 1년간의 경험이 진로를 바꾸어놓았다. 한국사 강의를 들으면서 우리나라 역사에 대해 내가 이렇게 모를 수 있는가에 놀랐고, 외국문학보다 아무래도 우리 역사를 먼저 공부해야 할 것 같아 무작정 국사학과 과사무실로 찾아갔다.

당시 조교는 자상하게 국사학과 학생들이 교련반대로 군대로 많이

끌려갔다는 것, 국사는 공부가 매우 힘들다는 것, 공부하고도 자리를 구하지 못해 중도에 포기할 수도 있다는 것 등을 자상하게 일러주었다. 하지만 이미 마음이 정해져서 그런지 그러한 어려움이 오히려 나의 도전의식을 자극했다.

과연 국사학과는 좋았다. 전국 대표들이 다 모인 것처럼 옷차림도 각양각색이었고, 술도 마치 시골머슴처럼 마셨다. 교수님들도 학생들과 가까이 지내셨고, 답사는 너무나 신나는 일이었다. 일종의 공동체 같은 생활은 거대도시 서울에서 나를 지탱하는 힘이 되어주었다.

그러나 유신 말기에 엄혹한 상황 속에서도 학생운동이 부상하고 있었지만, 그때 나에게는 학생운동에서 말하는 대중 특히 농촌문제가 왠지 가슴에 와 닿지 않았다. 지금 생각하면 그들이 구조로 어렵게 이야기하면, 나는 현장경험으로 그렇지 않다는 식으로 서로 어긋났던 것 같다. 아무튼 당시 나의 생활은 전반적으로 학과와 학문이 중심이 되었다.

학문적 호기심이 많았던 그 시절 나는 국사학과 여러 선생님의 수업을 고루 들으면서, 고대부터 조선시대까지 비교적 폭넓게 공부했던 것 같다. 경제학, 사회학 등 사회과학 강의도 적지 않게 들었다. 학부시절 후반부터는 이것을 결합시킨다며 사회경제사학에 몰입했고, 결국 고려시대 사원전 문제로 학부 졸업논문을 썼다.

통도사를 두 차례나 답사하고, 논문을 쓰는 와중에 할아버지의 임종을 보지 못하였으니, 당시로서는 제법 열심히 쓴 것으로 기억한다. 한 선생님께서 『한국사연구』에 싣기 위해 졸업논문을 수정해 보라고 하셨는데, 대학원 진학 후 나는 조선 후기 사회경제사를 본격적으로 연구해 보리라 작심하고 있었기 때문에, 다른 시대의 논문을 수록하는 것이 소개한 선생님께 누가 될 것이란 판단으로 찾아뵙지 않았다. 물론 지금 생각하면 찾아뵙고 자초지종을 말씀드리는 것이 더 좋았을 것이다.

대학과 대학원 생활에서 가장 영향을 많이 받은 것은 역시 친구들과 선후배들이었다. 당시 학생들은 공부하는 측과 운동하는 쪽으로 나누어져 있었지만 서로 친하게 지냈다. 우리 동기들은 공부하는 쪽이 많았고, 후배 학번에는 쟁쟁한 운동가가 많았다. 학생운동은 시간이 갈수록 점점 강화되었고, 우리들 또한 점점 더 동조하게 되었다. 우리 동기들은 대부분 대학원을 갔지만, 당시 인문사회과학 대학원생들이 대체로 그러했듯이 늘 얼마간의 부채의식을 지닌 채 술자리를 전전하며 논쟁을 연속하였다. 소그룹 연구모임을 만들어 자취방을 옮겨다니면서 금서인 마르크스–레닌주의 저작을 탐독하기도 하였고, 학생운동권의 팸플릿도 따라가며 읽곤 하였다. 복사와 번역으로 대표되는 당시의 학문적 수준은 방법론과 이념을 수공업적인 수준에서 섭취하던 단계였다.

대학원에서 고동환·양상형·양진석·이윤상·정연태 학형 등 동기들과 이세영·이영호·이영학·박준성·박찬승 등 여러 선배형들과 함께 주로 사회경제사와 운동사를 공부하였다. 그 연장선상에서 나는 석사논문으로 지주와 소작인 사이에 있는 중답주(中畓主) 문제를 다루었다. 마침 장서각, 국립도서관, 규장각 등에서 중답주의 이름이 기록된 대장을 찾아내어 컴퓨터로 분석하였다. 이 자료가 매우 귀중한 것이라 생각되어 지금도 이사갈 때마다 가지고 다니지만, 현대사 연구에도 경황이 없는 형편이어서 언제 이에 대한 논문을 더 쓸 수 있을지는 미지수이다.

백수시절의 또 다른 배움

석사과정을 마치고 잠시 군에 다녀온 후 얼마간 백수생활을 하게 되었다. 6개월의 군대복무를 한 관계로 아직 박사과정에 들어가기에는 이르다는 '순번의식'도 있었고, 이 기회에 학교 바깥에서 그간의 학문생활을 점검해 보고 싶은 욕구도 있었다. 백수생활은 해본 사람만 안다고, 고단하면서도 분주했다.

처음에 시작한 일은 일종의 아르바이트로 시청각 한국사교재를 위한 개설적인 초고를 준비하는 모임을 만들었는데, 회사측 사정으로 그것이 무산되었다. 그러자 한 친구의 주선으로 정식 개설서를 만들기로 계획을 바꾸어 출판사와 계약하였다. 제적당한 학생운동가, 석사과정생, 석사백수 등이 모여 개설서를 기획하였으니, 지금이면 엄두도 못낼 무모한 일이었지만 당시에는 출판문화운동이라고 해서 젊은 필자들이 책도 많이 내던 시절이었다. 나는 '학벌이 제일 좋다'는 이상한 이유로 팀장을 맡아 방법론을 다룬 서문을 쓰게 되었고, 같은 이유로 가장 나중에 담당부분을 선택해서 외람되이 원시·고대사 부분을 맡았다. 아무튼 우리는 더운 여름 커피를 한 바가지씩 타서 돌려 마시면서 꽤 열심히 작업을 하였고, 출판사는 그 책을 『한국민중사』란 어마어마한 이름을 붙였다.

그 책에 대한 반응은 괜찮았던 것으로 기억된다. 하지만 출간 후 얼마 되지 않아 검찰에 의해 기소당하는 사건이 발생했다. 아마 전두환 정권에 대한 부정적인 평가가 직접적인 원인이 되었을 것이다. 한승헌, 조영래 등 쟁쟁한 변호사들이 변론을 담당하였는데, 나는 주로 박원순 변호사와 만나 변론요지문 작성을 도와주곤 하였다. 이 사건은 출판사

사장이 집행유예를 선고받는 선에서 마무리되었다. 아무튼 나에게는 이 책의 집필 경험이 한국사 전반을 좀더 체계적으로 공부해 보는 계기가 되었고, 박찬승 선배와 같이 작업한 『한국사연표』(1985, 역민사), 임대식 학형과 『한국사』(25권, 한길사, 1995)를 기획하는 데도 도움이 되었다.

『한국민중사』를 집필하던 그 시기 우리는 출판사로부터 받은 선불 원고료로 망원동에 방을 하나 구해 '망원한국사연구실'을 열었다. 초기의 멤버는 우리 동기 대다수를 포함하여 여러 대학의 젊고 열정적인 연구자들이었고, 나는 한홍구 · 임대식 · 지수걸 학형 등 70년대 후반 학번들과 일제시대 민족운동사를 공부하였다. 이들은 일제시대 연구자로서 당대의 선구자들이었고, 나는 처음으로 한국 공산주의 운동사를 접하게 되었다.

이 시절에 많은 권수의 『코민테른자료집』을 같이 정리해 본 것도 의미 있는 경험이었다. 코민테른에 대해서는 점차 비판적으로 되었지만, 자료집 정리는 두 가지 점에서 도움이 되었다. 하나는, 살아 있는 현실에 대한 다양한 논쟁을 접하면서 현실에 대한 이론의 적용방식을 많이 생각하게 되었고 이론에 대한 교조에서 벗어나는 데 많은 도움이 된 점이다. 다른 하나는, 식민지 · 민족 문제에 대한 논의를 정리할 기회를 가지게 되어 1920년대 초기 사회주의 지식인의 수준과, 30년대 후반 이후 중국의 마오쩌뚱, 베트남의 호치민, 만주의 김일성 등의 차이의 핵심은 민족문제라는 사실, 나아가 동방 사회주의적 민족운동의 이론적 토대를 이해하는 데 도움이 되었다는 점이다.

백수시절 나의 또 다른 활동은 출판사의 편집위원이었다. 초보자인 내가 공헌한 것은 거의 없지만, 편집위원 활동은 역사학 연구에도 적지 않은 자극이 되었다. 문학평론가 채광석 선배, 김명인 학형, 예술기획가 박인배 형 등과 자주 만나게 되었고 소설가 황석영님도 가끔 볼 수 있었다. 이 편집위원의 경험은 그후에도 계속되어 『역사와 현실』 등 역사관련 전문지를 비롯하여 『말』 등 종합시사지에서도 편집위원을 하였다. 편집위원 경험은 나에게 역사학계에 대한 출판사나 대중적 요구가 무엇인지 절감하는 좋은 기회가 되었다.

한반도 전체의 문제로

학부·석사 과정 때도 간간이 북측 연구들을 볼 수 있었지만, 1987년 박사과정에 들어갈 즈음 북한 역사학을 본격적으로 검토해야겠다는 생각이 들었다. 그래서 북한의 역사전문지 『력사과학』 『근로자』 등을 전부 구해 열심히 분석하였는데, 당시 나의 주관심사는 북한사회를 내부에서부터 역동적으로 이해하는 것이 필요하다는 생각에서 북한 역사학계의 근현대사 논쟁이었다. 그러한 문제의식을 정리한 것이 「북한학계의 민족부르주아지와 민족개량주의 논쟁」 「북한학계의 근·현대사 시기구분 논쟁과 그 변화」 「북한의 종파문제와 1920년대 민족해방투쟁에 대한 인식」 등이며, 북한 역사학에 대해 한두 권의 책도 편집하였다.

1989년 망원한국사연구실이 한국역사연구회로 통합되면서 나는 80년대 학번의 후배들과 함께 현대사분과를 창설하여 참여하였다. 또한 정창현, 박태균 등 후배들의 제의로 그간의 연구성과를 비판적으로 정리하는 『한국현대사』(전4권, 풀빛, 1991)를 기획하면서 나는 총론 격인 연구방법론과 참고문헌을 정리하는 부분을 담당하였다. 현대사분과에서는 연구성과 정리와 G-2, *FRUS* 등 미국자료들을 집단적으로 번역 검토하였으며, 이와 더불어 국내 정간물의 관련 글이나 다양한 회고록 등도 두루 섭렵하였다. 후배들의 도움으로 혼자서 감당할 수 없는 자료들을 비교적 수월하게 공부할 수 있었다.

당시 현대사분과원 중에서 몇몇은 봉천동에 『한국현대사』 작업실 겸 자료실을 열었는데, 여기서 나는 후배들과 박사학위논문 주제에 대해 토론했다. 주요 논점은 반국적(半國的) 시각에서 벗어나 전국적 시

각에서 미래지향적인 주제가 좋겠다는 것이었다. 논의 결과 나는 1948
년 남북연석회의를 중심으로 남북·좌우 합작을 다루기로 결정하였다.

　그러나 막상 집필에 들어가니 미국의 대한(對韓)정책과 분단문제까
지 같이 다루지 않을 수 없었다. 일단 주제를 결정하고 난 뒤에는 집중
적으로 논문을 집필하여 1993년 2월 「1945~48년 우익의 동향과 민족
통일정부수립운동」이라는 제목으로 박사학위를 받았다. 아무튼 나의
박사학위논문은 1945년 이후의 현대사로 방향을 정하고 난 뒤 첫 논문
이나 다름없는데, 정병준·정창현 등 후배들이 적극 도와주었기 때문
에 가능한 것이었다.

　1993년 9월부터 지금 내가 몸담고 있는 창원대학교에 근무하게 되
었다. 서울에서 먼 거리가 현대사 연구에 약간의 장애도 되었지만, 이
러한 격리감은 연구와 집필에 도움이 되기도 하였다. 창원으로 내려와
서 한동안 박사논문은 쳐다보기도 싫었고, 백범기념사업회 홍소연 간
사의 도움으로 학위논문 집필시절 좀더 조사해야겠다고 생각했던 백
범에 관한 자료들을 간간이 모으고 있었다. 그러던 중 지도교수께서
박사학위논문 출간 문제를 연락하신 것이 계기가 되어 1년여 시기 동
안 학위논문을 대폭 수정·보완하여 『한국민족주의와 남북관계』(서울
대출판부, 1997)를 출간하였다.

이 책을 준비하던 중에도 백범에 관한 자료를 모으고 논문도 몇 가지 발표하였는데, 결국 주변의 권유와 도움으로 『한국민족주의와 남북관계』와 거의 동시에 『백범일지』(돌베개, 1997)를 출간하였다. 대학원 때 규장각에서 초서를 정서하는 탈초작업에 약간 참여한 적이 있는데, 이것이 석사논문을 쓰는 데도 많은 도움을 주었지만, 현대사 연구에서 재판자료를 보거나 『백범일지』를 교열하는 데 의외로 도움을 주었다.

1997년 두 권의 책이 출간된 이후 나는 최근의 분단·통일 문제에 매진하였다. 『한국민족주의와 남북관계』를 수정·보완할 당시 남북관계는 '동해안 잠수함사건'과 '북한붕괴론' 등으로 매카시즘이 풍미하던 시기였다. 남북관계는 박사학위논문을 시작할 때의 예상과는 달리 시간이 지나면서 더욱 뒷걸음질치는 듯했다.

이러한 역전을 목도하면서, 이제 최근의 남·북·미 삼각관계를 본격적으로 분석해 보아야겠다고 생각하게 되었다. 그 결과를 묶은 것이 이 책 『분단의 내일, 통일의 역사』이다. 『한국민족주의와 남북관계』가 분단과 통일 문제에 대한 원형기를 다룬 것이라면, 이 책은 최근의 문제를 다루고 있다. 다음에는 가능하다면 '한국전쟁'을 중심으로 한반도에서 전쟁과 평화의 문제를 통일과 관련하여 다루고 싶다. 해당 시기의 처음과 끝을 먼저 다룬 다음 한가운데로 접근하는 방식도 나름대로 의미를 지니고 있다고 생각한다.

역사라는 이름의 마력

바다에 이르지 않은 상황에서 강을 상·중·하류로 나눌 수 없듯이, 얼마 되지 않은 학문여정을 연보로 정리한다는 것은 필경 무리이며, 또한 지금 이것이라 한 것이 저것으로 응고될지도 모를 일이다. 고대사 공부로 국사학에 입문하여, 학부논문은 고려시대, 석사논문은 조선후기, 망원한국사연구회 시기는 일제시기, 박사과정과 한국역사연구회 시기는 현대사로 전전하였다.

역사라는 이름의 마력에 이끌려 전전한 학문여정에서 주변의 여러 도움으로 많은 것을 배웠지만, 나의 그릇은 변하지 않는지 여전히 곳곳에 빈 구멍투성이다. 물은 늘 빈곳을 채우고 난 뒤에 흐르고, 또한 더불어 만나는 미덕이 있다. 구멍 하나 메우고 나면 또 더불어 만나 흐르는 것이 있으리라는 기대로 최근 나의 문제의식 몇 가지를 첨언하고자 한다.

브로델은 그의 제자에게 "영국에서 일년 동안 산다고 해도 영국에 대해 그리 많은 것을 배우지 못할 것이다. 그러나 놀랍게도 네가 너무 잘 알아서 전에는 미처 몰랐던 것, 프랑스적인 것을 더 잘 이해할 수 있다"고 지적한 바 있다. 생소함이나 거리감은 분명 너무 가까이 있어 볼 수 없는 것들을 깨닫게 하는 매력이 있다.

미국이란 만리타국에서 역시 핏줄과 언어가 무섭다는 것을 새삼 느끼거니와, 얼마 되지 않은 역사를 소중하게 관리하며 생활화하는 것을 보면서 우리의 역사는 현실 앞에 무력하거나 아니면 현실에서 분리되어 있는 것은 아닌가 하는 우려를 떨쳐버릴 수 없다. 이처럼 미국이라는 공간의 분리는 한반도 문제를 객관적으로 보는 데 어느 정도 도움이 될지도 모른다. 그러나 남·북·미 삼각관계를 구조로 하는 분단체제를 객관적으로 이해하기 위해서는 나머지 한 축인 북한에 대한 이해가 동일한 수준으로 심화되어야 할 것이다. 이 점에서 나는 여전히 분단체제를 객관적으로 인식하는 것이 얼마나 힘든 것인가를 다시 실감하고 있다.

브로델의 이 이야기는 공간에 대한 것이지만, 시간에도 같은 원리가 적용될 수 있을 것이다. 즉 과거의 역사는 너무 가까이 있어서 조망하기 힘든 현실을 보다 상대화시켜 객관적으로 또는 개념적으로 사고할 수 있게 해준다. 일제 말기 '신의 나라' 일본이 무너질 수 없을 것 같은 현실에 안주한 자들은 친일로 흐르고, 현실을 상대화시켜 이에서 벗어난 사람들은 민족운동의 전선에 섰다. 아마도 우리의 분단체제도 이와 유사하게 역사의 이름으로 보면 하나의 과정일 뿐이다.

거꾸로 이미 역사로 등록된 과거는 늘 삶의 현장이란 현실과 만날 때 그 의미를 역동적으로 파악할 수 있을 것이다. 가령 안중근 의거는 일진회의 이른바 '현실노선'이나 민족운동의 다양한 노선과 결합해서 파악할 때 비로소 그 의미를 파악할 수 있다. 이러한 것들이 삭제된 채 그냥 '의거'라고 하는 것은 그야말로 의거의 생명력을 거세해 버린다. 백범은 분단을 넘어 역사와 만났지만, 백범 추모는 흔히 구두선(口頭禪)에 그치고 종종 통일 백범의 모습은 실종되곤 한다. 이런 점에서 문익한 목사가 역사의 장에서 몸으로 백범과 만난 것은 일종의 경종이었다. 삶의 추체험이 삭제된 역사는 그야말로 관념의 역사이며 거세된 역사일 것이다.

오늘은 '어제의 내일'이며 동시에 '내일의 어제'이다. 미래는 외부로부터 오는 것이 아니라 오늘 속에 이미 그 단서가 존재하는 것이며, 그런 점에서 보면 '지금 여기'라는 구체성은 시공간적 보편으로 나아가는 중요한 발판이다. 혹자는 흔히 세계화를 논의하면서 민족과 국가를 박물관에나 들어가야 할 유물처럼 취급하지만, 분단한국 현대사의 핵심은 여전히 국가문제이다. 좀더 언급하면 "하나의 민족(국민)국가로 연결되지 못한 두 개의 국가 문제"이다. 이런 점에서 보면 우리가 서구의

방법론에 유의하는 만큼이라도 우리의 구체적인 현실에 주목해야 할
것이다.

역사학은 소재적으로 과거를 다루는 것이지만, 정확하게 말하면 시
간의 연속과 단절에 주목하는 것이고 그만큼 미래지향적일 수 있다.
아마도 미래의 진입 속도는 현실의 대중적 수준에 달려 있을 것이다.
그런데 역사로 등록된 대중이 아니라 현실의 대중은, 때로는 혁명적이
며 때로는 지극히 현실추수적이어서 마치 이율배반적인 것처럼 보인
다. 그러나 그것은 거대한 역사의 굴곡에서 어느 한 자락일 것이다.

지금도 대중들 사이에서는 "북쪽에 퍼주기 때문에 남쪽의 경제가 어
려워졌다"는 속설도 유행하고, 분단 · 통일 문제를 김대중정권에 대한
부정적 입장과 직결시키기도 한다. 이것이 물론 정확한 분석은 아니지
만, 나는 긴 시각에서 보면 대중들도 이제 한반도 전체 수준에서 경제
와 정권을 사고하기 시작했다는 하나의 징표로 해석하고 싶다. 대만에
서 통일문제에 대한 입장이 대통령선거나 총선에서 중요한 기준으로
부상하였는데, 이제 우리 사회도 그러한 분화기에 이미 접어들었다고
하는 것은 중요한 변화라고 할 수 있다.

대중의 바다로 들어가기 위해서 또 하나 지적할 문제는, '기록한다'
는 것에서 역사라는 용어가 비롯되었지만 아직까지 문자로 세울 수 없

는 역사가 많이 남아 있다는 사실이다. 미국의 정보자료가 종종 국내의 신문자료보다 더 생생하고 정확한 것은 지식과 정보가 지닌 권력체제의 한 반영일 터이지만, 그렇다고 해서 우리 현대사가 진면목이 드러나는 것은 결코 아니다. 오히려 더 중요한 문제는 작금의 '국민문자시대'에도 여전히 문자로 서지 못한 대중의 역사가 많이 존재한다는 사실이다.

일전에 한국전쟁에 대한 증언을 들으면서 '몇일 몇시' 등 그 기억의 생생함과 적확함에 놀란 바 있다. 문자로 등록되지 못했기 때문에 역설적으로 더욱 생생하게 응고되었는지도 모를 일이지만, 그 증언들을 접하면서 나는 다시 이규보가 『동명왕편』 서문에서 "배운 것이 없는 비천한 남녀들까지도 고구려의 동명설화를 즐겨 이야기한다"고 언급한 구전의 위력이나, '임진왜란'에 대한 민간설화의 그 뿌리깊은 생명력과 그 이유, 그 영향에 대해 다시 생각하게 되었다. 전통시대에는 말과 글이 서로 달랐으니 문자로 번역되지 못한 구전의 역사는 어딘가에 더욱 소중하게 남아 있을 것이며, 식민과 분단으로 일그러진 근현대에서도 문자로 등록되지 못하거나 시민권을 얻지 못한 조각들이 여기저기 흩어져 있을 것이다. 문자 바깥에 존재하는 이러한 조각들을 모으고 복원하는 것이 문자 안의 역사도 바로 세우는 길이 될 것이다.

나는 꽤 오랫동안 분단·통일의 문제를 한반도 밖에서도 조망해 보기를 고대해 왔다. 그것은 한반도 내부에서 고심하던 분단·통일 문제에 대한 시야를 넓히고 객관을 획득하는 데 도움이 될 것이다. 이러한 생각은 러시아·중국·몽고·일본·오키나와 등 한반도 외각 지역을 다니면서도 한 번도 머릿속에서 떠난 적이 없다. 분단·통일 문제를 생각할 때 어느 곳보다 직결되는 곳이 이곳 미국이다. 그러니 이제 '미국 안의 한반도 문제'를 본격적으로 연구해야 될 것 같다. 그것이 지금까지 연구해 온 나의 관점과는 또 다른 지층을 형성하는 것인지 알 수 없지만, 일단은 백지로 돌아가 지금 여기에 충실하고 싶다.

찾아보기

사항

ㄱ